高等学校交通运输与工程类专业教材建设委员会规划教材

Urban Rail Transit Structural Engineering

城市轨道交通结构工程

刘龄嘉　王永岗　**主编**

彭　辉　**主审**

人民交通出版社

北京

内 容 提 要

本书为高等学校交通运输类的交通工程专业、土木类的城市地下空间工程专业的本科教材。本书主要内容包括总论、区间结构、车站结构和城市轨道交通结构施工共四篇。第一篇总论主要介绍城市轨道交通类型与结构类型、总体规划与设计、设计荷载、混凝土结构设计方法；第二篇区间结构主要介绍轨道结构、路基结构、高架区间结构和地下区间结构；第三篇车站结构主要介绍地面车站结构、高架车站结构和地下车站结构；第四篇城市轨道交通结构施工主要介绍轨道与路基结构施工、车站结构施工、高架结构施工和地下结构施工。

本书可作为高等院校交通工程专业、城市地下空间工程专业的本科教材，也可作为其他土木类、交通运输类相关专业本科教材和工程技术人员参考书。

图书在版编目(CIP)数据

城市轨道交通结构工程／刘龄嘉，王永岗主编.
北京：人民交通出版社股份有限公司，2024.11.
ISBN 978-7-114-19871-7
Ⅰ.U239.5
中国国家版本馆 CIP 数据核字第 2024T1U445 号

Chengshi Guidao Jiaotong Jiegou Gongcheng

书　　名：	城市轨道交通结构工程
著 作 者：	刘龄嘉　王永岗
策划编辑：	卢俊丽
责任编辑：	陈虹宇
责任校对：	赵媛媛　龙　雪
责任印制：	刘高彤
出版发行：	人民交通出版社
地　　址：	(100011)北京市朝阳区安定门外外馆斜街 3 号
网　　址：	http://www.ccpcl.com.cn
销售电话：	(010)85285911
总 经 销：	人民交通出版社发行部
经　　销：	各地新华书店
印　　刷：	北京虎彩文化传播有限公司
开　　本：	787×1092　1/16
印　　张：	24.25
字　　数：	590 千
版　　次：	2024 年 11 月　第 1 版
印　　次：	2024 年 11 月　第 1 次印刷
书　　号：	ISBN 978-7-114-19871-7
定　　价：	65.00 元

印刷、装订质量问题的图书,由本社负责调换)

前言

近20年来,我国城市轨道交通发展迅速。为适应国家对轨道交通专业人才的需求,长安大学增设了城市地下空间工程专业城市轨道工程方向,近10年来为轨道交通行业培养了大批人才。"城市轨道交通结构工程"课程是该专业发展课程中的选修课程,为适应人才培养需求和学生的学习特点,编者根据多年来教授"城市轨道交通结构工程"课程的经验与体会,结合工程实际编写了本教材。

为方便学生学习,本教材根据城市轨道交通结构的设计特点,按各专业现行的"概率极限状态法"相关规范编写。

本教材按照50个课时进行内容设计和编排,共分四篇:第一篇为总论(15课时),第二篇为区间结构(15课时),第三篇为车站结构(10课时),第四篇为城市轨道交通结构施工(10课时)。

第一篇:总论。本课程以先修课程"城市轨道交通系统"为基础,简化相关内容,着重介绍城市轨道交通结构组成和分类、总体规划与设计、设计荷载及混凝土结构设计方法等。通过该篇的学习,学生应对城市轨道交通结构有一个总体概念,了解城市轨道交通结构类型及城市轨道交通结构设计施工方法。

第二篇:区间结构。学生应掌握城市轨道交通轨道结构、路基结构、高架区间结构和地下区间结构的基本类型、基本构造要求和受力特点、设计和计算方法等。通过该篇的学习,学生应能够看懂设计图,掌握必要的计算方法,并结合先修课程相关知识完成相应的施工组织设计和概预算编制。

第三篇:车站结构。学生应对地面车站结构、高架车站结构、地下车站结构的基本类型、基本构造要求和受力特点、设计和计算方法等有所了解,掌握"桥-建"组合结构车站与"桥-建"分离结构车站的区别,地下车站与地下区间在结构上的区别等。

第四篇:城市轨道交通结构施工。该篇对轨道与路基结构、车站结构、高架结构、地下结构的常用施工方法进行简要介绍。通过该篇的学习,学生应对城市轨道交通结构的主要施工方法有所了解。

本教材以桥梁工程概论、隧道工程概论等先修课程为基础,针对混凝土结构主要类型的构造和主要施工方法进行介绍,通过学习本课程使学生了解与掌握城市轨道交通结构的设计方法与施工方法。教材按照区间结构与车站结构进行编写,编写思路为:结构一般特点→结构一般构造→结构设计→结构计算→结构施工。

结构一般构造:结构构件的截面构造,不含构件的钢筋构造。这部分内容的学习要结合"结构设计原理"的相关知识与设计规范的相关内容。

结构设计:截面类型的选定方法,截面尺寸的拟定方法。这部分内容的学习要结合已建成工程的实例和相关设计规范的规定。

结构计算:利用结构力学知识将不同构造类型的结构简化成结构计算模型,分析结构各构件的受力特性,选出最不利受力构件(或截面)和受力控制构件(或截面),利用第一篇第四章的内容(或"结构设计原理"课程的相关知识)和相关设计规范进行构件(或截面)设计计算。

结构施工:结构设计与施工是密不可分的,施工方法不同则结构受力不同。因此,本教材将重点介绍各类结构的主要施工方法。

本课程的先修课程包括"工程力学""桥梁工程概论""隧道工程概论""轨道工程""基础工程"等,在学习中应注意复习以上相关课程的知识,并应用于本课程的学习之中。

本教材由长安大学刘龄嘉(第一篇第一、三、四章,第二篇第一章)、中铁第一勘察设计院集团有限公司(简称铁一院)杨沛敏(第一篇第二章)、铁一院张小宁、李文博(第二篇第二章、第四篇第一章)、铁一院吴延伟(第二篇第三章、第四篇第三章)、长安大学王永岗(第二篇第四章)、铁一院高志宏、邵莹、李明涛(第三篇,第四篇第二、四章)共同编写完成。长安大学刘龄嘉、王永岗担任主编,长安大学彭辉教授担任主审。

本教材在编写过程中,中国铁路经济规划研究院有限公司教授级高级工程师倪光斌、中铁十局集团有限公司教授级高级工程师朱俊山以及铁一院教授级高级工程师王可峰、高升等提供了支持与帮助,得到了长安大学已毕业硕士研究生付强、李奇洪在文字整理方面的帮助,在此表示由衷感谢!

由于编者水平有限,对规范的理解可能还不够透彻,书中难免存在不足之处,敬请读者批评指正。来函请寄:liuljia@126.com。

编　者

2024年5月

目 录
Contents

第一篇 总 论

第一章 绪论 ········· 001
  第一节 概述 ········· 001
  第二节 城市轨道交通类型 ········· 002
  第三节 城市轨道交通结构类型 ········· 009

第二章 总体规划与设计 ········· 013
  第一节 总体规划、设计原则与设计要求 ········· 013
  第二节 设计要点 ········· 015

第三章 设计荷载 ········· 036
  第一节 设计基本荷载 ········· 036
  第二节 荷载的相关规定与计算方法 ········· 041
  第三节 荷载组合（作用组合） ········· 046
  第四节 容许应力法和破坏阶段法 ········· 052

第四章 混凝土结构设计方法 ········· 055
  第一节 概述 ········· 055
  第二节 材料的物理力学性质 ········· 058
  第三节 钢筋混凝土构件设计方法 ········· 075
  第四节 预应力混凝土构件设计方法 ········· 099

第二篇 区间结构

第一章 轨道结构 ········· 104
  第一节 概述 ········· 104

第二节	轨道结构的主要类型及其使用情况	108
第三节	轨枕构造与设计	109
第四节	道床构造与设计	113

第二章　路基结构 ……………………………………………………… 117

第一节	概述	117
第二节	路基本体工程	118
第三节	路基排水及防护工程	121
第四节	路基支挡工程	125

第三章　高架区间结构 …………………………………………………… 140

第一节	概述	140
第二节	结构构造与设计	145
第三节	结构计算方法 *	162

第四章　地下区间结构 …………………………………………………… 163

第一节	概述	163
第二节	结构设计	168
第三节	结构计算方法 *	178

第三篇　车 站 结 构

第一章　地面车站结构 …………………………………………………… 179

第一节	概述	179
第二节	结构构造与设计方法	181

第二章　高架车站结构 …………………………………………………… 188

第一节	概述	188
第二节	结构构造与设计	200
第三节	结构计算方法 *	210

第三章　地下车站结构 …………………………………………………… 211

第一节	概述	211
第二节	结构构造与设计	220
第三节	明挖车站计算方法 *	253
第四节	暗挖车站计算方法 *	253

第四篇　城市轨道交通结构施工

第一章　轨道与路基结构施工 ··· 254
第一节　轨道结构施工 ·· 254
第二节　路基结构施工 ·· 256

第二章　车站结构施工 ··· 261
第一节　施工方法 ·· 261
第二节　施工环保措施 ·· 263

第三章　高架结构施工 ··· 264
第一节　现浇法施工 ·· 264
第二节　预制安装法施工 ·· 272
第三节　支架现浇+预制安装法施工 ································ 275

第四章　地下结构施工 ··· 277
第一节　明挖(盖挖)法施工 ······································ 277
第二节　暗挖法施工 ·· 332
第三节　盾构法施工 ·· 362

参考文献 ··· 375

第一篇 总论

第一章 绪论
CHAPTER ONE

第一节 概述

轨道交通是一种独立的有轨交通系统,提供资源集约利用、环保舒适、安全快捷的大容量运输服务,能够按照设计能力正常运行,与其他交通工具互不干扰。是城市交通的主动脉。

城市轨道交通是采用专用轨道导向运行的城市公共客运交通系统,包括地铁、轻轨系统、单轨系统、有轨电车、磁浮系统、自动导向轨道系统、市域快速轨道系统、直线电机轮轨交通。

城市轨道交通系统是指在城市中利用车辆在固定导轨上运行并主要用于城市客运的交通系统,包括硬件系统和软件系统(图1-1-1)。硬件系统中固定设施的建设包括区间(线网规划、选线设计、轨道结构、区间结构工程等)、车站(车站建筑设计、车站结构工程)、车辆段(停车场、车辆保养及检修基地等)等内容。线网规划要综合考虑城市整体交通系统来规划线网组成、走向和车站布置等;选线设计主要依据线网中线路的技术条件、工程地质条件、既有建筑物设置等解决线路的技术选线问题,主要是线路的平面和纵断面设计;轨道结构主要解决轨道部分的设计和施工问题,包含特殊地段的减振处理;车站建筑设计体现车站的功能,其主要解决车站内部空间分配、功能分区等问题;车辆段除了存车外,还兼顾车辆的维修;车站与区间结构工程是城市轨道交通基础设施的主体,在城市轨道交通系统的投资中所占份额大,在实施阶段对城市生活影响大,在运营阶段又是确保行车和乘客集散的主体。软件系统主要包括运营管理系统、行车调度指挥系统、售票系统等,本书对此不做详细介绍。

城市轨道交通结构工程是指车站结构与区间结构的设计与施工,车站结构包括地面车站、地下车站和高架车站,区间结构包括地面线、地下区间和高架区间。地面线与地面车站相对简单,主要是轨道路基和地面建筑结构;而地下结构(地下区间和地下车站)与高架结构(高架区间和高架车站)由于承载的对象不同,设计方法与施工方法差异很大,同时,由于车站结构依据国家标准设计,区间结构目前大多采用铁道行业标准设计,设计标准也不相同。这也是"城市轨道交通结构工程"课程学习的重点。

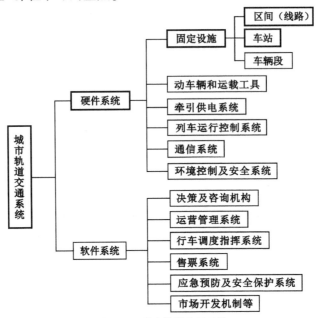

图 1-1-1　城市轨道交通系统

城市轨道交通结构是指城市轨道交通系统中的土木工程结构,主要采用钢筋混凝土结构和预应力混凝土结构,在学习区间结构与车站结构前,应先了解钢筋混凝土结构与预应力混凝土结构的材料特性、受力特性和设计原理,了解混凝土结构采用国家标准设计与行业标准设计的区别,为后续学习打好基础。

学习"城市轨道交通结构工程"课程,通过先修"材料力学""结构力学""建筑材料""桥梁工程概论"等相关课程,能够理解与分析结构受力特点,正确掌握结构设计与施工方法;通过先修"工程地质""水力学与桥涵水文""隧道工程概论""基础工程"等相关课程,能够根据水文与地质条件合理选择施工方法。

第二节　城市轨道交通类型

我国第一条城市轨道交通线路是 1969 年 10 月建成的北京地铁一期工程,1976 年我国第二条城市轨道交通线路——上海地铁 1 号线开通,1997 年广州地铁、2004 年深圳地铁、2005 年南京地铁等相继开通。截至 2022 年底,31 个省(自治区、直辖市)和新疆生产建设兵团共有

53个城市开通运营城市轨道交通线路290条,运营里程9584公里,车站5609座。2002年,上海建成了世界上唯一一条商业运营的磁浮交通线路;2010年,世界首条无人驾驶自动导向轨道系统——广州市珠江新城旅客自动输送系统开通;2011年,重庆开通了我国首条跨座式单轨交通线路;2022年12月,深圳开通了国内首条云轨线路。城市轨道交通呈多样性发展。因此,了解并掌握城市轨道交通类型是十分必要的。

城市轨道交通根据技术特征、运量大小、敷设方式、路权、导向方式、轮轨支撑形式、线路隔离程度等有不同的类型,因而结构构造形式也不同。

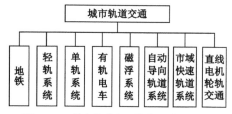

图 1-1-2　城市轨道交通按技术特征分类

1. 按技术特征分类

城市轨道交通按技术特征的不同分为地铁、轻轨系统、单轨系统、有轨电车、磁浮系统、自动导向轨道系统、市域快速轨道系统、直线电机轮轨交通等,如图1-1-2所示。

1) 地铁

地铁(metro/underground railway/subway)是沿用地面铁路系统的形式逐步发展形成的一种采用电力牵引,在全封闭线路上运行的大运量城市轨道交通方式(图1-1-3),线路通常设于地下结构内,也可延伸至地面或高架桥上。自1863年英国伦敦建成世界上第一条地铁线路(蒸汽机牵引)以来,地铁迅速发展,已经成为现代城市最重要的交通工具之一。

a)

b)

图 1-1-3　地铁

2) 轻轨系统

轻轨系统(light rail transit)是在全封闭或部分封闭线路上运行的中运量城市轨道交通系统(图1-1-4),线路通常设于地面或高架桥上,也可延伸至地下结构内。轻轨交通是从有轨电车发展而来的,但经过几十年的不断改进和完善,其技术标准已经接近地铁。作为中运量的城市轨道交通系统,轻轨技术成熟,运行速度较快,以高架、地面线路为主,和地铁相比,其具有建设周期短、造价低(为地铁的1/4~1/2)等优势。同时,由于结合了有轨电车和地铁的技术特点,轻轨交通的功能和适用范围更为实用和机动灵活,适用于市内、市郊、机场联络等中短距离运输,具有较强的优越性和广阔的发展空间。

3) 单轨系统

单轨系统(monorail transit)是采用电力牵引列车在一条轨道梁上运行的中低运量城市轨

道交通系统(图1-1-5)。根据车辆与轨道梁之间的位置关系,单轨交通分为跨座式单轨交通和悬挂式单轨交通两种类型。跨座式单轨交通是指车辆在轨道梁上部运行,在我国也称为云轨;悬挂式单轨交通是指车辆在轨道梁下部运行,在我国也称为空轨。单轨交通与传统地铁的技术差异主要体现在车辆的转向架、轨道梁和道岔三个方面。

a)

b)

图1-1-4 轻轨交通

a)重庆跨座式单轨

b)深圳比亚迪云轨

c)日本悬挂式单轨

d)成都空轨

图1-1-5 单轨交通

4)有轨电车

有轨电车(tram)是与道路上其他交通方式共享路权的低运量城市轨道交通方式(图1-1-6),线路通常设在地面。有轨电车是一种古老的城市轨道交通模式,1888年,世界上第一条有轨电车线路在美国弗吉尼亚州里士满市正式开通运行。19世纪90年代至20世纪20年代,有轨电车曾风行于欧美各国,并扩展到亚洲、非洲、南美洲的许多大城市。

图1-1-6 有轨电车

5) 磁浮系统

磁浮系统(maglev transit)是通过磁力实现列车与轨道的非接触支承、导向和驱动的轨道交通系统。它采用直线电机牵引、磁吸或磁斥悬浮、电磁导向,目前有多种制式,其主要技术特征差别在于导体材料、工作温度、直线电机类型、悬浮方式、驱动方式等。它是地面交通中运行速度最快的一种交通方式。2003年12月,日本的高速磁浮列车创造了581km/h的地面交通速度纪录。中国上海磁浮线已于2002年底建成并投入运营,其采用德国TRANSRAPID系统技术,是目前世界上唯一一条商业运营的高速磁浮交通线路(图1-1-7)。

图1-1-7 上海磁浮交通

6) 自动导向轨道系统

自动导向轨道系统(automated guideway transit system)是在混凝土轨道上,通过橡胶轮胎及导向装置自动导引车辆运行方向的轨道交通系统(图1-1-8)。它最早出现在美国,起初主要作为一种穿梭式或环形式往返运送乘客的短距离交通工具,车辆采用橡胶车轮,利用侧式或中央导轨导向,由计算机集中控制实行自动控制运行。许多国家经过多年的研究和实践,在此基础上进行了改进,使其成为城市中一种中运量客运交通系统。各国对这种新型客运交通系统的分类及命名各不相同,比如,日本称之为新交通系统,法国称之为VAL系统。

世界首条无人驾驶地铁——广州市珠江新城旅客自动输送系统(automated people-mover systems,APM线),于2010年11月8日正式开通试运行。APM线南起广州塔,北至林和西,连接广州市海珠区珠江新城与天河商贸区、广州塔,满足广州亚运会期间繁重客流的交通需求。其全长3.94km,共设9座车站和1座停车场(含控制中心)。北京首都国际机场旅客捷运系统(APM),采用轨旁和中控传递信号控制车辆的运行方式,行车线路单程长2.08km,分别在T3C、T3D、T3E设置3个车站(图1-1-9)。

a)　　　　　　　　　　　　　　　　　　b)

图 1-1-8　自动导向轨道系统

a) 广州APM线　　　　　　　　　　　b) 北京首都国际机场旅客捷运系统线

图 1-1-9　旅客自动输送系统(APM 线)

7) 市域快速轨道系统

市域快速轨道系统(urban rail rapid transit system)是运行于市区、市郊以及卫星城之间的城市轨道交通系统(图 1-1-10)。它与其他城市轨道交通系统的共同点是它们均为公交化客运的轨道交通,但在运营模式和管理机制、运营区域和运距目标、产权归属和制式、列车运行密度等方面有较大的差别。因此,严格来说,市域快速轨道系统不能等同于城市轨道交通系统,但可以认为是其他城市轨道交通系统另一个层次的补充。

a)　　　　　　　　　　　　　　　　　　b)

图 1-1-10　市域快速轨道系统

市域快速轨道系统以其运量大、速度快、污染少的优势,为城区及市郊地区或卫星城之间提供客运服务,满足人们日常通勤、城市及郊区之间往来的需要。市域快速轨道系统建设可利用既有铁路设施,相比其他城市轨道交通方式,可大幅降低建设成本,有效解决城市轨道交通建设的投融资问题。

8) 直线电机轮轨交通

直线电机轮轨交通(linear metro)采用直线感应电机牵引、轮轨系统支撑导向(图1-1-11)。20世纪80年代初,日本和加拿大几乎同步开始对这一系统进行研究。目前,已有5个国家建成了10余条线路。直线电机轮轨交通采用直线感应电机驱动,牵引力不受物理黏着的存在限制,使车辆加速、减速性能及爬坡能力均有较大的提高,最大坡度可达6‰~8‰。同时,由于没有旋转动力源和机械变速传动系统,轴箱定位结构可以得到较大的简化,因此直线电机车辆一般采用径向转向架,以提高车辆的曲线通过性能和运行平稳性。爬坡能力强和良好的曲线通过性能是其主要优势。此外,直线电机车辆比传统地铁车辆尺寸小,所需横断面也较小。若在地下修建,可以较大程度地减少工程量,降低工程造价。

a) b)

图1-1-11 直线电机轮轨交通

2. 按运量大小分类

城市轨道交通新线建设规模,按线路远期单向高峰小时客运能力划分为四个类别、三个量级,各级线路相关技术特征见表1-1-1[参照《城市轨道交通工程项目建设标准》(建标104—2008)]。

各级线路相关技术特征 表1-1-1

线路运能分类	Ⅰ	Ⅱ	Ⅲ	Ⅳ
	高运量	大运量	中运量	
	(钢轮钢轨)		(钢轮钢轨/单轨)	
线路形式	全封闭型			部分平交道口
列车最大长度(m)	185	140	100	60
单向运能(万人次/h)	4.5~7	2.5~5	1.5~3	1~2
适用车型	A	B 或 L_B	B、C、L_B 及单轨	C 或 D
最高速度(km/h)	80~100			60~80
旅行速度(km/h)	35~40			20~30

续上表

线路运能分类	I	II	III	IV
	高运量	大运量	中运量	
	（钢轮钢轨）		（钢轮钢轨/单轨）	
平均站间距（km）	1.2~2			0.8~1.5
适用城市城区人口规模（万人）	≥300		≥150	

注：1. A、B、L_B、D型车和单轨车的技术规格见表1-2-4。
2. I、II、III级线路是全封闭快速系统，采用独立的专用轨道和信号，高密度运行。IV级线路是具有专用轨道和部分信号的中低运量系统，但部分路段设置平交道口。
3. "适用城市城区人口规模"是指人口规模能达到或超过此限的城市轨道交通线网中的主干线等级，其余线路可根据运量选用较低等级。
4. 旅行速度指一般情况下的特征数据。当车辆最高速度大于100km/h时，有关技术标准应另行研究确定。

3. 按敷设方式分类

根据不同的敷设方式，城市轨道交通系统可分为隧道（包括地下、水下）、高架和地面三种形式。特大容量、大容量轨道交通系统在交通较为繁忙的地区多采用隧道和高架形式，在市郊可采用全封闭的地面形式；中容量轨道交通系统可兼有三种敷设形式，且通常不与机动车混行；小容量轨道交通系统一般采用地面形式，可与机动车混行，运行效率较低，相对于常规公交优势并不明显。

4. 按路权分类

路权是指轨道交通系统运行线路与其他交通的隔离程度。以此为依据，城市轨道交通系统可分为A、B、C三种基本类型。

A类为独立路权，与其他交通完全隔离，不受平交道与人、车的干扰，一般用于特大容量、大容量及1.6万人/h以上的中容量轨道交通系统。

B类为半独立路权，沿行车方向采用缘石、隔离栅、高差等措施与其他交通实体隔离，但在交叉路口仍与横向的人、车平交混行，受信号系统控制，一般用于1.6万人/h以下的中容量轨道交通系统。

C类为混合路权，代表地面混合交通，不具有实体分割措施，与其他交通混合运行，在路口按照信号规定停驶，也可享有一定的优先权，诸如用道路标线或特殊信号等保留车道，有轨电车通常采用这种形式。

5. 按导向方式分类

根据不同的导向方式，城市轨道交通系统可分为轮轨导向及导向轮导向，钢轮钢轨系统（地铁、轻轨、有轨电车）属前一类，启动较快；单轨系统及新交通系统等胶轮车辆属后一类。

6. 按轮轨支撑形式分类

轮轨支撑形式，即车辆与转移车重的行驶表面之间的垂直接触与运行方式，从这一标准出发，城市轨道交通系统可分为钢轮钢轨系统、胶轮混凝土轨系统以及特殊系统。钢轮钢轨系统包括市郊铁路、地铁、轻轨、有轨电车，胶轮混凝土轨系统主要是指单轨系统及新交通系统，而特殊系统则包括支撑面置于车辆之上的悬挂式单轨系统、磁浮交通系统等。

7. 按线路隔离程度分类

按线路隔离程度，城市轨道交通系统可分为全隔离、半隔离和不隔离三种。特大容量、大容量和1.6万人/h以上的中容量轨道交通系统必须采用全隔离方式,不可与其他交通方式混流;中容量轨道交通系统一般采用半隔离方式;有轨电车系统属于不隔离体系。

本教材重点介绍城市轨道交通中的地铁和轻轨交通。

第三节　城市轨道交通结构类型

城市轨道交通结构工程项目构成可分为总体规划研究、土建工程设计和设备系统配置三部分。

(1)总体规划研究,包括线路运营总体规划、客流预测、运营组织、限界等。

(2)土建工程设计,包括轨道、路基、桥梁、隧道、车站以及主变电所、集中冷站、控制中心及车辆基地的土建工程部分。

(3)设备系统配置,包括车辆、供电、通风空调(含采暖)、通信、信号、给排水与消防、防灾与报警、机电设备监控、自动售检票、自动扶梯和电梯、站台屏蔽门、旅客信息等系统设备及其控制管理设施、车辆基地的维修设备等。

本教材重点介绍土建工程设计中的轨道、路基(地面区间结构)、桥梁(高架区间结构)、隧道(地下区间结构)及车站结构部分。

1. 轨道结构

轨道结构是城市轨道交通的重要组成部分,是车辆运行的基础。在路基结构、高架区间结构、地下区间结构、车站结构等结构上都设有轨道结构。轨道结构设计应根据路网、线路及各专业的不同层次功能要求综合进行,并协调与限界、土建、信号、给排水、供电、人防、路基等相关专业的接口。轨道结构的混凝土构件主要为轨枕,轨枕是以受弯(长枕)或受压(短枕)为主的构件,采用钢、钢筋混凝土、预应力混凝土等材料建造。

2. 地面区间路基结构

在较空旷或道路和建筑物稀少的地带,可采用地面线形式(地面区间路基)作为轨道基础的线路形式,类似普通铁路的路基,如图1-1-12所示。地面线的路基路肩高程应高出线路通过地段的最高地下水位和最高地面积水水位,并应加上毛细水强烈上升高度和有害冻胀深度或蒸发强烈影响深度,再加0.50m的安全值,以免路基因被淹没、翻浆冒泥而影响运营。地面线的优点是土建工程造价低;缺点是会隔断线路两侧的交通,使线路两侧难以沟通,不利于两侧土地的商业开发利用,同时,其运营时的噪声较大。地面线设计要注意以下几个问题:

(1)要结合沿线土体的使用性质,从长远规划的角度综合、慎重考虑是否设置地面线,因城市轨道交通的行车密度大,地面线需要设置防护隔离设施,这将隔断

图1-1-12　地面线(香港地铁)

线路两侧的联系,并带来很大的噪声。

(2)在我国南方地区,要充分考虑路基的防淹和排水问题,应事先调查、搜集当地的暴雨积水数据,来确定最低路面高程,以确保线路的运营安全。如上海轨道交通 9 号线经过一处高压走廊,因受高压线高度限制,局部线路由高架降为地面线,且路基高度根据当地三十年一遇的暴雨积水高度确定,并采取了一定的排水和保护措施。

地面区间路基结构包括路基防护结构和路基支挡结构。为防止边坡受冲刷,在路基坡面上所做的各种铺砌和栽植统称为路基防护工程,路基防护分为路基坡面防护和路基冲刷防护。为使路基本体及路基周围土体稳定,支承路基填土或山坡土体、防止填土或土体变形失稳而修筑的构筑物称为路基支挡结构,又称挡土墙。挡土墙采用钢筋混凝土、预应力混凝土、钢筋(或钢束)锚杆等材料建造。

3. 高架区间结构

城市轨道交通线路在江、河、湖、海岸线等空旷地段适合采用高架结构跨越。高架结构主要为桥梁结构,是永久性城市建筑,如图 1-1-13 所示。高架区间的跨径、桥跨结构形式、桥墩形式等的选择,不仅决定工程实施进度以及对环境的干扰程度,还直接影响工程投资和建成后的效果及城市景观,同时受沿线的区域位置、周边环境、高架区间和地面道路的平面关系等多种因素的制约。设计中应综合考虑各因素的影响,充分发挥各类结构形式的优点,以达到最优设计。

a)青岛地铁11号线高架桥

b)佛山地铁3号线顺德水道大桥

图 1-1-13　高架区间结构

高架结构按主要承重结构受力性质不同分为梁桥、拱桥、悬索桥、刚架桥、组合体系桥(斜拉桥、梁拱组合体系等)。

(1)梁桥是一种在竖向荷载作用下无水平反力、承重结构主要承受弯矩的结构,通常采用抗弯能力强的材料(钢、钢筋混凝土、预应力混凝土等)来建造。

(2)拱桥的主要承重结构是主拱圈或拱肋,在竖向荷载作用下,桥墩或桥台承受水平推力,该水平推力将显著抵消荷载在拱圈内产生的弯矩作用,主拱圈或拱肋以受压为主。因此,与同跨径的梁桥相比,拱桥的弯矩和变形要小得多;当拱桥采用与梁桥相同的材料建造时,跨越能力要比梁桥大很多。拱桥通常采用抗压能力强的材料(钢、钢筋混凝土、圬工材料等)来建造。

(3)悬索桥是具有水平反力(拉力)的结构,采用悬挂在两边索塔上的强大主缆作为主要承重结构。在竖向荷载作用下,梁体结构上的荷载通过吊索传递至主缆,使主缆承受很大的拉力,通常需要在两岸桥台的后方修筑巨大的锚碇结构来锚固主缆。现代悬索桥广泛采用高强度钢丝编制的主缆,以充分发挥其优异的抗拉性能,因此结构自重较小,能以较小的建筑高度建成其他任何桥型无法比拟的特大跨径桥梁。

(4)刚架桥的主要承重结构是梁(或板)和支柱整体结合在一起的刚架结构,梁和立柱的连接处具有很大的刚性。在竖向荷载作用下,梁部主要受弯,而柱脚处承受水平反力,其受力状态介于梁桥与拱桥之间。刚架桥通常采用钢、钢筋混凝土、预应力混凝土等材料来建造。

(5)组合体系桥是由几个不同体系的结构组合而成的桥梁,例如拱-梁组合体系桥、斜拉桥(梁、柱、索组合)等,根据不同桥型的受力特点,采用钢、钢筋混凝土、预应力混凝土、钢-混凝土组合等材料建造。

4. 地下区间结构

为减少对城市环境的影响,城市轨道交通线路在城市中心繁华地区,大多采用地下线形式通过。地下区间结构应根据沿线工程地质和水文地质条件、埋置深度、城市规划以及工程投资等具体条件来选择相应的结构形式和施工方法。修建地下区间结构一般采用明挖法、浅埋暗挖法、盾构法等,对应的结构形式有矩形结构、拱形结构、圆形结构等(图1-1-14)。

a)明挖法施工的隧道(矩形结构)

b)浅埋暗挖法施工的隧道(拱形结构)

c)盾构法施工的隧道(圆形结构)

图1-1-14 地下区间隧道结构

5. 车站结构

城市轨道交通车站是供列车停靠,乘客购票、候车和乘降并设有相应设施的场所。根据轨道与地面相对位置分为地下车站[轨道设在地下的车站,如图1-1-15a)所示]、地面车站[轨道设在地面的车站,如图1-1-15b)所示]和高架车站[轨道设在高架结构上的车站,如图1-1-15c)所示]。

地下车站根据不同的施工方法可以采用不同的结构形式。例如,采用明挖法和盖挖法施工的车站通常采用矩形结构;采用浅埋暗挖法施工的车站通常采用拱形结构[图1-1-14b)]。

一般在郊区、街心公园或广场、大型娱乐场所、体育场馆、机场和铁路车站等门前广场地带,可以考虑采用地面车站。地面车站在实施条件及运营费用上具有许多优势,但由于其站厅突出在地面以上,用地需求较大,因此,使用条件受到一定限制。

a) 地下车站

b) 地面车站

c) 高架车站

图1-1-15 车站结构

高架车站既不是单一的房屋建筑结构,也不是单一的桥梁结构,而是房屋建筑和桥梁融合的结构形式。高架车站一般采用的结构形式有车站建筑与桥梁分离式结构、车站建筑与桥梁联合式结构两种。车站建筑与桥梁分离式结构是指区间高架桥在车站范围内连续贯通,与站厅的梁、板、柱及基础分离,各自形成独立的结构受力体系。车站建筑与桥梁联合式结构是指轨道梁直接搁置或固定在车站横梁上,可分为两种:空间框架式结构[图1-1-15c)]和车站建筑与桥梁整体式结构。

第二章 总体规划与设计

城市轨道交通规划与设计是一项涉及城市规划、交通工程、建筑工程以及社会经济等多种学科的系统工程。轨道交通项目投资大、工期长,在城市规划中,轨道交通网的规划与设计非常重要,直接影响城市的功能定位和基本布局,对城市的发展有极强的引导作用,对促进城市结构调整、推动城市布局整合、加快城市土地开发、改善交通运输结构以及城市的可持续发展都有巨大影响。

第一节 总体规划、设计原则与设计要求

一、总体规划与项目规划

1. 总体规划

总体规划主要包括线网远景规划与分阶段建设规划、客流预测、运营规划、工程可实施规划。

(1)线网远景规划与分阶段建设规划,主要包括线网规模确定、线网构架方案选择和方案评估等。线网远景规划与分阶段建设规划是城市轨道交通线路设计和建设的基础。

(2)客流预测,是指在城市规划与综合交通规划基础上对轨道交通各线路、车站及其他设施处的客流进行预测。

(3)运营规划,是指在规划与设计阶段就着手考虑运营问题,是城市轨道交通线路建设的前提条件。运营规划包括不同时期列车运营组织方案、车站设施能力负荷分析等。

(4)工程可实施规划,主要包括车站、车辆段、换乘点的选址与规模,线路敷设方式规划,线网建设顺序与运营,以及城市轨道交通与地面交通的衔接设计等。

2. 项目规划

城市轨道规划与设计分为若干个项目,项目规划需把握以下要点:与城市发展规划密切结合,适当留有发展余地;满足城市主干客流的交通需求;规划线路尽量沿城市主干道敷设;站

点一般设置在能容纳大交通量的地区,尤其以能充分接近高密度居住区为宜,换乘枢纽应能满足各种交通方式的便利换乘,尽量缩短乘客的换乘时间;将对环境的影响降到最低,地面轨道和高架轨道交通的噪声、振动公害应控制在一定范围内,同时考虑对城市景观的影响。

二、设计原则与设计要求

1. 设计原则

城市轨道交通建设应重视网络化运营效益,必须做好线网总图规划、线网实施规划和有关专题研究,并应符合下列规定:

(1)线网总图规划应重点研究线网的总体结构形态、覆盖范围、分布密度、总体规模、换乘节点、车辆基地及其联络线分布等。采用定性、定量分析,经客流预测和多方案比选,确定远景线网总图规划。

(2)线网实施规划应重点研究线网的近期建设规模、建设时序、运行组织、工程实施、换乘接驳以及建设用地控制规划,考虑远景线网规划的可实施性。

(3)在完成线网规划后,应对线网资源的综合利用进行专题研究,包括车辆与车辆基地、控制中心、供电、通信、信号、自动售检票等系统的资源共享和综合规划研究,以及沿线建设用地、开发用地、交通枢纽及停车换乘等用地的控制性详细规划研究。

2. 设计要求

(1)城市轨道交通应布设在城市客运量大的主要客运通道上,项目设计应以客流预测为基础,符合政府主管部门批准的城市总体规划、城市轨道交通线网规划及近期建设规划,并应与城市综合交通规划相协调。

(2)城市轨道交通运营组织设计应根据城市轨道交通线网规划、客流预测和乘客出行需求,形成系统的运营概念,明确运营需求,确定系统的运营规模、运营模式和运营管理方式。

(3)城市轨道交通选线应以快速、安全为原则,符合运营效益原则、工程实施安全原则等。

(4)车站分布应以线网规划的换乘节点、城市交通枢纽点为基本站点,结合城市道路布局和客流集散点分布确定。

(5)车辆基地、停车场、联络线、控制中心和主变电所应根据线网规划和建设时序统筹布设。

(6)城市轨道交通地下结构设计应以"结构为功能服务"为原则,满足城市规划、运营组织、环境保护、抗震、防水、防火、防腐蚀及施工等要求,并应做到安全、耐久、技术先进、经济合理。

(7)机电及车辆设备应采用满足功能需求、技术经济合理的成熟产品,并应标准化、系列化和立足于国内生产,有利于行车管理、客运组织和设备维护。

(8)城市轨道交通设计应采取防火灾、水淹、地震、风暴、冰雪、雷击等灾害的措施。

(9)城市轨道交通设计应在不影响安全可靠和使用功能的前提条件下,采取有利于降低工程造价和节省运营成本的措施。

第二节 设计要点

设计要点包括总体设计、立面设计、横断面设计等。总体设计是确定城市轨道交通线路走向、车站分布、与其他交通立体化结合等。立面设计,即线路敷设方式,应根据城市实际环境情况选择地下线、地面线和高架线。横断面设计是在确定建筑限界尺寸后,对结构的设计宽度、截面大小进行设计。

一、总体设计

1. 平面规划与布局

线路总体布局应重点把握功能定位、接驳换乘、客流效益,并应符合下列规定:

(1)拟建线路应依据城市轨道交通线网规划进行选线布站。根据在线网中的功能定位和客流预测分析,明确线路性质、运量等级和速度目标。

(2)拟建线路应有全日客流效益、通勤客流规模、大型客流点的支撑。车站应服务于重要客流集散点,起讫点车站应与其他交通枢纽相配合,构筑城市交通一体化,并落实城市规划用地。

(3)拟建线路起点、终点不应设在市区内大客流断面位置,也不宜设在高峰断面流量小于全线高峰小时单向最大断面流量1/4的位置。

(4)每条线路的长度不宜大于35km,旅行速度不应小于表1-1-1的规定。

(5)对超长线路,应以最长交路运行1h为目标,旅行速度达到最高运行速度的45%~50%为宜。

(6)对穿越城市中心的超长线路,应分析全线不同地段客流断面和分区起终点出行量矩阵特征;分析线网中车站和换乘点的分布;分析列车在各区间的满载率,合理确定线路起讫点、站间距和旅行速度目标。

(7)轨道交通全封闭式线路应采用立体交叉方式。

(8)对设置支线的运行线路,支线长度不宜过长,接轨点必须在车站,宜选在客流断面较小的地段。正线、支线进站方向宜设置为同站台两侧平行进路。

(9)两条正线共线运行地段,应符合支线接轨条件,且应分别满足两线列车行车密度的要求。

(10)在线路经过地带,应划定控制保护地界,并根据工程地质条件、施工工法和当地工程实践经验,确定轨道交通走廊的规划控制保护地界,但不应小于表1-2-1的规定。在规划控制保护地界内,应限制新建各种大型建筑、地下构筑物,或穿越轨道交通建筑结构下方。必要时须制定预留和保护措施,确保轨道交通结构稳定和运营安全。

控制保护地界最小宽度标准　　　　　　　　　　　表1-2-1

线路地段	控制保护地界计算基线	规划控制保护地界
建成线路地段	地下车站和隧道结构外侧,每侧宽度	50m
建成线路地段	高架车站和区间桥梁结构外侧,每侧宽度	30m
建成线路地段	出入口、通风亭、变电站等建筑物外边线的外侧,每侧宽度	10m
规划线路地段	以城市道路规划红线的中线为基线,每侧宽度	60m
规划线路地段	规划有多条轨道交通线路平行通过或线路偏离道路以外地段	专项研究

2. 轨道

轨道结构应有足够强度,具有良好的稳定性、耐久性和适当的弹性;应有利于养护维修,确保列车安全、快速、平稳运行;并应符合下列要求：

(1) 轨道应采用1435mm标准轨距。区间曲线最大超高为120mm,车站内曲线超高为15mm。

(2) 在新建的路基、隧道、桥梁上铺设轨道时,应考虑工程沉降、徐变的时间要求。

(3) 在隧道内和高架桥上宜铺设无缝线路和混凝土整体道床,并应具有良好的绝缘性能和对杂散电流的防护措施。在道岔铺设地段,应避开结构沉降缝(或施工缝)。在振动超标地段,应采取有效的减振、降噪措施。

(4) 高架桥跨越铁路、河流、重要路口或小半径曲线地段时应采取防脱轨措施。

(5) 在轨道末端应设车挡,其结构强度应按列车15km/h的撞击速度设计。

(6) 在区间线路的轨道中心或轨旁的道床面,应设有逃生、救援的应急通道,应急通道的宽度不应小于0.5m。

3. 路基

城市轨道交通地面线是造价最低的一种线路敷设方式,一般用于连接中心城与卫星城或城市边缘地带。地面线上设有路基,设计中应满足以下规定：

(1) 当路基建于城市道路红线内时,应以少占路面为原则,并应满足相邻道路的交通功能;建于城市道路红线外时,应尽量少占土地。

(2) 路基和支挡结构应有足够的强度和稳定性,并应满足防洪、防涝的要求,严格控制下沉量;路基造型应简洁、美观,并与城市环境相协调。

(3) 路基与桥梁墩台应严格控制沉降,路基与高架桥衔接的分界点可设在桥下净空1.5~2.0m处。

4. 区间高架

在绿地、公园及江、河、湖、海岸线等空旷地段适合采用高架线,高架区段中的高架桥是永久性的城市建筑,因此桥位选择应满足以下要求：

(1) 区间跨河特大桥、大桥的桥位宜设置在河道顺直、河床稳定且地质良好的河段处;桥梁轴线宜与洪水流向正交。

(2) 区间高架桥桥墩边缘至机动车道边缘的净距应符合《城市道路工程设计规范(2016

年版)》(CJJ 37—2012)和《公路工程技术标准》(JTG B01—2014)的规定。当区间高架桥建于道路正上方时,道路中央分隔带的宽度不宜小于4m。

(3)高架及地面线在市政道路红线以外的征地范围,桥梁宜以结构投影面为准,路基以天然护道外1m为准,并根据现场具体情况协商确定。

(4)曲线上不宜设置大跨度桥梁;当桥梁设置在曲线上时,宜采用较大的曲线半径。反向曲线上不宜设置大跨度桥梁。在竖曲线及缓和曲线上,不宜设置钢桁梁桥。

(5)城市轨道交通桥梁不应作为下列设施的支承结构:
①输送压力大于或等于0.4MPa的燃气管道;
②电压高于10kV的供电电缆;
③污水管;
④可燃、有毒的液体管和气体管。

5. 区间隧道

城市轨道交通地下线(区间隧道)一般设置在市中心的繁华地区,它是对城市环境影响最小的一种线路敷设方式。选线时要尽量避免从多层、高层建筑下通过;要避开不良地质、文物古迹等。

6. 车站设置

车站形式及布局应满足客流需求、乘降安全、疏导迅速、环境适宜、布置紧凑、便于管理的基本要求。根据车站位置、周边环境、建筑形式、施工方法、客流组织等条件合理选择车站形式,遵循全线总体平衡、协调统一的原则。

1)车站布局

依据《城市轨道交通工程项目建设标准》(建标104—2008),车站布局应符合下列规定:

(1)车站应根据其形式、客流大小、票制与管理方式,确定布局和规模。

(2)车站应根据线路敷设方式,结合周边环境、地下管线、地形条件设置,控制车站体量。地下站或高架站应减少层数,敞开式站台应设风雨棚,利于乘客乘降和出入。

(3)换乘车站应做好规划设计,换乘距离不宜大于250m,换乘时间不宜大于5min,换乘通道应具备正常通过和紧急疏散的能力,并结合工程实施条件,选择便捷的换乘方式。

(4)换乘车站在工程实施中,属近期建设的车站,其换乘节点的土建工程宜一次建成,统一利用两站地下空间和设备资源共享;属远期建设的车站,宜作预留换乘条件和后期施工条件。

(5)站台上应设有足够数量的出站通道、楼梯和自动扶梯,保证下车乘客至就近通道或楼梯口的最大距离不超过50m,并能在下一次列车到达前撤离站台。

(6)车站设备及管理用房区应根据各系统工艺和相互接口联系要求,进行综合协调、合理布置。地面和高架车站的设备用房,应因地制宜、灵活布置,有条件的地方可与邻近建筑物合建。

(7)地下车站站台与站厅公共区应划分防烟、防火分区,防烟分区不得跨越防火分区。

(8)车站的楼梯(含自动扶梯)、检票口、出入口通道的通过能力均应按超高峰小时进出站客流及各口部的不均衡系数计算确定;并应满足在高峰小时发生事故灾害时的紧急疏散需求,能在 6min 的目标时间内,将一列进站列车所载的乘客(按远期高峰小时的进站客流断面流量计)及站台上候车人员全部撤离站台。

(9)车站的站厅应进行客流流线组织设计,出入口、检票口、楼梯口布置应符合客流组织路线,并有一定缓冲距离,确保进出站客流路线通畅。

(10)当采用全封闭式自动售检票方式时,车站站厅应分设非付费区和付费区。

(11)非付费区面积应大于付费区,付费区的面积应紧凑。非付费区的面积应满足客流流动和有关设备安装的要求;位于出入口的站厅区域是进出站客流交叉流动的集散区(检票机或楼梯栏杆的外侧),其区域范围宜保持 16~20m 的纵向空间。

(12)售票机前应留有不小于 2m 的排队空间。在出站检票机内侧应留有 4~5m 的滞留聚集空间。

(13)车站的站台、站厅、楼梯、通道和出入口应设置无障碍服务设施。

2)车站出入口与通风亭的设置

(1)车站出入口布置应根据车站站位、周边环境和人流方向而定,尽量分散、多向布设,或与人行过街设施相结合,在有条件的地方宜与公共建筑连通。出入口外应有客流集散或停车的场地,并方便城市公共交通接驳。

(2)每座车站从站厅引出的出入口数量不得少于 2 个;出入口总疏散能力应大于远期高峰小时紧急疏散客流量的 1.3 倍。

(3)大型地下车站的主要设备用房区内,应单独设置一个直达地面的消防、救援专用入口。在一般车站,经过分析论证,可将靠近主要设备区的直达地面的独立出入口合并兼用。专用入口位置应靠近城市道路。

(4)地下车站与商场共建时,宜分层、分隔设置。车站出入口必须有不少于 2 个独立、直通地面的出入口,并应满足地下车站紧急疏散能力要求。若车站出入口与地面建筑结合,则其应具备对建筑物倒塌的防御能力。

(5)对分期建设的换乘车站,其地面出入口应集中规划、合理布局、分步建设,节约用地,避免重复建设。地面通风亭宜设置在城市道路规划红线之外,宜与周边环境相协调或合建,重视造型、景观和环保的要求。

(6)出入口、通风亭的开口部应高出所处区域的地面道路积水水位,必要时应加设防涝、防洪设施。地面出入口、通风亭进风口和排风口与地面建筑合建时,应注意错开方向和距离,防止进风、排风气流短路。

(7)出入口地下通道或换乘通道的长度大于 10m 时,应满足紧急疏散的消防要求。

(8)在严寒地区,出入口地面和楼梯应采取防冻、防滑措施。

3)车站站台

车站站台宜以岛式和侧式为基本形式,在一条线上宜一致,或分段保持一定的连续性。站台宽度应满足乘降区宽度以及楼梯、自动扶梯和立柱的总宽度要求。站台高度应比车辆地板面低 50~100mm,并根据车辆、车门类型分析选定。站台边缘与静止车辆(车门处)之间的安全间隙,直线站台应为 80~100mm;曲线站台应不大于 180mm。站台屏蔽门(或护栏)及附加设施,均不得侵入车辆限界,并应留有 25mm 的安全间隙。

二、立面设计

1. 线路敷设方式

线路敷设方式应根据城市总体规划和地理环境条件,因地制宜地选择。当采用全封闭方式时,在城市中心区宜采用地下线,但应注意对地面建筑、地下资源和文物的保护;在城市中心区外围且街道宽阔地段,宜首选高架;有条件的地段也可采用地面线,但应处理好与城市道路的关系。当采用部分封闭方式时,在平交道口必须设置"列车优先通过"标识,并兼顾道路的通行能力。

地面结构(路基)与高架结构(桥梁)衔接的分界点可设在桥下净空1.5~2.0m处。

2. 区间高架结构

1) 区间高架桥梁布置

(1) 区间高架桥梁布置应结合城市规划及所处地理环境,合理选择桥梁形式、跨径、墩台和基础形式,应力求构造简洁、构件标准化,便于施工。宜采用预制架设、预制节段拼装的结构设计和施工方法。

(2) 高架结构应注重结构造型和桥梁景观设计,景观设计宜包括桥梁主体景观设计和景观工程设计,应根据城市规划要求、地域环境、历史文化传统、工程建设条件等因素综合确定。桥梁主体景观设计中,桥梁跨径布置宜均衡、有韵律感,相邻跨径相差不宜过大;跨径与墩柱高度之比宜控制在3:1~5:1,且宜控制梁高,桥墩的建筑风格宜统一。景观工程设计中,景观照明与功能照明应统筹兼顾,应经济、适用、安全,景观效果良好。

(3) 高架结构跨越铁路、公路、城市道路时,跨径、墩台布置及桥下净空高度应满足相关设施的限界要求,并宜预留不小于0.20m的安全值,具体见表1-2-2。

桥下净空高度 表1-2-2

交通方式	桥下交通类别	最小净空高度(m)
道路	高速公路,一、二级公路	5.00
	三、四级公路,城市道路机动车道	4.50
	城市道路机动车道(小客车)	3.50
	城市道路非机动车道、人行道	2.50
	城市有轨电车、城市无轨电车、双层客车等特种车辆	满足车辆通行
城市轨道交通	架空接触网城市轨道交通	6.00
	接触轨城市轨道交通	4.30
铁路	高速铁路	7.25
	普通铁路	6.55
	通行双层集装箱铁路	7.96

注:净空高度指桥下路面至梁底、桥下轨面至梁底的高度。

(4)区间高架桥梁底距地面的高度不宜小于1.5m。

(5)设置在地面车行道侧的墩柱宜设防撞设施;当跨越车行道的高架桥桥下净空高度小于5m时,应设置限高设施和警示标志。

(6)当桥梁承台或扩大基础侵入车行道时,其顶面应置于路面以下,且埋深不宜小于1.5m。

(7)区间高架桥与架空高压线之间的最小垂直距离应符合《66kV及以下架空电力线路设计规范》(GB 50061—2010)、《110kV~750kV架空输电线路设计规范》(GB 50545—2010)、《1000kV架空输电线路设计规范》(GB 50665—2011)的规定。

2)区间跨河桥梁布置

区间跨河桥梁的桥下净空高度应符合下列规定:

(1)跨越排洪河流的高架桥桥下净空高度应按1/100洪水频率标准进行设计;技术复杂、修复困难的大桥、特大桥应按1/300洪水频率标准进行检算。跨越通航河流时,其桥下净空高度应根据航道等级确定,满足《内河通航标准》(GB 50139—2014)的要求;通行海轮的桥下净空高度应符合《海轮航道通航标准》(JTS 180-3—2018)的规定。

(2)桥梁梁底应高出按设计频率的洪水位及其增高值,再加安全高度。洪水位的增高值应根据壅水高、河弯超高、河床淤积及波浪高等综合确定,安全高度应符合表1-2-3的规定。

桥下安全高度　　　　　　　　　　　　　　　　　　　　　表1-2-3

桥下状况		安全高度(m)
梁底	洪水期无大漂流物	0.50
	洪水期有大漂流物	1.50
	有泥石流	1.00
支承垫石顶面		0.25
拱脚		0.25

(3)对洪水期无大漂浮物通过的河流,实腹式无铰拱桥的拱脚可被设计洪水位淹没,但此水位不应超过矢高的一半,且距拱顶的净空高度不应小于1.0m。

(4)当跨河桥梁与既有桥梁并行设置时,两桥间距应根据施工条件、水文条件、防洪要求、通航影响等因素确定。

3. 区间隧道结构

区间隧道结构应结合施工方法、结构形式、断面大小、工程地质、水文地质及环境条件等因素,合理确定其埋置深度及与相邻隧道的距离,并应符合下列规定:

(1)盾构法施工的区间隧道覆土厚度不宜小于隧道外轮廓直径。

(2)盾构法施工的并行隧道间的净距不宜小于隧道外轮廓直径。

(3)矿山法区间隧道最小覆土厚度不宜小于隧道开挖宽度的1倍。

(4)矿山法车站隧道的最小覆土厚度不宜小于6~8m。

三、横断面设计

城市轨道交通结构横断面设计,主要是在满足建筑限界要求的同时确定结构的横断面布置形式。首先应了解限界的概念,以及如何确定建筑限界,并依据建筑限界进行结构横断面设计。

1. 限界

城市轨道交通车辆是沿着固定轨道在特定空间中运行的。为保障城市轨道交通安全运行,限制车辆断面尺寸、限制沿线设备安装尺寸、确定建筑结构有效净空尺寸的图形及相应定位坐标参数称为限界。简单来讲,限界是指限定车辆运行及轨道周围构筑物超越的轮廓线,是工程建设、管线和设备安装等必须遵循的依据。《城市轨道交通工程项目规范》(GB 55033—2022)规定:城市轨道交通应根据不同车辆和规定的运行工况,确定相应的车辆限界、设备限界和建筑限界。

车辆轮廓线是车辆横断面的外轮廓线,是确定车辆限界和设备限界的依据。不同车型的车辆外轮廓线尺寸是不同的,因此,在结构设计之前应先根据所选车型确定车辆轮廓线。

车辆限界是指车辆在正常运行状态下形成的最大动态包络线,是限制车辆横断面最大允许尺寸的轮廓图形。车辆限界是根据车辆轮廓线和车辆有关技术参数,考虑在最高车速条件下,车辆在静态和动态情况下的横向和纵向偏移量及偏转角度,结合轨道有关参数和接触网相关条件,按规定的计算方法和可能产生的最不利情况进行组合计算确定。

设备限界是指车辆在故障运行状态下形成的最大动态包络线,是限制轨旁设备安装的控制线。设备限界是在车辆限界以外,考虑轨道出现不良状态而引起车辆偏移和倾斜等附加偏移量,以及在设计、施工和运营中未预计到的因素在内的安全预留量。

建筑限界是在设备限界以外考虑了沿线设备和管线安装后的最小有效断面,是任何沿线永久性固定建筑物,包括施工误差值、测量误差值及结构永久变形量在内,均不得向内侵入的控制线。

应采用无驾驶室车辆的基本参数进行车辆限界和设备限界计算。各类车型的计算车辆参数见表1-2-4。

各类车型计算车辆参数(mm)　　　　表1-2-4

项目名称	A型车	B型车	C型铰接车	D型铰接车	L型车	单轨车
计算车体长度	22100	19000	—	—	17080	14800
计算车体宽度	3000	2800	2600	2600	2800	2980
计算车体高度	3800	3800	3700	3700	3625	3840/5300
计算车辆定距	15700	12600	—	—	11140	9600
计算转向架固定轴距	2500	2200/2300	1900	1900	2000	2500
地板面距走行轨面高度	1130	1100	950	350	930	1130

图1-2-1所示为A型车区间或过站直线段车辆轮廓线、车辆限界和设备限界。图中坐标系应为正交于轨道中心线的平面直角坐标,通过两钢轨轨顶中心连线的中点引出的水平坐标轴用Y表示,通过该中点垂直于水平轴的坐标轴用Z表示;图中各点坐标值见表1-2-5~表1-2-7。其余车型限界图及坐标表参照《地铁设计规范》(GB 50157—2013)的相关规定。

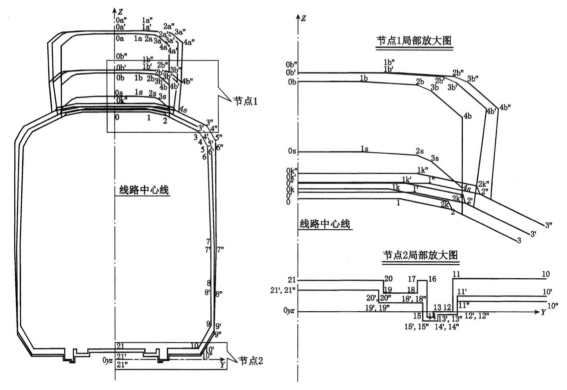

图 1-2-1　A 型车车辆轮廓线、车辆限界和设备限界（隧道外区间直线段）

A 型车车辆轮廓线坐标值（隧道外区间直线段）（mm）　　　表 1-2-5

控制点号	0	1	2	3	4	5	6	7	8	9
Y	0	525	798	1300	1365	1444	1450	1500	1500	1500
Z	3800	3800	3745	3504	3416	3277	3231	1800	1130	520
控制点号	10	11	12	13	14	15	16	17	18	19
Y	1294	811.5	811.5	708.5	708.5	676.5	676.5	626	626	450
Z	170	170	0	0	−28	−28	160	160	95	95
控制点号	20	21	0k	1k	2k	0s	1s	2s	3s	4s
Y	450	0	0	467	777	0	325	615	687	850
Z	160	160	3850	3850	3787	4040	4040	4022	3992	3856
控制点号	0a	1a	2a	3a	4a	0b	1b	2b	3b	4b
Y	0	325	615	687	850	0	325	615	687	850
Z	5000	5000	4982	4952	4816	4400	4400	4382	4352	4216

注：表中 0~9 点是车体上的控制点；10、11 点是转向架上的控制点；12~15 点是车轮上的控制点；16、17、20 点为联结在转向架构架上的信号接收设备的最低点；18、19 两点为联结在车轴上的齿轮箱顶点；0k、1k、2k 点为车顶辅助设备（空调等）控制点；0s、1s、2s、3s、4s 点为隧道内受电弓控制点；0a、1a、2a、3a、4a 点为隧道外受电弓（高度 5000mm）控制点；0b、1b、2b、3b、4b 点为隧道外受电弓（高度 4400mm）控制点。

A 型车车辆限界坐标值(隧道外区间直线段)(mm)　　　　表 1-2-6

控制点号	0′	1′	2′	3′	4′	5′	6′	7′	8′	9′
Y	0	635	906	1403	1467	1543	1548	1570	1557	1552
Z	3832	3840	3789	3555	3468	3331	3285	1702	1030	420
控制点号	10′	11′	12′	13′	14′	15′	18′	19′	20′	21′
Y	1322	835	835	732	732	654	654	425	425	0
Z	75	75	-15	-15	-47	-47	45	45	110	110
控制点号	0k′	1k′	2k′	—	—	—	—	—	—	—
Y	0	580	889	—	—	—	—	—	—	—
Z	3882	3889	3830	—	—	—	—	—	—	—
控制点号	0a′	1a′	2a′	3a′	4a′	0b′	1b′	2b′	3b′	4b′
Y	0	468	758	829	989	0	455	745	816	976
Z	5044	5044	5026	4996	4860	4444	4444	4426	4396	4260

A 型车设备限界坐标值(隧道外区间直线段)(mm)　　　　表 1-2-7

控制点号	0″	1″	2″	3″	4″	5″	6″	7″	8″	9″
Y	0	691	962	1455	1517	1590	1595	1592	1567	1551
Z	3878	3882	3829	3591	3504	3365	3319	1656	990	384
控制点号	10″	11″	12″	13″	14″	15″	18″	19″	20″	21″
Y	1329	835	835	732	732	654	654	425	425	0
Z	53	53	-15	-15	-47	-47	45	45	110	110
控制点号	0k″	1k″	2k″	—	—	—	—	—	—	—
Y	0	635	943	—	—	—	—	—	—	—
Z	3928	3931	3870	—	—	—	—	—	—	—
控制点号	0a″	1a″	2a″	3a″	4a″	0b″	1b″	2b″	3b″	4b″
Y	0	542	831	902	1060	0	520	809	880	1038
Z	5044	5044	5026	4996	4860	4444	4444	4426	4396	4260

2. 建筑限界确定

城市轨道交通结构工程主要分为区间结构和车站结构,区间一般包括地下区间、地面区间、高架区间和过渡段,车站一般包括地下车站、地面车站和高架车站。建筑限界在区间直线段、区间曲线段、道岔区和车站是不同的,各区间结构和车站结构根据不同的施工方法又有不同的限界断面。

1)地下区间隧道建筑限界

地下区间隧道建筑限界,根据施工方法可分为矩形隧道、单圆隧道、双圆隧道和马蹄形隧道建筑限界等。

(1)矩形隧道建筑限界。

①区间直线段。

区间直线段矩形隧道建筑限界,应在直线设备限界基础上按下列公式计算确定:

$$B_S = B_L + B_R \tag{1-2-1}$$

$$B_L = Y_{S(max)} + b_L + c \tag{1-2-2}$$

$$B_R = Y_{S(max)} + b_R + c \tag{1-2-3}$$

受电弓车辆建筑限界高度表达式:

$$H = h_1 + h_2 + h_3 \tag{1-2-4}$$

接触轨车辆建筑限界高度表达式:

$$H = h'_1 + h'_2 + h_3 \tag{1-2-5}$$

式中：B_S——建筑限界宽度(mm)；

B_L——行车方向左侧墙至线路中心线净空距离(mm)；

B_R——行车方向右侧墙至线路中心线净空距离(mm)；

H——自结构底板至隧道顶板建筑限界高度(mm)；

$Y_{S(max)}$——直线地段设备限界最大宽度值(mm)；

b_L、b_R——左、右侧的设备、支架或疏散平台等最大安装宽度值(mm)；

c——安全间隙,取值50mm；

h_1——受电弓工作高度(mm)；

h_2——接触网系统高度(mm)；

h_3——轨道结构高度(mm)；

h'_1——设备限界高度(mm)；

h'_2——设备限界至建筑限界安全间隙,取值200mm。

对于 A 型车,直线段单线矩形隧道建筑限界宽度为4420mm(考虑设置应急平台),高度为5060mm(接触网供电),如图 1-2-2 所示。

对于 B 型车,单线矩形隧道建筑限界宽度为4330mm(考虑设置应急平台),高度与采用的供电方式有关,采用接触网供电时与 A 型车一致,采用接触轨供电时则为4700mm。

②区间曲线段。

区间曲线段矩形隧道建筑限界,应在曲线段设备限界基础上按下列公式计算确定:

$$B_a = Y_{Ka}\cos\alpha - Z_{Ka}\sin\alpha + b_R(或\ b_L) + c \tag{1-2-6}$$

$$B_i = Y_{Ki}\cos\alpha + Z_{Ki}\sin\alpha + b_L(或\ b_R) + c \tag{1-2-7}$$

受电弓车辆建筑限界高度采用式(1-2-4)计算。

接触轨车辆建筑限界高度表达式:

$$B_u = Y_{Kh}\sin\alpha + Z_{Kh}\cos\alpha + h_3 + 200 \tag{1-2-8}$$

$$\alpha = \arcsin(h/s) \tag{1-2-9}$$

式中： B_a——曲线外侧建筑限界宽度(mm)；

B_i——曲线内侧建筑限界宽度(mm)；

B_u——曲线建筑限界高度(mm)；

h——轨道超高值(mm)；

s——滚动圆间距,取值 1500(mm);

(Y_{Kh}, Z_{Kh})、(Y_{Ki}, Z_{Ki})、(Y_{Ka}, Z_{Ka})——曲线地段设备限界控制点坐标(mm);

其余符号意义同前。

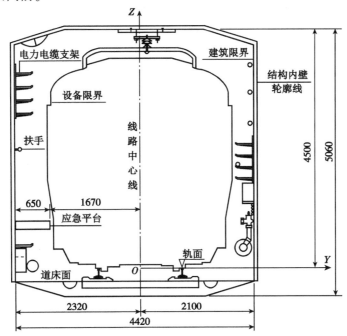

图 1-2-2 A 型车区间直线段矩形隧道建筑限界(尺寸单位:mm)

③区间缓和曲线段。

区间缓和曲线段建筑限界加宽应分为内侧加宽和外侧加宽,如图 1-2-3 所示。

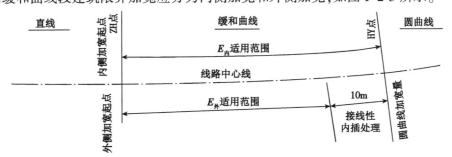

图 1-2-3 缓和曲线段建筑限界加宽适用范围示意

缓和曲线上限界加宽总量按下式计算。

曲线内侧:

$$E_{内} = e_{p内} + e_{h内} + e_{其他} \quad (1\text{-}2\text{-}10)$$

曲线外侧:

$$E_{外} = e_{p外} + e_{h外} + e_{其他} \quad (1\text{-}2\text{-}11)$$

式中:$e_{p内}$、$e_{p外}$——缓和曲线引起的曲线内、外侧限界加宽量(mm)。

其中,受电弓车辆:

$$e_{p内} = 31592\frac{x}{C} \tag{1-2-12}$$

$$e_{p外} = \frac{1}{C}(30240x + 222768) \tag{1-2-13}$$

接触轨车辆：

$$e_{p内} = 20450\frac{x}{C} \tag{1-2-14}$$

$$e_{p外} = \frac{1}{C}(25280x + 160107) \tag{1-2-15}$$

$$C = L \cdot R \tag{1-2-16}$$

式中：x——计算点与缓和曲线起点的距离(m)；
　　　L——缓和曲线长度(m)；
　　　R——圆曲线半径(m)；
　　　C——加宽量计算参数；
$e_{h内}$、$e_{h外}$——轨道超高引起的曲线内、外侧限界加宽量(mm)。
其中：

$$e_{h内} = Y_1\cos\alpha + Z_1\sin\alpha - Y_1 \tag{1-2-17}$$
$$e_{h外} = Y_2\cos\alpha - Z_2\sin\alpha - Y_2 \tag{1-2-18}$$

$$\sin\alpha = \frac{h_缓}{1500} \tag{1-2-19}$$

$$h_缓 = h \cdot \frac{x}{L} \tag{1-2-20}$$

式中：　　h——圆曲线段轨道超高值(mm)；
　　　　$h_缓$——缓和曲线上计算点处的超高值(mm)；
(Y_1,Z_1)、(Y_2,Z_2)——计算曲线内、外侧限界加宽的设备限界控制点坐标(mm)；
　　　$e_{其他}$——由其他因素引起的加宽量(mm)，区间地段应取30mm，车站地段应取10mm。产生加宽量的其他因素可包括欠超高或过超高引起的加宽量和曲线轨道参数及车辆参数变化引起的建筑限界加宽量。

④竖曲线段建筑限界。

竖曲线段建筑限界在直线段上根据式(1-2-21)和式(1-2-22)进行加高。

凹形竖曲线：

$$\Delta H_1 = \frac{l^2 + a^2}{8R_1} \tag{1-2-21}$$

式中：ΔH_1——凹形竖曲线段建筑限界加高量(mm)；
　　　R_1——凹形竖曲线的半径(mm)；
　　　l——车辆定距(mm)；
　　　a——转向架固定轴距(mm)。

凸形竖曲线：

$$\Delta H_2 = \frac{L^2 - (l^2 + a^2)}{8R_2} \tag{1-2-22}$$

式中：ΔH_2——凸形竖曲线段建筑限界加高量(mm)；

R_2——凸形竖曲线的半径(mm)；

L——车体计算长度(mm)；

其余符号意义同前。

对于轨道交通线路而言，由于一般竖曲线半径都比较大，根据上述公式计算得出的竖曲线加高量很小，故可以忽略不计。竖曲线半径很小时，可根据需要进行核算。

(2) 单圆隧道建筑限界。

盾构法施工的单圆隧道，在直线段和曲线段应采用同一盾构直径，因此应根据全线平面曲线最小半径和最大轨道超高值选择盾构直径，以满足圆形隧道的建筑限界要求。如对于受电弓车辆，线路最小曲线半径 $R = 300\text{m}$，单圆隧道建筑限界直径采用 5200mm，应急平台设于行车方向右侧，如图 1-2-4 所示。

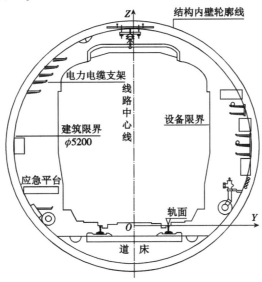

图 1-2-4　A 型车单圆隧道建筑限界(尺寸单位：mm)

(3) 双圆隧道建筑限界。

双圆盾构施工的双圆隧道，需要根据车辆参数和全线平面曲线最小半径来确定盾构直径和线间距。目前上海城市轨道交通采用了双圆盾构，其线间距为 4600～4800mm，限界直径为 5200mm，可适用于最小曲线半径 $R = 400\text{m}$ 的区间地段，如图 1-2-5 所示。

(4) 马蹄形隧道建筑限界。

马蹄形隧道断面需根据围岩条件来确定其形式。当围岩条件较好时，可采用拱形直墙式或拱形曲墙式；当围岩条件较差时，要增设仰拱。仰拱曲率可根据围岩条件、隧道埋深及其宽度、轨道结构高度、排水沟深度等条件确定。马蹄形隧道内部净空尺寸应考虑其施工误差，一般在建筑限界的两侧及顶部各增加 100mm。利用矿山法施工的浅埋暗挖隧道多采用马蹄形断面。单线马蹄形断面建筑限界一般最大宽度为 4820mm，最大高度为 5160mm。

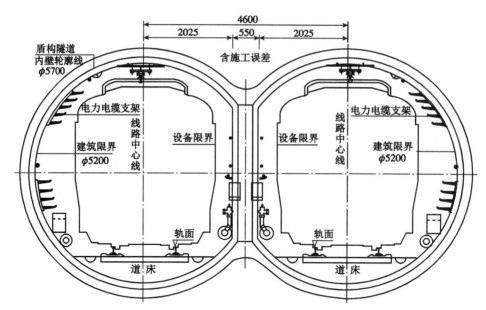

图 1-2-5　A 型车区间直线段双圆隧道建筑限界(尺寸单位:mm)

曲线段单线马蹄形隧道的建筑限界,宜根据全线采用矿山法施工地段的平面曲线最小半径确定。

圆形或马蹄形隧道在曲线超高地段,应采用隧道中心向线路基准线内侧偏移的方法解决轨道超高造成的内外侧不均匀位移量问题。位移量应按下式计算:

$$y' = h_0 \cdot h/s \tag{1-2-23}$$

按半超高设置时:

$$z' = -h_0(1-\cos\alpha) \tag{1-2-24}$$

按全超高设置时:

$$z' = h/2 - h_0(1-\cos\alpha) \tag{1-2-25}$$

式中:y'——隧道中心线对线路基准线内侧的水平位移量(mm);

　　　z'——隧道中心线竖向位移量(mm);

　　　h_0——隧道中心至轨顶面的垂向距离(mm);

　　　其余符号意义同前。

2)高架区间建筑限界

高架区间建筑限界应按设备限界及设备安装尺寸计算确定。无疏散平台时,建筑限界宽度应按矩形隧道建筑限界计算方法确定;有疏散平台时,疏散平台和设备限界的安全间隙不应小于 50mm。疏散平台宽度应符合表 1-2-8 的规定。设置接触网支柱、防护栏或声屏障支柱时,应保证其与设备限界之间有足够的设备安装空间;无设备时,设备限界与建(构)筑物之间的安全间隙不应小于 50mm;当采用接触轨供电时,还应满足受流器与轨旁设备之间电气安全距离的要求。采用受电弓车辆时,建筑限界高度应按受电弓工作高度和接触网系统高度加轨道结构高度确定;采用接触轨车辆时,建筑限界高度应按设备限界高度和轨道结构高度确定,另加不小于 200mm 的安全间隙。

疏散平台最小宽度（mm）　　　　　表 1-2-8

设置位置	区域及条件			
	隧道内		隧道外	
	一般情况	困难情况	一般情况	困难情况
单线（设于一侧）	700	550	700	550
双线（设于中央）	1000	800	1000	800

高架区间根据结构形式不同，有箱梁、槽形梁结构等。一般双线高架区间直线段建筑限界宽度为线间距＋线路中心线至护栏柱或防护墙内侧面距离×2。建筑限界高度根据车辆高度、供电方式等确定，如图 1-2-6、图 1-2-7 所示。

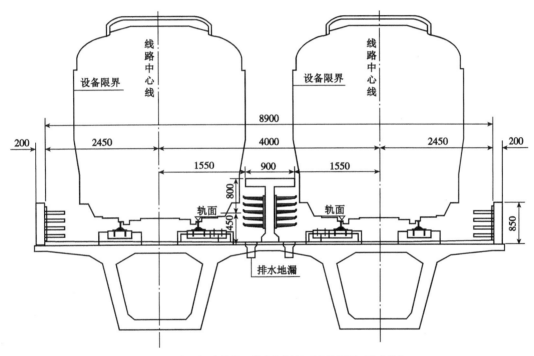

图 1-2-6　A 型车区间直线段双线高架桥桥面建筑限界（尺寸单位：mm）

3）地面线建筑限界

地面线建筑限界的计算方法与高架区间建筑限界基本相同，不同的是地面线供电电缆及通信信号电缆一般布设在线路路基两侧的电缆槽内。

4）道岔区建筑限界

由于车辆由正线进入侧线或渡线时要产生内、外侧偏移，因此，道岔区的建筑限界应在直线地段建筑限界的基础上，根据不同类型的道岔和车辆技术参数，分别按欠超高和曲线轨道参数计算合成后进行加宽。加宽分道岔外侧（直股一侧和导曲线外侧）和内侧（侧股的导曲线内侧）。

道岔区的建筑限界内、外侧加宽量可以采用计算法得出，也可以采用图解法求车辆内、外侧偏移量。城市轨道交通的正线、辅助线道岔一般采用 9 号道岔，道岔外侧钢轨不设超高，道岔尖轨有曲线形和直线形两种。

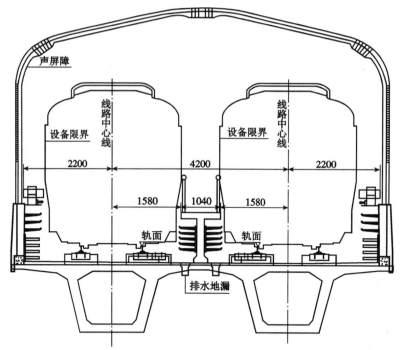

图 1-2-7　B1 型车区间直线段双线高架桥桥面建筑限界(尺寸单位:mm)

图 1-2-8 所示为 60kg/m 钢轨 9 号曲线尖轨单开道岔(图号 STB-GJ—030401,导曲线半径 $R=200$m)内、外侧加宽量图(A 型车,车体计算长度为 22.10m,车辆定距为 15.70m)。

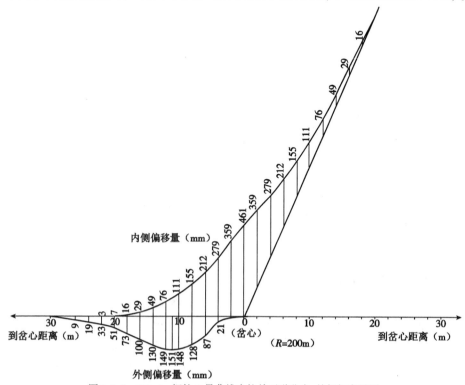

图 1-2-8　60kg/m 钢轨 9 号曲线尖轨单开道岔内、外侧加宽量图

采用接触轨受电的道岔区,当电缆从隧道顶部过轨时,应核查顶部高度,必要时应采取局部加高措施。在道岔区域内安装接触网支柱、信号机、道岔转辙机等固定设备时,应考虑车辆进入道岔区时所产生的内、外侧偏移量对它们的影响,以保证行车安全。

5) 车站建筑限界

轨道交通车站范围的建筑限界与一般区间的建筑限界有所不同,因考虑车站地段车辆限界计算中的偏斜系数取值,并将轮轨间隙作为随机项处理,故其车辆限界较小。

(1) 地下车站。

地下车站的建筑限界主要考虑站台边缘至线路中心线距离、站台面距轨顶面高度、线路中心线至外墙距离及建筑限界高度等。

在车间站台计算长度范围内,站台边缘至轨道中心线的距离,应按不侵入车站车辆限界为原则确定。站台边缘与车辆轮廓线之间的间隙,当车辆采用塞拉门时,取 100^{+5}_{-0} mm;当车辆采用内藏门或外挂门时,取 70^{+5}_{-0} mm。

站台面不应高于车厢地板面,站台面距轨顶面高度,A 型车应为 (1080 ± 5) mm,B 型车应为 (1050 ± 5) mm。

车站站台计算长度外的站台边缘至轨道中心线距离,宜按设备限界另加不小于 50mm 的安全间隙确定。车站范围内其余部位建筑限界,应按区间建筑限界的规定执行。

车站内线路中心线至隧道边墙内侧面的距离,一般为设备限界+设备支架最大宽度+安全余量,A 型车为 2200mm,B 型车为 2100mm。当外墙面无任何设备和管线时,直线段车站站台有效长度两端以外的所有用房外墙面距线路中心线的距离宜不小于 1850mm。曲线段视实际情况决定。

地下车站建筑限界的高度一般与区间相同,即能满足设备限界的要求。但由于建筑装修及部分设备与管线(如排热风管等)安装的需要,其建筑限界高度比区间大。一般需要考虑设备限界高度、接触网高度(如采用接触轨留出 200mm 富余量)和排热风管等的高度。图 1-2-9 为直线段矩形隧道岛式车站建筑限界图。

(2) 高架车站。

轨道交通的高架车站根据车站形式的不同,分为侧式车站(图 1-2-10)和岛式车站。

① 侧式车站建筑限界:

$$A = (a_0 + 站台宽度) \times 2 + l_0 \tag{1-2-26}$$

② 岛式车站建筑限界:

$$A = b_0 \times 2 + l_0 \tag{1-2-27}$$

式中:A——车站建筑限界值(mm);

a_0——线路中心线至站台边缘距离(mm),A 型车为 1600mm;

l_0——线间距(mm);

b_0——线路中心线至护栏柱内侧距离(mm)。

(3) 屏蔽门与安全门建筑限界。

车站设置站台门(屏蔽门与安全门)时,站台门的滑动门体至车辆轮廓线(未开门)之间的净距,当车辆采用塞拉门时,应取130^{+15}_{-5}mm;当车辆采用内藏门或外挂门时,应取100^{+15}_{-5}mm;站台门顶箱与车站车辆限界之间应保持不小于25mm的安全间隙。

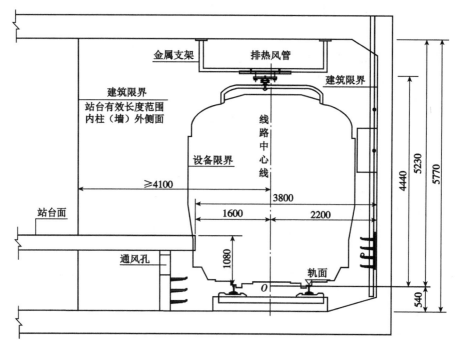

图1-2-9 直线段矩形隧道岛式车站建筑限界图(尺寸单位:mm)

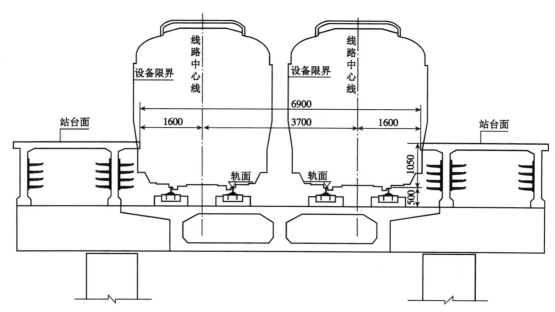

图1-2-10 直线段高架侧式车站桥面建筑限界(A型车、接触网供电)(尺寸单位:mm)

(4)曲线段车站。

轨道交通的站位,由于受到平面条件的诸多限制,部分车站站台需设置在曲线上。设在曲线上的车站,应在直线段车站的限界基础上,根据所选用车辆的尺寸、平曲线半径以及轨道超高值进行加宽,有屏蔽门时其立柱按折线布置,加宽包括曲线内侧加宽和曲线外侧加宽。

曲线段车站计算内侧或外侧加宽时,采用车辆限界,其控制点的坐标高度,在车体倾斜后,计算内侧加宽时不低于站台高度,计算外侧加宽时不高于站台高度。计算加宽值时,除了考虑平面几何加宽,还要考虑外轨超高和外轨超高顺坡引起的超高加宽。

位于曲线地段的车站,在运营过程中会遇到一些特殊情况,如列车有可能不停站通过,同时为了防止内轨在曲线地段出现反超高,外轨一般设置15mm左右的超高,以保证列车安全运行。

圆曲线段站台限界的内、外侧加宽由平面曲线偏移量、轨道超高产生的偏移量、弹簧压缩量等三部分附加值组成。其中,平面曲线偏移量可分别按凹形站台和凸形站台计算。

对于凹形站台,加宽量为

$$\alpha = \frac{l_1^2 + a^2}{8R} \tag{1-2-28}$$

对于凸形站台,加宽量为

$$\beta = \frac{L^2 - (l_1^2 + a^2)}{8R} \tag{1-2-29}$$

式中:L——车体计算长度(mm);

l_1——车辆定距(mm);

a——转向架固定轴距(mm);

R——站台段圆曲线半径(mm);

α、β——凹形站台与车辆中部、凸形站台与车辆端部的间隙增加量(mm),如设轨道超高,还需考虑因超高引起的加宽量。

由式(1-2-28)、式(1-2-29)可以看出,不同的车体长度在同样的站台曲线段,车辆与站台的间隙是不同的。车体越长,间隙越大。曲线车站站台与车辆间隙如图1-2-11所示。

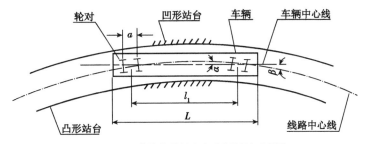

图1-2-11 曲线车站站台与车辆间隙示意图

缓和曲线段站台限界的加宽可按式(1-2-30)~式(1-2-35)计算。

内侧加宽计算公式:

$$E_{H内} = e_{p内} + N_{h内} \tag{1-2-30}$$

其中:

$$e_{p内} = \frac{(x - s_0) l_1^2}{8R l_0} \tag{1-2-31}$$

$$N_{h内} = X_0 \cos\alpha_x + Y_0 \sin\alpha_x - X_0 \tag{1-2-32}$$

外侧加宽计算公式：

$$E_{H外} = e_{p外} + W_{h外} \tag{1-2-33}$$

其中：

$$e_{p外} = \frac{(L^2 - l_1^2)[3(x - l_1 - l') + L]}{24Rl_0} \tag{1-2-34}$$

$$W_{h外} = X_0'\cos\alpha_x + Y_0'\sin\alpha_x - X_0' \tag{1-2-35}$$

式中：$E_{H内}$、$E_{H外}$——缓和曲线内、外侧加宽量(mm)；

$e_{p内}$、$e_{p外}$——缓和曲线平面几何因素引起的内、外侧加宽值(mm)；

$N_{h内}$、$W_{h外}$——超高引起的内、外侧加宽值(mm)；

x——加宽起点至计算点长度(m)；

s_0——ZH 点至内侧加宽起点距离(m)，其值按不小于一个车辆全轴距取整；

l'——中心线至车端(计算断面)距离(m)，A 型车为 3.2m；

l_0——缓和曲线长度(m)；

(X_0,Y_0)、(X_0',Y_0')——车辆限界加宽计算控制点坐标；

其余符号意义同前。

在加宽计算中必须注意站台限界控制点的选取原则，也需考虑与缓和曲线或圆曲线连接的直线内、外侧加宽值，可采用内插法计算。

3．结构横断面设计

1）区间高架结构

(1)区间桥梁的桥面宽度应根据建筑限界、应急疏散、设备布置等因素计算确定，并应预留设备的安装、检修和更换空间。

(2)有砟轨道桥梁的挡砟墙内侧面到线路中心线净距不应小于 2.20m。轨下枕底道砟厚度不应小于 0.30m。

(3)区间桥梁线路中心线至架空接触网支柱中心的最小距离宜根据表 1-2-9 的规定对线路分段取值。

区间桥梁线路中心线至架空接触网支柱中心最小距离(m) 表 1-2-9

曲线半径 R	A 型车	B2 型车
300≤R≤600	2.70	2.55
600<R≤1200	2.60	2.45
1200<R≤3000	2.50	2.40
R>3000 及直线	2.40	2.30

(4)运行 B1 型车的桥梁，当接触轨位于线路中间时，栏板内侧至线路中心线的距离不宜小于 2.20m；当接触轨位于线路外侧时，不宜小于 2.45m。

(5)道路与轨道交通合建的桥梁宜分层布置。当采用同层布置时，应在轨道交通和道路间设置 SS 级防撞墙，并应在防撞墙顶部加设防抛网，防撞墙与轨道交通建筑限界间的净距不应小于 1.20m。SS 级防撞墙应符合《公路交通安全设施设计规范》(JTG D81—2017)的规定。

(6)桥面两侧应设置栏板，其高度不宜小于 1.1m。

(7)桥面应设置防水层,桥面防水保护层顶面宜设置不小于2%的排水横坡和不小于3‰的排水纵坡。纵向应分段设置拦水构造,并应设排水管将雨水排出。

2) 区间隧道结构

区间隧道结构的净空尺寸必须符合地铁建筑限界要求,并应满足使用和施工工艺要求,同时应计入施工误差、结构变形和位移的影响等因素。

3) 车站设计宽度

车站站台乘降区最小设计宽度宜符合下列规定:

(1)当乘降区宽度内侧为连续整体墙面部位时,其墙面至站台边缘的最小设计宽度宜为3.50m;当乘降区宽度内侧设有立柱或局部楼扶梯(连续长度在10m内)时,其侧面至站台边缘的最小设计宽度宜为2.50m。

(2)在客流量较小的车站,乘降区计算宽度小于1.50m时,最小设计宽度可减小至2.0m,但必须设置栏杆或半高屏蔽门等安全措施。

(3)根据车站特殊需要,在站台端部10m局部范围内,当计算宽度小于2m时,乘降区设计宽度可采用2m,但应设置局部防护设施。

(4)对于大型车站、中间折返站和换乘站的站台乘降区最小设计宽度,应按行车交路和发车密度,分析上、下车客流特征,较上述规定适当加大。

(5)当车站近期客流量暂大于远期客流量时,乘降区设计宽度应按近期客流量计算、校核和分析,必要时对行车组织作适当调整。

第三章 CHAPTER THREE
设计荷载

设计荷载是城市轨道交通结构设计的基础,任何结构或构件的设计都是从设计荷载计算开始的,理解与运用好施加于结构上的各种荷载是十分必要的,也是非常重要的。本章将重点学习不同结构的设计荷载分类及各类荷载计算方法、荷载组合计算方法。

第一节 设计基本荷载

结构设计荷载统称为"作用",是指施加在结构上的集中力或分布力(直接作用,也称为荷载),或引起结构外加变形或约束变形的原因(间接作用)。

城市轨道交通主体结构设计应保障结构使用年限(100年)内列车在全线能安全运行,由于全线结构既有区间结构(地下结构、地面结构、高架结构),又有车站结构(地下车站、地面车站、高架车站),它们所处的地理环境与气候环境、地质条件与水文特性等不同,故其结构设计荷载不完全相同,荷载计算所依据的设计规范也不同。区间结构除采用《地铁设计规范》(GB 50157—2013)相关规定设计计算外,地下结构还应参照《建筑结构荷载规范》(GB 50009—2012)和《铁路隧道设计规范(极限状态法)》(Q/CR 9129—2018)有关规定,地面结构还应参照《铁路路基设计规范(极限状态法)》(Q/CR 9127—2018)相关规定,高架结构还应参照《城市轨道交通桥梁设计规范》(GB/T 51234—2017)和《铁路桥涵设计规范(极限状态法)》(TB 10002—2017)相关规定设计计算。车站结构除按照《建筑结构荷载规范》(GB 50009—2012)设计计算外,地下车站还应参照《铁路隧道设计规范(极限状态法)》(Q/CR 9129—2018)有关规定,地面车站还应参照《铁路路基设计规范(极限状态法)》(TB 10002—2017)相关规定,高架车站还应参照《城市轨道交通桥梁设计规范》(GB/T 51234—2017)和《铁路桥涵设计规范(极限状态法)》(TB 10002—2017)相关规定设计计算。《地铁设计规范》(GB 50157—2013)规定部分设计内容参照铁路行业标准相关规定执行,而铁路行业是按照容许应力法进行设计的。为便于学习,本章统一按极限状态法讲解,最后说明极限状态法与容许应力法、破坏阶段法的区别。

不同结构所处的线位不同,所承受的荷载类型有所不同,采用的设计规范也不相同。但无论是哪种结构,作用在它上面的荷载主要分为四大类——永久作用、可变作用、偶然作用和地震作用。永久作用(也称恒载)是在设计基准期内始终存在且其量值变化与平均值相比可忽略不计的作用,或其变化是单调的并趋于某个限值的作用,主要包括结构自重、结构附加重力(线路设备重量、人行道重量等)、土压力、预加力、混凝土收缩和徐变作用、基础变位作用等。永久作用的量值是指其作用位置、大小和方向。可变作用(也称活载)是在设计基准期内其量值随时间而变化,且变化值与平均值相比不可忽略不计的作用,主要包括列车荷载及其影响力、自然和人为产生的各种变化力等。偶然作用(也称特殊荷载)是在设计基准期内不一定出现,而一旦出现,其量值很大,且持续时间很短的作用,主要包括船舶撞击力、漂流物撞击力等。地震作用是指地震对结构所产生的作用。

由于不同结构所处环境不同,每一类作用中所包含的设计荷载项目是有区别的,下面将分别介绍不同结构的设计荷载及计算方法。

区间结构分为地面结构、地下结构和高架结构。地面结构主要为路基结构,地下结构为隧道结构,高架结构为桥梁结构。各区间结构上都设有轨道结构。

一、轨道结构

如表1-3-1所示,轨道结构上的设计荷载主要包括结构自重、混凝土收缩和徐变作用、预加力、列车荷载、长钢轨伸缩力和挠曲力、混凝土结构温度作用等,设计标准采用《地铁设计规范》(GB 50157—2013)和《铁路轨道设计规范(极限状态法)》(Q/CR 9130—2018)的相关规定。

轨道结构作用分类　　　　　　　　　　　　表1-3-1

作用分类	作用名称
永久作用	结构自重
	混凝土收缩和徐变作用
	预加力
	基础不均匀沉降
可变作用	列车荷载
	长钢轨伸缩力和挠曲力
	列车离心力
	列车横向摇摆力
	混凝土结构整体温度作用
	混凝土结构温度梯度作用
	梁体挠曲变形
	列车制动力或牵引力
	施工荷载
偶然作用	长钢轨断轨力

二、路基结构

如表1-3-2所示,路基结构上的设计荷载包括轨道荷载、结构自重、土压力、静水压力和浮力、列车荷载、人行道荷载、渗透力、膨胀力、冻胀力等,设计标准采用《地铁设计规范》(GB 50157—2013)和《铁路路基设计规范(极限状态法)》(Q/CR 9127—2018)的相关规定。

路基结构作用分类　　　　　　　　　　表 1-3-2

作用分类		作用名称
永久作用		土压力
		结构自重
		作用于路基结构上的恒载
		轨道荷载
		滑坡推力
		常水位时的静水压力和浮力
可变作用	主要	列车荷载
	其他	人行道荷载
		除常水位和洪水位之外的设计水位的静水压力和浮力
		水位退落时的渗透力
		波浪压力、风荷载
		冻胀力、冰压力、膨胀力
	施工	临时荷载
偶然作用		洪水位时的静水压力和浮力
		泥石流、落石等的冲击力
地震作用		地震作用

三、地下结构

如表 1-3-3 所示,地下(隧道)结构上的设计荷载主要包括结构自重、结构附加恒载、围岩压力、土压力、水压力和浮力、列车荷载、温度变化作用、冻胀力等,设计标准采用《地铁设计规范》(GB 50157—2013)和《铁路隧道设计规范(极限状态法)》(Q/CR 9129—2018)的相关规定。

地下(隧道)结构作用分类　　　　　　　　　　表 1-3-3

作用分类	作用名称
永久作用	结构自重
	结构附加恒载
	围岩压力
	土压力
	混凝土收缩和徐变作用
	水压力和浮力
	基础变位影响力
	地面永久建筑物影响力

续上表

作用分类	作用名称
可变作用	通过隧道的列车荷载及制动力
	地面车辆荷载及其产生的冲击力、土压力
	与隧道立交的铁路列车荷载及其产生的冲击力、土压力
	与隧道立交的渡槽流水压力
	温度变化作用
	冻胀力
	雪荷载
	风荷载
	施工灌浆压力
	气动力
	与各类结构施工有关的临时荷载
	岩土侵蚀作用
偶然作用	落石冲击力
	人防荷载
	沉船、抛锚、疏浚撞击力
地震作用	地震作用

四、高架结构

如表 1-3-4 所示,高架(桥梁)结构上的设计荷载主要包括结构自重、结构附加重力、预加力、混凝土收缩和徐变作用、不均匀沉降作用、土压力、静水压力和浮力、列车荷载、列车竖向冲击力、列车离心力、列车横向摇摆力、列车荷载引起的土压力、列车制动力或牵引力、人行荷载、温度作用、风荷载、施工荷载等。设计标准采用《地铁设计规范》(GB 50157—2013)和《铁路桥涵设计规范(极限状态法)》(TB 10002—2017)的相关规定。

高架(桥梁)结构作用分类 表 1-3-4

作用分类	荷载名称
永久作用	结构自重
	结构附加重力
	预加力
	混凝土收缩和徐变作用
	不均匀沉降作用
	土压力
	静水压力和浮力

续上表

作用分类		荷载名称
可变作用	基本可变作用	列车荷载
		公路（城市道路）荷载
		列车竖向冲击力
		列车离心力
		列车横向摇摆力
		列车荷载引起的土压力
		挠曲力
		人行荷载
		气动力
	其他基本可变作用	列车制动力或牵引力
		风荷载
		温度作用
		伸缩力
		支座摩阻力
		流水压力
		波浪力
		冰压力
		冻胀力
		施工荷载
偶然作用		列车脱轨荷载
		断轨力
		船只或排筏撞击力
		汽车撞击力
地震作用		地震作用

五、车站结构

车站结构上的设计荷载主要包括结构自重、结构附加重力、预加力、土压力、列车荷载、列车竖向冲击力、列车制动力或牵引力、人行荷载、温度作用、风荷载等，除设计标准采用《建筑结构荷载规范》(GB 50009—2012)相关规定外，还应根据车站性质（地下车站、地面车站、高架车站）参照相应的铁路设计规范进行设计计算。这里不再详述。

第二节　荷载的相关规定与计算方法

一、永久作用

永久作用(恒载)是在结构使用期间,其量值不随时间而变化,或其变化值与平均值相比可忽略不计的作用。永久作用的量值是指其作用位置、大小和方向。作用于结构上的永久作用,主要包括结构自重、结构附加重力(线路设备重量、人行道重量等)、土压力、预加力、混凝土收缩和徐变作用、基础变位作用等。

1. 结构自重

结构自重的标准值可按结构物的实际体积乘其材料的重度计算。常用材料的重度可参考表 1-3-5。

常用材料的重度　　　　　　　　　　　　　　　　　　　　表 1-3-5

材料种类	重度(kN/m^3)	材料种类	重度(kN/m^3)
钢、铸钢	78.5	级配碎石	22.0
铸铁	72.5	填土	17.0~18.0
铅	114.0	填石	19.0~20.0
钢筋混凝土或预应力混凝土(配筋率在3%以内)	25.0~26.0	碎石道砟	21.0
混凝土和片石混凝土	24.0	浇筑的沥青	15.0
浆砌块石或料石	24.0~25.0	压实的沥青	20.0
浆砌片石	23.0	不注油的木材	7.5
干砌块石或片石	21.0	注油的木材	9.0
碎(砾)石	21.0		

2. 土压力

轨道交通结构工程中的许多构筑物,如路基挡土墙、板桩、高架结构的桥台、地下结构的衬砌等,都支撑着土体,使之不致坍塌,因而这些结构经常承受着土体侧压力的作用,简称土压力。为保证这些构筑物的设计经济、合理,最关键的问题是求算土压力,其中包括土压力的大小、方向、合力作用点及土压力的分布规律等。

由于土体的应力-应变状态不同,因此,土对结构物的侧压力也不同。原状的天然土体内,土处于静止的弹性平衡状态,这时的土压力为静止土压力[图 1-3-1a)],用符号 E_0 表示。当结构在土侧压力作用下向前(离开土体)产生一微小的移动或转动,从而使结构物对土体的侧向应力(它与土压力的大小相等、方向相反)逐渐减小,土体便出现向下滑动的趋势,这时土中逐渐增大的抗剪力抵抗着这一滑动的产生。当结构的侧向应力减小到某一数值,且土的抗剪强度充分发挥时,土压力减小到最小值,土体便处于极限平衡状态,即主动极限平衡状态,与此相对应的土压力称为主动土压力[图1-3-1b)],用符号E_a表示。若结构的移动或转动方向是推挤土体[图1-3-1c)],则将逐渐增大墙对土体的侧向应力,这时土体便出现向上滑动的趋势,而土中逐渐增大的抗剪力阻止着这一滑动的产生。当结构对土体的侧向应力增大到某一数值,使土的抗剪强度充分发挥时,土压力增长到最大值,土体便处于另一极限平衡状态,即被动极限平衡状态,与此相对应的土压力称为被动土压力,用符号E_p表示。

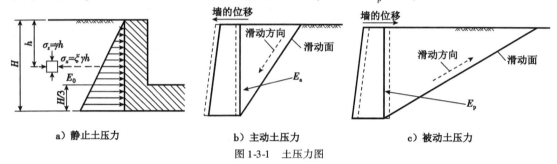

图1-3-1　土压力图

作用于不同结构上的土压力可参照现行相关设计规范的有关规定进行计算,这里不再赘述。

二、可变作用

可变作用(活载)是在结构使用期间,其量值随时间而变化,且变化值与平均值相比不可忽略不计的作用,主要包括列车荷载及其影响力、自然和人为产生的各种变化力。

1. 列车荷载

列车荷载是指轨道交通线路上行驶的车辆按编组长度、最大轴重和轴距确定的设计荷载。

轨道交通线路由于采用的运营车辆不同,因此列车荷载类型有多种,常见主要类型有轨道交通A、B、C型车(图1-3-2)。在结构设计之前,应根据线路总体设计规定要采用的车辆类型,以确定最大轴重和轴距。列车加载长度按照初期、近期、远期中最长的编组长度确定。

列车竖向静活载加载规定:

(1)单线或双线结构应按列车活载作用于每一条线路确定。

(2)多于两线的结构,应按下列最不利情况确定:

①两条线路在最不利位置承受列车活载,其余线路不承受列车活载;

②所有线路在最不利位置承受75%的列车活载。

(3)对承受局部荷载的构件,均应为该活载的100%。

(4)活载图式应按实际列车编组进行加载,但对影响线异号的区段,轴重应按空车重计。列车加载长度应采用本线初期、近期和远期中最不利的编组。

(5)列车活载的效应为列车静活载(列车荷载)与列车竖向动力作用(列车冲击力)效应之和。

(6)列车轴重荷载由轨道结构引起的分布宜按下列规定进行计算:

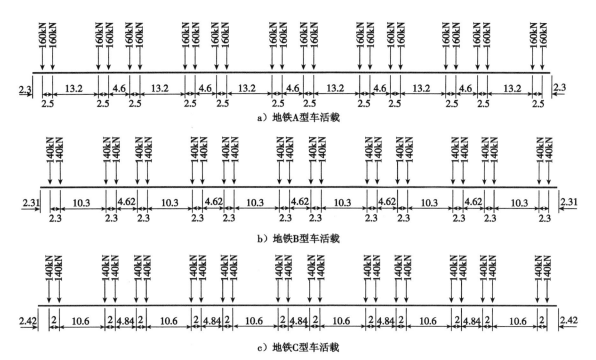

图 1-3-2 常用地铁列车车型荷载示意图（尺寸单位：m）

①列车轴重荷载沿线路方向可分布于三个钢轨支点上（图 1-3-3）；

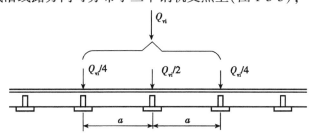

图 1-3-3 列车轴重荷载沿线路方向的分布

Q_{vi}-列车轴重引起的集中荷载；a-钢轨支点纵向间距

②列车轴重荷载在无砟轨道中垂直线路方向的分布宽度宜按轨底宽加 2 倍轨下基础高度计算（图 1-3-4）。

图 1-3-4 列车轴重荷载沿垂直线路方向的分布

P-列车轴重考虑纵向分布后的集中荷载；q-分布荷载的集度

2. 列车冲击力

列车以较高的速度驶过结构时，使结构发生振动，产生的应力与变形比大小相等的静载引起的要大,这种由于荷载的动力作用使结构发生振动而造成内力加大的现象称为冲击作用。也就是说,结构不仅承受列车荷载的重力作用,还受到列车冲击力。列车冲击力应按列车竖向静活载乘动力系数 μ 进行计算。动力系数 μ 的取值应符合《城市轨道交通桥梁设计规范》(GB/T 51234—2017)、《铁路桥涵设计规范》(TB 10002—2017)规定。

(1)支承轮轨式轨道交通的桥梁动力系数 μ 根据列车最高运行速度 V 应按下列规定取值:

①当 $V=120\text{km/h}$ 时,动力系数 μ 应按《铁路桥涵设计规范》(TB 10002—2017)的规定取值;

②当 $V \leqslant 80\text{km/h}$ 时,动力系数 μ 应按《铁路桥涵设计规范》(TB 10002—2017)的规定取值乘0.8;

③当 $80\text{km/h} < V < 120\text{km/h}$ 时,动力系数 μ 应按列车最高运行速度进行线性插值确定。

(2)支承单轨交通轨道梁的桥梁动力系数 μ 应按下式计算:

$$\mu = \left(1 + \frac{20}{50 + L_1}\right) \cdot \left(\frac{20}{50 + L_2}\right) \tag{1-3-1}$$

式中:L_1——轨道梁的跨度(m);

L_2——支承单轨交通轨道梁的桥梁跨度(m)。

(3)单线 U 形梁桥道板的动力系数宜取 0.4,双线 U 形梁桥道板的动力系数宜取 0.3。

(4)计算活载引起的土压力时可不计竖向动力作用。

3. 列车离心力

位于曲线上的桥梁应计算列车产生的离心力,离心力计算应符合下列规定:

(1)离心力 F 应按下式计算:

$$F = \frac{V^2}{127R} N \tag{1-3-2}$$

式中:V——列车的运行速度(km/h);

R——曲线半径(m);

N——竖向静活载(kN)。

(2)离心力作用点应位于轨面以上 1.8m 处。

4. 列车横向摇摆力

列车在行进中因摇摆而施加于轨道的横向力,称为列车横向摇摆力。列车横向摇摆力应按相邻两节车厢 4 个轴轴重的 15% 计算,应以横桥向集中力形式取最不利位置作用于轨顶面。多线桥可只计算任意一条线上的横向摇摆力。

5. 列车制动力(牵引力)

列车制动力(牵引力)计算应符合下列规定:

(1)区间桥梁的制动力(牵引力)应按竖向静活载的 15% 计算;当制动力(牵引力)与离心力同时计算时,宜按竖向静活载的 10% 计算。

(2)区间双线桥宜仅计算一条线的制动力(牵引力);多线桥宜仅计算两条线的制动力(牵引力)。

(3)对高架车站及与车站相邻两侧 100m 范围内的区间双线桥,应计算双线制动力(牵引力),每条线的制动力(牵引力)值应为竖向静活载的10%。

(4)制动力(牵引力)应作用于轨顶以上车辆重心处,但计算墩台的受力时应移至支座中心处,计算刚架结构的受力时应移至横梁中线处,移动作用点所产生的力矩均不计。

6. 温度作用

考虑温度作用时,应根据当地具体情况、结构物使用的材料和施工条件等因素计算由温度作用引起的结构效应。

(1)计算结构因均匀温度作用引起的外加变形或约束变形时,体系温差应从结构合龙时算起。混凝土结构桥梁的体系温差宜分别取合龙温度与历年最冷月平均气温最低值、最热月平均气温最高值的差值。

(2)计算结构由于温度梯度作用引起的效应(即太阳辐射使结构沿高度方向形成非线性的温度梯度,导致结构产生次应力)时,温度梯度的计算宜根据结构类型的不同分别取值。

①混凝土梁竖向温度梯度宜按图1-3-5的规定取值。

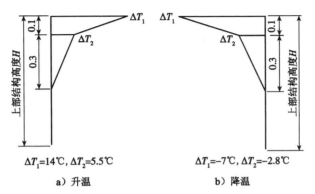

图1-3-5 混凝土梁竖向温度梯度(尺寸单位:m,ΔT_1、ΔT_2 为湿度变化量)

②混凝土箱梁箱体内、外温差宜按±5℃取值。

三、偶然作用

偶然作用是指在结构使用期间出现的概率很小,而一旦出现,其值很大且持续时间很短的作用。对于不同的结构(如地面结构、地下结构、高架结构等),由于所处线路位置不同,不同结构遭遇偶然作用的因素不同,所以偶然作用的类型也不同,详见表1-3-1~表1-3-4。偶然作用的计算参照相关设计规范。

四、地震作用

在地震区建造轨道交通结构,必须考虑地震作用。地震虽然不一定发生,但其一旦发生,虽然持续时间极短(通常是10s以上),但会对结构安全产生巨大的影响。地震作用主要是指地震时由强烈的地面运动引起的结构惯性力,因而它不是静力荷载,而是动力荷载;不是固定值,而是随机变化值;不完全取决于地震时地面运动的强烈程度,还取决于结构的动力特性(频率与振型)。

地震作用的计算及结构设计,应符合《建筑抗震设计规范(2016年版)》(GB 50011—

2010)和《铁路工程抗震设计规范》(GB 50111—2006)的规定。对于抗震设防烈度≥6度的地区的结构,必须进行抗震设计;抗震设防烈度>9度的地区的高架结构和有特殊要求的大跨径桥梁或特殊桥梁,应进行专门的抗震研究和设计。

在结构设计中,地震作用应采用所在地区抗震设防烈度相应的设计基本地震动峰值加速度和反应谱特征周期以及抗震重要性系数来表征。抗震设防烈度与水平向设计基本地震动峰值加速度取值的对应关系见表1-3-6。

抗震设防烈度与水平向设计基本地震动峰值加速度　　表1-3-6

抗震设防烈度	6度	7度		8度		9度
水平向设计基本地震动峰值加速度 A	$0.05g$	$0.10g$	$0.15g$	$0.20g$	$0.30g$	$0.40g$

注:g 为重力加速度。

第三节　荷载组合(作用组合)

一、作用的代表值

作用具有变异性,但在进行结构设计时,不可能直接引用作用随机变量或随机过程的各类统计参数并通过复杂的计算进行设计,作用的代表值就是为结构设计而给定的量值。设计的要求不同,采用的作用代表值也可不同,这样可以更确切、更合理地反映作用对结构在不同设计要求下的特点。作用的代表值一般可分为标准值、频遇值、准永久值和组合值。标准值是作用的基本代表值;频遇值和准永久值一般可以在标准值的基础上计入不同的系数后得到;组合值是在进行结构或构件设计时,预计可能同时出现的几种不同作用(效应)的集合。

永久作用被近似地认为在设计基准期内(公路桥涵结构的设计基准期为100年)是不变的,其代表值只有一个,即标准值。

可变作用应根据不同状况分别选择不同的代表值,即标准值、组合值、频遇值和准永久值均可作为其代表值。在承载能力极限状态设计及按弹性阶段计算结构强度时,应采用标准值作为代表值;在正常使用极限状态按频遇组合设计时,应采用永久作用的标准值与基本可变作用的频遇值相组合或永久作用的标准值与基本可变作用的频遇值及其他可变作用的准永久值相组合;按准永久组合设计时,应采用准永久值作为代表值。频遇值为标准值乘频遇值系数 ψ_{f1};准永久值为标准值乘准永久值系数 ψ_{qj}。

偶然作用取其设计值作为代表值,可根据历史资料、现场观测和试验,并结合工程经验综合分析确定,也可根据有关标准的专门规定确定。

地震作用的代表值为其标准值,应根据《城市轨道交通结构抗震设计规范》(GB 50909—2014)的规定确定。

二、作用的设计值

作用的设计值为作用的标准值乘相应的作用分项系数。作用分项系数见表1-3-7。

作用分项系数 表 1-3-7

编号	作用分类	作用类别		符号	作用分项系数 承载能力极限状态 基本组合					
1	永久作用	结构自重		γ_{G1}	1.1(1.2)					
2		结构附加重力	道砟桥面	γ_{G2}	1.4					1.2
			其他桥面		1.1					
3		预加力		γ_{G3}	1.0(1.35)					
4		混凝土收缩及徐变作用		γ_{G4}	1.1					
5		不均匀沉降作用		γ_{G5}	1.0					0.5
6		土压力		γ_{G6}	1.2					1.1
7		静水压力及浮力		γ_{G7}	1.1					
1	可变作用	列车荷载及动力作用		γ_{Q1}	1.5	—	1.2	1.2	1.2	—
2		列车离心力		γ_{Q2}	1.5	—	1.2	1.2	1.2	—
3		列车横向摇摆力		γ_{Q3}	1.5	—	1.2	1.2	1.2	—
4		列车荷载引起的土压力		γ_{Q4}	1.5	—	1.2	1.2	1.2	—
5		风荷载		γ_{Q5}	—	1.4	1.1	—	0.75	0.75
6		温度作用	均匀升降温	γ_{Q6}	—	—	—	1.3	1.0	1.0
			温度梯度		—	—	—	1.0	0.8	0.8
7		流水压力		γ_{Q7}	—	—	0.8	1.0	0.8	1.1
8		冰压力		γ_{Q8}	—	—	1.1	1.1	1.1	1.0
9		施工荷载		γ_{Q9}	—	—	—	—	—	1.15

三、作用组合

作用组合是结构或构件设计时，预计可能同时出现的几种不同作用(效应)的集合。

前文简述了不同结构中各种可能出现的作用，显然，这些作用并非全部同时作用于某一结构上。因此，在设计中应分清哪些作用是恒久存在、经常出现的，哪些作用是偶然出现或者只在特殊情况下才发生的。根据各种作用重要性的不同和同时作用的可能性，按承载能力极限状态、正常使用极限状态和疲劳极限状态分别进行作用组合。

1. 设计极限状态

(1) 结构或构件出现下列状态之一时，应认为其超过了承载能力极限状态：

① 结构、构件或连接件超过材料强度或过度变形，不适于继续承载；

② 结构或构件失去刚体平衡；

③ 结构体系成为机动体系；

④ 结构或构件失稳；

⑤ 地基失去承载能力；

⑥ 影响结构安全的其他特定状态。

(2)结构或构件出现下列状态之一时,应认为其超过了正常使用极限状态:
①影响正常使用的变形;
②影响正常使用或耐久性能的裂缝、局部损坏;
③影响正常使用和舒适性的振动;
④影响正常使用的其他特定状态。
(3)结构或构件在重复荷载累积损伤作用下出现下列状态之一时,应认为其超过了疲劳极限状态:
①影响安全使用的疲劳裂纹;
②影响安全使用的变形。

2. 设计状况

工程结构设计应考虑各种设计状况,对每种设计状况应采用相应的可靠性水平。

1)持久设计状况

适用于结构使用时的正常情况,包括在设计基准期内承受的恒载、列车活载、风荷载、温度作用等持续时间相对长的作用。对于持久设计状况应进行承载能力极限状态和正常使用极限状态设计,必要时进行疲劳极限状态检算。

2)短暂设计状况

适用于结构施工、运营、维修中承受的临时性短暂荷载状况,包括恒载及施工人员、施工机具、运架设备荷载等作用。对于短暂设计状况应进行承载能力极限状态和正常使用极限状态设计。

3)偶然设计状况

适用于结构使用的异常情况,应考虑火灾、爆炸、撞击、脱轨、断轨、落石冲击等作用。对于偶然设计状况应进行承载能力极限状态设计。

4)地震设计状况

适用于结构遭受地震时的情况,应考虑结构在地震作用下的受力分析和结构验算。对于地震设计状况应进行承载能力极限状态设计,可根据工程需要进行正常使用极限状态设计。

3. 作用组合

1)承载能力极限状态设计

结构按承载能力极限状态设计,可根据不同的设计状况采用基本组合、偶然组合、地震组合。

(1)基本组合。

结构按承载能力极限状态设计时,对持久设计状况和短暂设计状况应采用作用的基本组合。基本组合是永久作用设计值与可变作用设计值相组合(组合Ⅰ~组合Ⅵ),其组合表达式为

$$S_d = \gamma_0 S(\sum_{i=1}^{n}\gamma_{Gi}G_{ik} + \gamma_{Q1}Q_{1k} + \sum_{j=2}^{m}\gamma_{Qj}\psi_{cj}Q_{jk}) \qquad (1-3-3)$$

式中:S_d——承载能力极限状态下作用基本组合的效应组合设计值;

γ_0——结构重要性系数,具体见表1-3-8,进行施工阶段各项检算时,取1.0;
$S(\ )$——作用组合的效应函数,其中"Σ"和"$+$"表示线性组合;
γ_{Gi}——第i个永久作用的分项系数,见表1-3-7;
G_{ik}——第i个永久作用效应的标准值;
γ_{Q1}——主导可变作用的分项系数,见表1-3-7;
Q_{1k}——主导可变作用的标准值;
γ_{Qj}——第j个可变作用的分项系数,见表1-3-7;
Q_{jk}——第j个可变作用的标准值;
ψ_{cj}——第j个可变作用的组合值系数,除特别规定外,一般取1.0;
n——参与组合的永久作用的个数;
m——参与组合的可变作用的个数。

结构重要性系数及安全等级 表1-3-8

设计安全等级		一级	二级	三级
结构重要性系数γ_0		1.1	1.0	0.9
结构类型	轨道结构	桥上道岔区、伸缩调节器区正线轨道	其他正线轨道、到发线轨道	其他站线轨道
	路基结构	特殊条件、技术复杂的路基支挡结构和地基处理工程	一般路基支挡、地基处理工程,路基床主体结构及重要路基防护结构	其他路基结构
	地下结构	特长隧道、水下隧道或有特殊要求的隧道	一般隧道、明洞、棚洞及洞门、运营服务通道或防灾通道、泄水洞	用于施工、通风、排水等的临时性辅助坑道
	高架结构	跨越大江、大河、山区深谷,且技术复杂、修复困难的特殊结构桥梁或重要桥梁	一般特大桥、大桥、中桥、小桥、涵洞	其他附属结构或构件
	车站结构	破坏后果很严重:对人的生命、经济、社会或环境影响很大	破坏后果严重:对人的生命、经济、社会或环境影响较大	破坏后果不严重:对人的生命、经济、社会或环境影响较小

组合Ⅰ:永久作用设计值与基本可变作用设计值相组合。

组合Ⅱ:永久作用设计值与其他可变作用设计值相组合。

组合Ⅲ:永久作用设计值与基本可变作用设计值及其他可变作用(温度作用和施工荷载除外)设计值相组合。

组合Ⅳ:永久作用设计值与基本可变作用设计值及其他可变作用(风荷载和施工荷载除外)设计值相组合。

组合Ⅴ:永久作用设计值与基本可变作用设计值及其他可变作用(施工荷载除外)设计值相组合。

组合Ⅵ：永久作用设计值与施工荷载设计值、其他可变作用设计值相组合。
(2)偶然组合。
结构按承载能力极限状态设计时，对偶然设计状况应采用作用的偶然组合。偶然组合为永久作用标准值与一种偶然作用设计值和可变作用某种代表值相组合（组合Ⅶ），其组合表达式为

$$S_d = S(\sum_{i=1}^{n} G_{ik} + A_d + (\psi_{f1} 或 \psi_{q1}) Q_{1k} + \sum_{j=2}^{m} \psi_{qj} Q_{jk}) \tag{1-3-4}$$

(3)地震组合。
结构按承载能力极限状态设计时，对地震设计状况应采用作用的地震组合。地震组合为永久作用标准值与地震作用标准值和可变作用准永久值相组合（组合Ⅷ），其组合表达式为

$$S_d = S(\sum_{i=1}^{n} G_{ik} + \gamma_1 A_{Ek} + \sum_{j=1}^{m} \psi_{qj} Q_{jk}) \tag{1-3-5}$$

2)正常使用极限状态设计
结构按正常使用极限状态设计时，可根据具体情况采用标准组合、频遇组合、准永久组合。
(1)标准组合。
标准组合宜用于不可逆正常使用极限状态设计，为永久作用标准值与可变作用标准值相组合，其组合表达式为

$$S_d = \sum_{i=1}^{n} G_{ik} + \sum_{j=1}^{m} Q_{jk} \tag{1-3-6}$$

①结构疲劳设计时，只考虑永久作用标准值和列车荷载标准值组合；
②当结构构件需进行弹性阶段截面应力计算时，各作用应采用标准值组合。
(2)频遇组合。
频遇组合宜用于可逆正常使用极限状态设计，为永久作用标准值与可变作用频遇值相组合（组合Ⅸ、组合Ⅹ），其组合表达式为

$$S_d = \sum_{i=1}^{n} G_{ik} + \psi_{f1} Q_{1k} + \sum_{j=2}^{m} \psi_{qj} Q_{jk} \tag{1-3-7}$$

式中：ψ_{f1}——主导可变作用的频遇值系数，除有特别规定外，一般取1.0；
ψ_{qj}——第j个可变作用的准永久值系数，除有特别规定外，一般取1.0。
组合Ⅸ：永久作用标准值与基本可变作用频遇值相组合。
组合Ⅹ：永久作用标准值与基本可变作用频遇值及其他可变作用准永久值相组合。
(3)准永久组合。
准永久组合宜用于长期效应为决定性因素的正常使用极限状态设计，为永久作用标准值与可变作用准永久值相组合（组合Ⅺ），其组合表达式为

$$S_d = \sum_{i=1}^{n} G_{ik} + \sum_{j=1}^{m} \psi_{qj} Q_{jk} \tag{1-3-8}$$

3)疲劳极限状态设计
结构疲劳设计时，只考虑永久作用和列车荷载（包括运营动力系数和离心力），各作用应采用标准值，作用分项系数可取1.0。

值得注意的是，设计时应考虑结构上可能同时出现的作用，按承载能力极限状态和正常使用极限状态进行作用组合，取其最不利组合进行设计。当结构或构件需做不同受力方向的验算时，则应以不同方向的最不利组合进行设计。当可变作用的出现对结构或构件产生有利影响时，该作用不应参与组合；实际不可能同时出现的可变作用，或组合概率很小的作用，不考虑其作用的组合；多个偶然作用不同时参与组合。

[例题1-3-1] 某1孔20m钢筋混凝土简支梁桥，跨中截面弯矩$M_{Gk}=5195$kN·m（结构自重及结构附加重力），$M_{Q1k}=2106$kN·m（列车荷载），冲击系数$(1+\mu)=1.20$，温度梯度作用$M_{Q6k}=42$kN·m。试进行承载能力极限状态和正常使用极限状态设计时的作用组合计算。

解：
（1）承载能力极限状态设计时作用组合。

按承载能力极限状态设计时，采用作用的基本组合，按式(1-3-3)计算。

该桥为1孔20m简支梁桥，可知跨径为20m，桥长（桥台挡砟前墙之间的长度）大于20m，为中桥（参照本书第二篇第三章，高架区间结构），由表1-3-8查得其设计安全等级为二级，结构重要性系数$\gamma_0=1.0$。

作用分项系数查表1-3-7，可知结构自重$\gamma_{G1}=1.1$，列车荷载$\gamma_{Q1}=1.5$（组合Ⅰ），$\gamma_{Q1}=1.2$（组合Ⅳ），温度梯度作用$\gamma_{Q6}=1.0$（组合Ⅳ），温度梯度作用的组合值系数$\psi_{c6}=1.0$。

组合Ⅰ：结构重力+列车荷载。即

$$M_d = \gamma_0 \times [\gamma_{G1} \times M_{Gk} + \gamma_{Q1} \times M_{Q1k} \times (1+\mu)]$$
$$= 1.0 \times (1.1 \times 5195 + 1.5 \times 2106 \times 1.20)$$
$$= 9505.3(\text{kN} \cdot \text{m})$$

组合Ⅳ：结构重力+列车荷载+温度梯度作用。即

$$M_d = \gamma_0 \times [\gamma_{G1} \times M_{Gk} + \gamma_{Q1} \times M_{Q1k} \times (1+\mu) + \psi_{c6} \times \gamma_{Q6} \times M_{Q6k}]$$
$$= 1.0 \times (1.1 \times 5195 + 1.2 \times 2106 \times 1.20 + 1.0 \times 1.0 \times 42)$$
$$= 8789.14(\text{kN} \cdot \text{m})$$

（2）正常使用极限状态设计时作用组合。

按正常使用极限状态设计时，作用组合有频遇组合和准永久组合，频遇组合按式(1-3-7)计算，准永久组合按式(1-3-8)计算。

①频遇组合。

列车荷载的频遇值系数$\psi_{f1}=1.0$，温度梯度作用的准永久值系数$\psi_{q6}=1.0$。

组合Ⅰ：结构重力+列车荷载。即

$$M_d = M_{Gk} + \psi_{f1} M_{Q1k}$$
$$= 5195 + 1.0 \times 2106$$
$$= 7301(\text{kN} \cdot \text{m})$$

组合Ⅳ：结构重力+列车荷载+温度梯度作用。即

$$M_d = M_{Gk} + \psi_{f1}M_{Q1k} + \psi_{q6}M_{Q6k}$$
$$= 5195 + 1.0 \times 2106 + 1.0 \times 42$$
$$= 7343(kN \cdot m)$$

②准永久组合。

列车荷载的准永久值系数 $\psi_{q1} = 1.0$。

组合Ⅰ：结构重力+列车荷载。即

$$M_d = M_{Gk} + \psi_{q1}M_{Q1k}$$
$$= 5195 + 1.0 \times 2106$$
$$= 7301(kN \cdot m)$$

组合Ⅳ：结构重力+列车荷载+温度梯度作用。即

$$M_d = M_{Gk} + \psi_{q1}M_{Q1k} + \psi_{q6}M_{Q6k}$$
$$= 5195 + 1.0 \times 2106 + 1.0 \times 42$$
$$= 7343(kN \cdot m)$$

跨中截面弯矩 M 计算结果见表1-3-9。

跨中截面弯矩计算结果　　　　表1-3-9

跨中截面弯矩 M_d （kN·m）	组合Ⅰ	组合Ⅳ
	结构重力+列车荷载	结构重力+列车荷载+温度梯度作用
基本组合	9505.3	8789.14
频遇组合	7301	7343
准永久组合	7301	7343

第四节　容许应力法和破坏阶段法

一、容许应力法

对于结构设计而言，容许应力法与极限状态法是不同的，容许应力法是按结构或构件材料处于弹性工作阶段进行设计，极限状态法是按结构或构件材料处于弹塑性工作阶段进行设计。因此，容许应力法是控制构件最不利受力截面的应力（如中心受压 σ_c、弯曲受压及偏心受压 σ_b 等）不超出规范规定的容许值，极限状态法是控制构件最不利受力截面的内力值（如弯矩 M、轴力 N、剪力 V 等）不超出该截面的承载力。二者控制的量值不同，荷载组合方式不同。例如，高架结构采用容许应力法设计时，应参照《城市轨道交通桥梁设计规范》（GB/T 51234—2017）荷载分类，如表1-3-10所示。

高架结构荷载分类 表1-3-10

荷载分类		荷载名称
主力	恒载	结构自重
		附属设备及附属建筑自重
		预加力
		混凝土收缩和徐变作用
		基础变位的作用
		土压力
		静水压力及浮力
	活载	列车竖向静活载
		列车竖向动力作用
		列车离心力
		列车横向摇摆力
		列车竖向静活载产生的土压力
		公路或城市桥梁活载
		人行荷载
	无缝线路纵向水平力	伸缩力
		挠曲力
附加力		制动力或牵引力
		风力
		温度影响力
		流水压力
		救援、检修列车荷载
		顶梁荷载
特殊荷载		无缝线路断轨力
		船只或汽车的撞击力
		地震力
		施工临时荷载
		列车脱轨荷载
		列车脱轨水平撞击力

与采用极限状态法设计时的荷载分类表1-3-4对比，可以看出，荷载种类基本相同，但分类方式不同，荷载组合方法也不同。

[例题1-3-2] 参照例题1-3-1，仍采用跨中截面的计算弯矩值，当采用容许应力法验算跨中截面强度时，进行跨中截面弯矩作用组合值计算。

解：

组合Ⅰ：主力（结构重力＋列车荷载）。即

$$M = M_{Gk} + M_{Q1k} = 5195 + 2106 = 7301(\text{kN} \cdot \text{m})$$

组合Ⅳ：主力+附加力(结构重力+列车荷载+温度梯度作用)。即

$$M = M_{Gk} + M_{Q1k} + M_{Q6k} = 5195 + 2106 + 42 = 7343(\text{kN} \cdot \text{m})$$

利用组合Ⅰ、组合Ⅳ分别计算截面应力，并判断是否满足不超过规范规定的容许应力值。

二、破坏阶段法

破坏阶段法与极限状态法都是按弹塑性工作阶段设计，以截面破坏阶段作为计算依据，截面承载力设计中控制截面的内力值，如弯矩 M、轴力 N、剪力 V 等，使其不超出该截面承载力。但两者的荷载组合方式是不同的，极限状态法计算截面承载力是按各类荷载的设计值(荷载标准值乘分项系数)进行荷载基本组合，并判断该组合值的截面承载力；而破坏阶段法计算截面强度时是按各类荷载的标准值进行荷载组合，再将组合值乘破坏强度安全系数 K(主力，$K=2.0$；主力+附加力，$K=1.8$)，即 KM 不大于截面破坏强度。

仍然以高架结构为例，采用破坏阶段法设计时，荷载分类仍参照表1-3-10。由此可见，破坏阶段法与容许应力法有相同的荷载分类与荷载组合方法，但与容许应力法采用的安全系数 K 不同；破坏阶段法与极限状态法都是以截面破坏阶段作为计算依据，但两者的荷载分类不同、荷载组合方法不同。

[例题 1-3-3] 若[例题 1-3-1]为预应力混凝土简支梁，假设跨中截面的计算弯矩值不变，跨中截面强度应按破坏阶段法验算，进行跨中截面弯矩作用组合值计算。

解：

组合Ⅰ：主力(结构重力+列车荷载)。即

$$M = M_{Gk} + M_{Q1k} = 5195 + 2106 = 7301(\text{kN} \cdot \text{m})$$

组合Ⅳ：主力+附加力(结构重力+列车荷载+温度梯度作用)。即

$$M = M_{Gk} + M_{Q1k} + M_{Q6k} = 5195 + 2106 + 42 = 7343(\text{kN} \cdot \text{m})$$

进行截面强度验算时，应将组合值乘破坏强度安全系数 K(主力，$K=2.0$；主力+附加力，$K=1.8$)，即 KM 不大于截面破坏强度。

第四章 混凝土结构设计方法

在现实生活中,我们可以注意到钢桥的跨越能力大于混凝土桥,这是因为建造桥梁的材料不同;而同样是采用石材建造桥梁,石拱桥的跨越能力又大于石板桥,这是由于在不同的桥梁结构中,材料的受力性能不同。因此,选取合适的建筑材料来建造工程结构时,首先要了解材料的特性,即材料的物理力学性质;其次要分析结构的受力,使所选用的建筑材料在结构中能充分发挥作用。城市轨道交通结构中使用最普遍的是混凝土结构(以混凝土为主制作的结构),混凝土结构包括素混凝土结构[无筋或不配置受力钢筋(仅配置构造钢筋)的结构]、钢筋混凝土结构(配置受力普通钢筋的结构)和预应力混凝土结构(配置受力预应力钢筋并被施加预应力的结构)等,城市轨道交通结构主要采用钢筋混凝土结构和预应力混凝土结构。本章将着重介绍混凝土材料的特性及混凝土结构设计方法。

第一节 概述

一、混凝土结构的概念

混凝土是用水泥作胶凝材料,砂、石作集料,与水(可含外加剂和掺合料)按一定比例配合,经搅拌而得到的复合材料,也称普通混凝土。用普通混凝土(素混凝土)建造的结构称为圬工结构,圬工结构还包括用砖、石、混凝土预制块砌筑的结构,其抗压能力很强,但抗拉能力很弱。如图1-4-1a)所示,当素混凝土梁承受竖向荷载作用时,在梁的垂直截面(正截面)上受到弯矩作用,截面中性轴(或称中和轴)以上受压,以下受拉。当荷载达到某一数值F_c时,梁截面受拉边缘混凝土的拉应变达到极限拉应变,即出现竖向弯曲缝。这时,裂缝处截面的受拉区混凝土退出工作,受压区高度减小,即使荷载不增加,竖向弯曲裂缝也会急速向上发展,导致梁骤然断裂[图1-4-1b)],这种破坏是很突然的。也就是说,当荷载达到F_c的一瞬间,梁立即发生破坏。F_c为素混凝土梁受拉区出现裂缝的荷载,一般称为素混凝土梁的开裂荷载,也是素混凝土梁的破坏荷载。由此可见,素混凝土梁的承载能力是由混凝土的抗拉强度控制的,而受压区混凝土的抗压强度远未被充分利用。因此,素混凝土适用于受压构件,不适用于受拉构件和受弯构件。

二、钢筋混凝土结构的概念

为改善混凝土结构的抗拉性能,在混凝土梁受拉区加入抗拉和抗压性能都很强的普通钢筋,使混凝土主要承受压力,钢筋主要承受拉力。试验表明,当承受的竖向荷载略大于 F_c 时,与素混凝土梁有相同截面尺寸的钢筋混凝土梁的受拉区混凝土仍会出现裂缝。在出现裂缝的截面处,受拉区混凝土虽退出工作,但配置在受拉区的钢筋将承担几乎全部的拉力。这时,钢筋混凝土梁不会像素混凝土梁那样立即断裂,而是能继续承受荷载作用[图 1-4-1c)],直至受拉钢筋的应力达到屈服强度,继而截面受压区的混凝土也被压碎,梁才被破坏。因此,混凝土的抗压强度和钢筋的抗拉强度都能得到充分利用,钢筋混凝土梁的承载能力较素混凝土梁提高很多。

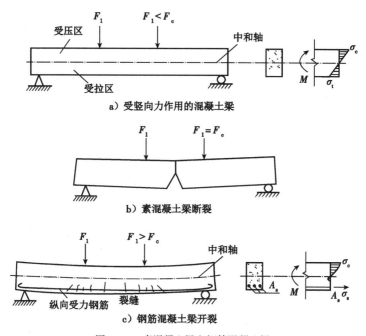

图 1-4-1 素混凝土梁和钢筋混凝土梁

混凝土的抗压强度高,常用于受压构件。若在构件中配置纵向受力钢筋,构成钢筋混凝土受压构件,试验表明,与截面尺寸及长细比相同的素混凝土受压构件相比,钢筋混凝土受压构件不仅承载能力大幅提高,受力性能也得到改善(图 1-4-2)。在这种情况下,钢筋的作用主要是与混凝土共同承受压力。

综上所述,根据构件受力状况配置受力钢筋构成钢筋混凝土构件,可以充分利用钢筋和混凝土各自的材料特点,把它们有机地结合在一起,从而提高构件的承载能力,改善构件的受力性能。钢筋的作用是代替混凝土受拉(受拉区混凝土出现裂缝后)或协助混凝土受压。

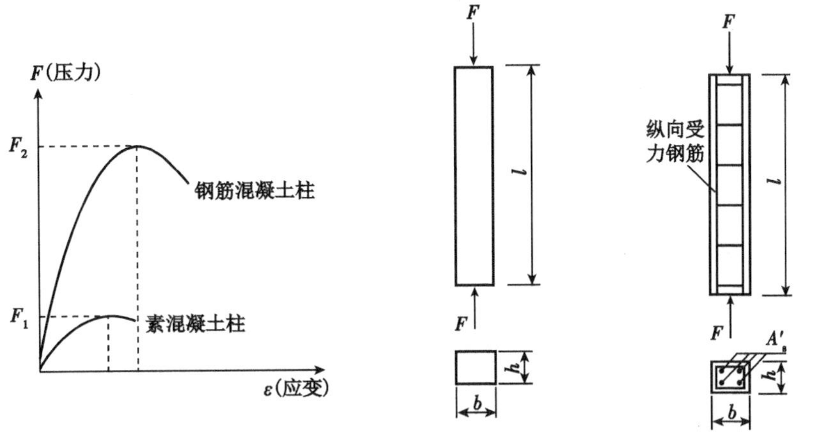

a) 柱的压力-混凝土应变曲线　　b) 素混凝土柱　　c) 钢筋混凝土柱

图 1-4-2　素混凝土和钢筋混凝土轴心受压构件的受力性能比较

钢筋和混凝土这两种力学性能不同的材料之所以能有效地结合在一起共同工作，主要是由于：

①混凝土和钢筋之间有着良好的黏结力，使两者能可靠地结合成一个整体，在荷载作用下能够很好地共同变形，完成其结构功能。

②钢筋和混凝土的温度线膨胀系数较为接近，钢筋为 1.2×10^{-5}℃$^{-1}$，混凝土为 $0.7 \times 10^{-5} \sim 1.3 \times 10^{-5}$℃$^{-1}$，因此，当温度变化时，钢筋与混凝土之间不致产生较大的相对变形而破坏两者之间的黏结。

③质量良好的混凝土，可以保护钢筋免遭锈蚀，保证钢筋与混凝土的共同作用。

钢筋混凝土结构除了能合理地利用钢筋和混凝土两种材料的特性外，还有以下优点：

①在钢筋混凝土结构中，混凝土强度是随时间不断增大的，同时，钢筋被混凝土包裹不致锈蚀，所以，钢筋混凝土结构的耐久性较好。钢筋混凝土结构的刚度较大，在使用荷载作用下的变形较小，故可有效地应用于对变形有要求的建筑物中。

②钢筋混凝土结构既可以整体现浇，也可以预制装配，并且可以根据需要浇制成各种构件形状和截面尺寸。

③钢筋混凝土结构所用的原材料中，砂、石所占比例较大，而砂、石易就地取材，可以降低建筑成本。

但是钢筋混凝土结构也存在一些缺点。例如：钢筋混凝土构件的截面尺寸一般较相应的钢结构大，因而自重较大，这对于大跨度结构是不利的；抗裂性能较差，在正常使用时往往是带裂缝工作的；施工受气候条件影响较大；修补或拆除较困难等。

钢筋混凝土结构虽有缺点，但毕竟优点突出，所以，无论是桥梁工程、隧道工程、房屋建筑、铁道工程，还是水工结构工程、海洋结构工程等，其应用都极为广泛。

三、预应力筋混凝土结构的概念

钢筋混凝土结构中的抗拉钢筋可以帮助结构抵抗拉力，却不能阻止受拉区混凝土开裂，当裂缝宽度超过 $0.2 \sim 0.3$mm 时，水汽和雨水的渗透会使钢筋锈蚀，影响结构的耐久性，并减小其刚度。因此对于不允许有开裂的结构,如水坝、泳池等,钢筋混凝土结构并不适用。对于大跨径结构,由于跨径增大会导致截面高度增大,从而增大结构自重,增加钢筋数量,导致结构开裂严重,且不经济。为解决这些问题,人们在实践中创造了预应力混凝土结构,即在结构承受荷载前,预先人为地对混凝土结构施加预压力(即预应力),其数值和分布恰好能将使用荷载产生的应力抵消到一个合适的程度(称为预应力度 λ,$\lambda = \dfrac{\sigma_c}{\sigma}$,即扣除全部预应力损失后的预加力引起的构件控制截面受拉边缘的预压应力与不包括预加力的设计荷载引起的构件控制截面受拉边缘的应力之比),从而使混凝土不但能承压,而且能承受很大拉应力,不致开裂或产生裂缝。这种由先配置预应力钢筋再通过张拉或其他方法建立预应力的混凝土结构,称为预应力混凝土结构。

预应力混凝土结构通过张拉高强度钢材(钢筋、钢丝或钢绞线)并锚固于高强度混凝土中使混凝土受压,两者结合在一起共同承载,如图1-4-3所示。

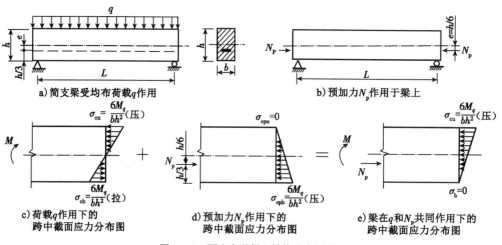

图1-4-3 预应力混凝土结构基本原理

预应力混凝土结构广泛应用于轨道结构、路基结构、高架结构、车站结构等。

城市轨道交通结构工程普遍采用钢筋混凝土结构和预应力混凝土结构,因此,本书将着重介绍。

第二节 材料的物理力学性质

钢筋混凝土是由钢筋和混凝土这两种力学性能不同的材料组成的。为了正确、合理地进行钢筋混凝土结构设计,必须深入了解钢筋混凝土结构及其构件的受力性能和特点。而了解混凝土和钢筋材料的物理力学性能(强度和变形的变化规律),则是掌握钢筋混凝土结构的构件性能、结构分析与设计的基础。

一、混凝土

混凝土的力学性能,是指混凝土抵抗压、拉、弯、剪等应力的能力。水灰比、水泥品种和用量、集料的品种和用量以及搅拌、成型、养护的方式,都直接影响混凝土的强度。混凝土按标准抗压强度(以边长为150mm的立方体为标准试件,在标准养护条件下养护28d,按照标准试验方法测得的具有95%保证率的立方体抗压强度)划分的强度等级,称为标号,分为C10、C15、C20、C25、C30、C35、C40、C45、C50、C55、C60、C65、C70、C75、C80、C85、C90、C95、C100共19个等级。城市轨道交通结构常用的混凝土标号为C20、C25、C30、C35、C40、C45、C50、C55、C60(表1-4-1),主体结构的钢筋混凝土构件的混凝土强度等级不得低于C30,预应力混凝土构件的混凝土强度等级不得低于C40;非主体结构构件的混凝土强度等级不得低于C25。混凝土的抗拉强度仅为其抗压强度的1/20~1/10。提高混凝土抗拉强度与抗压强度的比值是混凝土改性的重要方面。混凝土在荷载或温度、湿度作用下会产生变形,主要包括弹性变形、塑性变形、收缩和温度变形(图1-4-4)等。混凝土在短期荷载作用下的弹性变形主要用弹性模量E_c表示。在长期荷载作用下,应力不变、应变持续增加的现象称为徐变。由于水泥水化、水泥石碳化和失水等产生的体积变形,称为收缩。

城市轨道交通常用混凝土强度等级(MPa) 表1-4-1

强度种类	符号	混凝土强度等级								
		C20	C25	C30	C35	C40	C45	C50	C55	C60
轴心抗压强度	f_c	13.5	17.0	20.0	23.5	27.0	30.0	33.5	37.0	40.0
轴心抗拉强度	f_{ct}	1.70	2.00	2.20	2.50	2.70	2.90	3.10	3.30	3.50

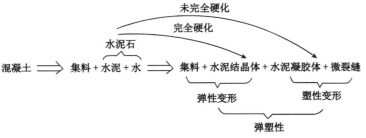

图1-4-4 混凝土的力学构成

1. 混凝土的强度

1)混凝土立方体抗压强度

混凝土立方体抗压强度是按规定的标准试件和标准试验方法得到的混凝土强度基本代表值。我国选用的标准试件为边长相等的混凝土立方体,这种试件的制作和试验均比较简便,而且离散性较小。《混凝土物理力学性能试验方法标准》(GB/T 50081—2019)规定,以每边边长为150mm的立方体为标准试件,在温度为(20±2)℃和相对湿度95%以上的标准养护室中养护28d,依照标准制作方法和试验方法测得的抗压强度值(以MPa为单位)作为混凝土的立方体抗压强度,用符号f_{cu}表示。

混凝土立方体抗压强度与试验方法密切相关。在通常情况下,试件的上、下表面与试验机承压板之间将产生阻止试件向外自由变形的摩阻力,阻滞裂缝的发展[图1-4-5a)],从而提高试件的抗压强度;破坏时,远离承压板的试件中部混凝土所受的约束最少,混凝土也剥落得最多,形成两个对顶叠置的截头方锥体[图1-4-5b)];若在承压板和试件上、下表面之间涂以油脂润滑剂,则试验加压时摩阻力将大幅减小,所测得的抗压强度较低,其破坏形态为如图1-4-5c)所示的开裂破坏。《混凝土物理力学性能试验方法标准》(GB/T 50081—2019)规定采用的方法是不加油脂润滑剂的试验方法。

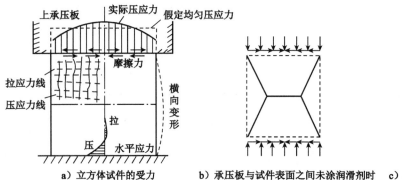

a) 立方体试件的受力　　b) 承压板与试件表面之间未涂润滑剂时　　c) 承压板与试件表面之间涂润滑剂后

图1-4-5　混凝土立方体抗压强度试验

混凝土的抗压强度还与试件尺寸有关。试验表明,立方体试件尺寸越小,摩阻力的影响越大,测得的强度也越高。在实际工程中,有时会分别采用边长为200mm和100mm的混凝土立方体试件,将所测得的立方体强度分别乘换算系数1.05和0.95,再折算成边长为150mm的混凝土立方体抗压强度。

2) 混凝土轴心抗压强度(棱柱体抗压强度)

通常钢筋混凝土构件的长度比它的截面边长要大得多,因此,棱柱体试件(高度大于截面边长的试件)的受力状态更接近实际构件中混凝土的受力情况。按照与立方体试件相同条件下制作和试验方法所测得的棱柱体试件的抗压强度值,称为混凝土轴心抗压强度,用符号f_c表示。

试验表明,棱柱体试件的抗压强度较立方体试件的抗压强度低。棱柱体试件高度h与边长b之比越大,则强度越低。当h/b由1增至2时,混凝土强度降低很快;但是当h/b由2增至4时,其抗压强度变化不大(图1-4-6)。因为在此范围内既可消除垫板与试件接触面间摩阻力对抗压强度的影响,又可避免试件因纵向初弯曲而产生的附加偏心距对抗压强度的影响,故所测得的棱柱体抗压强度较稳定。因此,《混凝土物理力学性能试验方法标准》(GB/T 50081—2019)规定,混凝土的轴心抗压强度试验以150mm×150mm×300mm的试件为标准试件。

3) 混凝土轴心抗拉强度

混凝土轴心抗拉强度(用f_{ct}表示)和抗压强度一样,都是混凝土的基本强度指标。但是混凝土的抗拉强度比抗压强度低得多,它与同龄期混凝土抗压强度的比值在1/20~1/10之间。这项比值随混凝土抗压强度等级的增大而减小,即混凝土抗拉强度的增加慢于抗压强度的增加。

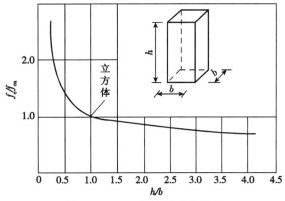

图 1-4-6 h/b 对抗压强度的影响

混凝土轴心抗拉强度试验的试件可采用在两端预埋钢筋的混凝土棱柱体(图 1-4-7)。试验时用试验机的夹具夹紧试件两端外伸的钢筋施加拉力,破坏时,试件在没有钢筋的中部截面处被拉断,其平均拉应力即为混凝土的轴心抗拉强度。在用上述方法测定混凝土的轴心抗拉强度时,保持试件轴心受拉很重要,但是不容易做到。因为混凝土内部结构不均匀,钢筋的预埋和试件的安装都难以对中,而偏心受拉又对混凝土抗拉强度测试有很大的干扰,因此,目前国内外常采用立方体或圆柱体的劈裂试验(图 1-4-8)来测定混凝土的轴心抗拉强度。

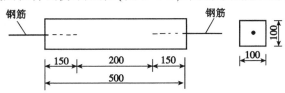

图 1-4-7 混凝土轴心抗拉强度试验试件(尺寸单位:mm)

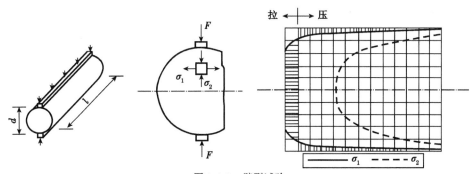

图 1-4-8 劈裂试验

2. 混凝土的变形

混凝土的变形可分为两类:一类是在荷载作用下的受力变形,如单调短期加载的变形、荷载长期作用下的变形,以及多次重复加载的变形;另一类与受力无关,称为体积变形,如混凝土收缩以及温度变化引起的变形。

1) 混凝土在一次单调加载作用下的变形性能

(1) 混凝土的应力-应变曲线(σ-ε 曲线)。

混凝土的 σ-ε 关系是混凝土力学性能的一个重要方面,它对于研究钢筋混凝土构件的截面应力分布、建立承载能力和变形理论必不可少,特别是近代采用计算机对钢筋混凝土结构进行非线性分析时,混凝土的 σ-ε 关系已成为数学物理模型研究的重要依据。一般是对棱柱体试件进行一次单调加载试验(指加载从零开始单调增加至试件破坏,也称单调加载)来测试混凝土的 σ-ε 曲线。

如图 1-4-9 所示,完整的混凝土轴心受压 σ-ε 曲线由上升段 OC、下降段 CD 和收敛段 DE 三个阶段组成。

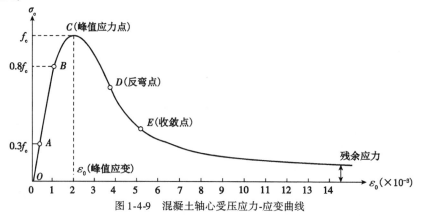

图 1-4-9 混凝土轴心受压应力-应变曲线

上升段:当压应力 $\sigma_c < 0.3f_c$ 时,σ-ε 关系接近直线变化(OA 段),混凝土处于弹性工作阶段。当压应力 $\sigma_c \geq 0.3f_c$ 时,随着压应力的增大,σ-ε 关系越来越偏离直线,任意一点的应变 ε 可分为弹性应变 ε_{ce} 和塑性应变 ε_{cp} 两部分,原有的混凝土内部微裂缝发展,并在孔隙等薄弱处产生新的个别的微裂缝。当应力达到 $0.8f_c$(B 点)左右时,混凝土塑性变形显著增大,内部裂缝不断延伸扩展,并有几条贯通,σ-ε 曲线斜率急剧减小,即使不继续加载,裂缝也会发展,即内部裂缝处于非稳定发展阶段。当应力达到最大应力 $\sigma_c = f_c$(C 点)时,σ-ε 曲线的斜率已接近水平,试件表面出现不连续的可见裂缝。

下降段:到达峰值应力点 C 后,混凝土的强度并未完全消失,随着应力 σ_c 的减小(卸载),应变仍然增加,曲线下降,坡度较陡,混凝土表面裂缝逐渐贯通。

收敛段:在反弯点 D 之后,应力下降的速率减慢,曲线渐趋平缓至稳定的残余应力。表面纵向裂缝把混凝土棱柱体分成若干个小柱,外载力由裂缝处的摩擦咬合力及小柱体的残余强度承受。

对于没有侧向约束的混凝土,收敛段没有实际意义,所以通常只注意混凝土轴心受压 σ-ε 曲线的上升段 OC 和下降段 CD,而最大应力值 f_c、相应的应变值 ε_0 以及 D 点的应变值(极限压应变值 ε_{cu})称为曲线的三个特征值。对于均匀受压的棱柱体试件,当压应力达到 f_c 时,混凝土不能承受更大的压力,f_c 成为结构构件计算时混凝土强度的主要指标。与 f_c 相对应的应变 ε_0 随混凝土强度等级的不同,在 $(1.5 \sim 2.5) \times 10^{-3}$ 之间变动,通常取其平均值 $\varepsilon_0 = 2.0 \times 10^{-3}$。$\sigma$-$\varepsilon$ 曲线中对应 D 点的混凝土极限压应变 ε_{cu} 为 $(3.0 \sim 5.0) \times 10^{-3}$。

(2)混凝土的变形模量与弹性模量。

在实际工程中,为了计算结构的变形,必须要有一个材料常数——弹性模量。而混凝土受压应力-应变关系是一条曲线,在不同的应力阶段,应力与应变的比值并非一个常数,它随着混凝土的应力变化而变化,所以称之为混凝土变形模量。

混凝土变形模量有三种表示方法(图 1-4-10):

① 原点弹性模量。

在混凝土受压应力-应变曲线图的原点作切线,该切线的斜率即为原点弹性模量,即

$$E'_c = \frac{\sigma}{\varepsilon_{ce}} = \tan\alpha_0 \quad (1\text{-}4\text{-}1)$$

② 切线模量。

在混凝土受压应力-应变曲线上某一应力点 σ_c 处作一切线,该切线的斜率即为对应应力 σ_c 的切线模量,即

$$E''_c = \frac{d\sigma}{d\varepsilon} \quad (1\text{-}4\text{-}2)$$

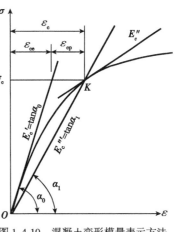

图 1-4-10 混凝土变形模量表示方法

③ 割线模量。

连接混凝土受压应力-应变曲线的原点 O 及曲线上某一点 K 作割线, K 点混凝土应力为 $\sigma_c(\sigma_c=0.5f_c)$,则该割线($OK$)的斜率即为变形模量,也称割线模量或弹塑性模量,即

$$E'''_c = \tan\alpha_1 = \frac{\sigma_c}{\varepsilon_c} \quad (1\text{-}4\text{-}3)$$

在某一应力 σ_c 下,混凝土应变 ε_c 由弹性应变 ε_{ce} 和塑性应变 ε_{cp} 组成,于是,混凝土的割线模量与原点弹性模量的关系为

$$E'''_c = \frac{\sigma_c}{\varepsilon_c} = \frac{\varepsilon_{ce}}{\varepsilon_c} \cdot \frac{\sigma_c}{\varepsilon_{ce}} = \nu E'_c \quad (1\text{-}4\text{-}4)$$

式中: ν —— 弹性特征系数,即 $\nu = \varepsilon_{ce}/\varepsilon_c$。

弹性特征系数 ν 与应力值有关,当 $\sigma_c \leqslant 0.5f_c$ 时, $\nu \approx 0.8 \sim 0.9$。一般情况下,混凝土强度越高, ν 值越大。

注意到混凝土受压应力-应变曲线的上升段(图 1-4-9),特别是混凝土压应力不大时,应力-应变曲线接近直线,这时,混凝土的变形模量与原点弹性模量近似相等,因此,在混凝土结构使用阶段,混凝土变形模量可用混凝土原点弹性模量表示,称为混凝土弹性模量(用 E_c 表示)。

在实际工程中,混凝土弹性模量 E_c 是通过试验(图 1-4-11)测得的,根据混凝土棱柱体标准试件,用标准试验方法测得的规定压应力值与其对应的压应变值的比值见表 1-4-2。

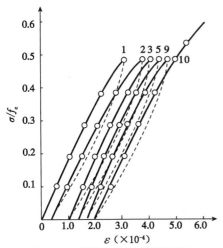

图 1-4-11 混凝土弹性模量测定方法
[线上数字代表加(卸)载次数]

混凝土弹性模量 E_c($\times 10^4$ MPa) 表 1-4-2

混凝土强度等级	C20	C25	C30	C35	C40	C45	C50	C55	C60
混凝土弹性模量 E_c	2.80	3.00	3.20	3.30	3.40	3.45	3.55	3.60	3.65

2) 混凝土在长期荷载作用下的变形性能

(1) 混凝土的徐变。

长期荷载作用下,混凝土的变形将随时间的增长而增加,在应力不变的情况下,混凝土的应变随时间持续增加的现象,称为混凝土的徐变。影响混凝土徐变的主要因素有:

①混凝土的龄期越短,徐变越大。

②水泥用量越大,徐变越大。

③集料弹性模量越高,徐变越小。

④水灰比越大,徐变越大。

⑤养护时的相对温度越高,湿度越大,徐变越小。

⑥构件尺寸越大,体表比越大,徐变越小。

⑦混凝土捣制越密实,徐变越小。

徐变会使受弯构件挠度增大,使柱的偏心距增大,还会导致预应力构件产生预应力损失。另外,徐变还会使构件或结构物产生应力重分布,可减少温度变化和支座不均匀沉降产生的应力集中现象。

(2) 混凝土的收缩。

在混凝土凝结和硬化的物理化学过程中,体积随时间推移而减小的现象称为混凝土收缩。影响混凝土收缩的主要因素有:

①水泥用量越大,收缩越大。

②水灰比越大,收缩越大。

③集料弹性模量越高,收缩越小。

④集料级配好,密实度越大,收缩越小。

⑤养护环境温度越高,湿度越大,收缩越小;使用环境温度越高,相对湿度越低,收缩越大。

⑥混凝土体表比越小,收缩越大。

⑦水泥强度等级越高,收缩越小。

混凝土在不受力情况下发生这种自由变形,在受到外部或内部(钢筋)约束时,将产生混凝土拉应力,从而导致表面或内部产生收缩裂缝。在预应力混凝土中还会导致预应力损失。另外,混凝土在水中结硬时体积会膨胀。

二、钢筋

配筋混凝土结构中采用的钢筋有由低碳钢、低合金钢热轧制成的普通钢筋和由高碳钢制成的预应力钢筋(如高强度碳素钢丝、钢绞线、预应力螺纹钢筋等)。钢筋混凝土结构采用的普通钢筋为热轧钢筋,预应力混凝土结构采用的钢筋为高强度碳素钢丝、钢绞线或预应力螺纹钢筋。

1. 热轧钢筋

1) 热轧钢筋种类

热轧钢筋按照外形分为热轧光圆钢筋(HPB)和热轧带肋钢筋(HRB)(图 1-4-12)。热轧光圆钢筋是经热轧成型并自然冷却的表面光滑、截面为圆形的钢筋[图 1-4-12a)];热轧带肋钢筋是经热轧成型并自然冷却,而其圆周表面通常带有两条纵肋且沿长度方向有均匀分布的横肋的钢筋,其中,横肋斜向一个方向呈螺纹形的,称为螺纹钢筋[图1-4-12b)];横肋斜向不同方向呈"人"字形的,称为人字形钢筋[图1-4-12c)];纵肋与横肋不相交且横肋为月牙形状的,称为月牙肋钢筋[图1-4-12d)]。

我国目前生产的热轧带肋钢筋大多为月牙肋钢筋,其横肋高度向肋的两端逐渐降至零,呈月牙形,这样可使横肋相交处的应力集中现象有所缓解。由于热轧带肋钢筋截面包括纵肋和横肋,外周不是一个光滑、连续的圆周,因此,热轧带肋钢筋直径采用公称直径。公称直径是与钢筋的公称横截面面积相等的圆的直径,即以公称直径所得的圆面积就是钢筋的截面面积。对于热轧光圆钢筋截面,其直径就是公称直径。在本书中,凡未加特别说明的"钢筋直径"均指钢筋公称直径。

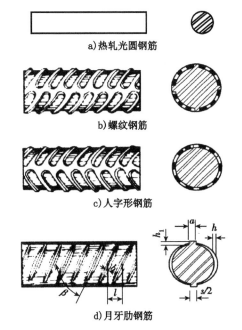

图1-4-12 热轧钢筋外形

《钢筋混凝土用钢 第1部分:热轧光圆钢筋》(GB/T 1499.1—2017)推荐的热轧光圆钢筋公称直径为6mm、8mm、10mm、12mm、14mm、16mm、18mm、20mm和22mm,《钢筋混凝土用钢 第2部分:热轧带肋钢筋》(GB/T 1499.2—2018)推荐的热轧带肋钢筋公称直径为6mm、8mm、10mm、12mm、14mm、16mm、18mm、20mm、22mm、25mm、28mm、32mm、36mm、40mm和50mm。

2) 热轧钢筋的强度等级和牌号

钢筋的牌号是根据钢筋屈服强度标准值、制造成型方式及种类等规定加以分类的代号。热轧钢筋的牌号由英文字母缩写和屈服强度标准值组成。

表1-4-3为《钢筋混凝土用钢 第1部分:热轧光圆钢筋》(GB/T 1499.1—2017)和《钢筋混凝土用钢 第2部分:热轧带肋钢筋》(GB/T 1499.2—2018)对钢筋混凝土结构所用热轧钢筋产品的牌号及力学性能特征值的要求。表中热轧钢筋的牌号 HPB 是其英文名称 hot rolled plain bars 的缩写,表示热轧光圆钢筋;牌号 HRB 是其英文名称 hot rolled ribbed bars 的缩写,表示普通热轧带肋钢筋;牌号 HRBF 是其英文名称 hot rolled ribbed bars fine 的缩写,表示细晶粒热轧带肋钢筋。国产热轧钢筋按其屈服强度标准值的高低分为4个强度等级:300MPa、400MPa、500MPa 和 600MPa。因此,表1-4-3中 HPB300 表示屈服强度标准值为300MPa的热轧光圆钢筋,HRB400表示屈服强度标准值为400MPa的热轧带肋钢筋。

国产热轧钢筋牌号及力学性能特征值 表1-4-3

钢筋种类	牌号	公称直径(mm)	屈服强度标准值(MPa)	抗拉强度标准值(MPa)	断后伸长率	冷弯试验,180°(D为弯心直径,d为钢筋公称直径)
光圆钢筋	HPB300	6~22	300	420	25%	$D=d$

续上表

钢筋种类	牌号	公称直径（mm）	屈服强度标准值（MPa）	抗拉强度标准值（MPa）	断后伸长率	冷弯试验,180°（D为弯心直径，d为钢筋公称直径）
带肋钢筋	HRB400 HRBF400	6~25 28~40 >40~50	400	540	16% 15% 14%	$D=4d$ $D=5d$ $D=6d$
	HRB500 HRBF500	6~25 28~40 >40~50	500	630	15% 14% 13%	$D=6d$ $D=7d$ $D=8d$
	HRB600	6~25 28~40 >40~50	600	730	14% 13% 12%	$D=6d$ $D=7d$ $D=8d$

城市轨道交通钢筋混凝土结构使用的热轧钢筋牌号为 HPB300、HRB400、HRB500、HRBF400 和 HRBF500 等。

3）热轧钢筋的强度与变形

热轧钢筋试件单向拉伸试验的典型应力-应变曲线见图 1-4-13。从图中可以看到，热轧钢筋从试验加载到拉断，共经历了 4 个阶段。从开始加载到钢筋应力达到钢筋比例极限 a 点之前，钢筋拉伸的应力-应变曲线呈直线，钢筋的应力与应变比值为常数，钢筋处于弹性阶段；钢筋受拉应力超过比例极限之后，应变的增长快于应力增长，到达图 1-4-13 所示的 b 点后，钢筋的应力基本不增加，而应变持续增加，应力-应变曲线接近水平线，钢筋处于屈服阶段。对于有屈服台阶的热轧钢筋来讲，有两个屈服点，即屈服上限（b 点）和屈服下限（c 点）。屈服上限受试验加载速度、表面光洁度等因素的影响而波动，但屈服下限较稳定，故一般以屈服下限为依据，称其为屈服强度。钢筋的拉伸应力超过图 1-4-13 所示的 f 点之后，材料恢复了部分弹性性能，应力-应变曲线表现为上升曲线，到达曲线最高点 d 点，该处的钢筋应力称为钢筋的极限强度，fd 段称为钢筋的强化阶段。过了应力-应变曲线的 d 点后，钢筋试件薄弱处的截面发生局部颈缩，变形加速，应力随之下降，达到 e 点时钢筋被拉断，de 段称为钢筋的破坏阶段。

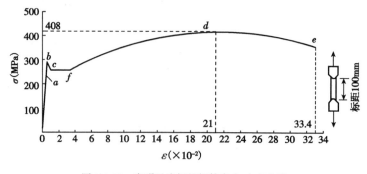

图 1-4-13　有明显流幅的钢筋应力-应变曲线

因此，从工程结构设计角度来看，应当注意有关热轧钢筋强度的以下情况：

①热轧钢筋的拉伸应力-应变曲线有明显的屈服点和流幅，断裂时有颈缩现象。

②热轧钢筋的应力到达屈服点后,会产生很大的塑性变形(流幅),使钢筋混凝土构件出现很大的变形和过宽的混凝土裂缝,以致不能正常使用。因此,应以屈服强度作为钢筋强度限值,且按其屈服下限确定。

③钢筋极限强度是钢筋的实际破坏强度。钢筋屈服强度与极限强度的比值称为屈强比,它可以代表钢筋的强度储备。国家标准规定热轧钢筋的屈强比不应大于0.8。

4) 热轧钢筋的塑性性能

热轧钢筋除应具有足够的强度外,还应具有一定的塑性变形能力,通常用伸长率和冷弯性能两个指标来衡量。

(1) 伸长率。

伸长率是指由热轧钢筋单向拉伸试验得到的伸长率值。钢筋断后伸长率是指钢筋试件上标距为 $10d$ 或 $5d$(d 为钢筋公称直径)范围内的伸长值与原长的比率,伸长值即为图1-4-13所示钢筋应力-应变曲线中 e 点的横坐标值。

(2) 冷弯性能。

工程上钢筋在工地现场进行冷加工,形成满足设计要求的各种形状的钢筋。冷加工的基本形式是钢筋的弯钩和弯折(图1-4-14)。为了使钢筋在加工、使用时不开裂、弯断或脆断,钢筋必须满足冷弯性能要求。一般采用冷弯试验进行检查,即按表1-4-3中的规定条件取钢筋试件,绕弯心直径为 $D(D=2R)$ 的辊轴冷弯后,钢筋外表面不产生裂纹、鳞落或断裂现象为合格。

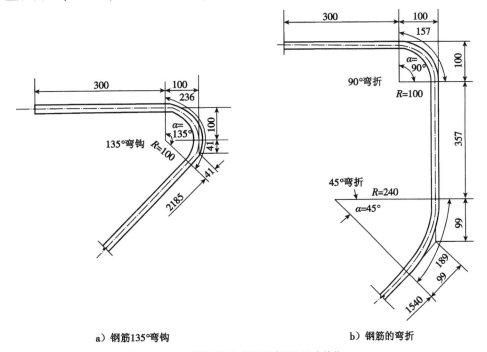

a) 钢筋135°弯钩　　　　b) 钢筋的弯折

图1-4-14　钢筋的弯钩和弯折示意图(尺寸单位:mm)

2. 预应力钢筋

预应力混凝土构件中设置有预应力钢筋和非预应力钢筋(即普通钢筋),下面对预应力钢筋作简要介绍。

1) 对预应力钢筋的要求

(1) 强度要高。预应力钢筋必须采用高强度钢材,以克服由各种因素造成的应力损失(见本章第四节),有效地建立预应力。

(2) 有较好的塑性。为了保证结构物在破坏之前有较大的变形能力,必须保证预应力钢筋有足够的塑性性能。

(3) 与混凝土的黏结性能良好。

(4) 应力松弛损失要小。与混凝土一样,钢筋在持久不变的应力作用下,也会产生随持续加荷时间延长而增加的徐变(又称蠕变);在一定拉应力值和恒定温度下,钢筋长度固定不变,则钢筋中的应力将随时间延长而降低,一般称这种现象为钢筋的松弛或应力松弛。

预应力钢材今后发展的总要求就是高强度、低松弛和耐腐蚀。

2) 预应力钢筋的种类

我国生产的预应力钢筋有高强度钢丝、钢绞线和预应力螺纹钢筋。

(1) 高强度钢丝。

预应力混凝土用高强度钢丝(图1-4-15)是用优质碳素钢(含碳量为0.7%~1.4%)轧制成盘圆条后,通过拔线模或轧辊经冷加工制成的产品,以盘卷供货的钢丝又称冷拉钢丝,对冷拉钢丝进行一次性连续消除应力处理后生产出来的钢丝,称为消除应力钢丝。

高强钢丝按其外形分为光圆钢丝[图1-4-15a)]、螺旋肋钢丝[图1-4-15b)]和三面刻痕钢丝[图1-4-15c)]。图1-4-15中,d为公称直径,D_1为基圆直径,D和D_2为外接圆直径,螺旋肋钢丝和三面刻痕钢丝的公称直径与光圆钢丝横截面积所对应的直径相同。我国生产的冷拉钢丝公称直径为4~8mm,消除应力光圆钢丝及螺旋肋钢丝公称直径为4~12mm。

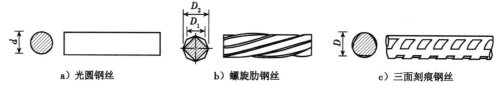

a) 光圆钢丝　　　b) 螺旋肋钢丝　　　c) 三面刻痕钢丝

图1-4-15　几种常见的预应力高强度钢丝

(2) 钢绞线。

钢绞线是由2根、3根、7根、19根高强钢丝扭结而成,并经消除内应力处理后制成的盘卷钢丝束[图1-4-16a)、b)]。最常用的是6根钢丝围绕一根芯丝顺一个方向扭结而成的七股钢绞线。芯丝直径常比外围钢丝直径大5%~7%,以使各根钢丝紧密接触,钢丝扭矩一般为钢绞线公称直径的12~16倍。

根据《预应力混凝土用钢绞线》(GB/T 5224—2014)生产的钢绞线有用2根、3根、7根和19根钢丝捻制的,其结构代号分别为1×2、1×3、1×7和1×19,其抗拉强度标准值为1470~1960MPa。

预应力钢绞线的产品标记由预应力钢绞线、结构代号、公称直径、强度级别和标准号组成,例如预应力钢绞线1×7-15.20-1860-GB/T 5224—2014,表示公称直径为15.20mm,强度级别为1860MPa的由7根钢丝捻制的标准型钢绞线,其中公称直径为钢绞线外接圆直径的名义尺寸D_n[图1-4-16c)]。

钢绞线具有截面集中、较柔软、盘弯运输方便、与混凝土黏结性能良好等特点,可大大简化现场成束的工序,是一种较理想的预应力钢筋。据国外统计,钢绞线在预应力筋中的用量约占75%,而钢丝与粗钢筋共约占25%。我国使用高强度、低松弛钢绞线也已经成为主流。我国目前生产了一种模拔钢绞线[图1-4-16d)],它是在捻制成型时通过模孔拉拔而成。钢丝互相挤紧,近似于六边形,使钢绞线的内部空隙和外径大大减小,在相同预留孔道的条件下,可增加约20%的预拉力,且其周边与锚具接触的面积增加,有利于锚固。

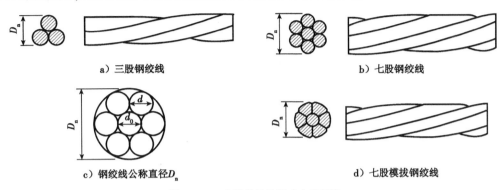

图1-4-16 几种常见的预应力钢绞线

(3)预应力螺纹钢筋。

预应力螺纹钢筋是一种沿钢筋纵向带有不连续的外螺纹的热轧直条钢筋,钢筋在任意截面处均可用带有匹配形状的内螺纹的连接器或锚具进行连接或锚固。因此,不需要再加工螺丝,也不需要焊接。目前,这种高强钢筋仅用于中、小型预应力混凝土构件或作为箱梁的竖向、横向预应力钢筋。

按照《预应力混凝土用螺纹钢筋》(GB/T 20065—2016),预应力螺纹钢筋的公称直径为18~50mm,该标准推荐的钢筋公称直径为25mm和32mm,这里的公称直径是不含螺纹高度的基圆直径。

轨道交通结构预应力混凝土构件采用的预应力钢筋种类主要有1×7钢绞线、光圆钢丝和螺旋肋钢丝、预应力螺纹钢筋。

3)预应力钢筋的强度和变形

(1)高强度钢丝和钢绞线。

高强度钢丝和钢绞线试件单向拉伸试验的典型应力-应变曲线如图1-4-17所示,在试件拉伸应力达到其比例极限(大约为其极限抗拉强度 σ_b 的65%) a 点之前,拉伸应力-应变关系呈直线变化,钢筋具有理想的弹性性质。超过 a 点之后,钢筋的应力和应变持续增长,但应力-应变关系已经偏离了 a 点之前的直线关系,且应力-应变曲线上没有明显的屈服流幅,到达极限拉伸强度 σ_b (图1-4-17中曲线上 b 点)

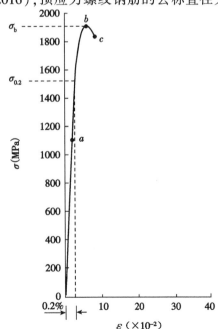

图1-4-17 高强度钢丝和钢绞线的应力-应变曲线

后,出现钢筋的颈缩现象,应力-应变曲线出现下降段至 c 点,钢筋试件被拉断。

因此,对单向拉伸试验的应力-应变曲线上无明显屈服流幅的高强度钢丝和钢绞线,其力学性能的强度指标只有图 1-4-17 所示曲线 b 点所对应的抗拉强度 σ_b。在工程设计中,抗拉强度不能作为钢筋强度取值的依据,一般取残余应变为 0.2%(图 1-4-17 中虚线所示)所对应的应力 $\sigma_{0.2}$ 作为强度极限,通常称为条件屈服强度。我国国家标准中将条件屈服强度称为非比例伸长应力。《预应力混凝土用钢丝》(GB/T 5223—2014)规定,消除应力的光圆及螺旋肋钢丝规定的非比例伸长应力 $\sigma_{0.2}$ 值,对低松弛钢丝应不小于公称抗拉强度的 88%,对普通松弛钢丝应不小于公称抗拉强度的 85%。对于钢绞线,《预应力混凝土用钢绞线》(GB/T 5224—2014)采用的是整根钢绞线的非比例延伸力 $F_{p0.2}$(概念与非比例伸长应力一致),规定非比例延伸力 $F_{p0.2}$ 值不小于整根钢绞线实际最大力 F_{max} 的 88%~95%。消除应力光圆钢丝或螺旋肋钢丝力学性能的变形指标用长度 $L_0=200mm$ 的试件最大力下总伸长率 A_{gt}(应不小于 3.5%)描述。采用不同规定长度 L_0 的钢绞线时,试件最大力下总伸长率 A_{gt} 应不小于 3.5%。

(2)预应力螺纹钢筋。

预应力螺纹钢筋是采用热轧、轧后余热处理或热处理等工艺生产的预应力混凝土用螺纹钢筋。与普通热轧钢筋相近,预应力螺纹钢筋试件单向拉伸试验的应力-应变曲线具有明显的屈服点和流幅,因此,预应力螺纹钢筋也是以屈服强度划分级别,其代号以"PSB"加上规定屈服强度最小值表示。P、S、B 分别为 prestressing、screw、bars 的英文首字母,例如,PSB830 表示屈服强度最小值为 830MPa 的预应力螺纹钢筋。我国国家标准提供的预应力螺纹钢筋的强度级别有 PSB785、PSB830、PSB930 和 PSB1080。

预应力螺纹钢筋力学性能的变形指标也采用规定长度试件的最大拉力下总伸长率 A_{gt} 来描述,A_{gt} 应不小于 3.5%。

对于无明显流幅的钢筋,如钢丝、钢绞线等,钢筋强度标准值是按相关规范[钢丝采用《预应力混凝土用钢丝》(GB/T 5223—2014),钢绞线采用《预应力混凝土用钢绞线》(GB/T 5224—2014)]中规定的极限抗拉强度值确定,其保证率不小于 95%。这里应注意,钢丝、钢绞线是取 $0.85\sigma_b$(σ_b 为规范中规定的极限抗拉强度)作为设计时取用的条件屈服强度(指残余应变为 0.2% 时的钢筋应力)。

普通钢筋和预应力钢筋的弹性模量如表 1-4-4 所示。

钢筋弹性模量 表 1-4-4

钢筋种类	符号	弹性模量(MPa)
普通钢筋 HPB300	E_s	2.1×10^5
普通钢筋 HRB400	E_s	2.0×10^5
预应力混凝土用螺纹钢筋	E_p	2.0×10^5
钢绞线	E_p	1.95×10^5

三、钢筋与混凝土之间的黏结

在钢筋混凝土结构中,钢筋和混凝土这两种材料能共同工作的基本前提是它们具有足够的黏结强度,能承受由于变形差(相对滑移)沿钢筋与混凝土接触面上产生的剪应力,通常把这种剪应力称为黏结应力。

1. 黏结作用

通过黏结力基准试验和模拟构件试验,可以测定黏结应力的分布情况,了解钢筋和混凝土之间的黏结作用特性。钢筋自混凝土试件中的拔出试验就是一种对黏结力的观测试验。

图1-4-18所示为光圆钢筋一端埋置在混凝土试件中,在钢筋伸出端施加拉拔力的拔出试验。试件端部以外全部作用力 F 由钢筋(其面积设为 A_s)负担,故钢筋的应力 $\sigma_s = F/A_s$,相应的应变为 $\varepsilon_s = \sigma_s/E_s$,$E_s$ 为钢筋的弹性模量,而试件端面混凝土的应力 $\sigma_c = 0$,应变 $\varepsilon_c = 0$。钢筋与混凝土之间有应变差,应变差导致两者之间产生黏结应力 τ,通过 τ 将钢筋的拉力逐渐向混凝土传递。随着与试件端部截面距离的增大,钢筋应力 σ_s(相应的应变 ε_s)减小,混凝土的拉应力 σ_c(相应的应变 ε_c)增大,两者之间的应变差逐渐减小,直到距试件端部截面 l 处钢筋和混凝土的应变相同,无相对滑移,$\tau = 0$。

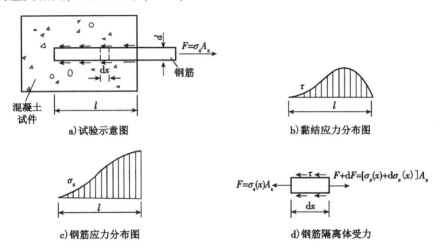

图1-4-18 光圆钢筋的拔出试验

自试件端部 $x < l$ 区段内取出长度为 dx 的微段,设钢筋直径为 d,截面面积 $A_s = \pi d^2/4$,钢筋应力为 $\sigma_s(x)$,其应力增量为 $d\sigma_s(x)$,则由 dx 微段的平衡可得到

$$\frac{\pi d^2}{4} d\sigma_s(x) = \pi d \cdot \tau dx \quad 或 \quad \tau = \frac{d}{4} \cdot \frac{d\sigma_s(x)}{dx} \tag{1-4-5}$$

式(1-4-5)表明,黏结应力使钢筋应力沿其长度发生变化,或者说没有黏结应力 τ,就不会产生钢筋应力增量 $d\sigma_s(x)$。

经拔出试验证明,黏结应力的分布呈曲线形,但是光圆钢筋和带肋钢筋的黏结应力分布有明显不同。光圆钢筋的黏结应力分布图[图1-4-19a)]表现出 τ 值自试件混凝土端面开始迅速增长,在靠近端面的一定距离内达到峰值,其后迅速衰减的现象。随着拉拔力 F 的增加,光圆钢筋表面黏结应力的峰值不断向埋入端内移,到破坏时渐呈三角形分布。带肋钢筋的黏结应力分布图[图1-4-19b)]中的衰减段略呈凹进,随着拉拔力 F 的增加,应力分布的长度略有增长,应力峰值也增大,但峰值位置内移甚少,只在接近破坏时才明显内移。

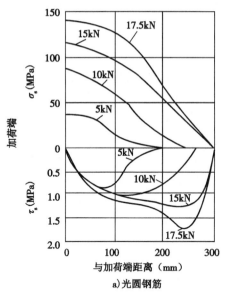 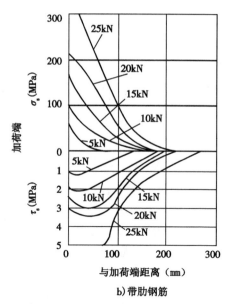

图 1-4-19　光圆钢筋与带肋钢筋黏结应力分布图

在实际工程中,通常以拔出试验中黏结失效(钢筋被拔出或者混凝土被劈裂)时的最大平均黏结应力作为钢筋和混凝土的黏结强度。平均黏结应力 $\bar{\tau}$ 的计算公式为

$$\bar{\tau} = \frac{F}{\pi d l} \tag{1-4-6}$$

式中：F——拉拔力(N)；
　　　d——钢筋直径(mm)；
　　　l——钢筋埋置长度(mm)。

2. 黏结机理

光圆钢筋与带肋钢筋具有不同的黏结机理。

(1)光圆钢筋与混凝土的黏结作用主要由3个部分组成：①混凝土中水泥胶体与钢筋表面的化学胶着力；②钢筋与混凝土接触面上的摩擦力；③钢筋表面粗糙不平产生的机械咬合力。其中,胶着力所占比例很小,发生相对滑移后,光圆钢筋与混凝土之间的黏结力主要由摩擦力和咬合力提供。光圆钢筋的黏结强度较低,为 1.5~3.5MPa。光圆钢筋拔出试验的破坏形态是钢筋自混凝土中被拔出的剪切破坏,其破坏面就是钢筋与混凝土的接触面。

(2)带肋钢筋表面轧有肋纹,能与混凝土紧密结合,其胶着力和摩擦力仍然存在,但带肋钢筋与混凝土之间的黏结力主要来自钢筋表面凸起的肋纹与混凝土的机械咬合作用(图 1-4-20)。带肋钢筋的肋纹对混凝土的斜向挤压力形成滑移阻力,斜向挤压力沿钢筋轴向的分力使带肋钢筋表面肋纹之间的混凝土犹如悬臂梁受弯、受剪；斜向挤压力的径向分力使外围混凝土犹如受内压的管壁,产生环向拉力。因此,带肋钢筋的外围混凝土处于复杂的三向应力状态,剪应力及拉应力使横肋混凝土产生内部斜裂缝,而其外围混凝土中的环向拉应力则使钢筋附近的混凝土产生径向裂缝。

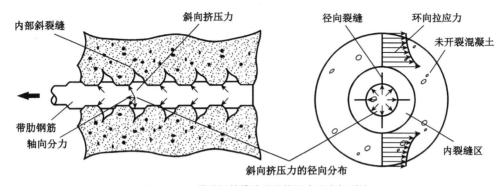

图 1-4-20 带肋钢筋横肋处的挤压力和内部裂缝

试验证明,如果带肋钢筋外围混凝土较薄(如保护层厚度不足或钢筋净间距过小),又未配置环向箍筋来约束混凝土变形,则径向裂缝很容易发展为试件表面沿纵向钢筋的裂缝,使钢筋附近的混凝土保护层逐渐劈裂而破坏。这种破坏具有一定的延性特征,称为劈裂型黏结破坏。

若带肋钢筋外围混凝土较厚,或有环向箍筋约束混凝土变形,则纵向劈裂裂缝的发展受到抑制,破坏类型为剪切型黏结破坏。钢筋连同肋纹间的破碎混凝土逐渐由混凝土中被拔出,破坏面为带肋钢筋肋的外径形成的一个圆柱面(图 1-4-21)。

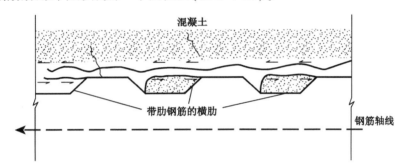

图 1-4-21 带肋钢筋的剪切型黏结破坏

试验表明,带肋钢筋与混凝土的黏结强度比光圆钢筋大得多。我国试验的结果表明:螺纹钢筋的黏结强度为 2.5~6.0MPa,光圆钢筋的黏结强度为 1.5~3.5MPa。

3. 影响黏结强度的因素

影响钢筋与混凝土之间黏结强度的因素很多,主要有混凝土强度、浇筑位置、钢筋净距、保护层厚度等。

(1)光圆钢筋及带肋钢筋的黏结强度均随混凝土强度等级的提高而增加,但并不与立方体强度 f_{cu} 成正比。试验表明,当其他条件基本相同时,黏结强度与混凝土抗拉强度 f_t 近乎成正比。

(2)黏结强度与浇筑混凝土时钢筋所处的位置有明显关系。混凝土浇筑后有下沉及泌水现象。对于处于水平位置的钢筋,由于直接位于其下面的混凝土,会出现水分、气泡逸出及混凝土下沉的现象,并不与钢筋紧密接触,因而在钢筋和混凝土之间形成了间隙层,削弱了钢筋与混凝土间的黏结作用,从而导致水平位置钢筋的黏结强度比竖位钢筋显著减小。

(3)钢筋混凝土构件截面上有多根钢筋并排时,钢筋之间的净距对黏结强度有重要影响。净距过小,钢筋外围混凝土将会发生在钢筋位置的水平面上贯穿整个梁宽的劈裂裂缝[图1-4-22b)]。图1-4-23为一组不同钢筋净距的梁进行黏结强度试验的结果,该结果表明,梁截面上同一排钢筋的数量越多、净距越小,黏结强度降低得就越多。

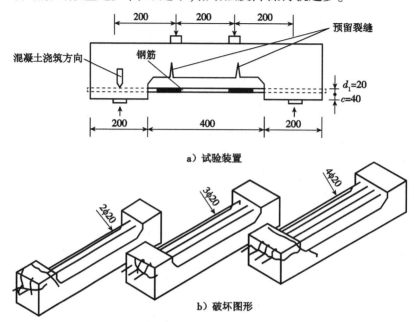

图1-4-22 钢筋净距过小产生的黏结破坏(尺寸单位:mm)

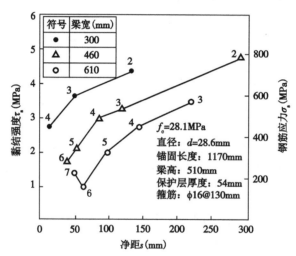

图1-4-23 钢筋净距对黏结强度及钢筋应力的影响

注:图中数字2~7表示钢筋根数。

(4)混凝土保护层厚度对黏结强度有着重要影响。特别是采用带肋钢筋时,若混凝土保护层太薄,则容易发生沿纵向钢筋方向的劈裂裂缝,并使黏结强度显著降低。

(5)带肋钢筋与混凝土的黏结强度比用光圆钢筋时大。试验表明,带肋钢筋与混凝土之间的黏结力比用光圆钢筋时强2~3倍。因而,带肋钢筋所需的锚固长度比光圆钢筋短。试验表明,月牙肋钢筋与混凝土之间的黏结强度比用螺纹钢筋时的黏结强度低10%~15%。

第三节 钢筋混凝土构件设计方法

一、设计方法简介

用混凝土建造的结构一般有素混凝土结构(圬工结构)、钢筋混凝土结构及预应力混凝土结构。圬工结构一般用于受压构件,钢筋混凝土结构用于受弯构件和受压构件,预应力混凝土结构用于受弯构件、受压构件或受拉构件。

城市轨道交通结构分为区间结构(地面区间结构、地下区间结构和高架区间结构)与车站结构。区间结构除采用《地铁设计规范》(GB 50157—2013)和《城市轨道交通桥梁设计规范》(GB/T 51234—2017)外,还采用《铁路轨道设计规范》(TB 10082—2017)、《铁路轨道设计规范(极限状态法)》(Q/CR 9130—2018)、《铁路路基设计规范》(TB 10001—2016)、《铁路路基设计规范(极限状态法)》(Q/CR 9127—2018)、《铁路桥涵设计规范》(TB 10002—2017)、《铁路桥涵设计规范(极限状态法)》(Q/CR 9300—2018)、《铁路隧道设计规范》(TB 10003—2016)、《铁路隧道设计规范(极限状态法)》(Q/CR 9129—2018)、《铁路桥涵混凝土结构设计规范》(TB 10092—2017)等,钢筋混凝土结构承载力采用极限状态法设计或结构强度采用容许应力法设计,预应力混凝土结构强度采用破坏阶段法或极限状态法设计;若与道路交通合建,还应采用《公路桥涵设计通用规范》(JTG D60—2015)、《公路钢筋混凝土及预应力混凝土桥涵设计规范》(JTG 3362—2018)等或《城市桥梁设计规范》(CJJ 11—2011)等,道路交通结构设计规范采用极限状态法设计。车站结构除采用《地铁设计规范》(GB 50157—2013)外,还采用《混凝土结构设计规范(2015年版)》(GB 50010—2010),该规范采用极限状态法设计。因此,对混凝土结构设计方法应有所了解。结构设计方法如图1-4-24所示。

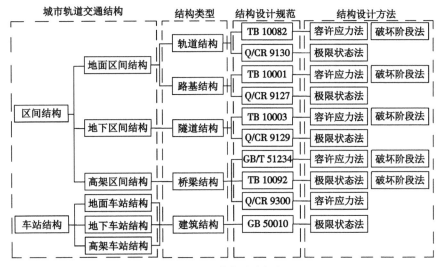

图1-4-24 结构设计方法

1. 容许应力法

容许应力法采用均质弹性体的假定而规定适当的容许应力值$[\sigma]$,采用平截面假定,应力与应变成正比,将钢筋换算成一种假想的混凝土材料,利用材料力学关于均质弹性体的计算公式$\sigma_{max} \leq [\sigma]$进行截面设计。材料的容许应力$[\sigma]$=材料的极限强度$f_c$/安全系数$K$。

2. 破坏阶段法

破坏阶段法不采用容许应力法计算中均质弹性体的假定,而考虑受弯构件破坏前的弹塑性工作阶段。其基本要点是:分析试验资料,明确构件破坏前的实际工作情况,将其适当简化,确定计算应力图形。利用静力平衡条件,由计算应力图形推导出求破坏力素的公式。然后限制在使用荷载作用下引起的力素不超过破坏力素除以总体安全系数K,K值凭经验确定,一般在2左右。

3. 极限状态法

极限状态法是以概率理论为基础的极限状态设计法,以可靠度指标度量结构构件的可靠度,采用分项系数的设计表达式进行设计。

结构的极限状态是指结构在使用期间的工作情况,称结构的工作状态。当结构能够满足各项功能要求而良好工作时,称结构"可靠",反之,则称结构"失效"。结构工作状态处于可靠还是失效用"极限状态"来衡量。当整个结构或结构的一部分超过某一特定状态而不能满足设计规定的某一功能要求时,此特定状态称为该功能的极限状态。对于结构的各种极限状态,均应规定明确的标志和限值。国际上一般将结构的极限状态分为承载能力极限状态和正常使用极限状态。

(1)承载能力极限状态对应结构或结构构件达到最大承载能力或不适于继续承载的变形或变位的状态。当结构或构件出现下列状态之一时,即认为超过了承载能力极限状态:

①整个结构或结构的一部分作为刚体失去平衡;

②结构构件或连接处因超过材料强度而破坏(包括疲劳破坏),或因过度变形而不能继续承载;

③结构转变成机动体系;

④结构或结构构件丧失稳定;

⑤结构因局部破坏而发生连续倒塌;

⑥结构或构件的疲劳破坏;

⑦地基丧失承载力而破坏。

(2)正常使用极限状态对应结构或结构构件达到正常使用或耐久性的某项限值的状态。当结构或结构构件出现下列状态之一时,即认为超过了正常使用极限状态:

①影响正常使用或外观的变形;

②影响正常使用或耐久性能的局部损坏;

③影响正常使用的振动;

④影响正常使用的其他特定状态。

混凝土结构设计规范中,GB规范主要针对建筑结构(如车站结构、路基的钢筋混凝土支挡结构),其构件一般没有疲劳问题,可以允许其出现塑性铰(钢筋屈服后则出现塑性铰),将塑性铰出现后的临破坏前状态当作极限状态法设计的依据。TB规范主要是针对桥梁结构

(区间高架结构),其关键截面的疲劳破坏一般是截面设计的控制因素,因此不允许其出现塑性铰,只考虑材料的弹性工作阶段,应采用材料力学中关于均质弹性体的计算公式进行计算,即采用容许应力法。

混凝土结构设计无论是采用容许应力法还是极限状态法,都是观察构件的受力变化过程和破坏形态,找出控制设计的截面,对控制截面进行塑性破坏设计。

二、钢筋混凝土受弯构件强度(承载力)

1. 试验研究

以简支梁为例,加载梁($F+F$)对称作用于简支梁上(图 1-4-25),两个 F 加载点之间为纯弯段(只有弯矩 M),观察跨中截面随着 F 增大发生的变化,分三种情况:适筋梁破坏(塑性破坏)、超筋梁破坏(脆性破坏)、少筋梁破坏(脆性破坏)(图 1-4-26)。F 加载点至支点之间为剪弯段(既有弯矩 M,又有剪力 V),由于剪跨比 $\left(m=\dfrac{M}{Vh_0} \text{或} m=\dfrac{a}{h_0}\right)$ 的不同,又会发生斜拉破坏、剪压破坏和斜压破坏(图 1-4-27)。无腹筋梁(无弯起钢筋、受力箍筋、斜筋等)的上述三种破坏形态均为脆性破坏;有腹筋梁(设置弯起钢筋或受力箍筋或斜筋等)的斜压破坏和斜拉破坏,一般采用截面限制条件和一定的构造措施予以避免,对于常见的剪压破坏,由于梁的斜截面抗剪能力变化幅度较大,必须进行斜截面抗剪承载力计算。由此可见,当受弯构件承受竖向荷载时,跨中正截面会开裂破坏,支点附近斜截面也会开裂破坏。因此,在设计中(有腹筋的适筋梁),应将这两处易开裂破坏的截面作为控制截面进行设计,计算截面承载能力,控制截面裂缝的开裂宽度。

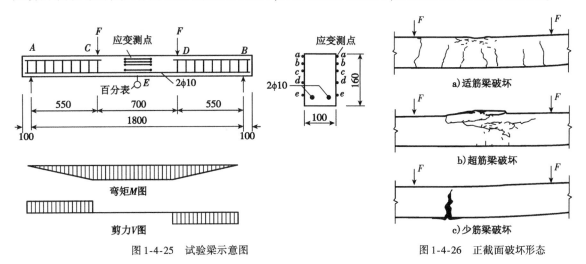

图 1-4-25 试验梁示意图   图 1-4-26 正截面破坏形态

2. 正截面强度(承载力)计算

1)梁正截面上的混凝土应力分布规律

如图 1-4-25 所示试验梁(适筋梁),F 从零加载至破坏,测试各测点(a、b、c、d、e 点)及钢筋的应变变化值,得出试验梁在各级荷载作用下混凝土截面应变实测平均值及各工作阶段截面上正应力分布,如图 1-4-28 所示。

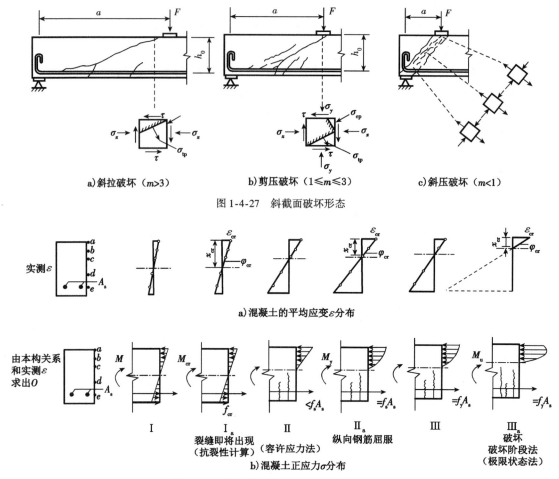

a) 斜拉破坏（m>3）　　b) 剪压破坏（1≤m≤3）　　c) 斜压破坏（m<1）

图 1-4-27　斜截面破坏形态

a) 混凝土的平均应变 ε 分布

b) 混凝土正应力 σ 分布

图 1-4-28　梁正截面各阶段的应变图和应力图

由图 1-4-28a)可见，随着荷载的增加，应变值也不断增加，但应变图基本上仍是上、下两个对顶的三角形；同时还可以看到，随着荷载的增加，中性轴逐渐上升。在试验中，通过应变仪可以直接测得混凝土应变和钢筋应变，要得到截面上的应力，必须从材料的应力-应变关系(本构关系)去推求。

图 1-4-28b)所示的梁截面上正应力分布有如下特点：

第 Ⅰ 阶段：梁混凝土全截面工作，混凝土的压应力和拉应力基本上呈三角形分布。纵向钢筋承受拉应力；混凝土处于弹性工作阶段，即应力与应变成正比。该阶段是截面抗裂性计算的基础。

第 Ⅰ 阶段末（ I_a ）：混凝土受压区的应力基本仍是三角形分布。但由于受拉区混凝土塑性变形的发展，拉应变增长较快，受拉边缘混凝土的拉应变临近极限拉应变，拉应力达到混凝土抗拉强度，表示裂缝即将出现，梁截面上作用的弯矩用 M_{cr} 表示。该阶段作为抗裂性计算的分析依据。

第 Ⅱ 阶段：荷载作用弯矩到达 M_{cr} 后，在梁混凝土抗拉强度最弱截面上出现了第一批裂缝。这时，在有裂缝的截面上，受拉区混凝土退出工作，把它原承担的拉力转给了钢筋，发生了明显的应力重分布，钢筋的拉应力随荷载的增加而增加；混凝土的压应力不再呈三角形分布，而呈微曲的曲线形,中性轴向上移动。该阶段应力图形作为容许应力法的分析依据。

第Ⅱ阶段末(Ⅱₐ):钢筋拉应变达到屈服时的应变值,表示钢筋应力达到其屈服强度,第Ⅱ阶段结束。

第Ⅲ阶段:在这个阶段,钢筋的拉应变增加很快,但钢筋的拉应力一般仍维持在屈服强度不变(对具有明显流幅的钢筋)。这时,裂缝急剧开展,中性轴继续上升,混凝土受压区不断缩小,压应力也不断增大,压应力图呈明显的丰满曲线形。

第Ⅲ阶段末(Ⅲₐ):这时,截面受压上边缘的混凝土压应变达到其极限压应变值,压应力图呈明显曲线形,并且最大压应力已不在上边缘,而是在距上边缘稍下处,这都是由混凝土受压时的应力-应变图决定的。在第Ⅲ阶段末,受压区混凝土的抗压强度耗尽,在临界裂缝两侧的一定区段内,受压区混凝土出现纵向水平裂缝,随即混凝土被压碎,梁发生破坏,在这个阶段,纵向钢筋的拉应力仍维持在屈服强度。该阶段应力图形可作为极限状态法和破坏阶段法的分析依据。

由图1-4-28可见,采用容许应力法、破坏阶段法和极限状态法进行截面设计时,混凝土应力与钢筋应力处于不同工作阶段,容许应力法按弹性工作阶段设计,截面强度设计中控制截面的应力值,如轴心受压构件的混凝土应力σ_c、弯曲受压及偏心受压构件的混凝土应力σ_b、纯剪应力τ_c等,荷载组合采用作用(荷载)的标准值组合;破坏阶段法和极限状态法按弹塑性工作阶段设计,截面承载力设计中控制截面的内力值,如弯矩M、剪力V、轴力N等,荷载组合采用作用的设计值或代表值进行组合。但两种设计方法的结构受力分析计算方法是相同的,均采用结构力学或有限元分析等。

2) 设计基本假定

(1) 平截面假定:混凝土结构构件受力后,正截面高度范围内混凝土与纵向受力钢筋的平均应变呈线性分布。

(2) 不考虑混凝土的抗拉强度,在裂缝截面处,受拉区混凝土退出工作。

(3) 材料应力-应变(σ-ε)物理关系(本构关系)如图1-4-29所示。

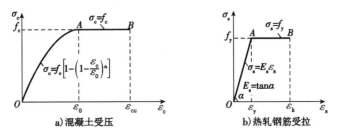

图1-4-29 钢筋混凝土结构材料的应力-应变关系计算模式

图中符号意义如下:

ε_0——混凝土压应力达到轴心抗压强度设计值f_c时的混凝土压应变,当计算的$\varepsilon_0 < 0.002$时,取0.002。其计算公式为

$$\varepsilon_0 = 0.002 + 0.5(f_{cu,k} - 50) \times 10^{-5} \tag{1-4-7}$$

f_c——混凝土强度设计值(MPa);

f_y——普通钢筋强度设计值(MPa);

n——指数,当计算的$n > 2.0$时,取2.0。其计算公式为

$$n = 2 - (f_{cu,k} - 50)/60 \quad (1\text{-}4\text{-}8)$$

ε_y——普通钢筋设计强度时的拉应变,约为普通钢筋屈服应变的90%;

ε_k——普通钢筋极限拉应变,$\varepsilon_k = 0.01$;

ε_{cu}——混凝土极限压应变,当构件处于非均匀受压状态且计算的 $\varepsilon_{cu} > 0.0033$ 时,取 0.0033;当处于轴心受压状态时,取 0.002。其计算公式为

$$\varepsilon_{cu} = 0.0033 - (f_{cu,k} - 50) \times 10^{-5} \quad (1\text{-}4\text{-}9)$$

式中:$f_{cu,k}$——混凝土立方体抗压强度标准值(MPa)。

其余符号意义同前。

3)正截面强度计算

采用容许应力法计算正截面强度时,截面受拉区混凝土退出工作,截面拉应力由受拉区钢筋承担,受拉区钢筋和受压区混凝土均处于弹性工作状态。截面中性轴位置(用以确定混凝土受压区高度 x)采用换算截面的方法(换算截面受拉区对中性轴的面积矩 S_l 等于其受拉区对中性轴的面积矩 S_a,即 $S_l = S_a$)确定,截面应力分布模式如图1-4-30所示。

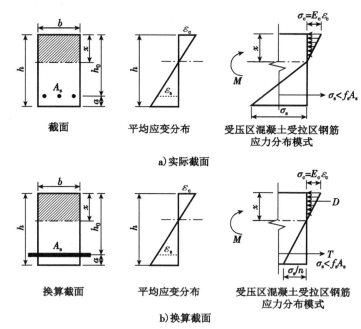

a)实际截面

b)换算截面

图1-4-30 容许应力法的计算图式

混凝土压应力计算公式:

$$\sigma_c = \frac{M}{W_c} \leq [\sigma_b] \quad (1\text{-}4\text{-}10)$$

钢筋拉应力计算公式:

$$\sigma_s = n \cdot \frac{M}{W_s} \leq [\sigma_s] \quad (1\text{-}4\text{-}11)$$

式中:σ_c、σ_s——混凝土压应力(MPa)、钢筋拉应力(MPa);

$[\sigma_b]$、$[\sigma_s]$——混凝土的弯曲受压及偏心受压容许应力(MPa)、钢筋容许应力(MPa);

M——截面计算弯矩(MN·m);

W_c、W_s——对混凝土受压边缘及所验算的受拉钢筋重心处的换算截面抵抗矩(m^3);

n——钢筋的弹性模量 E_s 与混凝土变形模量之比,混凝土变形模量约为混凝土弹性模量 E_c 的40%~50%,按相关设计规范查用。

中性轴处的剪应力:

$$\tau = \frac{V}{bz} \leq [\sigma_{tp\text{-}1}] \qquad (1\text{-}4\text{-}12)$$

式中:τ——中性轴处的剪应力(MPa);

V——截面计算剪力(MN);

b——构件中性轴处的腹板宽度(m);

z——内力偶力臂(m);

$[\sigma_{tp\text{-}1}]$——有箍筋及斜筋时的主拉应力(MPa)。

4) 正截面承载力计算

采用极限状态法计算正截面承载力时,截面受压区上边缘混凝土压应变达到其极限压应变值 ε_{cu},混凝土压应力分布如图 1-4-31c)所示,截面受压区高度 $x_c = \xi_c h_0$,压应变 $\varepsilon_0 = 0.002$ 位置距截面中性轴距离为 $y_0 = \varepsilon_0 \xi_c h_0 / \varepsilon_{cu}$。压应力合力 C 及其作用点位置 y_c 需通过积分求得,较烦琐。为简化计算过程,在保持压应力合力 C 的大小及其作用点位置 y_c 不变的条件下,采用等效的矩形应力图[图 1-4-31d)]来替换图 1-4-31c)所示的应力图。那么:

$$C = \alpha_1 f_c bx = \alpha_1 f_c b \cdot \beta_1 x_c = \alpha_1 f_c b \beta_1 \xi_c h_0 \qquad (1\text{-}4\text{-}13)$$

$$y_c = x/2 = 0.5\beta_1 x_c = 0.5\beta_1 \xi_c h_0 \qquad (1\text{-}4\text{-}14)$$

式中:α_1——系数,当混凝土强度等级不超过 C50 时,$\alpha_1 = 1.0$;当混凝土强度等级为 C80 时,$\alpha_1 = 0.94$;其间按线性内插法确定;

β_1——系数,当混凝土强度等级不超过 C50 时,$\beta_1 = 0.8$;当混凝土强度等级为 C80 时,$\beta_1 = 0.74$;其间按线性内插法确定;

b——截面宽度;

h_0——截面有效高度(纵向受拉钢筋合力点至截面受压边缘的距离);

ξ_c——相对受压区高度($\xi_c = x_c / h_0$)。

其余符号意义同前。

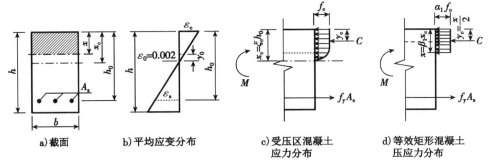

图 1-4-31 极限状态法的计算图式

截面承载力计算采用静力平衡法求解,对于单筋矩形截面梁(图 1-4-32)。

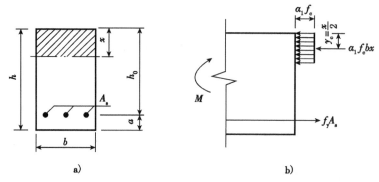

图 1-4-32　单筋矩形梁计算图式(极限状态法)

由 $\sum N = 0$ 可得:

$$\alpha_1 f_c b x = f_y A_s \tag{1-4-15}$$

截面受压区高度 $x = f_y A_s / (\alpha_1 f_c b)$,并应满足 $x \leqslant \xi_b h_0$。其中 ξ_b 为相对界限受压区高度,参照《混凝土结构设计规范(2015 年版)》(GB 50010—2010)采用。

由 $\sum M_{A_s} = 0$ 可得:

$$M \leqslant \alpha_1 f_c b x (h_0 - x/2) \tag{1-4-16}$$

或由 $\sum M_C = 0$ 可得:

$$M \leqslant f_y A_s (h_0 - x/2) \tag{1-4-17}$$

对于双筋矩形截面梁(图 1-4-33):
由 $\sum N = 0$ 可得:

$$\alpha_1 f_c b x = f_y A_s - f'_y A'_s \tag{1-4-18}$$

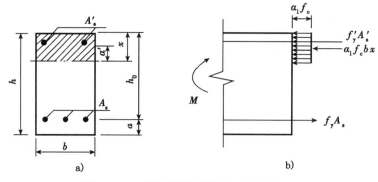

图 1-4-33　双筋矩形梁计算图式(极限状态法)

截面受压区高度 $x = (f_y A_s - f'_y A'_s) / (\alpha_1 f_c b)$,并应满足 $x \leqslant \xi_b h_0$ 和 $x \geqslant 2a'$。
由 $\sum M_{A_s} = 0$ 可得:

$$M \leqslant \alpha_1 f_c b x (h_0 - x/2) + f'_y A'_s (h_0 - a'_s) \tag{1-4-19}$$

对于其他截面形式的梁,参照相关设计规范的规定计算。

3. 斜截面强度(承载力)计算

1)受力特点

(1)无腹筋简支梁受力特点。

图 1-4-34 所示为一无腹筋简支梁,作用有两个对称的集中荷载。其中 CD 段称为纯弯段; AC 段和 DB 段内的截面上既有弯矩 M,又有剪力 V,故称为剪弯段。当梁上荷载作用较小时, 裂缝尚未出现,钢筋和混凝土的应力-应变关系都处在弹性阶段,所以,把梁近似看作匀质弹性 体,可用材料力学方法来分析它的应力状态。在剪弯段截面上任意一点都有剪应力和正应力 存在,由单元体应力状态可知,它们的共同作用将产生主拉应力 σ_{tp} 和主压应力 σ_{cp}。图 1-4-34 即这种情况下无腹筋简支梁的主应力轨迹线。

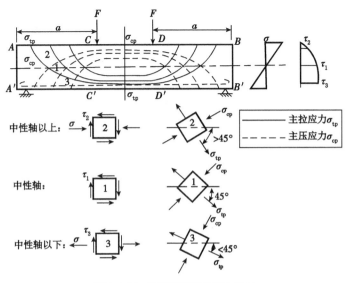

图 1-4-34 无腹筋梁的主应力分布

从主应力轨迹线可以看出,剪弯区段主拉应力方向是倾斜的,与梁轴线的交角约为 45°, 而在梁的下边缘,主拉应力方向接近水平。在矩形截面梁中,主拉应力的数值是沿着某一条主 拉应力轨迹线自上向下逐步增大的。混凝土的抗压强度较高,但其抗拉强度较低。在梁的剪 弯段中,当主应力超过混凝土的极限抗拉强度时,就会出现斜裂缝。

梁的剪弯段出现斜裂缝后,截面的应力状态发生了质变,或者说发生了应力重分布。这 时,不能再用材料力学公式来计算梁截面上的正应力和剪应力,因为这时梁已不再是完整的匀 质弹性梁了。

图 1-4-35 所示为无腹筋梁出现斜裂缝后的隔离体。现以 $AA'BCD$ 隔离体[图 1-4-35b)] 为例来分析它的平衡状态。在隔离体上,外荷载在斜截面 $AA'B$ 上引起的弯矩为 M_A、剪力为 V_A,而斜截面上的抵抗力有:

①斜截面顶端混凝土剪压面 AA' 上的压力 D_c 和剪力 V_c。

②纵向钢筋的拉力 T_s。

③在梁的变形过程中,斜裂缝的两边将发生相对剪切位移,使斜裂缝面上产生摩擦力以及 集料凹凸不平相互间的咬合力,它们的合力为 S_a。

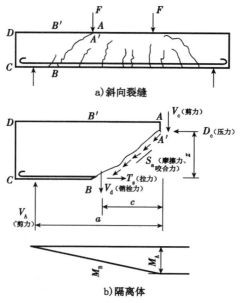

图 1-4-35 无腹筋梁出现斜裂缝后的隔离体

④斜裂缝两边有相对的上下错动,使纵向受拉钢筋受剪,通常称之为纵筋的销栓力 V_d。

集料咬合力和销栓力都难以定量估计,而且随斜裂缝的开展不断变化。为简化分析过程,S_a 和 V_d 都不予考虑,根据平衡条件可写得出:

$$\begin{cases} \sum X = 0, & D_c = T_s \\ \sum Y = 0, & V_A = V_c \\ \sum M = 0, & V_A \cdot a = T_s \cdot z \end{cases} \quad (1\text{-}4\text{-}20)$$

由式(1-4-20)可以看出,斜裂缝出现后,梁内的应力状态有如下变化:

①斜裂缝出现前,剪力 V_A 由梁全截面抵抗。但斜向裂缝出现后,剪力 V_A 仅由截面 AA'(称为剪压面或剪压区截面)抵抗,后者的面积远小于前者。所以,斜裂缝出现后,剪压区的剪应力 τ 显著增大;同时,剪压区的压应力 σ 也会增大,这是斜裂缝出现后应力重分布的一个表现。

②斜裂缝出现前,截面 BB' 处纵筋拉应力由截面 BB' 处的弯矩 M_B 决定,其值较小。在斜裂缝出现后,截面 BB' 处的纵筋拉应力则由截面 AA' 处的弯矩 M_A 决定。因 M_A 远大于 M_B,故纵筋拉应力显著增大,这是应力重分布的另一个表现。

无腹筋梁相继出现斜裂缝后,斜裂缝的走向基本上是沿着主压应力轨迹线,主压应力还能继续沿着斜裂缝之间的混凝土块传递(图 1-4-36)。但是斜裂缝下部的拱体Ⅱ所传递的主压应力则不能直接传递到支座上,它需要通过纵向钢筋的销栓作用才能传递到支座上。然而,纵筋所受的剪力稍大,就会使混凝土沿纵筋撕裂破坏,故纵筋销栓作用并不能充分发挥,因此拱体Ⅱ所传递的力很小,主要依靠拱体Ⅰ来传递主压应力。这时梁的受力状态可看作一个设拉杆的拱结构,斜裂缝顶部的残余截面为拱顶,纵筋为拉杆,拱顶至支座间的斜面方向受压,混凝土为拱体。当拱顶或拱体的混凝土抗压强度不足时,梁截面就会发生破坏,这就是无腹筋梁沿斜截面破坏的拱机理。

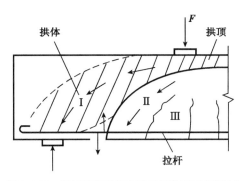

图 1-4-36 无腹筋梁斜截面破坏的拱机理示意图 1

(2) 有腹筋简支梁受力特点。

当梁中配置箍筋、弯起钢筋或斜筋后,有腹筋梁中力的传递和抗剪机理将发生较大的变化。在荷载作用较小、斜裂缝出现之前,腹筋中的应力很小,箍筋的作用不大;但是,斜裂缝出现后,与斜裂缝相交的箍筋中应力突然增大,起到抵抗梁剪切破坏的作用。如图 1-4-37 所示,腹筋的作用表现在:

① 把小拱体 Ⅱ、Ⅲ 向上拉住[图 1-4-37a)],使沿纵向钢筋的撕裂裂缝不发生,从而使纵筋的销栓作用得以发挥,这样,小拱体 Ⅱ、Ⅲ 就能更多地传递主压应力。

② 腹筋将小拱体 Ⅱ、Ⅲ 传递过来的主压应力传递到基本拱体 Ⅰ 上断面尺寸较大且还有潜力的部位上,这就减轻了基本拱体 Ⅰ 拱顶处所承压的应力,从而提高了梁的抗剪承载力。

③ 腹筋能有效减小斜裂缝开展宽度,从而提高斜截面上混凝土集料咬合力。

腹筋将被斜裂缝分割的拱形混凝土块体牢固地连接在一起,但箍筋本身并不能把剪力直接传递到支座上。在有腹筋梁中,箍筋、斜筋或弯起钢筋和斜裂缝之间的混凝土块体可看作一个拱形桁架[图 1-4-37b)]。在拱形桁架模型中,基本拱体 Ⅰ 被视为拱形桁架的上弦压杆,小拱体 Ⅱ、Ⅲ 是受压腹杆,纵向钢筋是下弦拉杆,箍筋等腹筋是受拉腹杆。

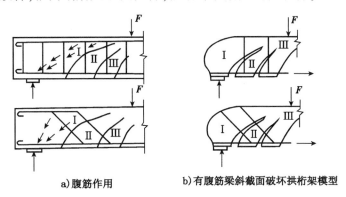

a) 腹筋作用　　　　b) 有腹筋梁斜截面破坏拱桁架模型

图 1-4-37 无腹筋梁斜截面破坏的拱机理示意图 2

由上述有腹筋梁的抗剪机理分析可见,配置箍筋是提高梁抗剪承载力的有效措施。箍筋一般是沿梁剪跨布置的,在梁的剪跨范围内只要出现斜裂缝,相应部位的箍筋就会发挥作用。弯起钢筋或斜筋只有与临界斜裂缝相交后才能发挥作用,可以提高梁的抗剪承载力。试验证明,梁的抗剪承载力随弯起钢筋面积的增大而增强,两者呈线性关系。弯筋仅在穿越斜裂缝的部位才可能屈服。当弯筋恰好从斜裂缝顶端越过时,因接近受压区,弯筋有可能达不到屈服强度,计算时要考虑这个因素。弯起钢筋虽能提高梁的抗剪承载力,但其数量少且面积集中,对限制大范围内的斜裂缝宽度的作用不大,所以,弯筋不宜单独使用,而总是与箍筋联合使用。

设置腹筋的简支梁斜截面剪切破坏形态与无腹筋简支梁一样,也概括为斜拉破坏、斜压破坏和剪压破坏。但是,箍筋的配置数量对有腹筋梁的破坏形态有一定的影响。

2)斜截面强度(承载力)计算

(1)斜截面抗剪强度计算。

在外荷载作用下,受弯构件不仅产生弯矩,而且产生剪力。弯曲应力和剪应力的结合使构件产生了斜向的主拉应力 σ_{tp} 和主压应力 σ_{cp}。其计算公式为

$$\sigma_{tp} = \frac{\sigma_c}{2} - \sqrt{\frac{\sigma_c^2}{4} + \tau^2} \tag{1-4-21}$$

$$\sigma_{cp} = \frac{\sigma_c}{2} + \sqrt{\frac{\sigma_c^2}{4} + \tau^2} \tag{1-4-22}$$

式中: σ_{tp} ——主拉应力(MPa);

σ_{cp} ——主压应力(MPa);

τ ——截面重心轴上的剪应力(MPa);

σ_c ——截面重心轴上的压应力(MPa)。

由材料力学可知,在均质弹性矩形梁已知截面内,剪力 V、截面惯性矩 I、梁宽 b 均为常数。由于剪应力 τ 是随面积矩 S 变化的,在梁截面的上、下边缘,$S=0$,故 $\tau=0$;在中性轴处,因 S 最大,故 τ 值最大。中性轴处的剪应力为 τ_0,按式(1-4-12)计算。从中性轴至受拉钢筋重心这段高度内不考虑混凝土的受拉作用,所以这段高度中剪应力 τ_0 不变[图1-4-38b)],而弯曲应力 $\sigma=0$,主拉应力 σ_{tp} 在45°方向上,其大小等于剪应力 τ_0[图1-4-38d)],故

$$\sigma_{tp} = \tau_0 = \frac{V}{bz} \leqslant [\sigma_{tp-1}] \tag{1-4-23}$$

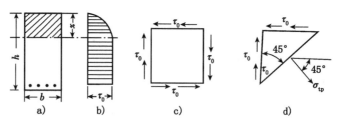

图1-4-38 钢筋混凝土矩形梁截面剪应力变化示意图

(2)斜截面抗剪承载力计算。

采用极限状态法计算配有箍筋和弯起钢筋的钢筋混凝土梁,当发生剪压破坏时,其抗剪承载力 V 是由剪压区混凝土抗剪力 V_c、箍筋所能承受的剪力 V_s 和弯起钢筋所能承受的剪力 V_{sb} 组成的(图1-4-39),斜截面受剪承载力

$$V \leqslant V_c + V_s + 0.8 f_y A_{sb} \sin\alpha_s \tag{1-4-24}$$

式中: V ——构件斜截面上的最大剪力设计值(MN);

V_c ——构件斜截面上混凝土抗剪承载力(MN);

V_s ——构件斜截面上箍筋抗剪承载力(MN);

A_{sb}——同一弯起平面内的弯起钢筋的截面面积(m^2);
α_s——斜截面上弯起钢筋的切线与构件纵向轴线的夹角(°);
其余符号意义同前。

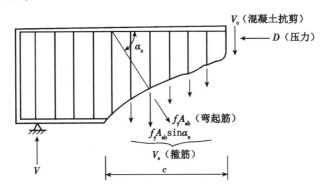

图 1-4-39　斜截面抗剪承载力计算图式
c-斜截面的水平投影长度,可近似取 $c = h_0$

(3)斜截面抗弯承载力计算。

受弯构件中纵向钢筋的数量是按控制截面最大弯矩计算值计算的,实际弯矩沿梁长通常是变化的。从正截面抗弯角度来看,沿梁长各截面纵筋数量随着弯矩的减小而减少。所以,在实际工程中可以把纵筋弯起或截断,但如果弯起或截断的位置不恰当,就会引起斜截面的受弯破坏。试验研究表明,斜裂缝的发生与发展,除了可能引起前述的剪切破坏外,还可能使与斜裂缝相交的箍筋、弯起钢筋及纵向受拉钢筋的应力达到屈服强度,这时,梁被斜裂缝分开的两部分将绕位于斜裂缝顶端受压区的公共铰转动,最后,受压区混凝土被压碎而破坏。图1-4-40为斜截面抗弯承载力计算图式,取斜截面隔离体的力矩平衡,可得斜截面抗弯承载力计算的基本公式为

$$M \leq f_y A_s z + \sum f_y A_{sb} z_{sb} + \sum f_{yv} A_{sv} z_{sv} \qquad (1\text{-}4\text{-}25)$$

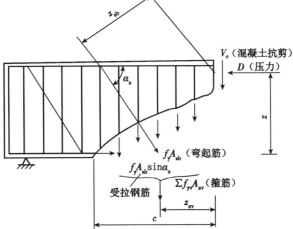

图 1-4-40　斜截面抗弯承载力计算图式

此时,斜截面的水平投影长度 c 可按下式确定:

$$V = \sum f_y A_{sb} \sin\alpha_s + \sum f_{yv} A_{sv} \tag{1-4-26}$$

式中:M——构件斜截面受压区末端的弯矩设计值($MN \cdot m$);

V——斜截面受压区末端的剪力设计值(MN);

f_{yv}——箍筋抗拉强度设计值(MPa);

A_{sv}——配置在同一截面内箍筋各肢的全部截面面积(m^2);

z——斜截面受拉区始端处纵向受拉钢筋合力的水平分力至斜截面受压区合力点的距离(m),可近似取 $z = 0.9h_0$;

z_{sb}——同一弯起平面内的弯起钢筋的合力至斜截面受压区合力点的距离(m);

z_{sv}——同一截面内箍筋的合力至斜截面受压区合力点的距离(m)。

其余符号意义同前。

三、钢筋混凝土轴心受压构件强度(承载力)

受到位于截面形心的轴向压力作用的构件,称为轴心受压构件。在实际结构中,严格的轴心受压构件是很少的。通常由于实际存在的结构节点构造、混凝土组成的非均匀性、纵向钢筋的布置以及施工中的误差等因素,轴心受压构件截面或多或少存在弯矩的作用。由于轴心受压构件计算简便,故可作为受压构件初步估算截面和承载力的手段。

按照箍筋的功能和配置方式的不同,钢筋混凝土轴心受压构件可分为普通箍筋柱[图1-4-41a)]和螺旋箍筋柱[图1-4-41b)]。

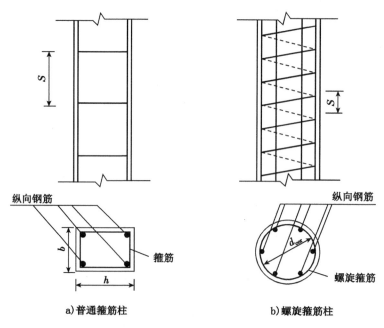

图 1-4-41 两种钢筋混凝土轴心受压构件

普通箍筋柱的截面形状多为矩形、圆形等,纵向钢筋在柱截面上对称布置,沿构件高度设置等间距的普通箍筋。构件承载力主要由混凝土提供,设置纵向钢筋的目的是:①协助混凝土承受压力,减小构件截面尺寸;②承受可能存在的弯矩;③防止构件突然脆性破坏。普通箍筋的作用是防止纵向钢筋局部压曲并与纵向钢筋形成钢筋骨架,便于施工。

螺旋箍筋柱的截面形状多为圆形或正多边形,纵向钢筋外围设有连续环绕的间距较密的螺旋箍筋(或间距较密的焊接环形箍筋)。螺旋箍筋的作用是使截面中间部分混凝土(核心混凝土)成为横向受约束混凝土(约束混凝土),从而提高构件的承载力和延性,如图1-4-42所示。

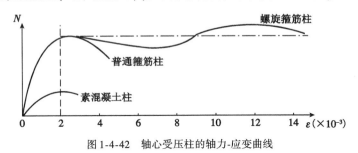

图1-4-42 轴心受压柱的轴力-应变曲线

按照构件的长细比(λ)不同,轴心受压构件可分为短柱(矩形截面$\lambda \leqslant 8$,圆形截面$\lambda \leqslant 7$,其他形状截面$\lambda \leqslant 28$)和长柱(矩形截面$\lambda > 8$,圆形截面$\lambda > 7$,其他形状截面$\lambda > 28$)两种,它们受力后的侧向变形和破坏形态各不相同,短柱为受压破坏,长柱为失稳破坏,如图1-4-43所示。

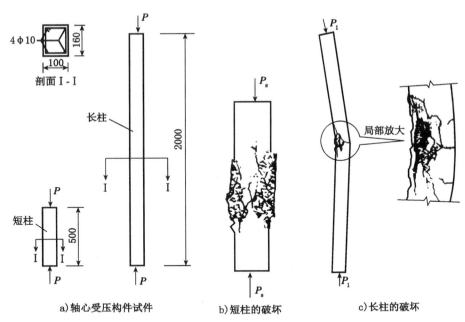

图1-4-43 轴心受压构件及破坏形态(尺寸单位:mm)

1. 普通箍筋柱强度(承载力)计算

1)普通箍筋柱强度与稳定性计算

采用容许应力法计算配有纵筋及一般箍筋的轴心受压构件时,应验算构件截面强度和稳定性。

强度计算公式:

$$\sigma_c = \frac{N}{A_c + mA'_s} \leq [\sigma_c] \qquad (1\text{-}4\text{-}27)$$

稳定性计算公式:

$$\sigma_c = \frac{N}{\varphi(A_c + mA'_s)} \leq [\sigma_c] \qquad (1\text{-}4\text{-}28)$$

式中:N——截面计算轴向压力(MN);

A_c、A'_s——构件横截面的混凝土面积(m^2)、受压纵截面面积(m^2);

m——截面抗拉强度标准值与混凝土抗压极限强度之比,见表1-4-5;

$[\sigma_c]$——混凝土容许压应力(MPa);

φ——纵向弯曲系数,见表1-4-6。

截面抗拉强度标准值与混凝土抗压极限强度之比(m值)　　　表1-4-5

钢筋种类	混凝土强度等级							
	C25	C30	C35	C40	C45	C50	C55	C60
HPB300	17.7	15.0	12.8	11.1	10.0	9.0	8.1	7.5
HRB400	23.5	20.0	17.0	14.8	13.3	11.9	10.8	10.0
HRB500	29.4	25.0	21.3	18.5	16.7	14.9	13.5	12.5

纵向弯曲系数(φ值)　　　表1-4-6

l_0/b	≤8	10	12	14	16	18
l_0/d	≤7	8.5	10.5	12	14	15.5
l_0/i	≤28	35	42	48	55	62
φ	1.00	0.98	0.95	0.92	0.87	0.81
l_0/b	20	22	24	26	28	30
l_0/d	17	19	21	22.5	24	26
l_0/i	69	76	83	90	97	104
φ	0.75	0.70	0.65	0.60	0.56	0.52

注:1. l_0为构件计算长度(m),两端刚性固定时,l_0取$0.5l$,l为构件全长(m);一端刚性固定,另一端为不移动的铰时,l_0取$0.7l$;两端均为不移动的铰时,l_0取l;一端刚性固定,另一端为自由端时,l_0取$2l$。

2. b为矩形截面构件的短边尺寸(m);d为圆形截面构件的直径(m);i为任意形状截面构件的回转半径(m)。

2)普通箍筋柱承载力计算

采用极限状态法计算正截面受压承载力时,应按式(1-4-29)计算,当纵向钢筋配筋率大于3%时,式(1-4-29)中的A应该由$(A-A_s)$代替。

$$N \leq 0.9\varphi(f_c A + f'_y A'_s) \qquad (1\text{-}4\text{-}29)$$

式中:N——截面轴向压力设计值(MN);

A、A'_s——构件截面面积(m^2),全部纵向钢筋的截面面积(m^2);

f_c——混凝土轴心抗压强度设计值(MPa);

f'_y——钢筋抗压强度设计值(MPa);

φ——钢筋混凝土构件的稳定系数(按相关现行规范查用)。

2. 螺旋箍筋柱强度(承载力)计算

1) 螺旋箍筋柱强度计算

采用容许应力法计算配有螺旋式或焊接环式间接钢筋的轴心受压构件时,构件截面强度应符合:

$$\sigma_c = \frac{N}{A_{he} + mA'_s + 2.0m'A_j} \leqslant [\sigma_c] \tag{1-4-30}$$

$$A_j = \frac{\pi d_{he} a_j}{s} \tag{1-4-31}$$

式中: A_{he}——构件核心截面面积(m^2);

A_j——间接钢筋的换算面积(m^2);

A'_s——纵筋的换算面积(m^2);

m、m'——纵筋及间接钢筋的抗拉强度标准值与混凝土抗压极限强度之比(按相关现行规范查用);

d_{he}——构件核心直径(m);

a_j——单根间接钢筋的截面面积(m^2);

s——间接钢筋的间距(m);

其余符号意义同前。

构件因使用螺旋式或焊接环式间接钢筋而增加的承载能力,不应超过未使用间接钢筋时的60%,当长细比 $l_0/i > 28$ 时,应不再考虑间接钢筋的影响。

2) 螺旋箍筋柱承载力计算

采用极限状态法计算正截面受压承载力时,应按式(1-4-32)计算,当纵向钢筋配筋率大于3%时,式(1-4-32)中的 A 应该由 $(A - A_s)$ 代替。

$$N \leqslant 0.9(f_c A_{cor} + f'_y A'_s + 2\alpha f_y A_{ss0}) \tag{1-4-32}$$

$$A_{ss0} = \frac{\pi d_{cor} a_{ss1}}{s} \tag{1-4-33}$$

式中: f_y——间接钢筋的抗拉强度设计值(MPa);

A_{cor}——构件的核心截面面积(m^2,间接钢筋内表面范围内的混凝土面积);

A_{ss0}——螺旋式或焊接环式间接钢筋的换算截面面积(m^2);

a_{ss1}——螺旋式或焊接环式单根间接钢筋的截面面积(m^2);

d_{cor}——构件的核心截面直径(m,间接钢筋内表面之间的距离);

s——间接钢筋沿构件轴线方向的间距(m);

α——间接钢筋对混凝土约束的折减系数,当混凝土强度等级不超过C50时,取1.0;当混凝土强度等级为C80时,取0.85;其间按线性内插法确定;

其余符号意义同前。

四、钢筋混凝土偏心受压构件强度(承载力)

轴向压力 N 的作用线偏离受压构件的轴线时[图1-4-44a)],这类构件称为偏心受压构件。压力 N 的作用点离构件截面形心的距离 e_0 称为偏心距。截面上同时承受轴心压力和弯矩的构件[图 1-4-44b)],称为压弯构件。根据力的平移法则,截面承受偏心距为 e_0 的偏心压力 N 相当于承受轴心压力 N 和弯矩 $M(=Ne_0)$ 的共同作用,故压弯构件与偏心受压构件的基本受力特性是一致的。

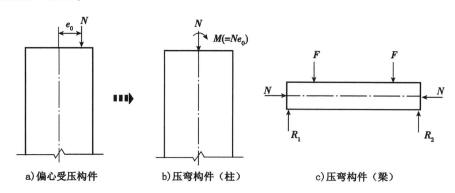

图 1-4-44　偏心受压构件与压弯构件

钢筋混凝土偏心受压(或压弯)构件是实际工程中应用较广泛的受力构件之一。例如,拱桥的钢筋混凝土拱肋、桁架的上弦杆、刚架的立柱、柱式墩(台)的墩(台)柱等均属偏心受压构件,在荷载作用下,构件截面上同时存在轴心压力和弯矩。

钢筋混凝土偏心受压构件的截面形式如图 1-4-45 所示。矩形截面为最常用的截面形式。截面高度 h 大于 600mm 的偏心受压构件多采用工字形截面或箱形截面。圆形截面主要用于柱式墩台、桩基础。

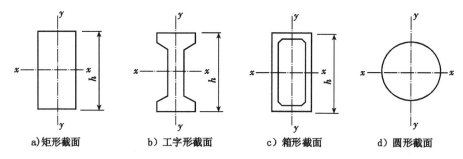

图 1-4-45　偏心受压构件截面形式

在钢筋混凝土偏心受压构件的截面上布置有纵向受力钢筋和箍筋。纵向钢筋在截面中最常见的布置方式是将纵向钢筋集中放置在截面偏心方向的最外两侧[图 1-4-46a)],其数量通过正截面承载力(强度)计算确定。对于圆形截面,则采用沿截面周边均匀配筋的方式[图 1-4-46b)]。箍筋的作用与轴心受压构件中普通箍筋的作用基本相同。此外,偏心受压构件中还存在着一定的剪力,可由箍筋负担,但因剪力的数值较小,故一般不予计算。箍筋数量及间距按普通箍筋柱的构造要求确定。

按照构件的长细比(λ)不同,偏心受压构件可分为短柱(矩形截面 $\lambda \leq 5$)、长柱(矩形截面 $8 < \lambda \leq 30$)和细长柱(矩形截面 $\lambda > 30$)三种,它们受力后的侧向变形和破坏形态各不相同,短柱和长柱为受压破坏(材料破坏),细长柱为失稳破坏。

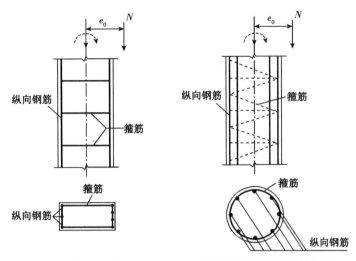

图 1-4-46　纵向钢筋在截面中的布置方式

1. 偏心受压构件强度计算

采用容许应力法计算配有纵筋及箍筋的偏心受压构件时,应验算混凝土压应力和剪应力。

（1）混凝土压应力验算：

$$\sigma_c = \frac{N}{A_0} + \frac{\eta M}{W_0} \leqslant [\sigma_b] \tag{1-4-34}$$

$$\eta = \frac{1}{1 - \frac{KN}{\alpha \frac{\pi^2 E_c I_c}{l_0^2}}} \tag{1-4-35}$$

$$\alpha = \frac{0.1}{0.2 + \dfrac{e_0}{h}} + 0.16 \tag{1-4-36}$$

式中：σ_c——混凝土压应力（MPa）；

N——换算截面重心处的计算轴向压力（MN）；

M——计算弯矩（MN·m）；

A_0、W_0——钢筋混凝土换算截面面积（不计受拉区）（m²）及其对受压边缘或受压较大边缘的截面抵抗矩（m³）；

η——挠度对偏心距影响的增大系数；

K——安全系数,主力时取2.0,主力+附加力时取1.6；

I_c——混凝土全截面的惯性矩（m⁴）,求截面的中性轴时,应采用纵向弯曲后所增大的偏心距 $e = \dfrac{\eta M}{N}$；

l_0——受压构件计算长度（m）,参考表1-4-6的表注；

α——考虑偏心距对 η 值的影响系数；

e_0——轴向力作用点至构件截面重心的距离(m);
h——弯曲平面内的截面高度(m)。

其余符号意义同前。

(2)混凝土剪应力验算:

$$\tau = \frac{VS_c}{bI'_0} \tag{1-4-37}$$

式中:τ——混凝土的剪应力(MPa);
V——截面计算剪力(MN);
S_c——计算点以上部分换算面积对构件换算截面(不计混凝土受拉区)重心轴的面积矩(m^3);
I'_0——换算截面对重心轴的惯性矩(m^4)。

当中性轴在截面以内时,应取中性轴处的剪应力(即主拉应力 σ_{tp})与按式(1-4-21)计算的换算面积重心轴上的主拉应力较大值进行设计;当中性轴在截面以外时,则最大剪应力 τ 发生在换算面积重心轴上,其相应的主拉应力应按式(1-4-21)计算。

2. 偏心受压构件承载力计算

采用极限状态法计算偏心受压构件正截面承载力时,应计入轴向压力在偏心方向存在的附加偏心距 e_a,其值应取 20mm 和偏心方向截面最大尺寸的 1/30 两者中的较大值。矩形截面偏心受压构件正截面承载力可按式(1-4-38)计算,圆形等其他形式截面偏心受压构件正截面承载力可参照相关现行规范计算。

$$N \leq \alpha_1 f_c bx + f'_y A'_s - \sigma_s A'_s \tag{1-4-38}$$

$$Ne \leq \alpha_1 f_c bx\left(h_0 - \frac{x}{2}\right) + f'_y A'_s(h_0 - a'_s) \tag{1-4-39}$$

$$e = \eta e_i + \frac{h}{2} - a \tag{1-4-40}$$

$$e_i = e_0 + e_a \tag{1-4-41}$$

$$\eta = 1 + \frac{1}{1400 e_i/h_0}\left(\frac{l_0}{h}\right)^2 \xi_1 \xi_2 \tag{1-4-42}$$

$$\xi_1 = \frac{0.5 f_c A}{N} \tag{1-4-43}$$

$$\xi_2 = 1.15 - 0.01 \frac{l_0}{h} \tag{1-4-44}$$

式中:σ_s——受拉边或受压较小边的纵向普通钢筋应力(MPa);
e——轴向压力作用点至纵向普通受拉钢筋的距离(m);
e_i——初始偏心距(m);
a——纵向普通受拉钢筋至截面近边缘的距离(m);
e_0——轴向压力对截面重心的偏心距(m),$e_0 = M/N$;
e_a——附加偏心距(m),其值应取 20mm 和偏心方向截面最大尺寸的 1/30 两者中的较大值;

η——挠度对偏心距影响的增大系数;

h——截面高度(m),其中,环形截面取外直径,圆形截面取直径;

h_0——截面有效高度(m),其中,环形截面取 $h_0 = r_2 + r_s$,圆形截面取 $h_0 = r + r_s$(r、r_2、r_s 分别为圆形截面的半径、环形截面的外径、纵向钢筋重心所在圆周的半径);

ξ_1——偏心受压构件的截面曲率修正系数,当 $\xi_1 > 1.0$ 时,取 $\xi_1 = 1.0$;

ξ_2——构件长细比对截面曲率的影响系数,当 $l_0/h < 15$ 时,取 $\xi_2 = 1.0$;

A——构件等截面面积(m²),对 T 形截面、I 形截面,均取 $A = bh + 2(b'_f - b)h'_f$;

其余符号意义同前。

五、钢筋混凝土构件裂缝宽度计算

混凝土的抗拉强度很低,在不大的拉应力作用下就可能出现裂缝。钢筋混凝土结构的裂缝,按其产生的原因可分为以下几类:

①弯矩、剪力、拉力、扭矩等引起的裂缝;

②地基不均匀沉降、混凝土的收缩及温度差等引起的裂缝;

③钢筋锈蚀裂缝。

过多或过宽的裂缝不仅影响结构的外观,造成使用者的不安,而且从结构本身来看,某些裂缝的发生或发展将影响结构的使用寿命。为了保证钢筋混凝土构件的耐久性,必须从设计、施工等方面控制裂缝。针对钢筋混凝土构件在荷载作用下产生的裂缝的宽度,主要通过在设计上进行理论验算和构造措施加以控制。

区间结构与车站结构由于所采用的设计规范不同,裂缝宽度的计算方式略有不同。

1. 区间结构

对于区间结构,钢筋混凝土构件裂缝宽度根据《铁路桥涵混凝土结构设计规范》(TB 10092—2017)进行计算。

1)钢筋混凝土矩形、T 形和 I 形截面受弯及偏心受压构件

钢筋混凝土矩形、T 形和 I 形截面受弯及偏心受压构件的裂缝宽度按下列公式计算:

$$\omega_f = K_1 K_2 \gamma \frac{\sigma_s}{E_s}\left(80 + \frac{8 + 0.4d}{\sqrt{\mu_z}}\right) \quad (1\text{-}4\text{-}45)$$

$$K_2 = 1 + \alpha \frac{M_1}{M} + 0.5 \frac{M_2}{M} \quad (1\text{-}4\text{-}46)$$

$$\mu_z = \frac{(\beta_1 n_1 + \beta_2 n_2 + \beta_3 n_3)A_{s1}}{A_{c1}} \quad (1\text{-}4\text{-}47)$$

$$A_{c1} = 2ab \quad (1\text{-}4\text{-}48)$$

式中: ω_f——裂缝宽度(mm);

K_1——钢筋表面形状影响系数,光圆钢筋取 1.0,带肋钢筋取 0.72;

K_2——荷载特征影响系数;

α——系数,光圆钢筋取 0.5,带肋钢筋取 0.3;

M_1——活载作用下的弯矩(MN·m);

M_2——恒载作用下的弯矩(MN·m);

M——全部计算荷载作用下的弯矩(MN·m),当主力作用时为恒载弯矩与活载弯矩之和,当主力 + 附加力作用时为恒载弯矩、活载弯矩与附加力弯矩之和;

γ——中性轴至受拉边缘的距离与中性轴至受拉钢筋重心的距离之比,对于梁和板,γ 可分别取 1.1 和 1.2;

σ_s——受拉钢筋重心处的钢筋应力(MPa);

d——受拉钢筋直径(mm);

μ_z——受拉钢筋的有效配筋率;

n_1、n_2、n_3——单根、两根一束、三根一束的受拉钢筋根数;

β_1、β_2、β_3——考虑成束钢筋的系数,单根钢筋 β_1 取 1.0,两根一束 β_2 取 0.85,三根一束 β_3 取 0.70;

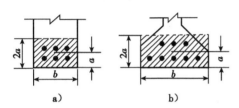

A_{s1}——单根钢筋的截面面积(m^2);

A_{c1}——与受拉钢筋相互作用的受拉混凝土面积(m^2),取与受拉钢筋重心相重的混凝土面积(图 1-4-47 中阴影的面积,图中 a 为钢筋重心至受拉边缘的距离);

其余符号意义同前。

图 1-4-47 A_{c1} 计算示意图

2) 钢筋混凝土圆形或环截面偏心受压构件

钢筋混凝土圆形或环截面偏心受压构件的裂缝宽度按下列公式计算:

$$\omega_f = K_1 K_2 K_3 \gamma \frac{\sigma_s}{E_s}\left(100 + \frac{4 + 0.2d}{\sqrt{\mu_z}}\right) \quad (1\text{-}4\text{-}49)$$

$$\gamma = \frac{2R - x}{R + r_s - x} \leq 1.2 \quad (1\text{-}4\text{-}50)$$

$$\mu_z = \frac{(\beta_1 n_1 + \beta_2 n_2 + \beta_3 n_3) A_{s1}}{A_z} \quad (1\text{-}4\text{-}51)$$

$$A_z = 4\pi r_s (R - r_s) \quad (1\text{-}4\text{-}52)$$

式中:K_3——截面形状系数,圆形截面取 1.0,环形截面取 1.1;

γ——中性轴至受拉边缘的距离与中性轴至最大拉应力钢筋中心的距离之比[图 1-4-48a)],当 γ 大于 1.2 时,取 1.2;

σ_s——钢筋的最大拉应力(MPa);

d——纵向钢筋直径(mm),当钢筋直径不同时,按最大直径取用;

μ_z——纵向钢筋的有效配筋率,当 $\mu_z < 0.005$ 时,取 0.005;计算时,$n_1 \sim n_3$ 应计入全部纵向钢筋;

A_z——与纵向钢筋相互作用的混凝土面积[图 1-4-48b) 中的阴影面积](m^2);

其余符号意义同前。

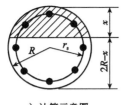
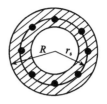

a) γ 计算示意图 b) A_z 计算示意图

图 1-4-48 γ 和 A_z 计算示意图

2. 车站结构

对于车站结构，钢筋混凝土构件裂缝宽度采用《混凝土结构设计规范（2015 年版）》（GB 50010—2010）进行计算。在矩形、T 形、倒 T 形和 I 形截面的钢筋混凝土受拉、受弯及偏心受压构件中，按荷载标准值组合或准永久组合并考虑长期作用影响的最大裂缝宽度可按下列公式计算：

$$\omega_{\max} = \alpha_{cr}\psi \frac{\sigma_s}{E_s}\left(1.9c_s + 0.08\frac{d_{eq}}{\rho_{te}}\right) \tag{1-4-53}$$

$$\psi = 1.1 - 0.65\frac{f_{tk}}{\rho_{te}\sigma_s} \tag{1-4-54}$$

$$d_{eq} = \frac{\sum n_i d_i^2}{\sum n_i \nu_i d_i} \tag{1-4-55}$$

$$\rho_{te} = \frac{A_s}{A_{te}} \tag{1-4-56}$$

式中：$\omega_{\max}$——按荷载标准值组合并考虑长期作用影响计算的最大裂缝宽度（mm）；

α_{cr}——构件受力特征系数，参考表 1-4-7；

ψ——裂缝间纵向受拉钢筋应变不均匀系数，当 $\psi<0.2$ 时，取 $\psi=0.2$；当 $\psi>1$ 时，取 $\psi=1$；对直接承受重复荷载的构件，取 $\psi=1$；

σ_s——按荷载准永久组合计算的钢筋混凝土构件纵向受拉普通钢筋应力（MPa）；

c_s——最外层纵向受拉钢筋外边缘至受拉区底边的距离（mm），当 $c_s<20$ 时，取 $c_s=20$；当 $c_s>65$ 时，取 $c_s=65$；

ρ_{te}——按有效受拉混凝土截面面积计算的纵向受拉钢筋配筋率，在最大裂缝宽度计算中，当 $\rho_{te}<0.01$ 时，取 $\rho_{te}=0.01$；

A_{te}——有效受拉混凝土截面面积（mm^2）：对轴心受拉构件，取构件截面面积；对受弯、偏心受压构件，取 $A_{te}=0.5bh+(b_f-b)h_f$，此处 b_f、h_f 为受拉翼缘的宽度、高度；

A_s——受拉区纵向普通钢筋截面面积（mm^2）；

d_{eq}——受拉区纵向钢筋的等效直径（mm）；

d_i——受拉区第 i 种纵向钢筋的公称直径（mm）；

n_i——受拉区第 i 种纵向钢筋的根数；

ν_i——受拉区第 i 种纵向钢筋的相对黏结特性系数，参考表 1-4-8；

其余符号意义同前。

构件受力特征系数   表1-4-7

类型	α_{cr}	
	钢筋混凝土构件	预应力混凝土构件
受弯、偏心受压	1.9	1.5
偏心受拉	2.4	—
轴心受拉	2.7	2.2

钢筋的相对黏结特性系数   表1-4-8

钢筋类别	钢筋		先张法预应力钢筋			后张法预应力钢筋		
	光圆钢筋	带肋钢筋	带肋钢筋	螺旋肋钢丝	钢绞线	带肋钢筋	螺旋肋钢丝	钢绞线
v_i	0.7	1.0	1.0	0.8	0.6	0.8	0.5	0.4

注:对环氧树脂涂层带肋钢筋,其相对黏结特性系数应按表中系数的80%取用。

六、钢筋混凝土构件变形

《地铁设计规范》(GB 50157—2013)规定:区间桥梁应满足列车安全运行和乘客乘坐舒适的要求。结构除应满足规定的强度外,还应具有足够的竖向刚度、横向刚度,并应保证结构的整体性和稳定性。

1. 竖向刚度

钢筋混凝土受弯构件在使用阶段因荷载作用产生挠曲变形,而过大的挠曲变形将影响结构的正常使用。因此,为了确保受弯构件正常使用,其需要具有足够的刚度,使得构件在使用荷载作用下的最大变形计算值(挠度)不得超过容许的限值。

《地铁设计规范》(GB 50157—2013)规定:在列车静活载作用下,桥跨结构梁体竖向挠度不应大于表1-4-9的规定。梁体竖向挠度计算值按结构力学的方法计算。

梁体竖向挠度的限值   表1-4-9

跨度 L(m)	竖向挠度容许值
$L \leq 30$	$L/2000$
$30 < L \leq 60$	$L/1500$
$60 < L \leq 80$	$L/1200$
$L > 80$	$L/1000$

2. 横向刚度

《地铁设计规范》(GB 50157—2013)规定:在列车横向摇摆力、离心力、风力和温度力作用下,桥跨结构梁体水平挠度应小于或等于计算跨度的1/4000。

3. 桥墩纵向水平线刚度

城市轨道交通高架结构的桥墩大多采用轻型墩,一般为钢筋混凝土结构。桥墩为偏心受压构件,在列车活载作用下,墩顶会产生水平位移,过大的水平位移将影响列车安全运行和乘客乘坐舒适感。因此,应限制桥墩纵向水平线刚度值和墩顶弹性水平位移值。《地铁设计规范》(GB 50157—2013)规定:铺设无缝线路及无砟轨道桥梁的桥墩纵向水平线刚度限值,应根据工程条件及扣件阻力经钢轨动弯应力、温度应力、制动应力和制动附加应力的计算确定。不作计算时,可按表1-4-10采用。

桥墩墩顶纵向水平线刚度限值 表1-4-10

跨度 L(m)	最小水平线刚度(kN/cm)
$L \leq 20$	240
$20 < L \leq 30$	320
$30 < L \leq 40$	400
$L > 40$(简支结构)	按跨度与30m之比增大的比例增大

墩顶弹性水平位移应符合下列规定:
①顺桥方向:

$$\Delta \leq 5\sqrt{L} \qquad (1\text{-}4\text{-}57)$$

②横桥方向:

$$\Delta \leq 4\sqrt{L} \qquad (1\text{-}4\text{-}58)$$

式中:L——桥梁跨度(m),当为不等跨时,采用相邻跨中的较小跨度;当 $L<25$m 时,按25m计;

Δ——墩顶顺桥或横桥方向水平位移(mm),包括墩身和基础的弹性变形及地基弹性变形的影响。墩顶弹性变形按材料力学的方法计算。

第四节 预应力混凝土构件设计方法

一、设计方法简介

城市轨道交通结构无论是区间结构还是车站结构,既可采用钢筋混凝土结构,也可采用预应力混凝土结构。

区间结构采用预应力混凝土结构时遵照《铁路桥涵混凝土结构设计规范》(TB 10092—2017)设计,按破坏阶段检算截面强度;对不允许出现拉应力的预应力混凝土结构,按弹性阶段检算截面抗裂性,但在运营阶段正截面抗裂检算中,应计入混凝土受拉塑性变形的影响;对允许开裂的预应力混凝土结构,应检算其在运营阶段和架桥机通过时开裂截面的裂缝宽度;按弹性阶段检算预加应力、运送、安装和运营等阶段构件内的应力,对允许开裂的预应力混凝土结构,检算运营阶段应力时,不应计入抗裂截面受拉区混凝土的作用;梁的变形(挠度和转角)可按弹性阶段计算。

车站结构采用预应力混凝土结构时遵照《混凝土结构设计规范(2015年版)》(GB 50010—2010)设计,采用极限状态法。

二、预应力施加方法和预应力损失

预应力混凝土结构是由配置预应力钢筋,再通过张拉或其他方法建立预应力的结构。根据预应力施加方法的不同,分为先张法预应力混凝土结构和后张法预应力混凝土结构。

先张法是先张拉钢筋,后浇筑构件混凝土的方法,钢丝或预应力钢筋主要靠混凝土的握裹力锚固在梁体内,如图 1-4-49 所示。

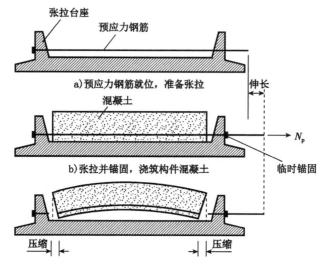

图 1-4-49 先张法工艺流程示意图

后张法是先浇筑构件混凝土,待混凝土结硬后,再张拉预应力钢筋并锚固的方法,预应力钢筋主要靠各类锚具锚固于梁端或梁顶,如图 1-4-50 所示。

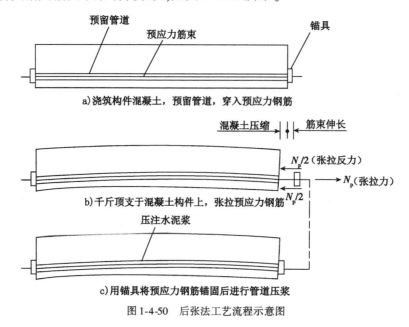

图 1-4-50 后张法工艺流程示意图

由于施工工艺、材料性能及环境条件等因素影响,钢筋中的预拉应力会逐渐减小。这种预应力钢筋的预应力随着张拉、锚固过程和时间推移而减少的现象称为预应力损失。无论是先张法施工还是后张法施工都会产生预应力损失,预应力损失值一般根据试验数据确定,如无可靠试验资料,可按相关现行规范的规定估算。设计中所需的钢筋预应力值,应是扣除相应阶段的应力损失后钢筋中实际存余的预应力值(称为有效预应力 σ_{pl})。如果钢筋初始张拉的预应力为 σ_{con}(称为张拉控制应力),相应的应力损失值为 σ_L,则它们与有效预应力 σ_{pl} 间的关系为

$$\sigma_{pl} = \sigma_{con} - \sigma_L \tag{1-4-59}$$

《铁路桥涵混凝土结构设计规范》(TB 10092—2017)将预应力钢筋的预应力损失分为六类,先张法施工与后张法施工所包含的预应力损失项目有所不同,见表1-4-11。

预应力损失(TB 10092—2017 规定) 表1-4-11

序号	预应力损失	符号	先张法	后张法
1	钢筋与管道之间的摩阻	σ_{L1}	—	√
2	锚头变形、钢筋回缩和分块拼装构件的接缝压缩	σ_{L2}	√	√
3	台座与钢筋之间的温度差	σ_{L3}	√	—
4	混凝土的弹性压缩	σ_{L4}	√	√
5	钢筋的应力松弛	σ_{L5}	√	√
6	混凝土的收缩和徐变	σ_{L6}	√	√

《混凝土结构设计规范(2015年版)》(GB 50010—2010)将预应力钢筋的预应力损失也分为六类,但每一类的顺序和代表符号与《铁路桥涵混凝土结构设计规范》(TB 10092—2017)有所不同,先张法施工与后张法施工所包含的预应力损失项目也不完全相同,见表1-4-12。

预应力损失(GB 50010—2010 规定) 表1-4-12

序号	预应力损失	符号	先张法	后张法
1	张拉端锚具变形和钢筋内缩	σ_{l1}	√	√
2	预应力钢筋与孔道壁之间的摩擦	σ_{l2}	—	√
3	混凝土加热养护时,受张拉的钢筋与承受拉力的设备之间的温差	σ_{l3}	√	—
4	预应力钢筋的应力松弛	σ_{l4}	√	√
5	混凝土的收缩和徐变	σ_{l5}	√	√
6	用螺旋式预应力钢筋作配筋的环形构件,当直径 d 不大于 3m 时,由于混凝土的局部挤压	σ_{l6}	—	√

三、预应力混凝土受弯构件承载力(强度)

1. 正截面强度计算

区间结构按破坏阶段检算预应力混凝土受弯构件截面强度,矩形截面受弯构件按式(1-4-60)或式(1-4-61)计算。

当 $2a' \leq x < 0.4h_p$ 时:

$$KM \leq f_c bx\left(h_0 - \frac{x}{2}\right) + \sigma'_{pa}A'_p(h_0 - a'_p) + f'_s A'_s(h_0 - a'_s) \tag{1-4-60}$$

当 $x < 2a'$ 时：
$$KM \leq (f_p A_p + f_s A_s)(h_0 - a') \tag{1-4-61}$$

中性轴按下列公式确定：
$$f_p A_p + f_s A_s - \sigma'_{pa} A'_p - f'_s A'_s = f_c b x \tag{1-4-62}$$
$$\sigma'_{pa} = f'_p - n_p \sigma_{c1} - \sigma'_{p1} \tag{1-4-63}$$

式中：M——计算弯矩（MN·m）；

K——强度安全系数；

f_c——混凝土抗压极限强度（MPa）；

σ'_{pa}——混凝土受压破坏时预应力钢筋 A'_p 中的应力（MPa），如 σ'_{pa} 为负值，则钢筋 A'_p 不作为受压钢筋，a'_s 应代替 a'；

n_p——预应力钢筋弹性模量与混凝土弹性模量之比；

f'_p——预应力钢筋抗压计算强度（MPa）；

σ_{c1}——预应力钢筋 A'_p 重心处混凝土的有效预压应力（MPa）；

σ'_{p1}——混凝土应力为 σ_{c1} 时，预应力钢筋 A'_p 中的有效预应力（MPa）；

h_0——截面有效高度（m）；

f'_s——受压区非预应力钢筋的抗压计算强度（MPa）；

A'_s——受压区非预应力钢筋的截面面积（m²）；

其余符号意义同前。

矩形截面受弯构件正截面强度计算示意图见图 1-4-51。

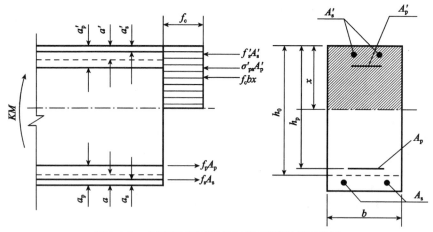

图 1-4-51 矩形截面受弯构件正截面强度计算示意图

2. 正截面承载力计算

区间结构或车站结构按极限状态法计算预应力混凝土受弯构件正截面承载力，矩形截面受弯构件按式（1-4-64）计算。

$$M \leq \alpha_1 f_c b x \left(h_0 - \frac{x}{2} \right) + f'_y A'_s (h_0 - a'_s) - (\sigma'_{p0} - f'_{py}) A'_p (h_0 - a'_p) \tag{1-4-64}$$

混凝土受压区高度按下列公式确定：
$$\alpha_1 f_c b x = f_y A_s - f'_y A'_s + f_{py} A_p + (\sigma'_{p0} - f'_{py}) A'_p \tag{1-4-65}$$

混凝土受压区高度应满足下列条件：
$$x \leqslant \xi_b h_0 \quad (1\text{-}4\text{-}66)$$
$$x \geqslant 2a' \quad (1\text{-}4\text{-}67)$$

式中：M——弯矩设计值（MN·m）；

σ'_{p0}——受压区纵向预应力钢筋合力点处混凝土法向应力等于零时的预应力钢筋应力（MPa）；

A_s、A'_s——受拉区、受压区纵向普通钢筋的截面面积（m²）；

A_p、A'_p——受拉区、受压区纵向预应力钢筋的截面面积（m²）；

a'_s、a'_p——受压区纵向普通钢筋合力点、预应力钢筋合力点至截面受压边缘的距离（m）；

a'——受压区全部纵向普通钢筋合力点至截面受压边缘的距离（m），当受压区未配置纵向预应力钢筋或受压区纵向预应力钢筋应力（$\sigma'_{p0} - f'_{py}$）为拉应力时，式（1-4-67）中的 a' 用 a'_s 代替；

其余符号意义同前。

矩形截面受弯构件正截面承载力计算示意图见图 1-4-52。

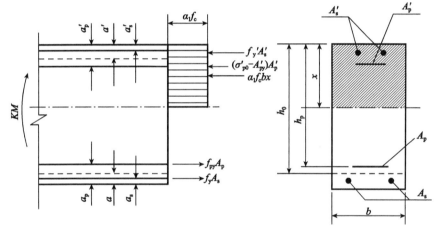

图 1-4-52　矩形截面受弯构件正截面承载力计算示意图

对于其他截面形式的梁，参照相关设计规范规定计算。

第二篇　区间结构

第一章　CHAPTER ONE
轨道结构

第一节　概述

轨道结构(图 2-1-1)是城市轨道交通的重要组成部分,是车辆运行的基础。在路基、高架结构和地下结构上都设有轨道结构。轨道结构一般由钢轨、道岔、连接零件、轨枕、防爬设备、道床及钢轨伸缩调节器等组成,其作用是引导机车车辆的运行,直接承受机车车辆的荷载,并将荷载传递至路基、高架结构、地下结构等建筑物上。因此,轨道结构应具有足够的强度和稳定性、耐久性、绝缘性及适量的弹性,并且养护维修量小,以确保列车安全运行和乘客舒适。

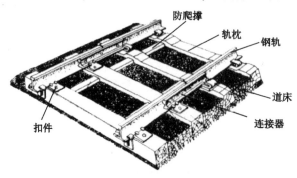

图 2-1-1　轨道结构示意图

一、钢轨

钢轨(图2-1-2)用于引导机车车辆行驶,将所承受的车轮荷载传递至轨枕、道床及结构底板(或路基、高架结构、地下结构等),有时兼作轨道电路。在列车动荷载作用下,钢轨产生弹性挠曲和横向弹性变形,因此,钢轨应有足够的承载能力、抗弯强度、断裂韧性及稳定性、耐磨性、耐腐蚀性、可焊性等。

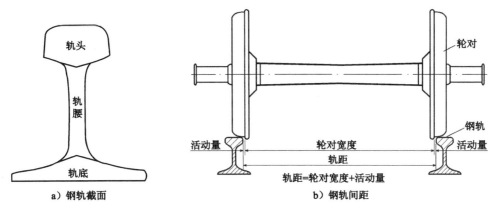

图2-1-2 钢轨示意图

一般情况下,线路由两根钢轨组成,根据钢轨间距分为标准轨(1435mm)、宽轨(1520mm)和窄轨(1000mm)三种,《地铁设计规范》(GB 50157—2013)规定:钢轨间距应采用1435mm标准轨距。钢轨可分为特重型、重型、次重型、中型和轻型(75kg/m、60kg/m、50kg/m、43kg/m和38kg/m),《地铁设计规范》(GB 50157—2013)规定:正线及配线钢轨宜采用60kg/m钢轨,车场线宜采用50kg/m钢轨。

二、道岔

道岔是机车车辆从一条轨道转入或越过另一条轨道的线路连接设备,通常在车站、编组站大量铺设,见图2-1-3。

图2-1-3 道岔布置

每一组道岔由转辙器、辙岔心、两根护轨(或称护轮轨)、岔枕(位于道岔区的轨枕)等组成,由长柄以杠杆原理拨动两根活动轨道,使车辆轮缘依开通方向驶入预定进路,见图2-1-4、图2-1-5。

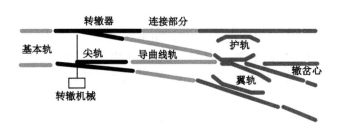

图 2-1-4　道岔组成示意图　　　　　图 2-1-5　辙岔心

护轮轨是用来防止列车脱轨带来严重后果的部件。以下三种情况需要设置：①防脱护轨；②桥上护轨；③道岔护轨。

三、连接零件

连接零件是连接钢轨与钢轨、钢轨与轨枕的部件，前者称为接头连接零件，后者称为中间连接零件（或扣件）。

钢轨出厂长度一般为 12.5m、25m、50m、100m，为了保持钢轨的连续性与整体性，需将钢轨接头对接连接或焊接连接，如图 2-1-6 所示。

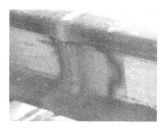

a）对接接头　　　　　b）对接示意图　　　　　c）焊接接头

图 2-1-6　钢轨连接

钢轨扣件（图 2-1-7）是轨道上用以连接钢轨与轨枕（或其他类型轨下基础）的零件。其作用是固定钢轨正确位置，阻止钢轨的纵向、横向位移，确保轨距正常，防止钢轨倾覆，并在机车车辆的动力作用下充分发挥缓冲减振性能，减缓线路残余变形的积累。《地铁设计规范》（GB 50157—2013）规定：无砟道床地段应采用弹性分开式扣件。

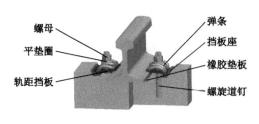
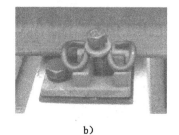

a）　　　　　　　　　　　　　b）

图 2-1-7　钢轨扣件

四、轨枕

轨枕是轨道结构的重要部件,承受来自钢轨的压力并将其均匀传递至道床,同时利用连接零件有效保持钢轨之间的几何形位。轨枕按使用材料可分为木枕、混凝土枕(钢筋混凝土枕和预应力混凝土枕)、钢纤维混凝土枕等;按结构形式分为混凝土长枕、短枕、宽枕、轨枕板等,如图 2-1-8 所示。

a) 长枕   b) 短枕   c) 钢纤维混凝土枕

图 2-1-8 轨枕

五、防爬设备

列车运行时,常常产生作用在钢轨上的纵向力,使钢轨沿纵向移动,有时甚至带动轨枕一起移动,这种纵向移动叫作爬行。防爬设备就是防止线路爬行的轨道配件,如图 2-1-9 所示。

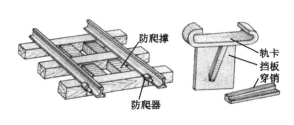

a) 纵向防爬设备   b) 横向轨撑

图 2-1-9 防爬设备

六、道床

道床是轨枕基础,用于固定并支承轨枕,把轨枕上部的巨大压力均匀传递给结构底板(或路基、高架结构、地下结构等),增加轨道的弹性和纵横向移动的阻力,减少结构底板变形的同时,缓和机车车辆轮对对钢轨的冲击,便于排水和校正轨道的平面和纵断面。道床一般分为有砟道床(碎石道床)[图 2-1-10a)]和无砟道床(整体道床)[图 2-1-10b)]两种类型。

七、钢轨伸缩调节器

钢轨伸缩调节器是在钢轨伸缩时,利用尖轨与基本轨相对错动调节轨线的胀缩,保持钢轨轨缝变化不致过大,以维持线路通顺的装置。常用在大跨度钢梁桥、桥头和无缝线路需调节钢轨伸缩量地段。调节器由基本轨、尖轨、大垫板、轨撑、导向卡(或导向轨撑)及连接零件构成。按尖轨与基本轨平面形式不同,钢轨伸缩调节器主要类型有直线型、折线型、曲线型。

　a) 有砟道床（碎石道床）

　b) 无砟道床（整体道床）

图 2-1-10　道床

第二节　轨道结构的主要类型及其使用情况

　　采用钢轮钢轨技术的轨道结构一般是根据道床结构的不同进行划分的,主要分为有砟轨道和无砟轨道两大类。这两类轨道结构均可以保证各类轨道交通列车的安全运营,但由于轨道结构技术与经济方面的差异,在选取轨道类型时,应根据目标轨道交通的特点合理选用,以取得最佳的技术与经济效益。

　　1. 有砟轨道

　　有砟轨道结构由钢轨、轨枕、碎石道床、配件等组成。道床采用特级碎石道砟,道砟的物理力学性能应符合有关规定。其主要作用是支承轨枕,把来自轨枕上部的巨大荷载均匀地分布到路基面上。有砟轨道具有铺设方便,造价低,减振、减噪性能较好,容易维修等优点。但有砟轨道结构高度较高,需增加隧道净空,从而会增加结构投资;并且道床容易变形,不仅增加轨道维修养护工作量,而且易造成轨道的各种不平顺,影响高速列车的安全性和舒适性。

　　2. 无砟轨道

　　无砟轨道是以混凝土或沥青混合料等取代碎石道床而组成的轨道结构形式。与有砟轨道相比,无砟轨道的优点是轨道稳定性好、平顺性高、舒适性好,养护维修工作量少,使用寿命长,节省工程总造价,整洁美观,利于环保。在圆曲线地段可实现超出有砟轨道高达25%的超高,在保持规定速度的情况下,可选择较小的曲线半径;同时,无砟轨道可以采用较大的线路纵坡,提高线路平面、纵断面对地形、地物的适应性,减少对景观的破坏,可缩短高架结构、地下结构的长度,减少投资;结构高度低,自重轻,可减少高架结构的二期恒载、降低地下结构净空,从而降低工程总造价。不足之处是初期建设投资相对较大,基础变形要求高,必须建于坚实、稳定、不变形或有限变形的地基基础上;无砟轨道的高低调整能力有限(主要通过扣件系统),一旦下部基础变形下沉超出其调整范围,或导致上部轨道结构裂损,修复困难。基于上述特点,无砟轨道适于铺设的范围和条件主要有:

　　①基础变形相对较小、维修作业困难的长大高架结构、地下结构区段;

②维修作业频繁、路基基础坚实的道岔区段;

③对减振降噪与环境要求高的区段;

④优质道砟短缺、人工费用高的国家和地区。

无砟轨道结构具有一系列突出优势,在大型高架结构、地下结构、特殊地段路基等工程处一般优先采用无砟轨道结构,其在国内外高速铁路、城际铁路、城市轨道交通建设中获得了广泛应用。

在轨道结构设计中,钢轨、道岔、连接零件、防爬设备及钢轨伸缩调节器等主要是成品选型,本书不再赘述,仅重点介绍轨枕和道床的设计方法。

第三节 轨枕构造与设计

一、总体布置

轨枕是支承钢轨,用于保持轨距和方向,并将钢轨对它的各向压力传递到道床上,因此轨枕必须具有坚固性、弹性和耐久性。轨枕设计根据轨道结构的不同,采用不同类型,《地铁设计规范》(GB 50157—2013)规定:无砟道床地段应采用预制钢筋混凝土轨枕,有砟道床地段宜采用预应力混凝土轨枕。混凝土轨枕的设计使用年限不应低于100年。

轨枕间距应根据运量、行车速度及道床类型等决定。间距较小时,路基、道床、钢轨以及轨枕所受作用力较小,但间距过小会增加工程费用,且影响道床的捣固作业。轨枕间距一般为52~62cm。我国城市轨道交通一般以每千米铺设1440~1840根轨枕来间接反映轨枕间距。例如,北京地铁轨枕铺设数量为1760根/km,上海地铁为1680根/km。轨枕铺设数量见表2-1-1。

轨枕铺设数量(根/km)　　　　表2-1-1

道床形式	正线、试车线、出入线		其他配线	车场线 (不含试车线)
	直线及 $R>400$m、 坡度 $i<20‰$	$R≤400$m 或坡度 $i≥20‰$		
无砟道床	1600~1680	1680	1600	1440
混凝土枕有砟道床	1600~1680	1600~1680	1600~1680	1440
无缝线路 混凝土枕有砟道床	1680~1760	1680~1760	—	—
木枕有砟道床	1680~1760	1680~1760	1680	1440

二、构造

1. 长枕

1) 轨枕长度

轨枕长度与轨枕受力状态有关。不同支承情况对不同轨枕长度进行计算表明,长枕可以减少中间截面负弯矩,但轨下截面上正弯矩将增大,两者互相矛盾,一般应以轨下截面正弯矩与枕中截面负弯矩保持一定比例来确定轨枕的合理长度。混凝土枕长度一般为 2.3~2.7m,我国 Ⅰ、Ⅱ 型枕长度均为 2.5m。有关试验结果表明,轨枕长度增加,可减少枕中截面外荷载弯矩,提高轨枕结构强度,提高纵横向稳定性和整体刚度,改善道床和路基的工作状况;且对无缝线路的铺设极为有利,可提高道床的纵横向阻力,适当减少轨枕配置根数等。我国设计的 Ⅲ 型轨枕长度有 2.6m 和 2.5m 两种。

2) 轨枕高度

混凝土枕的高度在其全长范围内是不一致的,轨下部分高,中间部分矮。这是因为轨下截面通常在荷载作用下产生正弯矩,而中间截面则在荷载作用下产生负弯矩。当中间部分不支承时,能使钢轨压力 R 与道床反力 q 的合力尽量接近,有利于防止枕中截面出现过大的负弯矩,避免轨枕中部截面顶缘开裂(图 2-1-11)。

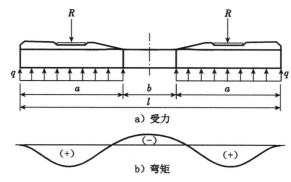

图 2-1-11 轨枕受力及弯矩示意图

3) 轨枕截面

为节省混凝土用量,减少自重,混凝土轨枕截面设计为上窄下宽的梯形截面(图 2-1-12)。轨枕顶面宽度应结合轨枕抗弯强度、钢轨支承面积、轨下衬垫宽度、中间扣件尺寸等因素综合确定。轨枕顶面支承钢轨的部分称为承轨槽[图 2-1-12b)],做成 1:40 的斜面以适应轨底坡的要求[图 2-1-12a)]。轨枕底面在纵向采用两侧为梯形、中间为矩形的形状[图 2-1-12c)],两端有较大的道床支承面积,以提高轨枕在道床上的横向阻力。轨枕底面宽度应同时满足减少道床压力和便于捣固的要求,底面上一般还做出各种花纹或凹槽[图 2-1-12d)]以增加轨枕与道床之间的摩阻力。

4) 轨枕配筋

混凝土枕采用直线配筋,且各截面上的配筋数量均相同[图 2-1-12e)、f)],两端受正弯矩部分配筋的重心线应在截面形心之下的轨下部分,而中间受负弯矩部分应在截面形心之上。这样对混凝土施加的预压应力形成有利的偏心距,使混凝土的拉应力不超过允许限值,防止混凝土裂缝的形成和发展。

2. 短枕

钢筋混凝土短枕广泛应用于整体道床中,在工厂或工地预制,混凝土强度等级为 C50。截面尺寸根据道床类型不同而不同,如图 2-1-13 所示为某短枕的一般构造图。

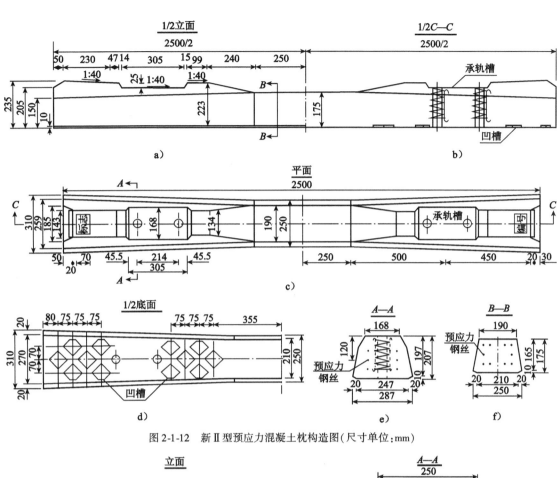

图 2-1-12 新Ⅱ型预应力混凝土枕构造图（尺寸单位：mm）

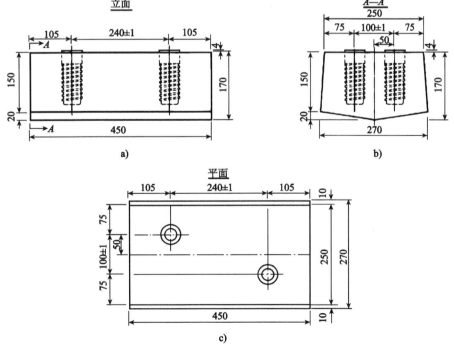

图 2-1-13 短枕一般构造图（尺寸单位：mm）

钢筋混凝土短枕采用直线配筋,且各截面上的配筋数量均相同,如图 2-1-14 所示。

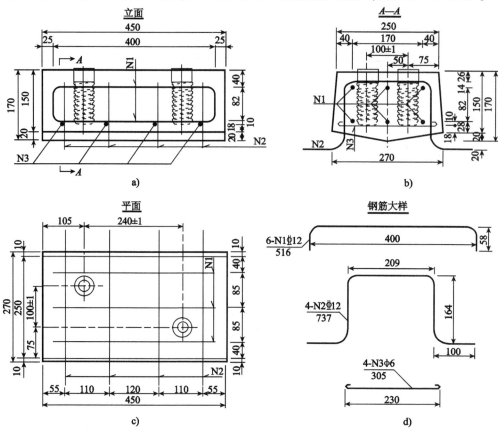

图 2-1-14　短枕钢筋构造图(尺寸单位:mm)

三、计算方法

轨枕设计中强度计算是非常重要的,根据不同的材质,计算方法各有不同。轨枕结构强度的理论计算非常复杂,目前一般采用简易算法。简易算法是先假定道床反力图式,然后采用混凝土轨枕的设计方法进行计算。

混凝土轨枕的计算包括枕上钢轨垂直压力的设计值、道床反力、有效预应力、不同道床反力图式条件下轨枕的弯矩计算,轨枕弯曲应力计算等。

轨枕在列车作用下承受垂直荷载的情况,如图 2-1-15 所示。当钢轨承受一系列车轮荷载时,直接位于车轮下的轨枕,即图 2-1-15a)中的轨枕 A 受力最大。可把轨枕 A 视为一根支承在弹性基础上的定长梁。在梁的顶面支承钢轨处,作用着两个均匀分布在钢轨底宽上的压力 Q,而在梁的底面上,则根据各部分支承情况的不同,作用着不同强度 q 的反力。在一般情况下,轨枕的轨下截面将承受较大的正弯矩,而中间截面将承受较大的负弯矩。但是,由于轨枕在道床上支承条件的不同,轨枕所受的弯矩可能有很大的变化,如图 2-1-16 所示。

结构计算应先确定轨下截面和中间截面的几何尺寸及配筋方案,根据结构自重、列车荷载、温度荷载及混凝土收缩和徐变等的共同作用,计算轨枕截面的承载能力、裂缝宽度等,验证其是否符合设计要求。计算方法参见第一篇第四章相关内容。

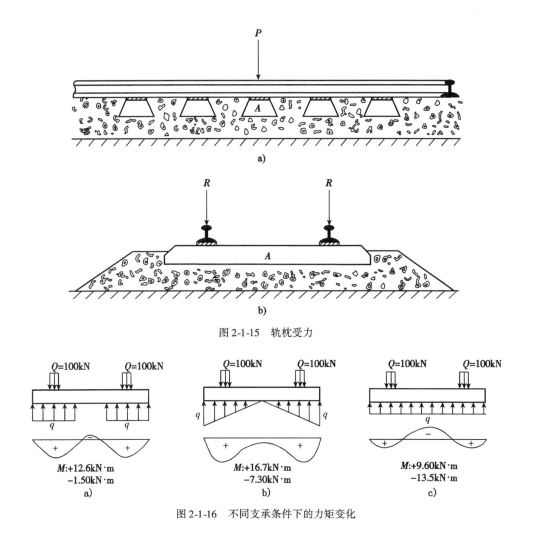

图 2-1-15 轨枕受力

图 2-1-16 不同支承条件下的力矩变化

第四节 道床构造与设计

一、有砟道床(碎石道床)

有砟道床是一梯形断面,如图 2-1-17 所示,道床道砟应采用一级道砟。道床顶面宽度 b 为轨枕长度 l 加两侧道床肩宽 a。正线无缝线路地段的道床肩宽 a 不应小于 400mm,正线有缝线路地段的道床肩宽 a 不应小于 300mm。无缝线路曲线半径小于 800m、有缝线路曲线半径小于 600m 的地段,曲线外侧道床肩宽应加宽 100mm。道床边坡比均应采用 1:1.75。如图 2-1-18 所示,车场线有砟道床的道床肩宽 a 不应小于 200mm。曲线半径不大于 300m 的曲线地段,曲线外侧道床肩宽应加宽 100mm,道床边坡比均应为 1:1.5。道床厚度见表 2-1-2。

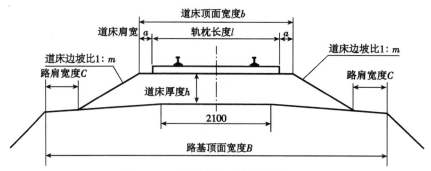

图 2-1-17　有砟道床断面(尺寸单位:mm)

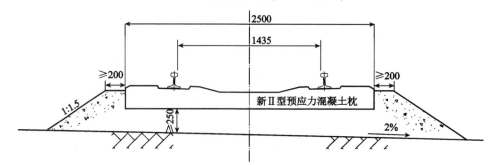

图 2-1-18　车场线混凝土枕碎石道床(尺寸单位:mm)

碎石道床厚度　　　　　　　　　　　　　　　表 2-1-2

路基类型	碎石道床厚度(mm)		
	正线		车场线
非渗水土路基	双层	道砟 250	单层 250
		底砟 200	
岩石、渗水土路基	单层道砟 300		

二、无砟道床(整体道床)

无砟道床(整体道床)是用混凝土等材料灌筑的道床。道床内可预埋普通混凝土枕(图2-1-19~图2-1-21)或混凝土短枕,也可在混凝土整体道床上直接安装扣件、弹性垫层和钢轨,又称为整体道床。城市轨道交通多采用此结构形式,可以保证线路稳定、平顺,且维修工作量较小。

整体道床主体结构修筑于坚硬的围岩隧道内或高标准的路基基床上,由就地灌筑的道床混凝土和预制的支承块或轨枕组成。

目前使用较多的为支承块,支承块上的承轨槽依据所采用的扣件进行设计,底部有伸出钢筋,与道床混凝土连成整体。支承块是在工厂预制的钢筋混凝土块体,混凝土强度等级为C40~C50,断面为上小下大的梯形,尺寸约为500mm×200mm×200mm,每块为40~50kg。支承块上的承轨槽根据所采用的扣件类型进行设计。为了使支承块与道床混凝土能紧密联结,支承块底面伸出钢筋,块底面呈人字坡状[参照图2-1-13b)]。道床一般采用C30级混凝土,厚度不小于250mm,道床底部按一定间距布设钢筋,用以增强整体道床的抗裂性能,每隔一定间距应设置伸缩缝。

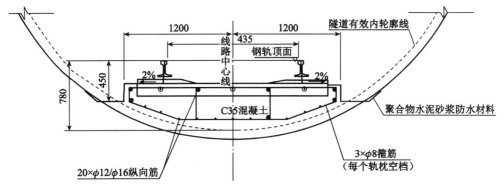

图 2-1-19　圆形隧道长枕式整体道床(尺寸单位:mm)

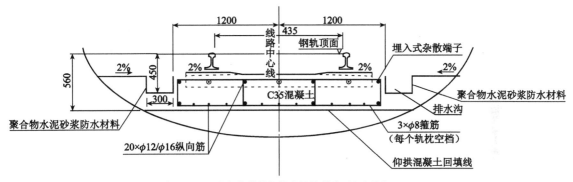

图 2-1-20　马蹄形隧道长枕式整体道床(尺寸单位:mm)

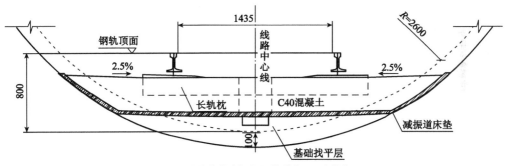

图 2-1-21　圆形隧道减振垫整体道床(尺寸单位:mm)

整体灌筑整体道床的结构与支承块式整体道床的结构基本相同,只是不设支承块,道床全部为现浇混凝土。整体道床具有整体性强、使用寿命长、建筑高度低、轨道平顺性好、刚度均匀性好、宜于高速行车等优点,但也存在施工精度要求更高、轨底病害整治困难、施工进度较慢等缺点。国内城市轨道交通近年来多采用弹性支承块式整体道床和浮置板整体道床。

弹性支承块式整体道床(图 2-1-22)是采用两块独立的混凝土支承块,块下加设弹性垫层,支承块的下部和周边加设橡胶靴套,当支承块的高低、水平和轨距调整完成后,就地灌注道床混凝土,将支承块用橡胶包裹起来。这种整体道床的特点是弹性垫层提供竖向弹性,橡胶靴套提供纵向和横向的必要弹性。两者提供的静刚度系数比刚性整体道床的静刚度系数降低了50%~75%,接近有砟道床提供的静刚度系数。这种轨道能改善钢轨的受力条件,减少噪声,减缓道床破损和残余变形的积累过程,延长轨道的养护和维修周期。对于城市轨道交通中对振动和噪声敏感的地段,特别是高架结构,弹性支承块式整体道床结构是一种较好的减振方案。

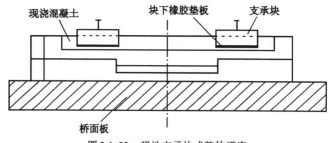

图 2-1-22 弹性支承块式整体道床

浮置板整体道床(图 2-1-23)就是通过弹性元件把轨道结构上部建筑与基础完全隔离,使其处于悬浮状态,利用整个道床在弹性体上进行惯性运动来隔离和减缓列车运行产生的振动,只有静荷载和少量残余动荷载会通过弹性元件传到基础结构上。弹性元件有面支承、线支承和分布支承三种形式,其中分布支承效果最好。目前经常采用的弹性元件主要有螺旋钢弹簧和橡胶板两种,钢弹簧支承浮置板减振效果更好,但造价较高。由于钢弹簧浮置板整体道床的结构特点,其减振性能是所有减振形式中最好的。

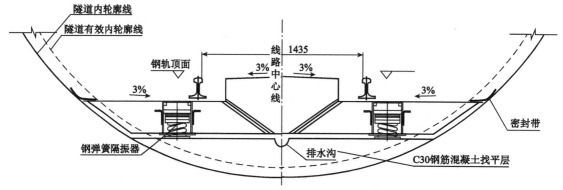

图 2-1-23 钢弹簧浮置板整体道床(尺寸单位:mm)

整体道床的设计计算主要包括轨下基础应力计算、整体道床纵向应力计算、整体道床横向应力计算等,通过不同方法建立相应的模型,对整体道床的结构进行设计计算。同时整体道床的一些附属结构也应当注意,如排水沟、伸缩缝、与有砟道床的过渡段、扣件等。《地铁设计规范》(GB 50157—2013)规定:无砟轨道主体结构的设计使用年限不应低于 100 年。

第二章 CHAPTER TWO
路基结构

第一节 概述

轨道结构路基主要由路基本体、路基防护工程、路基加固建筑物、路基排水设施等构成。通常把路基填筑或开挖形成的路基称为路基本体结构，为保证路基本体结构稳定可靠的防护支挡工程和排水设施称为路基附属结构。

(1) 路基本体是指各种路基断面形式中的填挖部分，主要由松散的土(石)材料构成，是一种完全暴露在自然条件下的土工结构，受自然条件影响较大，对自然条件的变化十分敏感，抵抗能力较差，易受自然条件变化的侵蚀和破坏。

(2) 路基防护工程主要是路基边坡防护(简称护坡)。护坡是在路基稳定边坡上为防止边坡冲刷和崩塌所做的各种坡面铺砌和栽植的统称。

(3) 路基加固建筑物主要是路基支挡工程。路基支挡工程是一种能够抵抗侧向土压力、防止边坡或路基主体滑动和崩塌而设置的结构物。

(4) 路基排水设施又称路基排水沟，主要是为防止雨水对路基本体的冲刷和侵蚀而设置的工程，按照设置位置的不同，分为排水沟、侧沟、天沟、排水槽、暗沟等。在路基面上设置的水沟一般称为排水沟；在路基边坡坡角外设置的水沟称为侧沟；在路基边坡坡顶外设置的水沟称为天沟；在轨道区线路下方设置的水沟称为排水槽；在路基本体之下设置的水沟称为暗沟或盲沟。

第二节 路基本体工程

一、一般构造

路基的结构形式一般分为路堤和路堑两大类,在原地面上填筑土体形成的路基称为路堤[图2-2-1a)],在原地面上开挖土体形成的路基称为路堑[图2-2-1b)]。在路基横断面中,路基本体包括路基面、路肩、基床、基床以下路堤、边坡、地基等部分。

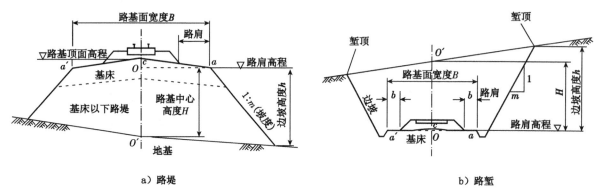

图 2-2-1 路基的结构形式

1. 路基横断面

路基结构和路基设计通常以横断面的形式表达,路基横断面是指垂直于线路中心线截取的断面。路基设计内容包括路基横断面各部分的形状和尺寸、高程以及路基工程综合设计。路基横断面设计中根据路基材料是否为渗水材料,将路基面(路基本体顶面上铺设轨道结构的面)形状设计分为有路拱和无路拱两种断面形式。将路基面做成有横向排水坡的形状,称为路拱。如图2-2-2所示,当路基填料采用非渗水土(或渗水性弱的黏土、粉土,或在砂、石类土中含有15%以上的细粒土)时,为保证路基的良好排水,一般采用有路拱的路基面;路基填料采用渗水土(砂、石类渗水土或岩石)时,一般采用无路拱的路基面。

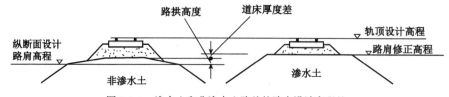

图 2-2-2 渗水土和非渗水土路基的路肩设计高程差

常见的路基横断面标准设计也称为路基(路堑)标准横断面(图2-2-3、图2-2-4),适用于填挖高度不大、水文地质条件一般的普通土质路基,水文地质条件复杂、边坡高度超过相关规范规定的路基高度及其他特殊条件下的路基设计统称为路基个别设计。路基结构按其横断面形式分为路堤、半路堤、路堑、半路堑、半路堤半路堑和不填不挖路基,如图2-2-5所示。

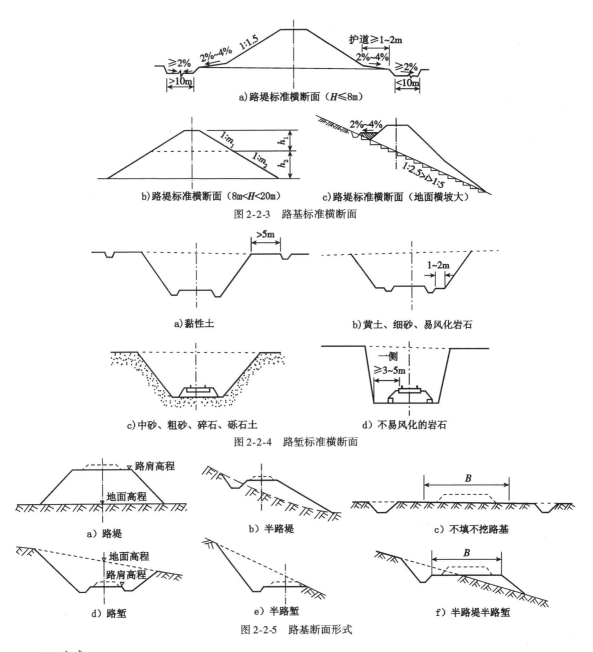

图 2-2-3 路基标准横断面

图 2-2-4 路堑标准横断面

图 2-2-5 路基断面形式

2. 路肩

路基面上两侧不直接与轨道结构接触的部分称为路肩,其作用是加强路基的稳定性,并保障道床稳定,方便养护。标准路堤和路堑的路肩宽度一般是根据线路等级和要求的不同进行选择,曲线路基等特殊地段路基需加宽以保证路肩宽度。在路堤中,边坡与路肩的交点称为路基顶肩,路基顶肩的高程称为路肩高程。两顶肩之间的水平距离为路基面宽度,路基面宽度应根据正线数目、配线情况、线间距、轨道结构、路基面形状、曲线加宽、路基宽度等计算确定。路肩高程与线路中心线处地面高程之差为路基中心高度。

路肩高程确定要求:

①无水流地段,路肩设计高程 > 最高地下水位和最高地面积水位 + 毛细水上升高 + 冻胀深度 + 0.5m;

②受洪水位或潮水位控制地段,路肩设计高程 > 设计水位 + 波浪侵袭高和壅水高 + 0.5m;

③协调与城市其他交通的衔接与交叉。

《地铁设计规范》(GB 50157—2013)规定:当路肩埋有设备时,路堤和路堑的路肩宽度≥0.6m;当未埋设设备时,路肩宽度≥0.4m。

3. 基床

路基上部直接承受轨道结构传递荷载的部分称为基床。路基基床是路基面以下受列车动荷载的振动作用和水文气候影响较大的这一部分路基,因此在设计中要求:

①应具有足够的强度,能抵抗列车荷载产生的动应力而不被破坏,抵抗道砟不被压入基床土中形成病害。

②应具有一定的刚度,在列车荷载的重复作用下积累变形很小,避免形成不均匀沉降造成轨道不平顺,在列车高速行驶时,基床的弹性变形应满足列车的安全性和舒适性要求,同时保证道床的稳固。

③具有防渗能力。

④在可能发生冻害的地区,应满足防冻要求。

路基基床是有一定厚度的土体,一般是按列车荷载产生的动应力与自重应力之比确定的,该比值一般小于 0.2。基床厚度分为基床表层和基床底层,《地铁设计规范》(GB 50157—2013)规定:路基基床表层厚度不应小于 0.5m,底层厚度不应小于 1.5m,基床厚度应以路肩施工高程为计算起点。

4. 边坡

路基填挖土体后,路基面与原地面间形成的斜面称为路基边坡。边坡坡度以边坡上两点间的竖直距离和水平距离之比 $1:m$ 表示。

路基边坡设计分为路堤边坡设计和路堑边坡设计。路堤边坡设计是依据填料种类、边坡高度、列车荷载、地基的工程地质条件等确定的。边坡与地面的交点称为坡脚,路肩高程与坡脚高程之差称为边坡高度,路堤坡脚外应设宽度≥1.0m 的天然护道。路堑边坡设计应根据土(石)的物理性质、岩层产状、节理发育程度、风化程度等水文地质条件以及边坡高度、列车荷载、地基的工程地质条件等综合分析确定,以确保设计边坡的稳定性。在路堑中,边坡与原地面的交点称为路堑堑顶边缘。堑顶高程与路肩高程之差为路堑边坡高度或路堑深度。

5. 地基

路堤的地基是指天然地面以下的路堤基底;路堑的地基是指基床面以下的土体。地基应具有足够的强度、刚度、稳定性、耐久性,并满足沉降限值的要求。

二、设计方法

1. 路基设计荷载

路基设计荷载是指作用在路基面上的应力,其中包括:

①静荷载:轨道结构的重力;
②动荷载:列车荷载。

2. 换算土柱法

通常用换算土柱法,将动荷载简化为静荷载进行计算(图2-2-6)。

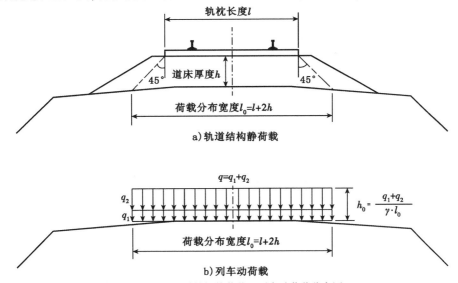

图2-2-6 轨道结构静荷载和列车动荷载分布图

①静荷载:根据轨道结构各组成部分的重量计算轨道结构每延米的重量q_1。
②动荷载:根据列车作用于轨道上的轴重和轴距换算成每延米的荷载q_2。
③作用于路基面上的荷载:将上述静荷载q_1、动荷载q_2的合力$q(q=q_1+q_2)$换算成与路基重度相同的土柱荷载(换算土柱高h_0),如图2-2-6b)所示。
④荷载分布宽度l_0:根据轨枕长度l按45°扩散至路基面进行计算,如图2-2-6a)所示。
⑤计算长度:按单位长度计算,即1.0m。
⑥作用于路基面的应力:作用于($l_0\times 1$)面积上的高度为h_0的土柱产生的压应力。
⑦作用于地基上的应力:土柱高(h_0+H)对地面(路基底面)产生的土压应力。

对于荷载类型较多、水文地质条件复杂地段,按照相关设计规范计算。

第三节 路基排水及防护工程

一、路基排水工程

路基排水工程分为地面排水和地下排水。

1. 地面排水

地表水对路基会产生危害,如冲刷路基坡面、降低路基土体的抗剪强度、危及路基稳定性等,因此需设置地面排水设施。常见排水设施类型有排水沟、侧沟、天沟、跌水井、急流槽、溪流井等,如图 2-2-7 所示。

a) 排水沟　　　　　　　　　　　　b) 天沟

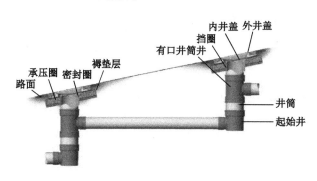

c) 跌水井　　　　　　　　　　　　d) 急流槽

图 2-2-7　地面排水设施

2. 地下排水

地下水对路基会产生危害,如浸湿软化、冻胀及盐化、潜蚀、流砂及液化,因此需设置地下排水设施。常见地下排水设施类型有深排水沟、排水槽、渗沟、渗水隧洞、渗井、渗管和平孔排水等。

二、路基防护工程

路基防护工程又称护坡,是为防止边坡受冲刷,在坡面上所做的各种铺砌和栽植的统称。一般意义上的护坡由护肩、护坡和护角组成。护肩的作用是防止路肩坍落,保证路肩的宽度;护坡的作用是防止边坡冲刷,保证边坡稳定;护角的作用是防止坡角滑落,维持边坡的稳定形态。路基防护分为路基坡面防护和路基冲刷防护。

1. 路基坡面防护

根据水文地质条件、气象条件对土质(黏土、粉砂、砂土)边坡、易风化岩质边坡进行坡面防护,如图 2-2-8 所示。

①土质边坡:植被防护。
②易风化岩质边坡:抹面、喷浆、勾缝、灌浆等。
③雨水冲蚀严重的土质、易风化岩质边坡:砌石护坡。

a）植被护坡

b）干砌片石护坡

c）浆砌片石护坡

d）生态护坡

图 2-2-8　路基坡面防护

2. 路基冲刷防护

河流、水库地段受河流冲刷的河滩路堤、滨河路堤、水库路堤应进行路基的冲刷防护，确保路基的安全与稳定。路基冲刷防护类型及适用条件如表 2-2-1 所示。

路基冲刷防护类型及适用条件　　表 2-2-1

防护类型	结构形式	适用条件		注意事项
		容许流速(m/s)	水文、地形条件	
植物防护	铺草皮	1.2~1.8	水流方向与线路近乎平行；不受各种洪水主流冲刷的季节性浸水路堤边坡防护	
	种植防水林、垂柳		有浅滩地段的河岸冲刷防护	
干砌片石护坡	单层干砌片石厚 0.25~0.35m；双层干砌片石：上层厚 0.25~0.35m，下层厚 0.25m	3	水流方向较平顺的河岸滩地边缘；不受主流冲刷的路堤边缘	应设置垫层
浆砌片石护坡	厚 0.3~0.6m	4~8	主流冲刷及波浪作用强烈处的路堤边坡	有冻胀变形的边坡上应设置垫层
抛石	石块尺寸根据流速、波浪力大小计算，一般为 0.3~0.5m	3	水流方向较平顺，无严重局部冲刷地段；已被水浸的路堤边坡及河岸	抛石厚度不应小于石块尺寸的2倍

续上表

防护类型	结构形式	适用条件		注意事项
		容许流速(m/s)	水文、地形条件	
石笼	镀锌铁丝或竹子编制成箱形或圆形,笼内填石块	4~5	受洪水冲刷但无滚石的地段和大石料缺乏的地区	
浸水挡土墙		5~8	峡谷激流地段,水流冲刷严重地段	

植物护坡一般用于冲刷较小的边坡上,可单独使用,也可以与其他形式的护坡共同使用,如图2-2-9a)所示。目前常见的骨架型砌石护坡和六边形空心砖砌块护坡,均采用部分植物护坡组合实施。

砌石护坡有干砌石和浆砌石两种形式,干砌石护坡用于坡面较缓(1:3.0~1:2.5)、受水流冲刷较轻的坡面,采用单层干砌块石护坡或双层干砌块石护坡。坡面有涌水现象时,应在护坡层下铺设15cm以上厚度的碎石、粗砂或砂砾作为反滤层。封顶用平整块石砌护。浆砌石护坡用于坡度在1:2~1:1之间,或坡面位于沟岸、河岸,下部可能遭受水流冲刷,且洪水冲击力强的防护地段。浆砌石护坡由面层和起返滤层作用的垫层组成。

抛石护坡用于坡脚为沟岸、河岸,暴雨中可能遭受洪水冲刷的部分,对枯水位以下的坡脚应采取抛石护坡,有散抛块石、石笼抛石[图2-2-9b)]、草袋抛石等。

混凝土护坡用于在边坡坡脚可能遭受强烈洪水冲刷的陡坡段,采取混凝土(或钢筋混凝土)护坡,必要时需加锚固定。边坡坡度介于1:1~1:0.5之间、高度小于3m的坡面,用一般混凝土砌块护坡;边坡陡于1:0.5,用钢筋混凝土护坡。坡面有涌水现象时,用粗砂、碎石或砂砾等设置反滤层;涌水量较大时,修筑盲沟排水,盲沟在涌水处下端水平设置。

按照护坡外形,直线型护坡[图2-2-9c)]一般适用于高度小于20m、结构紧密的均质土坡,或高度小于12m的非均质土坡。折线型护坡[图2-2-9d)]一般适用于高12~20m、结构比较松散的土坡,特别适用于上部结构松散、下部结构较紧密的土坡。阶梯型护坡一般适用于高度在12m以上、结构较松散,或高度在20m以上、结构较紧密的均质土坡。大平台型护坡适用于高度大于30m,或在8度以上高烈度地震区的土坡。坡面冲刷较严重的边坡一般采用全坡面型护坡[图2-2-9e)],坡面冲刷一般的边坡为减轻护坡自重对边坡稳定的影响,一般采用骨架型护坡[图2-2-9f)]。

a) 植物护坡　　　　　　　　　　　　b) 石笼

图 2-2-9

c）直线型护坡

d）折线型护坡

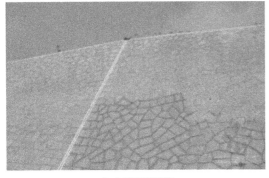
e）全坡面型护坡

f）骨架型护坡

图 2-2-9　路基冲刷防护

防护工程设计中还应重点考虑排水问题，并结合路基其他附属工程综合考虑，合理设计排水沟、槽、管等工程设施，保证防护工程本体及路基的安全性和稳定性。

第四节　路基支挡工程

为使路基本体及路基周围土体稳定，支承路基填土或山坡土体、防止填土或土体变形失稳而修筑的建筑物称为路基支挡结构。路基在以下情况下应修筑支挡结构：

①路基位于陡坡地段或风化的路堑边坡地段；
②为避免大量挖方及降低边坡高度的路堑地段；
③不良地质条件下加固山体、边坡或地基地段；
④为少占农田和城市用地的地段；
⑤为保护重要的既有建筑物及其他特殊条件和生态环境需要的地段。

常用的路基支挡结构为挡土墙，其主要作用是改善综合坡度，收缩坡脚，防止边坡或基底滑动，沿河路堤则可防水流冲刷、减少开挖、降低边坡高度等。按结构刚度及位移方式不同，可分为刚性挡土墙和柔性挡土墙。按挡土墙的设置位置可分为路堑挡土墙［图 2-2-10a)］、路肩挡土墙[图 2-2-10b)]、路堤挡土墙[图 2-2-10c)]、山坡挡土墙、浸水挡土墙等。按结构特点可分为重力式挡土墙、悬臂式和扶壁式挡土墙、加筋土挡土墙、桩板式挡土墙、抗滑桩等。路堑设置支挡结构宜选择重力式挡土墙、土钉墙、桩板式挡土墙、抗滑桩、预应力锚索、锚杆挡土墙等。路堤设置支挡结构宜选择重力式挡土墙、悬臂式和扶壁式挡土墙、桩基托梁挡土墙、桩板式挡土墙、加筋土挡土墙、抗滑桩等。

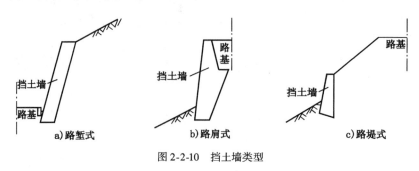

图 2-2-10 挡土墙类型

一、重力式挡土墙

重力式挡土墙靠墙自身重力和地基反力来平衡墙后土体的压力。由墙身(墙顶、墙胸、墙背)、基础(墙趾、墙踵和墙底)、伸缩缝、排水设施等组成,如图 2-2-11 所示。一般采用浆砌片石、浆砌块石、混凝土、砖等圬工材料建造,施工方便,圬工量大,对地基承载力要求较高。依据墙背形式不同,重力式挡土墙可分为仰斜式、俯斜式、衡重式、折线式等(图 2-2-12)。衡重式挡土墙,衡重台上的填土使得墙身重心后移,增加了墙身的稳定性;墙胸很陡,下墙背仰斜,可以减小墙的高度和土方开挖;但基底面积较小,对地基要求更高。

a) 挡土墙图示

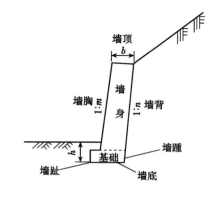
b) 挡土墙截面示意图

图 2-2-11 重力式挡土墙一般构造

重力式挡土墙适用于一般地区、浸水地区和地震地区的路肩、路堤和路堑等支挡工程,一般挡墙高度不宜超过 10m。

1. 墙身一般构造

墙身宜采用混凝土或片石混凝土建造,路肩墙、路堤墙的墙高不宜大于 10m;土质路堑地段墙高不宜大于6m；石质路堑地段墙高不宜大于10m；膨胀岩土路堑地段墙高不宜大于4m；墙身采用浆砌片石时，墙高不宜大于5m。

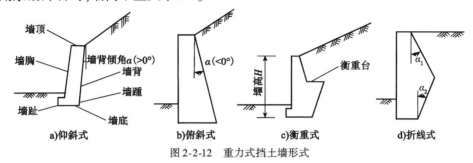

图 2-2-12　重力式挡土墙形式

墙胸坡度(1:m)：山区陡坡 1:0.2~1:0.05，平缓地段 1:0.4~1:0.2；除仰斜式外，其他形式也可采用直坡。

墙背坡度(1:n)：仰斜式不小于1:0.35，一般采用1:0.25；俯斜式一般采用1:0.4~1:0.25；衡重式上墙背一般采用1:0.4~1:0.25，下墙背一般采用1:0.25，上、下墙高之比多采用2:3。

墙顶宽度 b：浆砌片石墙身 $b \geqslant 0.50$m；混凝土墙身 $b \geqslant 0.40$m。当路肩挡土墙墙顶设置帽石时，帽石宽度不小于0.60m，且应宽出墙顶0.10m，帽石厚度不小于0.40m；当挡土墙高度较大时，墙顶应设置护栏。

2．基础

重力式挡土墙一般采用明挖基础，特殊情况下采用桩基或沉井基础。基础的埋置深度 h 应满足表2-2-2的要求，当位于斜坡上时，按表2-2-3采用。

挡土墙基础埋置深度　　　　表 2-2-2

挡土墙基础所处环境		最小深度限定值及相关措施
一般地区		≥1.0m，路堑挡土墙基础底还应低于侧沟砌体底面0.2m
季节性冻土区	冻结深度≤1.0m 时	≥1.0m，并保证基础底在冻结深度线以下0.25m
	冻结深度>1.0m 时	≥1.25m，基底至冻结线下0.25m 深度范围内换填非冻胀土或采取其他措施
受水流冲刷地段		基底在冲刷线下不应小于1.0m
膨胀土地段		基础埋置深度不宜小于1.5m

斜坡地面墙趾埋入深度和距地面的水平距离　　　　表 2-2-3

地层类别	埋入深度 h(m)	距地面的水平距离 L(m)	示意图
硬质岩层	0.60	≥1.50	
软质岩层	1.00	≥2.00	
土层	≥1.00	≥2.50	

如图 2-2-13 所示，基础分为扩大基础、台阶式基础、倾斜式基础。当地基承载力不高时，一般采用扩大基础；岩石地基可采用台阶式基础；其他情况下可采用倾斜式基础，其中土质地基 $x:1 \leqslant 0.2:1$，石质地基 $x:1 \leqslant 0.3:1$。

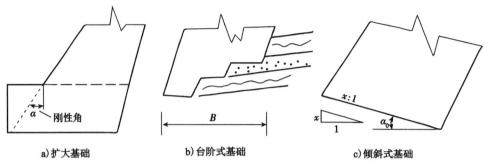

图 2-2-13 重力式挡土墙基础形式

3. 伸缩缝和沉降缝

当挡土墙长度较长时,为了防止因地基不均匀沉降导致挡土墙墙身开裂,在地质变化处、墙高及墙身变化处均应设置沉降缝;为了防止墙身圬工因收缩、温度变化等造成开裂,在结构纵向一定间隔、与其他建筑物相连处应设置伸缩缝。沉降缝和伸缩缝可合并设置,每 10~15m 设一道,缝宽 2~3cm,缝内采用沥青麻筋、沥青木板、胶泥或橡胶条等填塞,填入深度不应小于 0.20m(图 2-2-14)。

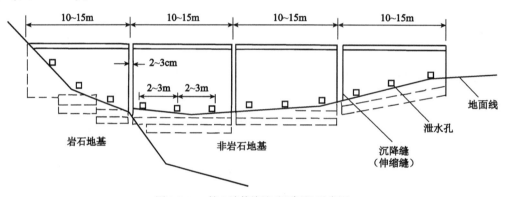

图 2-2-14 挡土墙伸缩缝(沉降缝)示意图

4. 排水设施

设置排水设施的目的:

①疏干墙后填料中的水分,防止地表水下渗造成墙后积水而使墙身承受静水压力;
②消除黏性土填料因含水率增加产生的膨胀压力;
③减小季节性冰冻地区填料的冻胀力。

排水设施分为地面排水设施和墙身排水设施。为防止地表水渗入墙背填料或地基,应采取地面排水:

①设置地面排水沟截流地表水;
②夯实回填土表面或地表松土以减少雨水或地表水下渗;
③设置铺砌隔断地表水。

为迅速排除墙后积水,应设置墙身排水设施,可沿墙高和墙长从墙背向外设置泄水孔,排水坡度不应小于 4%,隔 2~3m 交错设置方孔(10~20cm)或圆孔($\phi5~\phi10$cm),如图 2-2-15 所示。

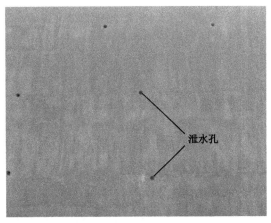

图 2-2-15 挡土墙上的泄水孔图示

二、轻型挡土墙

为减轻挡土墙自重对地基的压力,节省圬工,一般采用钢筋混凝土或预应力混凝土材料建造挡土墙,主要形式有悬臂式和扶壁式挡土墙、加筋土挡土墙、锚杆挡土墙、预应力锚索、抗滑桩等。不同类型挡土墙的构造形式不同,平衡土压力的方式也不同。

1. 悬臂式和扶壁式挡土墙

悬臂式挡土墙是钢筋混凝土结构,由立臂板、墙趾板和墙踵板三个悬臂梁组成[图 2-2-16a)],是靠墙踵板上部土体自重作用来平衡全墙,保持墙身稳定。当墙高较大时,立臂板下部的弯矩较大,将增加钢筋用量,导致结构不经济,且立臂板根部与墙踵板连接处易开裂,因此,墙高不宜大于 6m。当墙高大于 6m 时,为改善受力,应沿立臂板隔一定距离加一道扶壁,将立臂板与墙踵板连接起来,形成扶壁式挡土墙[图 2-2-16b)],墙高不宜大于 10m。悬臂式和扶壁式挡土墙宜在石料缺乏、地基承载力较小的填方地段使用,适用于一般地区、浸水地区和地震地区。

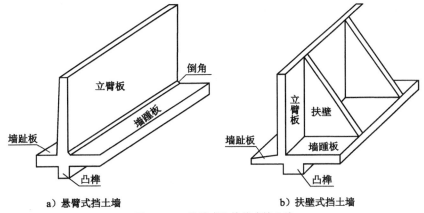

a) 悬臂式挡土墙　　　　b) 扶壁式挡土墙

图 2-2-16 悬臂式和扶壁式挡土墙

1) 一般构造

悬臂式挡土墙墙顶宽度不应小于 0.20m,当墙高大于 4m 时,宜在立臂板内侧设置倒角;扶壁式挡土墙墙顶宽度不宜小于 0.30m。

墙趾板顶面不应露出地面,特殊情况下,基础底部埋置深度应满足表2-2-2的规定。伸缩缝的间距不应大于20m,伸缩缝和沉降缝、泄水孔的设置参照重力式挡土墙。

2) 钢筋构造

悬臂式和扶壁式挡土墙截面尺寸较小,故应采用钢筋混凝土结构。墙身受力钢筋宜采用HRB400,钢筋直径及分布、受力钢筋伸入底板的锚固长度应满足《混凝土结构设计规范(2015年版)》(GB 50010—2010)的要求。悬臂式挡土墙的立臂板主筋在墙顶部宜采用直角弯折,墙趾板底面主筋宜从端部向上弯折,墙踵板顶面主筋宜从端部向下弯折,各构件主筋在横截面上的布置如图2-2-17所示。

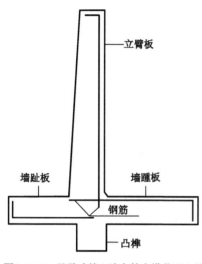

图2-2-17 悬臂式挡土墙主筋在横截面上的布置示意图

2. 加筋土挡土墙

加筋土挡土墙由墙面板、填料(填土)和埋入填料中的拉筋三部分组成(图2-2-18),通过拉筋与填料之间的摩擦力平衡墙面板所承受的土压力,保持墙身稳定。加筋土挡土墙属于柔性结构,对地基变形适应性大,建筑高度也可以很大,适用于填土路基,可单级或多级修筑,单级墙高不宜大于10m,多级墙两极之间应设宽度不小于2m的平台。通常用于处在较为平坦且宽敞地段的路肩挡土墙或路堤挡土墙,在挖方地段或地形陡峭的山坡,由于不利于布置拉筋,一般不宜使用。不应修建于滑坡、水流冲刷及膨胀土地区,须考虑其挡板后填土的渗水稳定性及地基变形对加筋土挡土墙的影响。

a) 加筋土挡土墙图示　　b) 加筋土挡土墙示意图

图2-2-18　加筋土挡土墙

1) 一般构造

墙面板可采用整体式刚性面板、复合式刚性面板、板块式面板或模块式面板。板块式面板可分为矩形、十字形、六角形等。模块式面板之间宜采取植筋等加强整体刚度的措施。对变形要求较高时,应采用整体式刚性面板、复合式刚性面板。墙面板与土工格栅之间可采用连接棒或其他连接方式。筋材之间连接或筋材与墙面板连接时,连接强度不应低于设计强度。

路肩挡土墙墙顶筋材宜设在基床表层底面高程处。路堤墙墙顶应设平台,平台宽度不应小于1.0m。混凝土帽石段长度可取2～4块墙面板的宽度,且不大于4.0m;厚度不小于0.50m;当设置栏杆时,可在帽石内预埋U形螺栓或预埋焊接钢板。墙面板下应设置厚度不小于0.40m且埋置深度不小于0.60m的混凝土或浆砌片石条形基础。

应沿墙长每隔15～25m设置一道伸缩缝或沉降缝,伸缩缝或沉降缝构造参照重力式挡土墙。墙面应设4%的横向排水坡,在无法横向排水地段应设纵向排水沟;在靠近地面处设一排泄水孔,整体式刚性面板、复合式刚性面板应在整体墙面上设置泄水孔,孔径不小于100mm,整体墙面沿墙面自下而上按2～3m梅花形设置。

2) 拉筋

拉筋材料宜采用土工格栅等土工合成材料。土工格栅等平面型加筋材竖向间距不宜大于0.60m,且不应小于0.20m。土工格栅的拉筋长度不应小于墙高的60%,且不应小于4.0m。当采用不等长拉筋设计时,同长度拉筋的墙段高度不应小于3.0m,且同长度拉筋的截面也应相同,相邻不等长拉筋的长度差不宜小于1.0m。包裹式加筋土挡土墙拉筋水平回折包裹长度不宜小于2.0m,加筋土体最上部1～2层拉筋的回折长度应适当加长。包裹式挡土墙墙面板宜在加筋体中预埋钢筋进行连接,钢筋埋入加筋体中的锚固长度不应小于3.0m,钢筋直径宜为16～22mm。

3) 填料

加筋体中填料应采用砂类土(粉砂除外)、砾石类土、碎石类土,不应采用块石类土。填料与筋材直接接触部分不应含有尖锐棱角的块体,填料中最大粒径不应大于100mm,且不宜大于单层填料压实厚度的1/3。

3. 锚杆挡土墙

锚杆挡土墙由钢筋混凝土墙面(整体板壁或肋柱及挡板)和锚杆组成,依靠锚固在岩层(或土层)内的锚杆的抗拔力平衡墙面板所承受的土压力,保持墙身稳定,如图2-2-19所示。基底受力较小,基础要求不高。多用于岩质、半岩质深路堑墙,高路肩墙,抗滑挡土墙等地段。

a) 锚杆挡土墙图示　　　　b) 锚杆挡土墙示意图

图2-2-19　锚杆挡土墙

1) 结构形式

锚杆挡土墙的结构形式可分为肋板式[图2-2-20a)]、板壁式[图2-2-20b)]、格构式

[图2-2-20c)]、柱板式[图2-2-20d)]等,各种结构形式的适用条件见表2-2-4。根据路基边坡岩土性质不同,锚杆挡土墙可做成直立式的[图2-2-21a)]或倾斜式的[图2-2-21b)]。

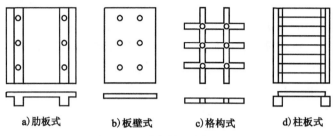

a)肋板式　　b)板壁式　　c)格构式　　d)柱板式

图2-2-20　锚杆挡土墙结构形式

不同类型锚杆挡土墙的适用条件　　　　　　　　　　表2-2-4

结构形式	适用条件	施工方法	备注
肋板式	适用于岩质和土质边坡	可采用逆作法施工	直立式或倾斜式
板壁式	适用于岩质边坡		
格构式	适用于岩质边坡		
柱板式	适用于边坡岩质较好的地段	先开挖边坡,再施工立柱和挡土板	直立式

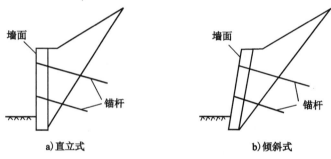

a)直立式　　　　　　　　　b)倾斜式

图2-2-21　锚杆挡土墙横断面示意

2)材料选用

预应力锚杆可选择预应力螺纹钢筋,不宜选用镀锌钢材;非预应力锚杆宜选择HRB400及以上强度的普通带肋钢筋。水泥宜采用普通硅酸盐水泥,侵蚀性环境下应采用抗侵蚀性水泥。锚孔灌浆采用的水泥砂浆强度等级不应低于M35。锚杆挡土墙宜采用低预应力锚杆,预应力锚杆可选用拉力型或压力型锚杆。拉力型锚杆适用于锚固段为岩层的地层,压力型锚杆可用于锚固段为岩层、土层以及腐蚀性较高的岩土地层。

3)布置及构件形式

锚杆挡土墙的布置及构件形式应满足下列要求:

①锚杆挡土墙宜设计成单级或两级。在岩层中每级墙高度不宜大于10m;在土层中或拼装预制的柱板式锚杆挡土墙,每级墙高度不宜大于8m,总高度不宜大于16m。上、下两级墙之间应设置平台,宽度不宜小于2m。

②肋板式锚杆挡土墙竖肋间距宜为3~6m,格构式锚杆挡土墙肋间距宜为3~5m,柱板式

锚杆挡土墙立柱间距宜为 2~3m。立柱截面可采用矩形或 T 形，挡土板可采用矩形板或槽形板。

③每级竖肋或立柱上的锚杆可设计为双层或多层。锚杆可按弯矩相等或支点反力相等的原则布置。锚杆向下倾斜，与水平面的夹角不应大于 45°，宜为 10°~35°。锚杆上下排间距不宜小于 2.50m，水平间距不应小于 2m。

三、计算方法

支挡工程设计中很重要的一个部分是挡土墙土压力计算，不同形式的挡土墙根据路基形式和荷载分布不同，土压力有多种不同的计算图式和方法。

1. 重力式挡土墙

重力式挡土墙采用混凝土或片石混凝土建造，一般采用容许应力法设计。根据各种力出现的经常性大小，作用于重力式挡土墙的力可分为主力、附加力和特殊力。在一般情况下，挡土墙的设计仅考虑主力。在特殊条件下（如浸水、地震等），还应考虑附加力和特殊力的作用。

1）墙背土压力计算

作用在墙背上的主动土压力，可按库仑理论计算。墙背土体中破裂棱体上的力系及墙背水平土压应力分布如图 2-2-22 所示，墙背主动土压力按式(2-2-1)、式(2-2-2)计算。

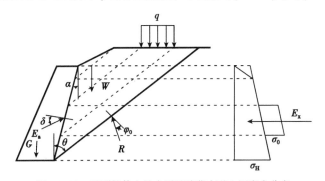

图 2-2-22 破裂棱体上的力系及墙背水平土压应力分布

$$E_a = E_x \cdot \sqrt{1 + \tan^2(\delta - \alpha)} \tag{2-2-1}$$

$$E_x = \frac{W}{\tan(\theta + \varphi_0) + \tan(\delta - \alpha)} \tag{2-2-2}$$

式中：E_a——墙背土压力的反力(kN)；

E_x——墙背所承受的水平土压力(kN)；

W——破坏棱体的重力及破裂面以内的路基面上荷载产生的重力(kN)；

θ——墙背岩土内产生的破裂面与竖直面的夹角(°)；

φ_0——墙背岩土综合内摩擦角(°)；

δ——墙背摩擦角(°)；

α——墙背倾角(°)。

2)稳定性计算

(1)抗滑稳定性。

重力式挡土墙受力如图2-2-23所示,采用总安全系数法设计时,其抗滑稳定性应按式(2-2-3)进行检算。

$$\frac{R}{T} \geq K_c \quad (2\text{-}2\text{-}3)$$

式中:K_c——抗滑动安全系数,见表2-2-5;
R——总抗滑力(kN);
T——总滑动力(kN)。

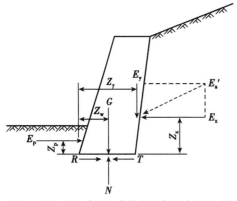

图2-2-23 重力式挡土墙受力示意图(仅示主力)

挡土墙稳定性安全系数　　　　表2-2-5

项目名称	一般及常水位工况	洪水位工况	地震工况	临时工况
抗滑动安全系数 K_c	1.3	1.2	1.1	1.1
抗倾覆安全系数 K_0	1.6	1.4	1.3	1.2

$$R = [N + (E'_x - E_p)\tan\alpha_0]f + E_p \quad (2\text{-}2\text{-}4)$$

$$T = E'_x - N\tan\alpha_0 \quad (2\text{-}2\text{-}5)$$

式中:E'_x——总水平力(kN),$E'_x = E_x + F_{hE}$;

E_x——一般地区、浸水地区或地震地区,墙后主动土压力水平分力(kN);

F_{hE}——地震时,作用于墙体质心和墙背与第二破裂面间岩土质心处的水平地震力之和(kN);

α_0——基底倾斜角度(°);

N——挡土墙上所受的总竖向力(kN),$N = G + E_y$;

G——作用于基底上的墙身重力,浸水时应扣除浸水部分墙身的浮力(kN);

E_y——一般地区、浸水地区或地震地区,墙后土压力的总竖向分力,挡土墙浸水时,应扣除浸水部分岩土的浮力;出现第二破裂面时,含主动土压力及实际墙背与第二破裂面之间岩土的重力(kN);

f——基底与地基间的摩擦系数经验值,宜根据试验资料确定,在有经验时,按表2-2-6确定;

E_p——被动土压力(kN);明挖基础挡土墙前的被动土压力可不考虑,当基础埋置较深且地层稳定、不受水流冲刷和扰动破坏时,根据墙身的位移条件,可采用被动土压力值的1/3。

基底与地基间的摩擦系数经验值 f　　　　表2-2-6

地基类别	经验值 f
硬塑黏土	0.25~0.30
粉质黏土、粉土、半干硬的黏土	0.30~0.40
砂类土	0.30~0.40

续上表

地基类别	经验值 f
碎石类土	0.40~0.50
软质岩	0.40~0.60
硬质岩	0.60~0.70

(2)抗倾覆稳定性。

采用总安全系数法设计的挡土墙,其抗倾覆稳定性应按式(2-2-6)进行检算。

$$\frac{M_y}{M_0} \geqslant K_0 \tag{2-2-6}$$

式中：K_0——抗倾覆安全系数,见表 2-2-5；

M_0——倾覆力矩(kN·m)；

M_y——稳定力矩(kN·m)。

$$M_0 = E_x Z_x + F_{hE} Z_{hE} \tag{2-2-7}$$

$$M_y = G Z_w + E_y Z_y + E_p Z_p \tag{2-2-8}$$

式中：Z_x——墙后土压力的水平分力到墙趾的距离(m)；

Z_{hE}——水平地震力到墙趾的距离(m)；

Z_w——墙身自重及墙顶以上恒载自重合力重心到墙趾的距离(m)；

Z_y——墙后土压力的总竖向分力到墙趾的距离(m)；

Z_p——墙前被动土压力到墙趾的距离(m)。

其余符号意义同前。

3)基底合力偏心距与基底应力计算

基底竖向合力偏心距和压应力如图 2-2-24 所示。

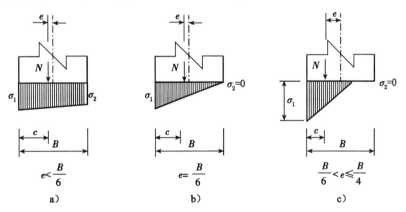

图 2-2-24 挡土墙基底竖向合力偏心距及压应力示意图

(1)基底合力偏心距。

基底合力偏心距计算公式：

$$e = \frac{B}{2} - c = \frac{B}{2} - \frac{M_y - M_0}{N'} \tag{2-2-9}$$

$$N' = N\cos\alpha_0 + E'_x\sin\alpha_0 \tag{2-2-10}$$

当基底为平底时,N'为图 2-2-24 中的 N;当基底倾斜时,力系如图 2-2-25 所示。

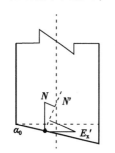

图 2-2-25 挡土墙基底倾斜时的基底受力示意图

式中:e——基底合力的偏心距(m);
B——基底宽度(m),基底无斜底时为水平宽度,倾斜时为斜宽;
c——作用于基底上的垂直分力对墙趾的力臂(m);
M_y——稳定力系对墙趾的总力矩(kN·m),按式(2-2-8)计算;
M_0——倾覆力系对墙趾的总力矩(kN·m),按式(2-2-7)计算;
N'——作用于基底上的总垂直力(kN)。

其余符号意义同前。

基底合力偏心距计算值 e 不应超过基底合力偏心距限定值$[e]$(表 2-2-7),即 $e \leq [e]$。

基底合力偏心距限定值　　　　　　　　　　　　表 2-2-7

基底岩土状况	基底合力偏心距限定值$[e]$		
	一般地区和浸水地区常水位	施工临时荷载地区	地震地区和洪水位
未风化或弱风化的硬质岩	$\leq B/4$	$\leq B/4$	$\leq B/3$
软质岩及全、强风化的硬质岩	$\leq B/6$	$\leq B/4$	$\leq B/4$
基本承载力大于 200kPa 的土层	$\leq B/6$	$\leq B/5$	$\leq B/5$
基本承载力小于 200kPa 的土层	$\leq B/6$	$\leq B/6$	$\leq B/6$

(2)基底应力。

挡土墙的墙趾、墙踵及基底平均压应力计算公式:

当 $|e| \leq \dfrac{B}{6}$ 时:

$$\sigma_{1,2} = \frac{N'}{B}\left(1 \pm \frac{6e}{B}\right) \tag{2-2-11}$$

当 $e > \dfrac{B}{6}$ 时:

$$\sigma_1 = \frac{2N'}{3c}, \quad \sigma_2 = 0 \tag{2-2-12}$$

当 $e < -\dfrac{B}{6}$ 时:

$$\sigma_1 = 0, \quad \sigma_2 = \frac{2N'}{3(B-c)} \tag{2-2-13}$$

$$\sigma_p = \frac{\sigma_1 + \sigma_2}{2} \tag{2-2-14}$$

式中:σ_1——挡土墙趾部的压应力(kPa);
σ_2——挡土墙踵部的压应力(kPa);
σ_p——挡土墙基底的平均压应力(kPa)。

以上各项计算应力值均应满足地基容许承载力要求,即:

$$\sigma \leqslant [\sigma] \tag{2-2-15}$$

$$[\sigma] = \gamma_\sigma \sigma_0 \tag{2-2-16}$$

式中:σ——基础检算点的压应力(kPa);
$[\sigma]$——地基容许承载力或容许承载力调整值(kPa);
γ_σ——地基容许承载力调整系数,见表2-2-8;
σ_0——地基基本承载力(kPa),实测值或根据岩土的物理力学性质参考《铁路路基支挡结构设计规范》(TB 10025—2019)。

地基容许承载力调整系数 表2-2-8

验算项目	主力	主力+附加力/主力+施工荷载
墙趾和基础平均承载力	1.0	1.2
墙踵地基承载力	1.3	1.5

4)墙身截面强度计算

(1)计算截面合力偏心距。

按主力计算时:

$$|e'| \leqslant 0.3B' \tag{2-2-17}$$

按主力加附加力计算时:

$$|e'| \leqslant 0.35B' \tag{2-2-18}$$

式中:B'——墙身截面宽度(m)。

(2)计算截面应力。

挡土墙截面应力计算应满足式(2-2-15),法向压应力应小于所用材料的容许压应力;出现拉应力时,拉应力应小于容许抗弯曲拉应力,此时还应检算应力重分布的最大压应力,其值不得大于容许压应力。

当主力与附加力或特殊力组合时,除纯剪应力外,应将材料的容许应力乘不同的提高系数。当主力和附加力组合时乘1.30,当主力和特殊力组合时乘1.40;当主力和地震力组合时应符合《铁路工程抗震设计规范》(GB 50111—2006)的规定。

混凝土的容许应力应符合《铁路桥涵混凝土结构设计规范》(TB 10092—2017)的相关规定。

2.悬臂式和扶壁式挡土墙

悬臂式和扶壁式挡土墙是钢筋混凝土结构,采用极限状态法(承载能力极限状态和正常使用极限状态)进行设计。

1) 路肩挡土墙

悬臂式和扶壁式挡土墙设置于路肩时,轨道及列车荷载在结构上产生的侧向和竖向土压力可按弹性理论计算,应力分布如图2-2-26所示,填料产生的土压力可按库仑理论计算。

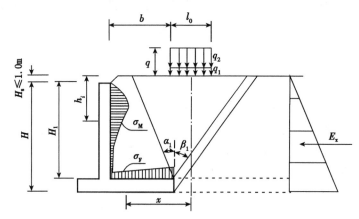

图2-2-26 墙背水平土压力与墙踵板竖向土压力分布图

(1) 荷载产生的水平土压应力:

$$\sigma_{hi} = \frac{q}{\pi}\left[\frac{bh_i}{b^2+h_i^2} - \frac{h_i(b+l_0)}{h_i^2+(b+l_0)^2} + \arctan\frac{b+l_0}{h_i} - \arctan\frac{b}{h_i}\right] \quad (2\text{-}2\text{-}19)$$

式中:σ_{hi}——荷载产生的水平土压应力(kPa);
b——荷载边缘至立臂板的距离(m);
h_i——墙背距路肩的垂直距离(m);
q——作用在路基面上的列车和轨道单位荷载(kN/m²);
l_0——荷载分布宽度(m)。

(2) 荷载在墙踵板上产生的竖向土压应力:

$$\sigma_v = \frac{q}{\pi}\left(\arctan X_1 - \arctan X_2 + \frac{X_1}{1+X_1^2} - \frac{X_2}{1+X_2^2}\right) \quad (2\text{-}2\text{-}20)$$

$$X_1 = \frac{2x+l_0}{2(H_1+H_s)}, \quad X_2 = \frac{2x-l_0}{2(H_1+H_s)} \quad (2\text{-}2\text{-}21)$$

式中:σ_v——荷载在墙踵板上产生的竖向压应力(kPa);
x——计算点至荷载中线的距离(m);
H_1——立臂板的高度(m);
H_s——墙顶以上填土高度(m)。

(3) 填料产生的库仑主动土压力。

填料产生的库仑主动土压力E_x和E_y应按式(2-2-1)和式(2-2-2)进行计算(破裂棱体自重不含路基面以上荷载)。

2) 路堤边坡挡土墙

悬臂式和扶壁式挡土墙设置于路堤边坡时,填料和路基面以上荷载产生的土压力均可按库仑理论计算。土压力分布如图 2-2-27 所示,可根据库仑理论按式(2-2-22)、式(2-2-23)计算。

$$E_x = \frac{W}{\tan(\beta_i + \alpha) + \tan(\delta + \alpha_i)} \tag{2-2-22}$$

$$E_y = E_x \tan(\delta + \alpha_i) \tag{2-2-23}$$

式中:W——破裂棱体的重力及破裂面以内的路基面上荷载产生的重力(kN);

E_x——土压面上所承受的水平土压力(kN);

E_y——土压面上所承受的竖向土压力(kN);

δ——土压面上的摩擦角(°),式中 $\delta = \varphi_0$;

α_i——土压面为第二破裂面时与竖直方向的夹角(°);

α——当无法产生第二破裂面时,土压面与竖直方向的夹角(°),如图 2-2-27 所示;

β_i——第一破裂面与竖直方向夹角(°)。

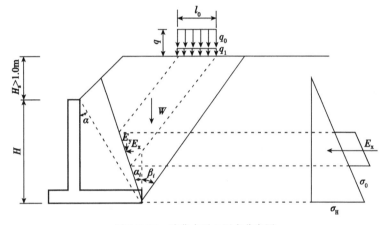

图 2-2-27 墙背水平土压力分布图

3)其他计算

悬臂式和扶壁式挡土墙的稳定性计算(抗滑移稳定性和抗倾覆稳定性)、基底应力计算方法参照重力式挡土墙。

悬臂式挡土墙的立臂板、墙踵板和墙趾板的内力应按悬臂梁计算。计算挡土墙实际墙背和墙踵板上的土压力时可不计填料与板的摩擦力,立臂板上的侧向土压力采用库仑主动土压力时,应乘修正系数 1.25。

扶壁式挡土墙结构构件的内力计算可采用简化模型,立臂板和墙踵板可按三向固结板设计,必要时可采用数值分析方法。

其他类型挡土墙参照《铁路路基支挡结构设计规范》(TB 10025—2019)计算。

第三章 CHAPTER THREE
高架区间结构

第一节 概述

一、高架结构一般特点

城市轨道交通工程中的高架结构包括车站之间的区间高架桥及高架车站。区间高架桥承受列车荷载。高架车站从功能而言是房屋建筑结构，但从受力而言，当行驶列车的轨道梁与车站其他建筑构件有联系时，车站结构的构件分成两类：第一类是受列车荷载影响较大的构件，如轨道梁、支承轨道梁的横梁、支承横梁的立柱以及立柱下基础等；第二类是受列车荷载影响可忽略的一般建筑结构构件，如站台梁、一般纵梁等。由于列车荷载与建筑荷载有较大的不同，《地铁设计规范》(GB 50157—2013)把高架车站中的第一类构件和区间高架桥归在一起，按高架结构进行设计；高架车站中的第二类构件按现行建筑规范进行结构设计。为便于读者阅读理解，本章仅介绍区间高架桥部分，高架车站第一类构件将在第三篇第二章中介绍。

与一般城市道路高架桥相比，城市轨道交通高架结构对结构刚度的要求明显高于城市道路高架桥，这就使得在满足强度条件的前提下，其桥墩的最小截面尺寸要大于相应的城市道路高架桥；同时，由于轨道交通高架结构的桥面较窄，因此桥墩截面尺寸的变化范围相对较小。在高架结构设计中，桥墩除应满足自身功能需求外，还应进行建筑设计。

二、高架结构基本组成

高架结构也是通常意义上的桥梁，由桥跨结构、桥墩、桥台及防护设施等部分组成（图2-3-1）。通常人们习惯地以支座为界，支座以上的桥跨结构称为桥梁上部结构，支座以下的桥墩、桥台(包含基础)称为桥梁下部结构；也有以基础为界进行划分的，基础以上的桥跨结构、桥墩和桥台(不包含基础)称为桥梁上部结构，基础工程称为桥梁下部结构。为便于读者查阅其他参考书和资料，本书仍以支座为界进行划分。

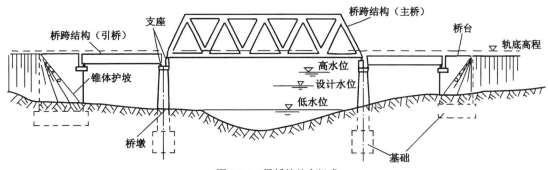

图 2-3-1 梁桥的基本组成

桥跨结构是在线路中断时跨越障碍的主要承载结构,包括桥面板、桥面梁以及支承它们的结构构件,如大梁、拱、悬索等,其作用是承受桥上的列车和检修人员。当需要跨越的幅度较大,且除恒载外要求安全地承受较大列车荷载时,桥跨结构的构造就比较复杂,施工难度亦较大。

桥墩是多孔桥梁中,处于相邻桥孔之间支承上部结构,并将荷载传递到地基上的构造物。紧贴岸边或在岸上的桥墩称为岸墩。

桥台是在岸边或桥孔尽端与路堤连接、支承桥梁上部结构并将荷载传于地基的构筑物。桥台一般具有支承和挡土的功能,抵御路堤土压力,防止路堤填土的滑坡和坍塌,使桥梁和路堤连接匀顺,行车平稳。但有些桥的端孔采用悬臂形式,靠岸只设岸墩而不设桥台,岸墩只起支承作用,路堤端头则另建挡土墙或做成土坡。

基础是桥墩和桥台中使全部荷载传至地基的底部奠基部分,是确保桥梁能安全使用的关键。由于基础深埋于土层,且大部分需在水下施工,所以也是桥梁建筑中比较困难的一个部分。

支座是设置在桥梁墩台上、支承桥跨结构的传力与连接装置。支座不仅把上部结构的各种荷载传递到墩台上,并且要保证桥跨结构能产生一定的变位,使桥梁的实际受力情况符合结构计算图式。

锥体护坡是桥梁的防护设施。当桥台布置不能完全挡土或采用埋置式、桩式、柱式桥(涵)台时,为保护桥(涵)两端路堤土坡稳定、防止冲刷,在路堤与桥台衔接处,桥台两侧设置形似锥形的护坡。锥体护坡的横桥向坡度与路堤边坡一致,顺桥向坡度应根据填土高度、土质情况,结合坡前冲刷和铺砌情况而定。跨越水流的桥梁宜采用浆砌片石铺砌,大、中桥的铺砌高度应高出设计水位不少于500mm,小桥应高出壅水位250mm。

附属工程是指在桥梁建筑工程中,除了上部结构、下部结构、支座等主体工程外,还常常根据需要修筑的护岸、河床铺砌、导流结构物等。

三、高架结构主要类型及适用情况

1. 按基本结构体系分类

高架结构按基本结构体系划分,有梁桥、拱桥、刚架桥、悬索桥和组合体系桥(斜拉桥、梁拱组合体系桥等)。

1) 梁桥

梁桥是一种在竖向荷载作用下,支座只传递竖向反力、无水平反力的结构(图2-3-2)。由于竖向荷载(恒载、列车荷载等)的作用方向与承重结构的轴线接近垂直,故与同样跨径的其他结构体系相比,梁内产生的弯矩最大,是以受弯为主的结构。因此,通常需要用抗弯能力强的材料(钢、木、钢筋混凝土、预应力混凝土等)来建造。梁桥结构简单,施工方便,对地基承载能力要求也不高,钢筋混凝土简支梁桥

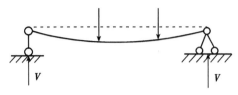

图2-3-2 简支梁桥受力示意图

常用跨径在20m以下,大于20m通常采用预应力混凝土简支梁,超过50m后,为达到经济、省料的目的,可建造钢桥(图2-3-1中的主桥部分),也可根据地质条件等修建连续梁桥。

2) 拱桥

拱桥的主要承重结构是拱圈(拱肋)[图2-3-3a)]。在竖向荷载作用下,桥墩或桥台不仅承受竖向荷载,还将承受水平推力[图2-3-3b)]。这种水平推力将显著抵消荷载所引起的在拱圈(拱肋)内的弯矩作用,与同跨径的梁相比,拱的弯矩和变形要小得多,承重结构以受压为主。因此,通常采用抗压能力强的圬工材料(如砖、石、混凝土)、钢筋混凝土、钢管混凝土、钢等来建造。

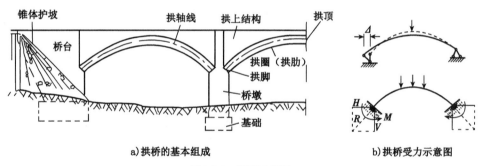

a) 拱桥的基本组成　　b) 拱桥受力示意图

图2-3-3 拱桥示意图

3) 刚架桥

刚架桥的主要承重结构是梁(或板)和支柱整体结合在一起的结构,梁和柱的连接处具有很大的刚性[图2-3-4a)]。这种结构在竖向荷载作用下,梁(或板)主要受弯,并存在水平压力;支柱主要受压,并存在弯矩;在柱脚处除竖向反力外,也有水平反力[图2-3-4b)],其受力状态介于梁桥与拱桥之间。由于梁部水平压力的存在,刚架桥跨中的建筑高度可以做得较小,当遇到线路立体交叉或需要跨越通航江河时,采用这种桥型能尽量降低线路高程,以改善纵坡并减少路堤土方量。但采用普通钢筋混凝土修建的刚架桥在梁柱刚接处较易开裂。对于高墩大跨径桥梁,根据地质条件和河流通航情况等可采用预应力混凝土连续刚构桥。

4) 悬索桥

传统的悬索桥(也称吊桥)均用悬挂在两边塔架上的缆索作为主要承重结构,如图2-3-5所示。在竖向荷载作用下,通过吊杆使缆索承受很大的拉力,通常需要在两岸桥台的后方修筑

非常大的锚碇结构。悬索桥也是具有水平反力(拉力)的结构。现代悬索桥广泛采用高强度钢丝成股编制的钢缆,以充分发挥其优异的抗拉性能,结构自重较轻,跨度增大。我国西南山岭地区和在遭受泥石流冲击等威胁的山区河流上,以及对于大跨径桥梁,当修建其他桥型有困难时,往往采用悬索桥。近年来,在不宜修建锚碇、跨径不大的情况下,也可建造将主缆锚固在主梁两端的"自锚式"悬索桥。

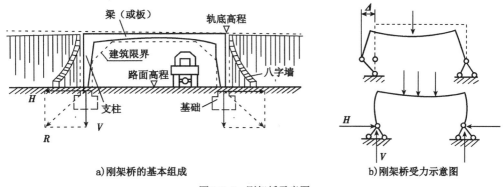

图 2-3-4 刚架桥示意图

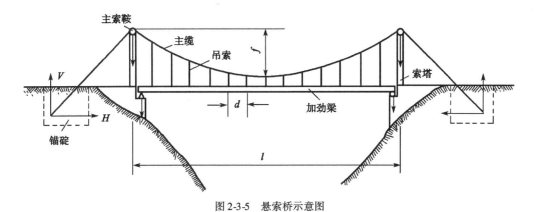

图 2-3-5 悬索桥示意图

5)组合体系桥

(1)斜拉桥。

斜拉桥由主梁、索塔和斜拉索组成承重结构,如图 2-3-6 所示。用高强度钢材制成的斜拉索将主梁多点吊起,并将主梁的恒载和列车荷载等传至索塔,再通过索塔基础传至地基。这样,跨度较大的主梁就像一根多点弹性支承(吊起)的连续梁一样工作,从而可使主梁结构尺寸大大减小,结构自重显著减轻,既节省了结构材料,又大幅提升了桥梁的跨越能力。此外,与悬索桥相比,斜拉桥的结构刚度大,在荷载作用下的结构变形小得多,且其抵抗风振能力也比悬索桥好,这也是在可能达到的大跨度情况下斜拉桥领先于悬索桥的主要原因。

(2)拱-梁组合体系桥。

拱-梁组合体系桥的主要承重结构为拱和梁相互配合共同受力,如图 2-3-7 所示。吊杆将梁向上(与荷载作用的挠度方向相反)吊起(梁像一根多点弹性支承的连续梁一样工作),这样就显著减小了梁中的弯矩;同时由于拱与梁连接在一起,拱的水平推力就传给梁来承受(梁除了受弯外,还承受拉力),对墩台没有推力作用。由于单跨拱-梁组合体系桥是简支在墩台上的,故其跨越能力较一般的简支梁桥大。

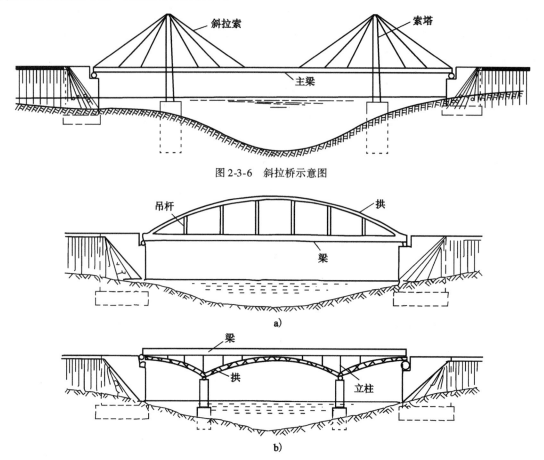

图 2-3-6　斜拉桥示意图

图 2-3-7　拱-梁组合体系桥示意图

2. 其他分类

1) 按承重结构用材分类

按桥梁承重结构用材分类,有钢桥、木桥、圬工桥(砖、石、混凝土桥)、钢筋混凝土桥、预应力混凝土桥、钢及混凝土组合梁桥等。城市轨道交通高架结构主要有钢桥、钢筋混凝土桥、预应力混凝土桥、钢及混凝土组合梁桥等。

2) 按用途分类

按桥梁用途分类,有铁路桥、公路桥、城市道路桥、城市轨道交通高架桥、公路与铁路两用桥、人行桥、输水桥、农用桥等。本章主要介绍城市轨道交通高架桥。

3) 按工程规模分类

桥梁长度是桥梁建设规模的标志。桥梁长度,梁桥是指桥台挡砟前墙之间的长度;拱桥是指拱上侧墙与桥台侧墙间两伸缩缝外端之间的长度;刚架桥是指刚架顺桥跨方向外侧间的长度。《城市轨道交通桥梁设计规范》(GB/T 51234—2017)未明确定义桥梁长度等级划分,《铁路桥涵设计规范》(TB 10002—2017)规定:桥长 500m 以上为特大桥,桥长 100～500m 为大桥,桥长 20～100m 为中桥,桥长 20m 及以下为小桥。采用无砟轨道的城市轨道交通桥梁,考虑无缝线路对轨道的要求,建议斜拉桥、拱桥主跨跨度不大于 400m。

4)按平面布置分类

桥梁按平面布置分类,有直桥(正桥)、斜桥、弯桥(曲线梁桥)等。

此外,还有其他很多分类方式,如:按轨道设在桥跨结构的上、中、下部分为上承式桥、中承式桥、下承式桥;按梁的截面形式分为 T 梁桥、箱梁桥、槽形梁桥等;按跨越对象分为跨河桥、跨谷桥、跨线桥、旱桥等。

第二节 结构构造与设计

一、总体设计

1. 设计原则

高架区间结构设计在满足使用功能的前提下,应遵循以下原则:

①应遵照安全可靠、适用耐久、技术先进、经济合理、美观的原则进行设计。

②必须保证桥梁结构在制造、运输、安装和运营过程中具有足够的强度、刚度、稳定性和耐久性(设计使用年限 100 年),并需满足列车安全运行和乘坐舒适度的要求。

③应满足线路设计要求,并结合沿线城市规划、道路交通、周围环境、市政管线及工程地质、水文地质等条件,选择合理的桥跨结构形式及基础形式。

④除满足行车功能外,还需考虑设置电力、通信、信号等管线支撑的构造措施,并应采取防雷、防迷流、防水、排水、防锈等技术手段,以保证系统的正常运行,同时需满足紧急疏散乘客的功能要求。

⑤建筑结构形式应充分考虑城市规划和景观要求,使结构与周边环境相协调,力求造型美观,反映时代风格。

⑥高架区间结构与公路、铁路立交时,桥下净空应满足桥下行车净空要求;跨越河流时,桥下净空应满足排洪及通航要求,并按要求进行下部结构的设计与验算。

⑦结构构件设计应力求构造简洁、统一,便于检查。尽可能采用标准化、工厂化、机械化施工方法,以便更好地控制整体质量,缩短工期,并有利于维修养护。

⑧应积极、稳妥地采用新技术、新材料、新工艺。

⑨应尽可能减振降噪,以减少对周边环境的影响。

⑩设计中应充分考虑结构的防灾减灾问题,并采取适当的工程措施。

2. 总体布置

1)区间高架桥梁布置

区间高架桥梁桥跨布置应根据地形、地物、地面交通、城市景观等因素综合确定。一般地段宜采用等跨布置简支梁桥,跨径一般为20~30m。桥下净空应满足《城市轨道交通桥梁设计规范》(GB/T 51234—2017)的要求(可参考第一篇第二章相关内容),并宜预留不小于0.20m的安全值。桥墩可设于桥下道路两侧或道路中央分隔带内,当桥墩设于桥下道路两侧时,桥墩边缘至机动车道边的净距应满足《城市道路工程设计规范(2016年版)》(CJJ 37—2012)和《公路工程技术标准》(JTG B01—2014)的要求;当桥墩设于桥下道路中央分隔带内时,道路中央分隔带宽度不宜小于4m。桥梁桩基础的承台或扩大基础侵入行车道时,基础顶面应置于路面以下不小于1.50m,基础设计时应计入车辆活载的附加作用。

2)区间跨河桥梁布置

区间跨河特大桥、大桥的桥位宜设置在河道顺直、河床稳定且地质良好的河段处;桥梁轴线宜与洪水流向正交。桥下净空应满足《城市轨道交通桥梁设计规范》(GB/T 51234—2017)的要求(可参考第一篇第二章相关内容);通航河流的桥下净空根据航道等级应满足《内河通航标准》(GB 50139—2014)的要求;通行海轮的桥下净空应满足《海轮航道通航标准》(JTS 180-3—2018)的规定要求。

3)桥上线路

当高架结构位于曲线上时,宜采用较大的曲线半径,且不宜采用大跨度桥梁;位于竖曲线及缓和曲线上时,不宜设置钢桁梁桥。高架桥梁桥台填土高度,以桥梁梁底离地面的高度不宜小于1.50m进行控制。

3. 桥面布置

区间高架桥梁的桥面宽度应根据建筑限界、应急疏散、设备布置等因素计算确定。为了避免桥上设备安装、检修和更换的困难,在桥面系设计时,应为桥上设备安装、检修和更换预留必要的空间和操作平台等。

桥上既可以采用有砟轨道,也可以采用无砟轨道。有砟轨道有利于提高行车的舒适性和降低噪声,有利于桥上线路高程的调整和养路机械的持续作业,但桥上的二期恒载较大,养护维修工作量较大;无砟轨道性能均匀、稳定,养护维修工作量较少,桥上的二期恒载较小,有利于桥梁结构设计,但一次性投入较大,振动、噪声较大。当采用有砟轨道时,为满足有砟轨道养护机械的最小作业净空要求,桥梁的挡砟墙内侧到线路中心线净距不应小于2.20m;轨下枕底道砟厚度不应小于0.30m。

牵引网馈电形式分为架空接触网和接触轨。当采用接触网供电时,接触网立柱中心至线路中心的距离是确定桥梁宽度的一个重要参数,此距离受车辆建筑限界、接触网受电弓安装要求等因素控制,《城市轨道交通桥梁设计规范》(GB/T 51234—2017)规定了线路中心线至架空接触网支柱中心最小距离的分段取值(可参考第一篇第二章相关内容)。当采用接触轨供电时,对于接触轨位于线路中心的情况,为便于设计,线路中心线至栏板内侧边缘的距离不宜小于B1型车最大建筑限界2.20m;对于接触轨位于线路两侧的情况,由于接触轨外侧线缆的检修、维护、更换操作空间的需求,线路中心线至栏板内侧边缘的距离一般不小于2.45m。

为了避免轨道交通与公路车辆的相互影响,轨道交通和道路合建桥梁宜采用分层布置;当采用同层布置时,为保证轨道交通的运营安全,应在轨道交通和道路间设置SS级防护墙。为防止公路上的杂物侵入轨道交通,危及行车和养护人员的安全,需在防撞墙上设置防抛网。为确保列车运营安全,防撞墙与轨道交通建筑限界间的净距不小于1.20m。

4. 景观设计

桥梁因其自身结构特点,往往是粗线条的,细部缺失,尺度感差。而人作为在城市生活的主体,对高架桥的观察一般是以正常视角来看的,这就要求在考虑桥梁整体的宏观旋律和节奏的同时,必须注重建筑尺度和细部的刻画。在设计中根据人体尺度及视觉要求来平衡各种要素之间的关系,注重各部件之间的连接,使桥梁在具有宏大气魄的同时,又具有温暖而和谐的亲和力。

桥墩的建筑风格宜统一,桥梁跨径与墩高的比例关系是影响桥梁景观的重要因素。因此,桥梁孔跨布置宜均衡、有韵律感,相邻孔跨差异不宜过大;跨径与墩高之比宜控制在3:1~5:1之间,且宜控制梁高。

5. 附属设施

高架结构附属设施主要有栏板、伸缩缝、桥面防排水、照明等。

1) 栏板

为确保养护、维修人员的操作安全,在桥面两侧应设置高度不小于1.10m的栏板。栏板除满足受力要求外,还应注意细节处理,使其更好地融入桥梁的整体景观。当疏散平台设置于线路两侧时,应在疏散平台侧栏板上增设高度不小于1.10m的栏杆,以保证乘客疏散安全。

2) 伸缩缝

梁缝处应设伸缩缝,伸缩缝应能适应梁端部自由伸缩,且应具备防止桥面水下漏的功能。伸缩量由列车竖向和水平活载、梁体的收缩徐变、温度变化等引起的位移组成。伸缩缝的最大伸缩量应大于以上各项位移之和。

3) 桥面防排水

桥面应设置防水层,其技术指标及施工工艺应符合《铁路桥梁混凝土桥面防水层》(TB/T 2965—2018)的规定。防水层顶面宜设置不小于2%的横向排水坡和不小于3‰的纵向排水坡。纵向应分段设置拦水构造,并应设排水管将雨水排入市政管网。

4) 照明

桥梁的功能照明与景观照明应统筹兼顾,应经济、适用、安全,景观效果应良好。

二、结构设计

1. 结构材料

高架区间结构的材料宜采用预应力混凝土(混凝土强度等级≥C40);墩台宜采用钢筋混凝土结构(混凝土强度等级≥C30),特殊情况下采用预应力混凝土结构;基础采用钢筋混凝土结构或圬工结构。

2. 桥跨结构形式

一般地段桥跨结构宜采用等跨布置简支梁式桥跨结构,并宜采用预制架设、预制节段拼装的结构。轨道交通与公路、铁路立交时,桥梁高度应满足桥下行车净空要求,可选用简支结构、刚架结构等；跨越河流地段应满足排洪及通航要求，可选择大跨径结构，如连续梁桥、连续刚构桥、拱桥、斜拉桥等。

1）梁式结构

梁式结构按结构体系分类，有简支梁、连续梁和悬臂梁，根据轨道交通的特点及整体道床和无缝线路的要求，多采用简支梁和连续梁。简支梁桥结构简单，受力明确，可标准化设计、工厂化制造，架设方便，施工速度快，经济跨径一般为20~30m。为减少伸缩缝数量，改善行车条件，增强桥梁的可靠性和耐久性，可采用等跨布置的连续梁桥，跨径一般不大于50m。当跨度较大时，为了减小边跨跨内正弯矩，可采用不等跨布置的连续梁桥。为降低结构次内力对结构受力、变形的影响，连续跨数不宜过多，大多采用三跨一联设计，不等跨连续梁桥采用悬臂施工时，边中跨比一般在0.53~0.60之间，当采用满堂支架施工时，边中跨比一般在0.60~0.80之间。

梁式结构按截面形式分类，有板梁、T梁、I形梁、普通箱梁、鱼腹式箱梁、小箱梁、空腹式箱梁、槽形梁、双U+箱梁等。

(1) 预应力混凝土板梁。

板梁结构建筑高度小、外形简洁、结构简单，便于吊装施工。预应力板梁的经济跨度为16~20m。板梁截面主要有空心板[图2-3-8a)]、低高度板[图2-3-8b)]和异形板。空心板梁每跨可根据桥宽采用4~8片拼装而成，每片吊装质量为40~50t；而低高度板梁采用2片拼装而成，相对来说吊装质量大。异形板梁在美观上占有优势，它采用单片梁形式，一般采用现浇施工，工期长。从受力来讲，板梁的抗扭刚度小，对抵抗列车偏载不利。多片空心板梁也可用在道岔区及有配线的地段。

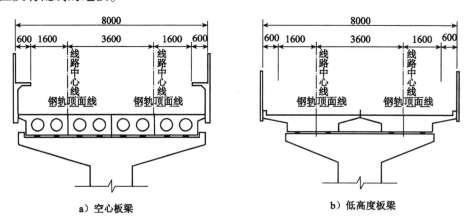

图2-3-8 预应力混凝土板梁（尺寸单位：mm）

(2) 预应力混凝土T梁。

预应力混凝土T梁（图2-3-9）具有抗弯刚度大、材料用量省的特点，同时，T梁可在工厂或现场预制，可提高质量，减小主梁尺寸，从而减轻桥跨结构自重。每孔梁由多片预制T梁通过横隔板（或横向联系）相互联结组成，增加结构整体性。单片T梁吊装质量小，构件容易修复或更换。简支T梁的经济跨度为20~25m。

(3) 预应力混凝土小箱梁。

预应力混凝土小箱梁是装配式结构，整孔桥由2片或多片小箱梁装配而成，可以采用单片梁吊装施工,施工速度快,对城市环境的影响较小,但结构整体性不如普通箱梁;后期桥面板、横隔板的浇筑工作量较大,对吊装和运输设备的要求较高。经济跨度为 23～30m。上海轨道交通 M3 线北延伸线、6 号线高架区间均采用这种截面形式。蝶形小箱梁见图 2-3-10。

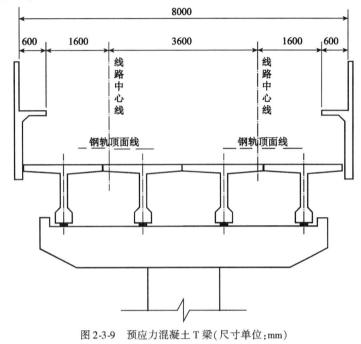

图 2-3-9　预应力混凝土 T 梁(尺寸单位:mm)

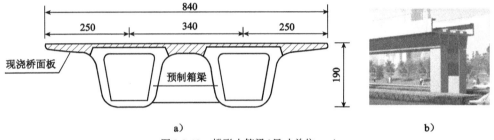

图 2-3-10　蝶形小箱梁(尺寸单位:cm)

(4)普通箱梁。

普通箱梁截面可以采用单箱单室(图 2-3-11)或单箱多室,其具有结构整体性好,抗弯、抗扭刚度大,徐变上拱小等特点,适用于区间曲线段、渡线段,适应性好。但梁体自重较大,单孔吊装需要大型机具设备,现多采用节段预制拼装施工。上海轨道交通 M3 线、5 号线高架区间,新加坡地铁,巴黎地铁均采用普通箱梁截面。

(5)鱼腹式箱梁。

鱼腹式箱梁(图 2-3-12)具备普通箱梁力学特性的优点;梁底采用曲线,明显降低了梁体的厚重感;可降低宽桥面下部结构的造价。但其施工难度大于普通箱梁,工程造价比普通箱梁高 20% 左右。上海沪闵路高架二期工程、中环线厦门疏港路均采用鱼腹式箱梁。

(6)空腹式箱梁。

空腹式箱梁(图 2-3-13)是将箱梁腹板轻型化,腹板采用钢桁构件,减轻结构自重,预应力筋张拉作业条件大为改观；大部分构件可工厂预制，降低了现场施工难度，也方便养护、维修工作。上部结构自重减轻，使得下部结构造价有所降低。但其竖向刚度略低于同高度的普通箱梁；节点构造的处理相对复杂，造价略高于普通箱梁。日本巴川桥、志津见桥，法国 Herquelingue、Echinghen 高架桥均采用空腹式箱梁。

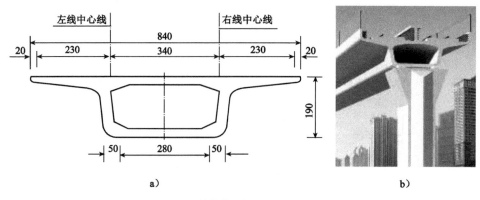

图 2-3-11　单箱单室箱梁（尺寸单位：cm）

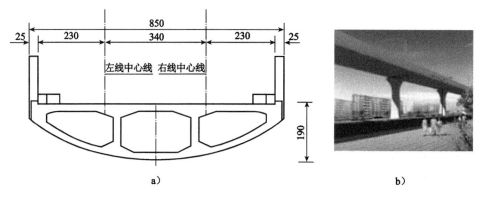

图 2-3-12　鱼腹式箱梁（尺寸单位：cm）

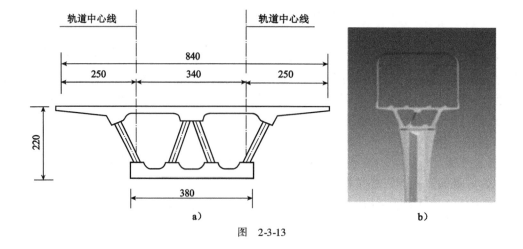

图 2-3-13

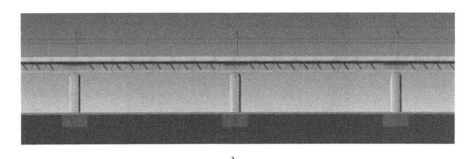

c)

图 2-3-13 空腹式箱梁(尺寸单位:cm)

(7)槽形梁。

槽形梁(图2-3-14)是一种下承式梁,截面形状呈U形,也称作U形梁。列车行走于底板上,缩短了自轨面到梁底的距离,建筑高度低,从而应增加桥下净空,适用于立交桥。在由高架转入地下或由地下转入高架的区段,采用槽形梁可有效改善线路线型,保障立交净空,减小列车横向迎风面。两侧腹板可采用矩形、带翼板的倒L形、箱形等,倒L形上翼板、箱形顶板均可兼作维修通道和区间疏散通道,截面利用效率高;腹板也可为列车脱轨提供有效防护,大大提高轨道交通运输的安全性。对于一些对噪声比较敏感的地段,单纯依靠目前的声屏障等设施降噪效果有限,槽形梁由于腹板较高,可以达到有效隔离噪声的效果,若再配合其他工程措施,将最大限度减少对沿线居民生活的影响。但槽形梁截面抗扭刚度小,如果主梁腹板采用箱形,可提高截面扭转刚度。与普通箱梁相比,槽形梁施工较复杂,施工精度要求高,工程造价较高。槽形梁用于渡线段时有一定的困难。槽形梁适用于单线桥、双线桥,有简支梁,也有4~5孔的连续梁。

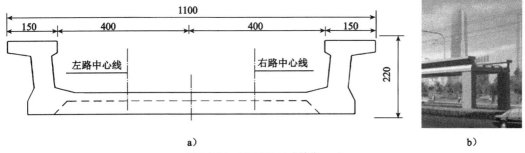

图 2-3-14 槽形梁(尺寸单位:cm)

在轨道交通工程中,槽形梁作为一种优秀的梁形,在国外已经积累了成熟的设计、施工经验,并有大量的工程实例。例如,法国里尔建造了双线跨度为50m的预应力混凝土槽形梁,法国巴黎地铁13号线在塞纳河上建造了跨度为85m、腹板为矩形、双层底板的预应力混凝土槽形梁;智利圣地亚哥建成了双线槽形梁;日本和苏联还做了槽形梁的标准设计;荷兰鹿特丹地铁延伸线中采用的双线槽形曲线梁,主梁腹板采用箱形,提高了全截面抗扭刚度。

槽形梁在国内轨道交通高架桥上使用,是在上海轨道交通6号线高架区间的10余孔简支槽形梁的试验梁测试成功后开始推广,现已在上海地铁8号线、南京地铁2号线、重庆地铁1号线、广州地铁2号线等工程中得到应用。上海轨道交通6号线槽形梁效果图见图2-3-15。

以1孔30m简支梁为例,对不同截面类型的梁进行经济比较(2017年数据),如表2-3-1所示。

图 2-3-15　上海轨道交通 6 号线槽形梁效果图

1 孔 30m 简支梁经济比较　　　　　　　　　　　　　　表 2-3-1

项目	截面类型				
	普通箱梁	鱼腹式箱梁	小箱梁	空腹式箱梁	槽形梁
混凝土(m^3/m)	4.6	5.6	4.8	3.9	6.9
普通钢筋(kg/m)	782.0	1472.9	804.3	702	1856.3
预应力钢筋(kg/m)	176.7	207.7	196.0	176.7	369.4
全部工程造价(元/m^2)	3400	3800	3200	3400	3900

2)其他结构

(1)刚构桥。

刚构桥分单跨与多跨,单跨刚构桥有门式刚架桥和斜腿刚架桥,多跨刚构桥一般为连续刚构桥。连续刚构桥在城市轨道交通中普遍使用,由于连续刚构桥为墩梁固结的超静定结构,连续跨数越多,超静定次数越多,结构次内力影响越大,对结构的变形影响也越大,不利于满足桥梁的平顺度、舒适度及正常使用要求,因此,应控制一联的跨数。在已建成的轨道交通高架桥中,连续刚构桥的跨数大多采用 3~5 跨,跨径在 50m 以内时,可采用等跨布置的等高梁。跨径较大时,采用不等跨布置的变截面梁,边中跨比参照连续梁桥,支点梁高与跨径之比为 1:20,跨中梁高一般为 2.0~3.0m。

广州地铁 14 号线在太和出洞口—江埔入洞口高架区间标准段上采用 4 孔一联(4×40m)梁预应力混凝土连续刚构桥(图 2-3-16),全桥采用等跨布置,桥跨结构设计为等高度单箱单室箱形截面,梁高 2.0m,采用节段拼装法施工。

广州地铁 14 号线邓村连续 Y 构桥(图 2-13-17)斜跨既有邓村桥、广从路进入道路东侧,平曲线半径 $R=500m$,设计梁面高程至地面约 16.9m。采用(80+150+80)m 不等跨布置,边中跨比为 1:0.53,主梁采用单箱单室箱形截面,支点梁高 5.8m,跨中梁高 2.5m。主墩上 0# 块(Y 形三角区)梁长 57m,梁高沿纵向按 2.5 次抛物线变化,采用支架现浇施工。边跨现浇段及边跨合龙段均采用支架现浇施工,其余梁段划分为 14 个节段(3×2.5m+4×3m+4×3.5m+3×4m),采用悬臂浇筑对称施工,节段最大梁重 95t,中跨合龙段采用合龙吊架施工。待全桥预应力张拉、压浆、体系转换后,最后通过浇筑边墩墩顶后浇带实现墩梁固结,完成全桥施工。

广州地铁 14 号线上跨京珠高速公路立交桥(图 2-3-18),采用(45+70+45)m 不等跨布置的变截面连续刚构桥,边中跨比为 1:0.64,主梁采用单箱单室箱形截面,支点梁高 4.2m,跨中梁高 2.0m。主梁采用悬臂浇筑法施工。

图 2-3-16　广州地铁 14 号线高架区间标准段等高度连续刚构桥

图 2-3-17　广州地铁 14 号线邓村连续 Y 构桥

图 2-3-18　广州地铁 14 号线上跨京珠高速公路立交桥

上海明珠线跨越中山西路高架桥,与道路斜交角 70°,采用(80 + 112 + 80)m 预应力混凝土连续刚构桥,支点梁高与跨径之比为 1∶20,跨中梁高与跨径之比为 1∶48.7,跨中梁高较一般连续梁小,有利于桥面高程的降低。桥墩采用双壁墩柱,壁厚 1.1m,柱距 4.9m,使结构显得简洁、轻巧。

(2)拱桥。

拱桥在竖向力作用下以受压为主,因此,不仅可以利用钢、钢筋混凝土、钢管混凝土等材料建造,而且可以充分利用抗压性能较好的圬工材料(混凝土、石、砖等)修建。通常,中、小跨径拱桥采用圬工材料建造。大跨径拱桥以受压为主,但也受弯,大都采用受压、抗拉能力强的材料(钢筋混凝土、钢管混凝土、钢等)建造。在城市轨道交通中,中小跨径桥梁大多采用梁桥,拱桥多用于大跨径桥梁结构中。

按照主拱圈与桥面系结构之间的联结构造方式、相互作用的性质和影响程度,可将拱桥分为简单体系拱桥和组合体系拱桥两大类。简单体系拱桥是指主要承重结构以拱为唯一受力体系的拱桥,桥面系结构(拱上结构或拱下悬吊结构)与主拱圈之间无刚性联结或联结较薄弱,不与主拱圈一起受力,或与主拱圈的共同作用可以忽略不计,主拱圈以裸拱的形式作为主要承重结构。组合体系拱桥是由拱和梁(或系杆)组成主要承重结构的拱桥,是将桥面系结构与主拱按不同的构造方式构成一个受力整体,以共同承受荷载。根据不同的构造方式和受力特点,组合体系拱桥又分为无推力结构和有推力结构。无推力组合体系拱桥属外部静定、内部超静定结构。在竖向荷载作用下,拱脚对墩台无水平推力作用,推力由刚性梁或柔性系杆承受,因此适用于地质不良的桥位处,墩台与梁桥墩台相似,体积较大。这类拱桥可设计成下承式、中承式、上承式拱桥。

上海明珠线漕溪路高架桥为下承式的预应力混凝土系杆拱连续梁桥(图2-3-19),孔跨布置为(52+128+52)m。其结构特点是:主梁采用连续结构,中孔设计成刚拱刚梁的拱梁组合体系。由于拱的作用,中孔梁高仅为2.0m,高跨比为1:64,远小于一般连续梁的梁高;拱还使边孔跨径缩短,边中跨比为0.406,从而使桥长缩短。另外,边孔的作用减轻了拱的负担,拱圈可设计成坦拱,矢跨比为1:8。拱肋采用圆端形钢管混凝土截面,高2.0m;共14对吊杆,吊杆间距7.3m。桥面系由双主纵梁、横梁、短纵梁及桥面板组成,双主纵梁高2.0m,桥面总宽13.1m。

图2-3-19 上海明珠线漕溪路高架桥

上海明珠线苏州河桥为中承式(飞鸟式)钢管混凝土系杆拱桥(图2-3-20),孔跨布置为(25+64+25)m。拱肋采用圆端形钢管混凝土截面,高1.2m,吊杆间距6.4m;桥面系由箱形截面主纵梁、横梁、小纵梁及桥面板组成,纵梁梁高1.2m,桥面总宽14.4m。

广州地铁6号线白沙河大桥为组合式单肋系杆拱桥(图2-3-21),孔跨布置为(2×40+150+2×40)m。全桥由预应力混凝土刚构和钢箱系杆拱两种结构组成。刚构、钢箱系杆拱与混凝土箱梁在桥面处刚性连接,除下部结构及边跨采用现浇外,主梁主要采用工业化节段预制预应力混凝土箱梁,梁体主要采用工业化节段预制预应力混凝土箱梁,梁体均在广州番禺沙湾河畔预制场预制完成,利用运输船运至现场,采用拱上起重机进行架设。

图 2-3-20　上海明珠线苏州河桥

图 2-3-21　广州地铁 6 号线白沙河大桥效果图

(3)斜拉桥。

斜拉桥由主梁、索塔、斜拉索三个部分组成,按结构体系分为常用结构体系和特殊结构体系。斜拉桥常用结构体系按照塔、梁、墩相互结合的方式,构成不同的结构体系,有飘浮体系(塔墩固接、塔梁分离)、支承体系(包括半飘浮体系,塔墩固接、塔梁分离,主梁在塔墩上设置竖向支承)、塔梁固接体系(塔梁固接并支承在桥墩上)和刚构体系(塔、梁、墩相互固接)。特殊结构体系斜拉桥有矮塔斜拉桥、地锚式斜拉桥、无背索斜拉桥等。

北京地铁 5 号线清河斜拉桥是世界上首座预应力混凝土轨道交通曲线斜拉桥(图 2-3-22),孔跨布置为(108 + 66 + 36)m,主跨 108m,边跨 102m,内设一辅助墩以提高结构的整体刚度,主桥长 210m。结构体系采用塔墩固结、塔梁分离的支承体系,边墩和辅助墩上设纵向滑动支座。主梁位于 $R = 400$m 的平面曲线上,梁上圆曲线长 160.981m,缓和曲线长 49.019m;桥面纵坡坡度 16‰。主梁采用单箱双室预应力混凝土结构,梁高 2.60m(高跨比 1:41.5);主塔为钻石形结构,塔高 66.893m(高跨比 1:1.61);斜拉索采用双面非平行扇形密索布置,梁上索距 7m(小跨最边两根索距 4m),边索夹角约 30°。主塔墩和边墩采用钻孔摩擦桩基础。

佛山地铁 3 号线顺德水道大桥设计为单索面矮塔斜拉桥(图 2-3-23),孔跨布置为(93.55 + 168.50 + 93.55)m,主桥长 355.60m,桥面宽 11.8m,边中跨比为 0.555,采用塔、梁、墩固结体系。主梁采用预应力混凝土单箱双室箱形截面,支点梁高为 6.2m(高跨比 1:27.2),跨中梁高为 3.0m(高跨比为 1:56.2)。主塔桥面以上高度为 23.5m,高跨比 1:7.2,塔与梁固结,纵向设计成倒 V 形,截面采用 C50 钢筋混凝土倒角式矩形实心截面,塔身横桥向宽度 2.2m,纵向塔顶宽度 2.5m,塔底为两个宽 2.2m 的分离截面。斜拉索采用单面双索扇形布置,每个塔柱设

7对斜拉索,每对斜拉索横向并排布置两根,规格为37φ°15.2;梁上索距为8.0m,塔上索距为1.0m。斜拉索穿过设置在桥塔内的索鞍锚固于主梁箱梁内。

图2-3-22　北京地铁5号线清河斜拉桥

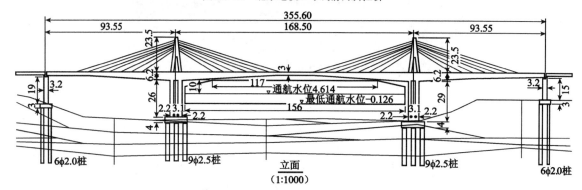

图2-3-23　佛山地铁3号线顺德水道大桥示意图(尺寸单位:m)

3. 支座

根据不同桥跨结构的需要,支座在满足不同功能要求的情况下,有不同的类型与构造。

1) 支座功能

桥梁支座必须满足以下功能要求:

①桥梁支座必须具有足够的承载力,以保证安全、可靠地传递支座反力。

②支座对桥梁变形(位移和转角)的约束应尽可能小,以适应梁体自由伸缩及转动的需要。

③支座应便于安装、养护和维修,并在必要时进行更换。支座功能分类见图2-3-24。

作用于桥梁支座的反力、位移和转角在直角坐标系中可分别用6个力(F_x、F_y、F_z、M_x、M_y、M_z)和6个变位(Δ_x、Δ_y、Δ_z、θ_x、θ_y、θ_z)来表示,如图2-3-25所示。选择支座的形式必须根据支座所承受的力和变形的自由度来确定。由于支座的位移和转角将对支座产生附加反力,使支座反力的大小和方向发生相应的改变,为此需要设计不同类型的桥梁支座,例如滑动支座、盆式橡胶支座、板式橡胶支座、球形支座等,以尽量减小由于支座位移和转角所产生的附加力。

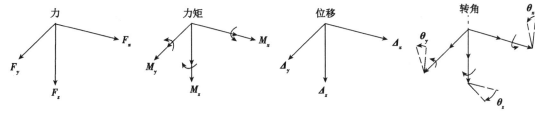

图 2-3-24 支座功能分类

图 2-3-25 作用于桥梁支座的反力、位移和转角

2)支座类型

支座按制作材料主要分为钢支座、橡胶支座等。城市轨道交通要求桥梁支座宜采用有横向限位功能的板式橡胶支座(跨度<20m)或盆式橡胶支座(跨度≥20m)。

(1)板式橡胶支座。

板式橡胶支座又称弹性支座,在竖向应具有足够的刚度,以保证在最大竖向荷载作用下产生一定的压缩变形,并能将上部结构的反力可靠地传递给墩台;在水平方向应具有良好的弹性,以适应列车制动力、温度、混凝土收缩和徐变以及活载作用下梁体的纵水平位移;支座的厚度应能适应梁体转动的需要。板式橡胶支座还具有构造简单、安装方便、养护简便、易于更换、建筑高度低、有隔振作用等优点(图 2-3-26)。板式橡胶支座一般分为无加劲支座和加劲支座两种。无加劲支座只有一层纯橡胶板,其容许承压应力约为 3000kPa,故只适用于小跨径桥梁;加劲支座则是在几层橡胶片内嵌入刚性加劲物,常用薄钢板作为刚性加劲物。桥梁上常用的板式橡胶支座每层橡胶片厚 5mm,橡胶片间嵌入 2mm 厚的薄钢板(图 2-3-27)。由于钢板的加劲,阻止橡胶片的侧向膨胀,从而提高了橡胶片的抗压能力,支承反力达 7000kN,适用于跨度小于 30m、位移量较小的桥梁。

a)普通板式橡胶支座

b)聚四氟乙烯板式橡胶支座

图 2-3-26 板式橡胶支座

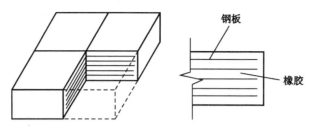

图 2-3-27 加劲板式橡胶支座构造

板式橡胶支座的活动机理:利用橡胶的不均匀弹性压缩实现转角 θ;利用其剪切变形实现纵水平位移 Δ(图 2-3-28)。

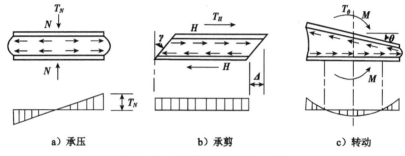

a) 承压　　　　　　　b) 承剪　　　　　　　c) 转动

图 2-3-28　板式橡胶支座的应力状态

(2)盆式橡胶支座。

一般的板式橡胶支座处于无侧限受压状态,故其抗压强度不高,加之其位移量取决于橡胶的容许剪切变形和支座高度,要求的位移量越大,支座就要做得越厚,所以板式橡胶支座的承载能力和位移值受到一定限制。盆式橡胶支座是在板式橡胶支座的基础上进一步改进后得到的更为完善的一种橡胶支座,其工作原理是:利用底钢盆对橡胶块的三向约束来获得较大的承载能力;利用中间衬板上的聚四氟乙烯板与顶板上的不锈钢板的低摩擦系数获得较大的水平位移;利用钢盆中三向受力的弹性橡胶块的不均匀压缩获得较大的转角。

盆式橡胶支座按其工作特征可分为单向活动支座、双向活动支座和固定支座三种(图 2-3-29)。固定支座由上支座板、下支座板、承压橡胶板、橡胶密封圈、钢紧箍圈、支座锚栓等组成,主要用于承受竖向反力及转角,并承受桥梁的纵向及横向水平力。双向活动支座由上支座板、下支座板、承压橡胶板、橡胶密封圈、钢紧箍圈、中间钢衬板、聚四氟乙烯板、不锈钢滑板、支座锚栓等组成,用于承受支座竖向反力及转角,并能适应桥梁纵向及横向位移的需要。单向活动支座构造基本与双向活动支座相同,但需在支座两侧或中央设置导槽,以限制支座横向(或纵向)的位移。

a) 单向活动支座　　　　　　b) 固定支座

图 2-3-29　盆式橡胶支座

盆式橡胶支座的上支座板与桥梁上部结构联结,随梁的运动而运动;下支座板固定在桥墩或桥台顶帽上,承受上部构造的作用力并传递给桥墩或桥台(图2-3-30)。上支座板上的不锈钢板与下支座板的聚四氟乙烯板组成一摩擦系数很小的摩擦件,实现水平位移,并以很小的水平推力通过下支座板而作用在桥墩上。

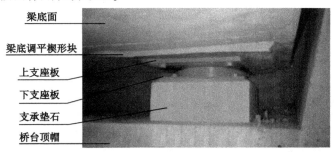

图2-3-30 实桥桥台上的盆式橡胶支座

4. 墩台及基础

1)桥墩

桥墩是高架结构中支承上部结构并将荷载传递到地基上的构造物。桥墩除了承受桥跨结构的荷载外,还要承受流水压力、风力以及可能出现的地震力或浮冰、漂流物和船只的撞击力、汽车的撞击力等,此外,桥墩还要承受施工时的临时荷载。桥墩的构造类型对高架结构的外观起着重要作用,因此,桥墩设计除满足自身功能需求外,其建筑风格也应统一,造型宜简洁明快,不宜烦琐。

(1)功能需求。

由于轨道交通的轨道结构大都采用无缝线路,当梁体与钢轨之间有相对温差或相对竖向变形时,都会引起钢轨的附加应力。研究表明,对于简支桥梁结构,当桥墩的线刚度小于一定数值时,由桥墩变形引起的钢轨附加应力将对行车安全造成影响,甚至可能出现钢轨破坏的严重问题,因此《城市轨道交通桥梁设计规范》(GB/T 51234—2017)中明确了桥墩的最小线刚度要求,如表2-3-2所示。

简支梁桥桥墩墩顶纵向水平线刚度限值　　表2-3-2

跨度 L(m)	最小水平线刚度(kN/cm)
$L \leqslant 20$	190
$20 < L \leqslant 30$	240
$30 < L \leqslant 40$	320

(2)建筑设计。

交通建筑与民用建筑不同,不宜采用过多装修来改善其外部视觉效果,因此在设计中要着重处理好桥墩体型、体量和构件之间的相互比例关系。对一般地段,应尽可能在桥墩各部空间相对关系上有所变化,从而丰富造型,避免呆板、重复;对特殊地段,一些墩高过低的桥墩采取特殊处理,不再进行体量上的变化,用尽可能简单的几何外形来处理将会取得相对较好的视觉效果。

(3)主要类型。

桥墩类型受地形、地貌、景观、轨道交通类型等因素影响而有所不同。常用的桥墩类型按墩身截面形状划分,有钢筋混凝土矩形墩[图2-3-31a)]、圆形墩[图2-3-31b)]、多边形墩[图2-3-35b)]等;按立面(顺桥向)形状划分,有独柱墩[图2-3-32a)]、Y形墩[图2-3-32b)]、V形墩等;按侧面(横桥向)形状划分,有双柱墩[图2-3-31c)、图2-3-33a)、图2-3-34b)]、独柱墩[图2-3-31a)、图2-3-31b)、图2-3-32a)、图2-3-34a)、图2-3-35a)、图2-3-35c)]、Y形墩[图2-3-33b)、图2-3-32a)、图2-3-35d)]、V形墩[图2-3-35e)]等。

a)

b)

c)

图2-3-31 北京地铁高架桥

a)

b)

图2-3-32 重庆轻轨高架桥(横桥向)

a)

b)

图2-3-33 上海地铁高架桥

a）昆明地铁高架桥　　　　　　b）广州地铁高架桥

图 2-3-34　柱式墩

a)　　　　b)　　　　c)　　　　d)　　　　e)

图 2-3-35　钢筋混凝土桥墩与上部结构（横桥向）

2）桥台

桥台是在岸边或桥孔尽端与路堤连接、支承桥梁上部结构并将荷载传递到地基上的构筑物。桥台一般具有支承和挡土的功能，抵御路堤土压力，防止路堤填土的滑坡和坍塌，使桥梁和路堤连接平顺，行车平稳。但有些桥的端孔采用悬臂形式，靠岸只设岸墩而不设桥台，岸墩只起支承作用，路堤端头则另建挡土墙或做成土坡。桥台构造类型可参照"桥梁工程概论"课程相关内容，本章不再详述。

3）基础

基础类型应根据桥址水文、工程地质等实际情况选用，可采用明挖基础、桩基础、沉井基础等。可参照"桥梁工程概论"课程相关内容，本章不再详述。

三、耐久性设计

结构的耐久性是指结构在使用过程中经受各种破坏因素的作用仍能保持其使用性能的能力。《城市轨道交通桥梁设计规范》（GB/T 51234—2017）规定：桥梁主体结构设计使用年限应为 100 年。结构耐久性应从建筑材料、结构设计构造措施、结构施工控制、结构养护检测等方面加以控制。

1. 建筑材料耐久性要求

对混凝土原材料、配合比参数的限制及耐久性指标的要求如下：

①水泥熟料中铝酸三钙的含量≤水泥质量的 8%。

②桥梁下部结构混凝土中氯离子含量不大于胶凝材料总量的 0.1%；梁体结构混凝土中氯离子含量不超过胶凝材料总量的 0.06%。

③水泥中碱含量不超过水泥质量的0.6%,且混凝土中碱的总含量不超过3.0kg/m³。
④桥梁下部结构胶凝材料用量不高于400kg/m³,梁体混凝土不宜高于500kg/m³。
⑤矿物掺合料不宜小于胶凝材料总量的20%,也不宜超过30%。

2. 设计与施工要求

结构设计构造措施与施工控制要满足以下要求:
①在满足其他要求的前提下,适当加大梁高,以降低结构的应力幅,同时方便维修人员进入梁内检查。
②采用HDPE(高密度聚乙烯)波纹管,孔道压浆采用真空压浆技术。
③混凝土保护层厚度为35mm,施工不得出现负误差。
④桥梁墩台、钻孔桩混凝土强度等级不低于C30。
⑤封锚混凝土宜采用纤维混凝土。
⑥后张预应力波纹管外缘至混凝土表面的距离,顶面和侧面均不应小于管道直径和60mm中的较大值。
⑦预应力混凝土灌浆材料宜采用低碱硅酸盐水泥,并掺入优质粉煤灰和适量外加剂配制,不得加入铝粉或含有氯盐、硝酸盐等有害成分的外加剂。孔道压浆宜在终张拉完成后48h内进行。

3. 结构养护检测

应定期对结构进行维护;除设置线路综合检查车外,建议配置无动力式桥梁检查车,对桥梁的工作状态进行监测;建成运营后,定期对结构进行全面检查。

第三节 结构计算方法 *

高架结构计算分析包括静力分析和动力分析。对于静定结构一般采用结构力学方法进行分析计算,对于超静定结构一般采用结构有限元法进行分析计算。计算详细内容请扫二维码查阅。

第四章
CHAPTER FOUR
地下区间结构

第一节 概述

一、地下区间结构一般特点

城市轨道交通地下区间结构(区间隧道)是指修建在地下或水下并铺设轨道供机车车辆通行的建筑物,包括行车隧道、渡线、折返线、地下库存线、联络线以及其他附属建筑物。

为保持围岩稳定性,地下区间结构断面开挖后需进行支护和衬砌,支护方式包括锚杆、钢架、钢筋网、喷射混凝土及其他组合;衬砌方式则包括整体式混凝土衬砌、拼装式衬砌、喷射混凝土衬砌、复合式衬砌等。衬砌结构与构造主要取决于地下结构的用途,沿线地形、地物、水文地质、工程地质条件、施工方法、环境要求、维修管理、工期要求及投资高低等因素。

地下区间结构施工技术是指实施各种地下结构施工方法所需的技术方案和措施,如开挖掘进施工技术、支护衬砌施工方案及措施、监控量测技术、不良地质条件的处理与加固技术等。地下区间结构施工管理包括施工组织设计(如施工方案选择、施工技术措施、场地布置、进度控制、材料供应、劳力及机具安排等)和施工中的技术管理、计划管理、质量管理、经济管理、安全管理等。地下结构施工过程中经常会遇到突然变化的地质条件及其他意外情况,如塌方、涌水、与设计不符的围岩等级等,应结合工程实际情况因地制宜地采取施工方法及技术,确保施工安全及地下结构总体的安全稳定。

地下区间结构施工方法可归纳为明挖法(盖挖法)、矿山法、盾构法、特殊方法等。本章主要介绍地下区间结构主体构筑物的结构构造类型及其适用条件;明挖法(盖挖法)、矿山法、盾构法施工的地下结构设计、计算方法及施工方法。

二、地下区间结构基本组成

地下区间结构包括主体构筑物和附属设施两部分。

1. 主体构筑物

主体构筑物由洞身和洞门组成,是为了保持地下区间结构稳定和正常使用而建造的永久构筑物。洞身结构设计包括其横断面几何形状及衬砌结构类型设计;洞门构造形式由地形地质条件、山体(坡体)稳定性及建筑造型等因素决定,主要有环框式、端墙式(一字式)、翼墙式(八字式)、柱式、台阶式、斜交式、喇叭式等。

2. 附属设施

附属设施包括避车洞、消防设施、防排水设施、电力与通信信号的安防设施、应急通信及通风和照明设备等。

三、主要类型及适用情况

1. 深埋与浅埋的划分

1) 根据隧道(地下区间结构)坍落拱(压力拱)高度划分

(1) 浅埋隧道:洞顶覆土不能形成坍落拱,结构将承受其上全部覆土产生的土压力。

(2) 深埋隧道:洞顶覆土能够形成坍落拱,结构将承受其上一定范围内覆土产生的土压力。

坍落拱示意图见图 2-4-1。

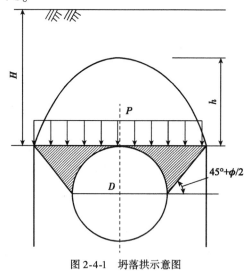

图 2-4-1 坍落拱示意图

根据工程实践经验,对于单线和双线隧道,深埋与浅埋隧道分界以 2.5 倍坍方高度来确定。《铁路隧道设计规范》(TB 10003—2016)规定,根据围岩级别,浅埋隧道最大覆土厚度按式(2-4-1)计算。

$$H < 2.5 h_a \tag{2-4-1}$$

式中:H——隧道拱顶以上覆盖层厚度;

h_a——深埋隧道垂直荷载计算高度。

《铁路隧道设计规范》(TB 10003—2016)根据岩石的坚硬程度和岩体的完整程度将铁路隧道围岩划分为 Ⅰ~Ⅵ 级,如表 2-4-1 所示。

铁路隧道围岩分级　　　　　　　　　　　　　　　　　　　　　表 2-4-1

围岩级别	围岩主要工程地质条件		围岩开挖后的稳定状态(小跨度)	围岩基本质量指标 BQ	围岩弹性纵波速度 v_p(km/s)
	主要工程地质特征	结构特征和完整状态			
Ⅰ	极硬岩(单轴饱和抗压强度 R_c > 60MPa);受地质构造影响轻微,节理不发育,无软弱面(或夹层);层状岩层为巨厚层或厚层,层间结合良好,岩体完整	呈巨块状整体结构	围岩稳定,无坍塌,可能产生岩爆	>550	A:>5.3
Ⅱ	硬质岩(R_c > 30MPa);受地质构造影响较重,节理较发育,有少量软弱面(或夹层)和贯通微张节理,但其产状及组合关系不致产生滑动;层状岩层为中厚层或厚层,层间结合一般,很少有分离现象,或为硬质岩石偶夹软质岩石	呈巨块状或大块状结构	暴露时间长,可能出现局部小坍塌,侧壁稳定,层间结合差的平缓岩层顶板易塌落	451～550	A:4.5～5.3 B:>5.3 C:>5.0
Ⅲ	硬质岩(R_c > 30MPa);受地质构造影响严重,节理发育,有层状软弱面(或夹层),但其产状及组合关系尚不致产生滑动;层状岩层为薄层或中层,层间结合差,多有分离现象;硬、软质岩石互层	呈块(石)碎(石)状镶嵌结构	拱部无支护时可产生小坍塌,侧壁基本稳定,爆破振动过大易塌	351～450	A:4.0～4.5 B:4.3～5.3 C:3.5～5.0 D:>4.0
	较软岩(R_c = 15～30MPa);受地质构造影响轻微,节理不发育,层状岩层为厚层、巨厚层,层间结合良好或一般	呈大块状结构			
Ⅳ	硬质岩(R_c > 30MPa);受地质构造影响极严重,节理很发育;层状软弱面(或夹层)已基本破坏	呈碎石状压碎结构	拱部无支护时,可产生较大的坍塌,侧壁有时失去稳定	251～350	A:3.0～4.0 B:3.3～4.3 C:3.0～3.5 D:3.0～4.0 E:2.0～3.0
	软质岩(R_c ≈ 5～30MPa);受地质构造影响较重或严重,节理较发育或发育	呈块(石)碎(石)状镶嵌结构			
	土体: 1. 具压密或成岩作用的黏性土、粉土及砂类土; 2. 黄土(Q_1、Q_2); 3. 一般钙质、铁质胶结的碎石土、卵石土、大块石土	1 和 2 呈大块状压密结构,3 呈巨块状整体结构			
Ⅴ	岩体:较软岩、岩体破碎;软岩、岩体较破碎至破碎;全部极软岩及全部极破碎岩(包括受构造影响严重的破碎带)	呈角砾碎石状松散结构	围岩易坍塌,处理不当会出现大坍塌,侧壁经常出现小坍塌;浅埋时易出现地表下沉(陷)或塌至地表	≤250	A:2.0～3.0 B:2.0～3.3 C:2.0～3.0 D:1.5～3.0 E:1.0～2.0
	土体:一般第四系坚硬、硬塑黏性土,稍密及以上、稍湿或潮湿的碎石土、卵石土、圆砾土、角砾土粉土及黄土(Q_3、Q_4)	非黏性土呈松散结构,黏性土及黄土呈松软结构			

续上表

围岩级别	围岩主要工程地质条件		围岩开挖后的稳定状态(小跨度)	围岩基本质量指标 BQ	围岩弹性纵波速度 v_p(km/s)
	主要工程地质特征	结构特征和完整状态			
VI	岩体:受构造影响严重呈碎石、角砾及粉末、泥土状的富水断层带,富水破碎的绿泥石或炭质千枚岩	黏性土呈易蠕动的松软结构,砂性土呈潮湿松散结构	围岩极易变形坍塌,有水时土砂常与水一起涌出;浅埋时易塌至地表	—	<1.0(饱和状态的土<1.5)
	土体:软塑状黏性土,饱和的粉土、砂类土等,风积沙,严重湿陷性黄土				

2) 根据实测土压力划分

根据实测土压力 P 与隧道上方垂直土柱重量 γh 之比来划分:

(1) 浅埋隧道: $P/(\gamma h) > 0.4 \sim 0.6$;

(2) 深埋隧道: $P/(\gamma h) \leq 0.4$。

3) 根据隧道覆跨比划分

根据隧道上覆土厚度 H 与结构跨度 D 之比来判断。

深埋与浅埋的分界深度:

Ⅲ级围岩:$0.5D \sim 1.0D$;Ⅳ级围岩:$1.5D \sim 2.5D$;Ⅴ级围岩:$2.5D \sim 3.5D$;Ⅵ级围岩:$4D \sim 6D$。

城市轨道交通地下区间结构大多属于浅埋隧道。

2. 主要结构类型

地下区间主体结构按照施工方法的不同,有采用明挖法或盖挖法施工的结构,有采用矿山法、盾构法施工的结构,也有采用沉埋法、顶推法等特殊方法施工的结构,对应的结构形式有矩形、马蹄形、圆形、U 形等。

1) 矩形断面

在地面空旷且隧道埋深较浅的地段,经技术经济比选确定有优势时,可采用明挖法施工,一般采用矩形框架的结构形式。根据线路设置条件,分为单孔矩形断面[图 2-4-2a)]和双孔矩形断面[图 2-4-2b)],单孔矩形断面适用于单线,双孔矩形断面适用于双线,双孔中间设隔墙,以利于区间隧道通风。矩形断面内轮廓与地铁设备限界最为接近,断面净空可得到充分利用,便于顶板上敷设城市地下管网设施。

2) 马蹄形断面

当围岩为硬质岩和具备一定自稳能力的第四纪地层时,可采用矿山法暗挖施工,一般采用马蹄形断面(又称拱形断面)的结构形式。根据线路设置条件,可分为单拱[图 2-4-3a)]、双拱[图 2-4-3b)]和多跨连拱[图 2-4-3c)]三种形式。单拱、双拱断面多用于单线或双线的地下区间结构或联络通道,但由于双拱断面较大,拱部埋深相对较浅,地面沉降不易控制,工程风险较大,因此,地下区间结构一般宜采用单拱断面形式。多跨连拱多用于停车线、折返线或喇叭口岔线。

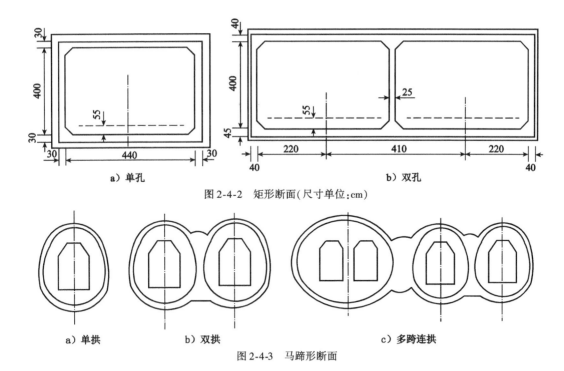

图 2-4-2 矩形断面(尺寸单位:cm)

图 2-4-3 马蹄形断面

3) 圆形断面

当围岩为第四纪地层、无侧限抗压强度中等偏低的地层和软岩地层时,可采用盾构法施工,在硬质岩层和含有大量粗颗粒漂石、块石的地层不宜采用盾构法施工。盾构法施工的地下结构断面多为圆形。单线地下区间结构的内径为 5.6m 时,一般采用单层装配式钢筋混凝土管片衬砌[图 2-4-4a)]。双圆形式[图 2-4-4b)]可采用上下、左右任意组合的结构形式,使之与周边条件相协调。

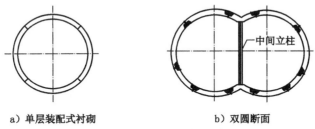

图 2-4-4 圆形断面隧道示意

圆形断面具有结构受力合理,线路纵向坡度、平面曲线半径变化等不会改变断面形状,对内净空利用的影响小等特点。其横截面的内轮廓尺寸除根据建筑限界、施工误差、道床类型、预留变形等条件决定外,还按照线路的最小曲线半径进行验算。目前广州、上海、南京等城市的地铁圆形断面的内径均为 5.5m。

受城市既有地下构筑物的影响,近年来开发了双圆、三圆、矩形等多种盾构断面形式。宁波轨道交通 3 号线出入段线工程(420m)采用类矩形隧道盾构机施工,如图 2-4-5 所示,区间隧道整体呈矩形,四个顶角为弧形,较传统的双圆断面形式的空间利用率提升 35% 以上,且有利于减少拆迁量和降低对楼房、地面交通的影响。

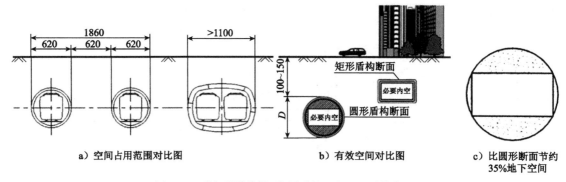

图 2-4-5 类矩形隧道断面与圆形断面对比(尺寸单位:cm)

第二节 结构设计

一、明挖法修建的隧道衬砌结构

1. 结构形式

在场地开阔、建筑物稀少、交通及环境允许的地区,应优先采用施工速度快、造价较低的明挖法施工衬砌。明挖法施工的地下区间隧道结构通常采用矩形断面,可采用整体式现浇钢筋混凝土框架结构或装配式钢筋混凝土框架结构。

1) 整体式衬砌

整体式衬砌结构断面分单跨、双跨等形式。由于其整体性好,防水性能容易得到保证,故适用于各种工程地质和水文地质条件,但施工工序较多,建设速度较慢。

2) 预制装配式衬砌

预制装配式衬砌的结构形式应根据工业化生产水平、施工方法、起重运输条件、场地条件等因地制宜地选择,有单跨和双跨,如图 2-4-6 所示。装配式衬砌各构件之间的接头构造,除了要考虑强度、刚度、防水性等方面的要求外,还要求构造简单、施工方便。装配式衬砌整体性较差,对于有特殊要求(如防洪、抗震等)的地段要慎重选用。

2. 结构设计

地下区间结构矩形断面几何尺寸包括内部净空尺寸和结构截面尺寸,应根据结构使用要求、限界尺寸、施工方法、水文地质、工程地质条件等综合确定。

1) 一般构造设计

(1) 截面净空尺寸的确定。

地下区间结构内部净空尺寸根据建筑限界、曲线半径、超高、道床、线间安全距离、施工误差、结构变形等影响因素确定,结构内任何设施及附属建筑都必须设置在建筑限界以外,如图 2-4-7 所示。

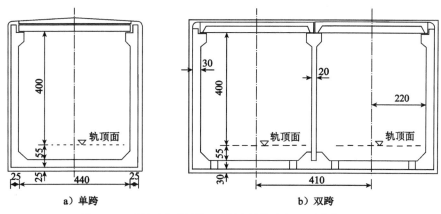

图 2-4-6 明挖法修建的装配式衬砌结构形式(尺寸单位:cm)

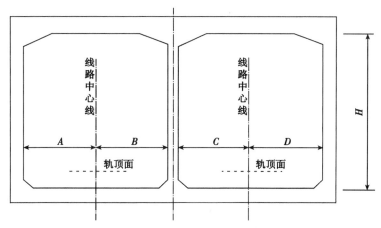

图 2-4-7 内部净空尺寸

图 2-4-7 中:

$$A = 建筑限界宽度/2 + (至侧墙间的富裕量) + \alpha \quad (2\text{-}4\text{-}2)$$
$$B = 建筑限界宽度/2 + (至中间柱或墙间的富裕量) + \beta \quad (2\text{-}4\text{-}3)$$
$$C = 建筑限界宽度/2 + (至中间柱或墙间的富裕量) + 中间柱或墙宽/2 + \alpha \quad (2\text{-}4\text{-}4)$$
$$D = 建筑限界宽度/2 + (至侧墙间的富裕量) + \beta \quad (2\text{-}4\text{-}5)$$
$$H = 建筑限界高度 + (至顶板下表面间的富裕量) + h \quad (2\text{-}4\text{-}6)$$

式中:α——曲线内侧总加宽量(mm);

β——曲线外侧总加宽量(mm);

h——由曲线引起的超高量(mm)。

富裕量一般包括施工误差、测量误差及结构变形量等。

(2)截面尺寸拟定。

矩形框架结构无论是整体式截面,还是装配式截面,均采用钢筋混凝土结构,混凝土强度等级不低于 C35。影响截面尺寸的主要因素有混凝土和钢筋的设计强度、荷载状况、建筑物的尺寸以及钢筋的配置方式等。

截面尺寸的拟定,顶板厚度一般为跨度的 1/10~1/8;底板厚度根据地层有无地下水,一一般为顶板厚度±5cm;侧墙厚度根据施工、防水及结构的匀称要求,通常不宜小于40cm,应根据拟定的截面尺寸进行精确计算。由于地下区间结构很长,其标准断面要进行多方案比较,以达到施工方便、造价最省的要求。

2)钢筋构造设计

根据内力计算求得各控制截面上的弯矩、剪力及轴力后,按照钢筋混凝土结构偏心受压构件或受弯构件进行截面配筋,并验算截面抗弯、抗剪、抗裂等,使其满足相关规范要求。

(1)截面最小配筋率。

框架结构的墙、板中受拉钢筋的最小配筋率为0.15%,受压钢筋的配筋率不小于0.2%。

(2)钢筋直径。

现场绑扎钢筋和预制钢筋骨架的形状与尺寸,应考虑加工、运输和基坑内施工安全和方便,选用的受力钢筋直径一般不宜大于32mm,受弯构件中不宜小于14mm,受压构件中不宜小于16mm,一般构造钢筋直径不小于12mm,箍筋直径不小于8mm。

(3)钢筋间距。

框架结构的受力钢筋间距应不大于250mm,受力钢筋的水平净距亦不得小于钢筋直径或30mm,多于两排钢筋时,应增加1倍;纵向分布钢筋间距可采用10~30cm,并便于施工;箍筋间距应满足相关规范要求。

钢筋的弯起、锚固、搭接也应按相关规范进行设置。其他构造钢筋要根据结构受力特点进行配置。

二、矿山法修建的隧道衬砌结构

在交通繁忙的市区修建地铁地下区间结构,当工程地质和水文地质条件适宜时,通常采用暗挖法中的矿山法(为区别于传统矿山法,又可称为松散地层的新奥法或浅埋暗挖法)施工。

1. 设计要求

矿山法区间隧道最小覆土厚度不宜小于隧道开挖宽度。在采用矿山法修建的地下区间结构中,衬砌又称为支护结构,其作用是加固围岩并与围岩共同组成一个有足够安全度的地下结构体系,共同承受可能出现的各种荷载,保持结构断面的使用净空,防止地表下沉,提供空气流通的光滑表面,堵截或引排地下水。因此,在设计地下结构衬砌时应满足以下基本要求:

①必须能与围岩大面积牢固接触,保证衬砌与围岩作为一个整体进行工作。

②要允许围岩能产生有限制的变形(在浅埋隧道中限制较严格),能在围岩中形成卸载拱,避免上覆地层的重量全部作用到衬砌上。因此,现代地下结构衬砌的刚度相对较小,如有强度需要,则可通过配筋来解决。

③地下结构衬砌最好设计成封闭式的,尽量接近圆形,一般应设置仰拱,以增加结构抵抗变形的能力和整体稳定性。在围岩十分稳定的情况下亦可不设仰拱,但需铺底,其厚度不得小于10cm。

④地下结构衬砌应能分期施工,又能随时加强,这样就可根据施工时测量的信息,调整衬砌的强度、刚度和它发挥作用的时间,包括仰拱闭合和后期支护的施工时间,主动"控制"围岩变形。

2. 结构形式

结构的断面形状和衬砌形式,应根据围岩条件、使用要求、施工方法及断面尺度等,从受力、围岩稳定和环境保护等方面综合分析确定。Ⅲ～Ⅳ级围岩中的区间隧道或相当断面尺度的隧道,宜采用封闭的曲线形衬砌结构,衬砌断面周边外轮廓宜圆顺;在稳定围岩中或受其他条件限制时,也可采用直墙拱衬砌结构;特殊情况下也可采用矩形框架结构。

矿山法隧道应采用复合式衬砌。在无水的Ⅰ～Ⅱ级围岩中的单线区间隧道和Ⅰ级围岩中的双线区间隧道,也可采用单层整体现浇的混凝土衬砌。在围岩完整、稳定、无地下水和不受冻害影响地段的非行车及乘客不使用的隧道,也可采用单层喷锚衬砌结构,喷锚衬砌的内部净空应满足后期施作结构的尺寸要求。

1)复合式衬砌

复合式衬砌是矿山法修建的地下区间结构衬砌的基本结构类型,是由初期支护、防水隔离层和二次衬砌组成的。图2-4-8所示为北京地铁单线地下区间结构的复合式衬砌。外层为初期支护,其作用为加固围岩,控制围岩变形,防止围岩松动失稳,是衬砌结构中的主要承载单元,一般应在开挖后立即施作,并应与围岩密贴。所以,最适宜采用喷锚支护,根据具体情况,选用锚杆、喷混凝土、钢筋网和钢支撑等单一或并用而成。

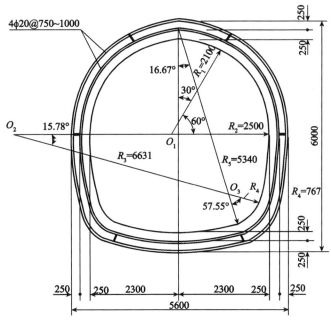

图 2-4-8 复合式衬砌构造(尺寸单位:mm)

目前常用的锚杆形式有:全长黏结式锚杆、摩擦式锚杆、钢绞线锚杆、端头锚固式锚杆、混合式锚杆等,如图2-4-9所示。国内用得较多的是全长黏结式锚杆,它是靠向钻孔内灌注水泥砂浆或树脂将锚杆与围岩黏结在一起而起到加固围岩的作用。同时,在锚杆端部有螺纹,可用螺母将钢垫板压紧在围岩面,施加一定的预应力。锚杆布置一般为梅花状,根据围岩状况和锚固力要求,选择锚杆参数,围岩情况变化时,锚杆参数应做相应调整。在浅埋土结构中,上覆地层有可能产生整体下沉,此时拱部系统锚杆的作用不明显,故常被省去。

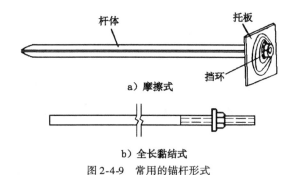

图 2-4-9　常用的锚杆形式

喷混凝土则有素喷混凝土和钢纤维喷混凝土两种。因素喷混凝土抗拉和抗变形能力弱，抗裂性和延性差，故通常配合钢筋网一起使用。钢纤维喷混凝土是在混凝土中掺入占总体积 1%～2% 的短钢纤维而成的，其抗弯性、抗裂性和韧性比素喷混凝土高 30%～120%，故一般不再加钢筋网。钢筋网通常用 $\phi6$ 的 HPB300 钢筋焊接而成，网格尺寸一般为 $100mm \times 100mm$ 或 $150mm \times 150mm$。

钢支撑通常用型钢或 $\phi22 \sim \phi28$ 的螺纹钢筋焊接而成。在松软地层中，为了增加初期支护刚度，减少围岩变形，通常都要使用钢支撑，而且一般情况下要将钢支撑埋入喷混凝土内。用钢筋焊成的钢支撑又称为格栅拱，通常 3 根或 4 根钢筋焊成三角形断面或矩形断面。

复合式衬砌的内层为二次衬砌，通常在初期支护变形稳定后施作。因此，它的作用主要为安全储备，并承受外静水压力，以及围岩蠕变或因围岩性质恶化和初期支护腐蚀而引起的后续荷载，并提供光滑的通风表面。故一般采用模注混凝土，也可采用喷混凝土。

为了防水和减少二次衬砌因混凝土收缩而产生的裂缝，在初期支护和二次衬砌之间一般需敷设不同类型的防水隔离层。防水隔离层的材料应选用抗渗性能好、化学性能稳定、抗腐蚀及耐久性好，并具有足够的柔性、延伸性、抗拉和抗剪强度的塑料或橡胶制品。为了控制水流和作为缓冲垫层，可在塑料或橡胶板后加一层无纺布或泡沫塑料。

2）单层衬砌

在干燥无水的坚硬围岩中，地下区间结构衬砌亦可采用单层的喷锚支护，不做防水隔离层和二次衬砌，但此时对喷混凝土的施工工艺和抗风化性能的要求较高，衬砌表面要平整，不允许出现大量的裂纹。

3）整体式衬砌

单层模注衬砌又称为整体式衬砌，在防水要求不高、围岩有一定的自稳能力时，可采用单层的模注混凝土衬砌，不做初期支护和防水隔离层。施工时如有需要，可用木料、钢材或喷锚做成临时支撑，不计算其受力，一般情况下，在浇筑混凝土时需将临时支撑拆除，以供下次使用。为适应不同的围岩条件，整体式衬砌可做成等截面直墙式 [图 2-4-10a)] 和等截面或变截面曲墙式 [图 2-4-10b)]。前者适用于坚硬围岩（Ⅳ类及以上），后者适用于软弱围岩。

在大多数情况下，受施工工艺影响，整体式衬砌不可能与围岩密贴，故一般要求在衬砌做好后向衬砌背后注浆，填充空隙，改善衬砌受力状态，减少围岩变形。同时衬砌混凝土本身需要有较好的自防水性能。

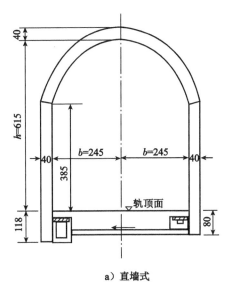
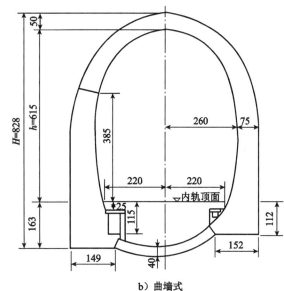

a) 直墙式　　　　　　　　　　b) 曲墙式

图 2-4-10　整体式衬砌构造（尺寸单位：cm）

3. 结构设计

1) 截面形状确定

采用矿山法修建的地下区间结构应采用曲墙式衬砌，并宜采用复合式衬砌。衬砌内轮廓线尺寸应符合地铁建筑限界要求，并应满足使用及施工工艺要求，同时应计入施工误差、结构变形和位移的影响。结构变形量可根据围岩级别、开挖跨度、埋置深度、施工方法和支护条件，采用工程类比法确定；当无类比资料时，可按表 2-4-2 选用。当地下区间结构位于曲线上时，内轮廓还应加宽。

预留变形量（mm）　　　　表 2-4-2

围岩类别	小跨	中跨	大跨
Ⅱ	—	0～30	30～50
Ⅲ	10～30	30～50	50～80
Ⅳ	30～50	50～80	80～120
Ⅴ	50～80	80～120	120～170

注：1. 本表摘自《铁路隧道设计规范》(TB 10003—2016)，复合式衬砌。
　　2. 浅埋、软岩、跨度较大的隧道取大值；深埋、硬岩、跨度较小的隧道取小值。

内轮廓线形状应使结构轴线尽可能符合外荷载作用所产生的压力线。若两线重合，衬砌各截面就只承受轴力而无弯矩，这对混凝土结构是最有利的。但事实上不易做到，只能使结构轴线接近压力线。此外，在设计衬砌内轮廓线形状时，还要考虑衬砌模板制造的难易程度和是否便于在曲线地段进行加宽。从理论分析和实践经验得出：当地下区间结构衬砌主要承受竖向荷载和不大的水平荷载时，衬砌拱部轴线宜采用单心圆弧线或三心圆弧线，墙部可采用直线。当衬砌在承受竖向荷载的同时，还承受较大的水平荷载，结构轴线宜用多段圆弧连接而成，近似圆形，但又比圆形接近建筑限界，以减少土石开挖量，如图 2-4-8 所示。各内轮廓线的圆心位置和半径值可通过几何分析求得。

2) 截面尺寸拟定

地下区间结构衬砌截面尺寸拟定包括确定初期支护的各设计参数,即锚杆类型、直径、长度、间距;喷混凝土强度、厚度;格栅拱钢筋直径、间距;钢筋网直径和网格尺寸等以及二次衬砌的各项设计参数;混凝土强度、厚度以及是否需要配筋等。

初期支护的组成应根据围岩条件、地下水情况、结构断面尺寸及其埋置深度等条件确定,并应符合下列规定:

①喷射混凝土应优先采用湿喷工艺,厚度不应小于5cm。

②钢筋网应以直径6~8mm的钢筋焊接而成,网格间距宜为15~25cm;应在初喷混凝土后铺挂。钢筋净保护层最小厚度不小于35mm。

③系统锚杆应沿隧道周边按梅花形均匀布置,其方向应接近径向或垂直岩层。系统锚杆应设垫板,垫板应与喷层面密贴。

④钢架可设于隧道拱部、拱墙或全环;钢架应在开挖后或初喷混凝土后及时架设,钢架背后的间隙应设置垫块并填充密实。

一般情况下采用矿山法施工的地下区间结构宜设置仰拱,Ⅱ级围岩、地下水不发育的Ⅲ级硬质岩地段可设置钢筋混凝土底板,厚度不应小于30cm。

地下结构的变形缝可分为伸缩缝和沉降缝。伸缩缝的形式和间距可根据围岩条件、施工工艺、使用要求以及运营期间地铁内部温度相对于结构施工时的变化等,按类似工程的经验确定。在区间隧道中不宜设置沉降缝,当因结构、地基、基础或荷载发生变化,可能产生较大的差异沉降时,宜通过地基处理、结构措施或设置后浇带等方法,将结构的纵向沉降曲率和沉降差控制在无砟道床和地下结构的允许变形范围内。现浇混凝土及钢筋混凝土结构横向分段浇筑的施工缝位置及间距应结合结构形式、受力要求、施工方法、气象条件及变形缝的间距等因素,按类似工程的经验确定。

三、盾构法修建的隧道衬砌结构

1. 结构形式

盾构法修建的隧道衬砌有预制装配式衬砌[图2-4-11a)]、预制装配式衬砌和模注钢筋混凝土整体式衬砌相结合的双层衬砌[图2-4-11b)]以及挤压混凝土整体式衬砌[图2-4-11c)]三大类。

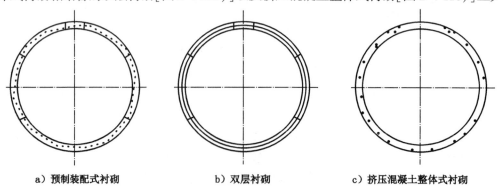

a) 预制装配式衬砌　　b) 双层衬砌　　c) 挤压混凝土整体式衬砌

图2-4-11 盾构法修建的隧道衬砌结构

1) 预制装配式衬砌

预制装配式衬砌是用工厂预制的构件(称为管片),在盾构尾部拼装而成的。管片种类按材料可分为钢筋混凝土、钢、铸铁以及由几种材料组合而成的复合管片,见图2-4-12。钢筋混凝土管片的耐压性和耐久性均较好,管片刚度大,由其组成的衬砌防水性能有保证。但其重量大,抗拉强度较低,在脱模、运输、拼装过程中,容易损坏其角部。

图2-4-12 钢筋混凝土预制管片

钢管片具有强度高、焊接性能好、便于加工与维修、重量轻、便于施工等优点。但与钢筋混凝土管片相比,其刚度小、易变形,且抗锈性差,在不做二次衬砌时,必须有防腐抗锈措施。

铸铁管片强度高、防水和防锈蚀性能好、易加工,和钢管片相比刚度亦较大,故其在早期的地下铁道区间隧道中得到广泛的应用。

钢和铸铁管片价格较贵,除在联络通道门洞区段或特殊地段采用钢管片、铸铁管片或钢与钢筋混凝土复合管片外,一般都采用钢筋混凝土管片。

2) 双层衬砌

为了防止隧道渗水和衬砌腐蚀,修正隧道施工误差,减少噪声和振动以及增加内部装饰,可在装配式衬砌内部再做一层整体式混凝土或钢筋混凝土内衬。根据需要还可以在装配式衬砌与内层之间敷设防水隔离层。双层衬砌主要用在含有腐蚀性地下水的地层中。例如,香港地铁区间隧道单层钢筋混凝土管片衬砌,因地下水中氯化物含量高达160mg/L,且处在地下26°C的高温和相对湿度达90%以上的环境中,加上行车时间内干湿循环和列车活塞效应,引起衬砌渗漏处积聚大量盐分,出现严重腐蚀现象,导致混凝土保护层剥落,钢筋锈蚀,不得不进行大量修复和补强工作。近年来,由于混凝土耐腐蚀性和管片防水性能的提高,采用双层衬砌的必要性已大幅降低,但仍有一些国家(如日本等)坚持使用双层衬砌。

3) 挤压混凝土整体式衬砌

挤压混凝土整体式衬砌是随着盾构向前掘进,用一套衬砌施工设备在盾尾同步灌注的混凝土或钢筋混凝土整体式衬砌,混凝土灌注后即承受盾构千斤顶推力的挤压作用。

挤压混凝土衬砌可以是素混凝土,也可以是钢筋混凝土,但应用最多的是钢纤维混凝土。挤压混凝土整体式衬砌一次成型,内表面光滑,衬砌背后无空隙,故无须注浆,且对控制地层移动特别有效。但因挤压混凝土整体式衬砌需要较多的施工设备,包括混凝土成型用的框模、拼折框模的系统、混凝土配制车、混凝土配送系统等,并且混凝土制备、配送、钢筋架立等工艺较为复杂,在渗漏性较大的土层中要达到防水要求尚有困难。故挤压混凝土整体式衬砌的应用尚不广泛。

2. 结构设计

1) 截面内轮廓尺寸

采用盾构法修建地下区间隧道时,无论是在直线上还是曲线上,均使用同一台盾构机施工,中途无法更换。因此,其横截面的内轮廓尺寸是全线统一的,除了应根据建筑限界、施工误差、道床类型、预留变形等条件决定外,还应按线路的最小曲线半径进行验算,保证列车在最困难的条件下能够安全通过。广州地铁、上海地铁的圆形区间隧道内径为5.5m,可以保证3.0m的宽体车在 $R=300$m、最大超高 $h=120$mm 的曲线上安全通过。

2) 管片厚度

管片的厚度取决于围岩条件、覆盖层厚度、管片材料、隧道用途、施工工艺等条件。为了充分发挥围岩自身的承载能力,现代隧道工程中都采用柔性衬砌,其厚度相对较小。根据日本经验,单层的钢筋混凝土管片衬砌厚度一般为衬砌环外径的5.5%左右,为300~500mm。上海地铁区间隧道钢筋混凝土管片厚度为350mm,广州地铁区间隧道管片厚度为300mm,为衬砌环外径的5%~6%。

3) 管片宽度

管片宽度的选择对施工、造价的影响较大。当管片宽度较小时,虽然搬运、组装在曲线上施工方便,但接缝较多,加大了隧道防水的难度,增加了管片制作成本,而且不利于控制隧道纵向不均匀沉降;管片宽度太大则施工不便,也会使盾尾长度增长,影响盾构的灵活性。因此,过去单线区间隧道管片的宽度控制在700~1000mm,但随着铰接盾构的出现,管片宽度有进一步提高的趋势,目前控制在1000~1400mm。例如,上海地铁区间隧道的管片宽度为1000mm,广州地铁区间隧道采用铰接式盾构施工,故其管片宽度为1200mm。

4) 衬砌环分块

衬砌环一般有两种组成方式。一种是由若干块标准管片(A)、两块相邻管片(B)和一块封顶管片(K)构成[图2-4-13a]。另一种是由若干块A型管片、一块B型管片和一块K型封顶管片构成[图2-4-13b]。相邻管片一端带坡面,封顶管片则两端或一端带坡面。为方便施工,提升衬砌环防水效果,采用第一种方式较好。

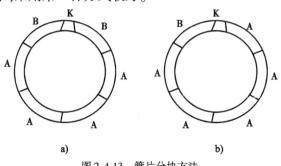

图2-4-13 管片分块方法

封顶块的拼装形式有径向楔入和纵向插入两种方式。径向楔入时,封顶块的两个径向边必须呈内八字形或者至少平行,受载后有向下滑动的趋势,受力不利;纵向插入时,封顶块不易向内滑动,受力较好,但在拼装封顶块时,需加长盾构千斤顶行程。封顶块位置一般设在拱顶处,但也有设在45°、135°甚至180°(圆环底部)处的,视设计需要而定。

5) 衬砌环拼装

衬砌环的拼装形式有通缝[图2-4-14a)]和错缝[图2-4-14b)]两种。错缝拼装可使接缝分布均匀,减少接缝及整个衬砌环的变形,整体刚度大,所以是一种较为普遍的拼装形式。但当管片制作精度不够高时,管片在盾构推进过程中容易被顶裂,甚至顶碎。在某些场合,例如需要拆除管片修建旁通道或有某些特殊需要时,衬砌环常采用通缝拼装形式,以便于结构处理。

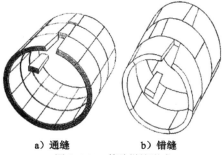

a) 通缝　　b) 错缝

图 2-4-14　管片拼缝形式

总之,衬砌环分块应结合隧道所处的围岩条件、荷载情况、构造特点、计算模型(如按铰柔性圆环考虑,分块数应多;按弹性匀质圆环考虑,分块数宜少)、运输能力、制作拼装方便等因素综合考虑确定。通常直径 $D \leq 6m$ 的地铁区间隧道,衬砌环以 4~6 块为宜;直径 $D > 6m$ 时,可分为 6~8 块。上海地铁、广州地铁均分为 6 块。

6) 螺栓和注浆孔的配置

组装管片用的螺栓分为纵向连接螺栓和环向连接螺栓两种,可采用直螺栓、弯螺栓或斜螺栓进行连接(图2-4-15)。从连接方式的受力特性来看,可分为柔性连接和刚性连接。在柔性连接中,纵向、环向的连接螺栓通常都布置在一排,允许相邻管片间产生微小的转动和压缩,使衬砌环能按内力分布状态产生相应的变形,以改善衬砌环的受力状态。刚性连接通过增加连接螺栓的排数,力图在构造上使接缝处的刚度与管片的刚度相同。刚性连接拼装麻烦、造价高,还会在衬砌环中产生较大的次应力,带来不良后果,因此,目前较为通用的是柔性连接。

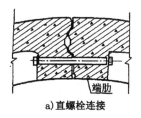 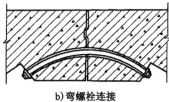 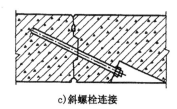

a) 直螺栓连接　　b) 弯螺栓连接　　c) 斜螺栓连接

图 2-4-15　螺栓连接形式

螺栓孔的设置不得降低管片强度,且要方便螺栓紧固作业。螺栓直径一般为 16~36mm,螺栓孔直径必须较螺栓直径大 4~8mm,如表2-4-3 所示。以销钉代替螺栓时,孔径的余裕如表2-4-4 所示。

螺栓直径与螺栓孔直径的关系　　　　　　表2-4-3

螺栓直径(mm)	27	30	33
螺栓孔直径(mm)	32~33	35~38	38~41

注:1. 螺栓直径为螺纹的公称直径。
　　2. 螺栓孔直径为管片预留孔道最狭窄部分的孔径。
　　3. 本表摘自日本《隧道标准规范(盾构篇)》,下同。

销钉直径与销钉孔直径的关系 表2-4-4

销钉直径(mm)	16	18	20	22	24	27	30	33	36
销钉孔直径(mm)	19	21~23	23~25	25~27	27~29	30~32	33~36	36~39	39~41

采用错缝拼装形式时,为了方便曲线地段施工,一般将纵向连接螺栓沿圆周等距离分置。为了均匀地向衬砌背后进行回填注浆,管片上还应设置1个以上的注浆孔[图2-4-16a)、b)],注浆孔直径一般由所用的注浆材料决定,通常其内径为50mm左右。如将注浆孔兼作起吊孔使用,则应根据作业安全性和是否便于施工确定其位置及孔径的大小。在钢筋混凝土管片中一般不另行设置起吊孔,而是将注浆孔或螺栓孔兼作起吊孔使用[图2-4-16c)]。

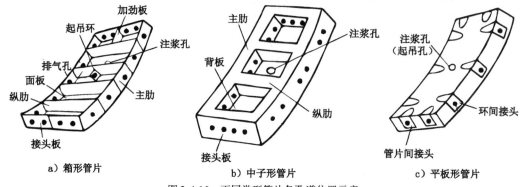

图2-4-16 不同类型管片各孔道位置示意

第三节 结构计算方法 *

地下结构与地面结构和高架结构在所处环境、力学作用机理等方面都存在着明显的差异:
①地面结构承载:地面结构的地基只在结构底部起约束作用,除结构自重外,荷载都是以外荷载形式施加给结构,如列车荷载、人群荷载等。
②高架结构承载:高架结构由上部结构和下部结构(墩台与基础)组成,地基只对基础起约束作用,除结构自重外,荷载均以外荷载形式施加给结构,如列车荷载、人群荷载、风荷载等。
③地下结构承载:地下结构埋设于地层中,四周均受到地层的约束。作用于结构上方的荷载(如地面车辆荷载、施工地面堆载等)是以土压力的形式作用于结构,地层不仅对结构施加荷载(即地层压力,或称围岩土压力),同时对结构受力与变形起到约束作用,减少结构的内力。

因此,在进行城市轨道交通地下结构的静力、动力计算时,必须充分考虑结构与地层共同作用,才能得到较符合实际的计算结果。地下结构静力、动力计算的计算模型随结构形式和施工方法而异。计算详细内容请扫二维码查阅。

第三篇 车站结构

第一章 地面车站结构
CHAPTER ONE

第一节 概述

城市轨道交通地面车站是指车站结构位于地面上，两端与区间路基工程衔接。车站轨面高程位于原地面附近，即与原地面高程相当或存在一个较小的正负高差。

地面车站兼具民用建筑与轨道交通建筑的特性与要求。地面车站受地面气候影响较大，设计要与当地的气候条件相适应，同时要体现城市交通建筑的特点。建筑设计要求通透、轻巧、新颖、美观，功能设计要求满足采光、通风、散热、挡雨四大功能。

城市轨道交通地面车站的施工具有一般建筑结构的施工特点，与铁路地面车站类似。

一、地面车站的一般特点

在功能定位上，城市轨道交通地面车站作为一种客运交通的节点，其最基本和最重要的功能就是交通接驳功能；其次，其具有用地功能的特征，可提高沿线地区土地价值及发展潜力，对车站周边土地功能特征产生较大影响。因此，确定轨道交通地面车站的功能定位也需要考虑这两个方面，在进行车站的建筑设计研究之前，通过基础性调查研究，同时结合对城市交通接驳体系的分析和对沿线用地功能的分析，对车站的交通接驳功能及其周边用地发展特征及规划条件综合判断，对车站进行综合功能定位。

地面车站作为一种经济、实用、高效、安全的车站形式，不但具有地下车站、高架车站的通

用特征,根据线路穿行区域特征,与地下车站、高架车站相比,还具有以下特点:

①地面车站的修建较地下车站和高架车站简易,工程量小,工程投资省,建设周期短,且可根据周围建筑物和环境条件灵活布置。但是修建地面车站需要永久征地,当城市征地的拆迁安置费用过高时,可能导致地面车站的总投资较大。

②方便乘客进出车站。站内可不设楼梯及自动扶梯,由售票厅检票后可直接进入站台。

③易安全疏散乘客。在地面站台层前后两侧,可多设几处出入口,如遇特殊紧急情况,可使乘客较迅速地从站内撤出,避免造成拥挤和堵塞。

④可利用自然通风、天然采光,减少机械通风费用,节省能源。

⑤基坑支护、降水、结构防水等工作大幅简化,结构侧墙和底板厚度亦可随土压力和水压力的减小而减小。

二、地面车站的主要类型

地面车站按建筑设计要求可划分为跨线式车站和半地面式车站(图 3-1-1)。

a) 跨线式车站1

b) 跨线式车站2

c) 半地面式车站1

d) 半地面式车站2

图 3-1-1 地面车站

1. 跨线式车站

从建筑布置上来说,地面车站与其他形式的车站一样,主要分为站厅和站台两个部分,可以同层内设置,也可以分两层或多层设置,但站台、站厅同层设置时,地面车站占地面积显著扩大,跨线部分还需设置额外的过轨通道,在能够获得充足用地的条件下方可实施,在用地紧张的城市中较难采用。地面车站站台层均位于地面,其线路轨面高程一般位于地面上或略低于地面。当车站轨面高程位于地面上,区间路基为地面线或路堤形式时,站台层设置在地面一层,设备层与站厅层设置于地上二层,跨过下方的地面站台,这类车站可统称为跨线式车站。这类车站的功能特点为"上进下出",即乘客到站后,要先利用自动扶梯或垂直电梯到达架空的车站站厅层,入闸后再沿另外的自动扶梯或垂直电梯到达地面站台乘车。

地面车站在实施条件及运营费用上具有许多优点,但由于其站厅突出在地面以上,用地需求较大,因此使用条件受到一定限制。一般在郊区道路一侧绿化带或道路中间隔离带内修建的地铁线路,如果有足够的宽度,或在设站之处可以局部放宽时,则有条件采用跨线式车站。

2. 半地面式车站

当车站轨面高程略低于地面,区间路基为路堑形式时,站台层设置在半地下,站厅层设置在半地上,整个车站就像是一座带有半地下室的地面建筑物,这类车站可称为"半地面式车站"。这类车站的功能特点与跨线式车站基本一致,只是从室外到达车站站厅层的提升高度减小至半层。

在地铁线路通过街心公园或广场、大型娱乐场所、体育场馆、机场、铁路车站等门前广场时,可考虑在这些广场中修筑半地面式车站。

第二节 结构构造与设计方法

地面车站多采用框架结构,根据功能要求可设计为单层或多层、单跨或多跨等形式,车站站台可采用岛式和侧式,屋盖结构可采用实腹刚架、钢桁架、网架等形式。地面车站由于结构处在地面之上,故具有民用建筑的一般特性与结构设计要求。

一、设计原则及技术标准

1. 设计原则

地面车站结构设计一般遵循以下原则:

①结构设计应满足现行规范规定的强度、刚度、稳定性的要求,采用受力明确、传力简捷,并具有较好的整体性和延性的结构形式,同时满足耐久性、城市规划、运营、施工、防火、防水、防锈、防雷、防腐、抗震、人防、杂散电流防护等有关要求,做到结构安全可靠、技术先进、经济合理。

②车站结构形式和车站柱跨布置应结合站厅规模,并考虑车站的功能、使用要求,车站所处地区的周边条件、城市规划要求等,在满足结构体系安全性、稳定性的前提下,力求结构美观性与经济性相融合。

③换乘车站分期修建时,近期车站设计应统筹考虑两站施工方法协调、结构连接、预留接口及措施等,尽量做到远期施工简便、综合工程投资节省,将远期车站的施工风险和对既有地铁正常运营的影响降到最小。

④车站结构设计与施工应采取有效措施,控制工后沉降,以满足整体道床无缝线路的

要求。

⑤地面车站钢筋混凝土结构抗震设计中,当填充墙采用多孔砖或砌块砌筑时,注意填充墙的布置不应引起较大的扭转,不引起上下刚度变化过大,并注意其与框架梁、柱的连接及墙体自身的稳定性。

⑥基础设计应综合考虑上部结构的类型、地质状况、地下水位变化、地基承载力以及沉降量等因素,选择合理的基础形式。

对于半地面式车站,还应满足地下车站的设计标准。

2. 主要技术标准

车站主体结构设计使用年限为100年,结构设计基准期为50年。车站结构主要构件的安全等级为一级。按荷载效应基本组合进行承载能力计算时,重要性系数γ_0取1.1。

结构设计抗震验算应根据设计烈度、场地条件、结构类型和埋深等因素选用能较好反映其临震工作状况的分析方法,并采取必要的构造措施,提高结构和接头处的整体抗震能力。非承重构件(装饰构件、管道等)亦应采取抗震措施。车站主体结构按乙类建筑采取相应的抗震措施,附属结构按丙类建筑采取相应的抗震措施。

钢筋混凝土结构的最大裂缝宽度允许值应根据结构类型、使用要求、所处环境条件等因素确定。地面结构可结合结构形体设置变形缝(包括抗震缝、伸缩缝),但应减少设缝对使用功能的不利影响。如无条件设置变形缝时,应在结构计算和工程措施上予以考虑。

上部结构设计在满足安全可靠、经济合理、受力明确的前提下进行优化设计,应尽可能减少柱、墩的占用面积,以利于平面布置,纵向柱距以9~12m为宜。

屋盖结构可采用实腹刚架、钢桁架、网架。钢结构体系构件设计中,应满足构件强度和稳定性验算要求,并应满足杆件的容许长细比和受压板件局部稳定性的要求。对于钢框架结构侧移限值,参照《钢结构设计标准》(GB 50017—2017)中变形容许值要求;对于门式刚架结构侧移限值,参照《门式刚架轻型房屋钢结构技术规范》(GB 51022—2015)中变形规定要求。

结构刚度控制:①建筑结构受弯构件的挠度限值,应满足《混凝土结构设计规范(2015年版)》(GB 50010—2010)的规定。②基础沉降控制,应同时满足《建筑地基基础设计规范》(GB 50007—2011)及《地铁设计规范》(GB 50157—2013)的要求:当采用无砟轨道结构时,基础不均匀沉降按10mm控制;当采用有砟轨道结构时,基础不均匀沉降按20mm控制。

对于半地面式车站的地下结构部分,还应满足地下车站的主要技术标准。

二、结构计算

1. 设计荷载

车站结构上的荷载按永久荷载、可变荷载、偶然荷载分类,荷载组合按《建筑结构荷载规范》(GB 50009—2012)、《建筑抗震设计规范(2016年版)》(GB 50011—2010)执行。

1)永久作用

永久作用也称恒载,主要包括结构自重、建筑装修荷载、站房设备荷载、管线荷载、静水压力、土压力等,取值参照表3-1-1。

民用建筑恒载标准　　　　　　　　　　　　　　　　　　　　　　表 3-1-1

项次	类别	标准	备注
1	钢筋混凝土构件自重	重度 $\gamma = 25 kN/m^3$	
2	素混凝土构件自重	重度 $\gamma = 22 kN/m^3$	
3	钢材自重	重度 $\gamma = 78.5 kN/m^3$	
4	建筑装修面层、外墙等自重		按建筑材料计算
5	附属设施自重		按相关专业的现行规范和标准计算
6	设备荷载	一般设备房 $8.0 kN/m^2$；牵引变电所 $10.0 kN/m^2$	
7	建筑装修面层	站厅层:150mm；站台层:100mm	
8	其他管线及吊顶荷载	$0.50 \sim 1.0 kN/m^2$	
9	侧向水、土压力		侧向土压力施工阶段按朗肯土压力理论计算；使用阶段按静止土压力计算，采用水土分算
10	静水压力及浮力		初勘报告提供的场地内实际水位与设计抗浮水位均需要考虑，设计中按不同的水位工况分别计算，取最不利组合

2)可变作用

可变作用也称活载,主要包括民用建筑活荷载、施工设备荷载、列车荷载、温度作用等。

(1)民用建筑活荷载。

民用建筑活荷载标准参见表 3-1-2,荷载分项系数按现行相关规范执行。

民用建筑活荷载标准　　　　　　　　　　　　　　　　　　　　　　表 3-1-2

项次	类别	标准	备注
1	基本风荷载	按当地100年重现期采用	
2	基本雪荷载	按当地100年重现期采用	
3	车站站台、站厅、楼梯人群荷载	$4 kN/m^2$	
4	电源电池室	$10.0 kN/m^2$	
5	车站控制室、通信机械室、信号机械室	$5.5 kN/m^2$	
6	其他设备用房楼面	根据设备实际重量及工作状态决定	不得小于 $3 kN/m^2$
7	厕所、盥洗室	$2.5 kN/m^2$	
8	人行天桥桥面	$5 kN/m^2$	

(2)施工设备荷载按 $8 kN/m^2$ 进行设计,重型设备需依据设备的实际重量、动力影响、安装运输途径等确定其大小与范围,进行结构计算。对于自动扶梯等需要吊装的设备荷载,在结构

计算时还应考虑设备起吊点所设置的位置及起吊点的荷载值。

(3) 列车荷载根据车辆轴重、排列和制动力计算。

(4) 温度作用。

对超出规范要求的超长结构,应考虑温度作用效应,温度效应温差取值可按合龙月份的月平均温度计算。

3) 地震作用

根据车站所处区域的工程抗震设防烈度、建筑场地类别等确定。

2. 结构分析

1) 地面建筑结构

采用概率极限状态法进行结构设计,利用结构分析软件进行结构计算,建立结构空间有限元模型进行整体分析;采用建筑结构三维空间分析软件进行抗震计算分析,计算时考虑平动和扭转耦联作用,考虑双向地震作用及偶然偏心的影响。

通过对结构整体受力性能进行分析,使车站结构的平、立面布置整体较为规则,各部分的质量和刚度均匀、连续;结构传力途径简捷、明确,主要竖向构件连续、贯通。各项指标应满足现行抗震规范的要求,车站结构各构件应满足抗震设计要求。

根据结构内力,对主要构件进行截面设计,确定拟定的构件截面是否满足承载力和正常使用的有关要求,并验算相应结构配筋是否合理、满足设计强度要求和变形要求,拟定的构件尺寸是否合理、经济等。

2) 地下部分结构

计算模型采用"荷载-结构模型"平面杆系有限单元法,利用结构有限元分析软件进行计算。

3. 荷载组合

地面建筑结构与地下部分结构应分别进行荷载组合,地下部分结构的荷载组合及分项系数见表3-1-3。荷载组合工况主要有:

工况一:恒载+活载;

工况二:恒载+部分活载+地震荷载;

工况三:恒载+部分活载+人防荷载。

荷载分项系数表　　　　表3-1-3

编号	荷载组合验算工况	永久荷载	可变荷载	偶然荷载	
				地震荷载	人防荷载
1	基本组合构件强度计算	1.35	1.4(1.3)		
2	构件裂缝宽度验算	1.0	0.8		
3	构件变形计算	1.0	0.8		
4	地震作用下构件强度验算	1.2(1.0)		1.3	
5	构件抗浮稳定验算	1.0			

注:楼面及屋面活荷载需考虑100年设计使用年限时,采用调整系数γ_L,γ_L取值为1.1。

三、结构设计

1. 工程材料

1）混凝土

混凝土的原材料和配比、最低强度等级、最大水灰比和每立方米混凝土的水泥用量、外加剂的性能及掺加量等应符合100年设计使用年限的耐久性要求,同时要满足抗裂、抗渗、抗冻、抗侵蚀的需要。一般环境条件下,梁、板结构混凝土强度等级通常为C35、C40,柱结构通常为C40、C45。半地面车站的地下结构部分相关要求同地下车站。

2）钢筋

（1）普通钢筋。

普通钢筋可采用HPB300级、HRB400级。结构受力钢筋一般采用HRB400级钢筋或HRB400E级抗震钢筋。

（2）钢支撑、钢板、型钢。

钢支撑、钢板、型钢采用Q235-B,其性能和质量必须符合现行国家标准和行业标准的规定,并应有各项性能的质量证明书或检验报告。

（3）焊接。

采用电弧焊接Q235钢和HPB300级钢筋时,采用E43系列焊条;焊接HRB400级钢筋时,采用E50系列焊条。焊接应满足《钢筋焊接及验收规程》（JGJ 18—2012）、《钢结构焊接规范》（GB 50661—2011）及其他有关规定。

（4）钢筋接驳器。

采用滚轧直螺纹钢筋接驳器,机械性能等级为一级。

钢筋抗拉强度实测值与屈服强度实测值的比值不应小于1.20,且钢筋的屈服强度实测值与强度标准值的比值不应大于1.3。钢材应有明显的屈服台阶,且伸长率应大于20%。钢材应有良好的可焊性和合格的冲击韧性。

2. 结构设计要求

路侧地面车站结构形式多为现浇的框架结构,设三柱或四柱,横向的盖梁多不带悬挑,结构梁板柱的布置格局基本类似于常规民用框架结构,墩柱纵向经济柱距一般为10~15m,柱截面边长一般为800~1200mm。

3. 耐久性设计

1）耐久性设计内容

地铁结构的设计使用年限为100年,应按此要求根据构件所需的维修程度、所处的使用环境及其侵蚀作用类别等进行耐久性设计。工程环境处于一般环境[《混凝土结构设计规范（2015年版）》（GB 50010—2010）环境类别中的一类和二类或《混凝土结构耐久性设计标准》（GB/T 50476—2019）环境类别中的Ⅰ-A、Ⅰ-B、Ⅰ-C类]的混凝土结构的耐久性设计应包括以下内容（处于侵蚀性介质中防水混凝土的耐侵蚀要求应根据介质的性质按相关规范进行设计）：

①混凝土材料设计:包括混凝土原材料和配比、混凝土的强度等级、水胶比、水泥用量,以

及混凝土抗渗性、抗冻性、抗裂性等具体参数指标。

②与结构耐久性有关的结构构造措施(如保护层厚度)及裂缝控制要求。

③与耐久性有关的施工要求,特别是混凝土养护和保护层厚度的质量控制与保障措施。

④结构使用阶段的定期维护与检测要求。

⑤对于严酷或极端严酷环境侵蚀作用下的结构或结构部位,需采用特殊的防腐蚀措施,如在混凝土组成中加入阻锈剂、防腐剂、水溶性聚合树脂,在混凝土构件表面涂敷或覆盖防护材料,选用环氧涂层钢筋,必要时采用保护阴极和牺牲阳极等措施。混凝土的特殊防腐措施,尤其是防腐新材料和新工艺的应用应通过专门论证确定。

2) 耐久性设计技术要求

地面站房的耐久性设计技术要求:

①选择合理的结构形式和有利于结构抗裂、抗冻和耐久性的构造要求,并充分考虑运营期间荷载变化和结构变形的影响。

②选用质量稳定并有利于提升混凝土抗裂、抗冻性能的水泥、矿粉、粉煤灰等混凝土基本原材料。

③适当降低混凝土的水胶比和单位混凝土用水量,在混凝土中掺加矿粉、粉煤灰等矿物掺合料,使用聚羧酸系列减水剂(Ⅱ级以上)。

④适当增加钢筋混凝土结构的保护层厚度。

⑤新施工的混凝土结构物要及时得到保湿养护,并保证有足够的养护时间。

⑥所有结构预埋件、连接件应有防止锈蚀、确保其耐久性的可靠措施。

3) 耐久性设计材料要求

设计使用年限为100年的结构混凝土材料应符合下列要求:

①车站大体积浇筑的混凝土避免采用高水化热水泥,混凝土优先采用双掺技术(掺高效减水剂加优质粉煤灰或磨细矿渣)。地下车站顶、底板、侧墙宜采用高性能补偿收缩防水混凝土。

②严格控制水泥用量及水胶比:在保证混凝土强度的前提下,尽量降低胶凝材料(水泥、抗裂防水剂、掺合料)的总用量和水泥用量,并根据环境类别及混凝土最小强度要求,控制胶凝材料的最小用量和最大水胶比。

③混凝土中的最大氯离子含量为0.06%。

④宜使用非碱活性集料;当使用碱活性集料时,混凝土中的最大碱含量为3.0kg/m³。

⑤优先掺加优质引气剂。

4. 防水设计

1) 设计原则

①地面车站的地上部分结构防水应遵循"以防为主,防排结合"的原则。

②地面车站的地下部分结构防水要求同地下车站结构,应按《地下工程防水技术规范》(GB 50108—2008)进行设计。

2) 防水等级标准

地面车站结构防水主要包含半地下结构钢筋混凝土侧墙和底板防水及站房的屋面防水两

部分。半地下结构防水等级为Ⅰ级，采用混凝土自防水加外包加强防水层的做法，防水混凝土抗渗等级为P8，外包防水层、接缝防水参见地下结构防水部分。建筑屋面防水应符合《屋面工程技术规范》(GB 50345—2012)的有关规定。屋面工程的屋面防水等级为Ⅰ级，结构屋面板上采用防水卷材铺贴，防水层合理使用年限为25年。

伸缩缝应根据构造形式设置桥梁专用变形缝止水带及其金属固定装置，并宜嵌填密封，形成多道防线。

地漏、落水管等疏排水装置与桥面混凝土结构的接口应加强密封防水，并应便于检查、维修。

第二章 CHAPTER TWO
高架车站结构

第一节 概述

高架车站是将站台等车站设施设置于高架结构上的车站。车站高架化一般是出于消除地形高差、有效消除地面交通平交道，使交通运输高速化或节省建设费用等目的。高架车站常应用于地铁、轻轨、市域快速轨道等轨道交通建设中。

一、高架车站的一般特点

轨道交通高架线路由于其在建设工期、工程投资、运营费用上的优势，在轨道交通建设中被广泛采用，尤其适用于城市郊区和山区城市的轨道交通建设。目前，城市规模扩张以及引导卫星城区发展的需求日益突出，使得轨道交通线路越来越多地向城市郊区延伸，由于规划道路与轨道交通线路存在同期实施的可能，使得线路具备高架敷设的条件，因此，高架线路在轨道交通线网中所占的比例正在逐步提高，高架车站的数量也在快速增加，市场前景十分广阔。以西安市和成都市为例，《西安市城市轨道交通建设规划（2017—2023年）》规划10条线路，全长约283.8km，其中地下线236.8km，高架线47.0km，共设车站156座，其中高架站16座；《成都市城市轨道交通建设规划修编（2016—2020年）及线网规划》共规划新建线路124.4km，其中地下线78.1km，高架线46.1km，共设车站66座，其中高架站8座。

高架车站因其建筑主体在地面以上，对周边环境影响较大，故需要更加注重与城市总体规划、道路和管线、地块利用情况、环境影响、征地拆迁等因素的协调，同时由于车站造型的景观要求和文化内涵，目前国内已建成的高架车站建筑结构形式多样、各具特色。较为典型的高架车站工程主要有：西安地铁3号线浐灞中心站、无锡地铁2号线九里河公园站、重庆轨道交通6号线刘家坪站、重庆轨道交通6号线大竹林站、广州地铁4号线黄阁汽车城站、成都地铁2号线连山坡站、广州地铁6号线横沙站、上海轨道交通5号线文井路站、南京地铁2号线学则路站、南京地铁1号线龙眠大道站、南京地铁1号线迈皋桥站，如图3-2-1～图3-2-10所示。

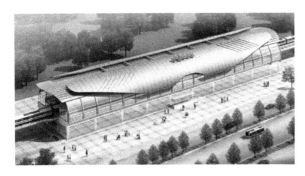

图 3-2-1　西安地铁 3 号线浐灞中心站

图 3-2-2　无锡地铁 2 号线九里河公园站

a）刘家坪站　　　　　　　　　　　　　b）大竹林站

图 3-2-3　重庆轨道交通 6 号线高架车站

图 3-2-4　广州地铁 4 号线黄阁汽车城站

图 3-2-5　成都地铁 2 号线连山坡站

图 3-2-6　广州地铁 6 号线横沙站

图 3-2-7　上海轨道交通 5 号线文井路站

a)

b)

图 3-2-8　南京地铁 2 号线学则路站

图 3-2-9 南京地铁 1 号线龙眠大道站

图 3-2-10 南京地铁 1 号线迈皋桥站

二、高架车站的主要类型

高架车站的主要类型可从建筑布局和结构形式上进行划分。从建筑布局来讲,高架车站可根据线路与站台的相互位置、换乘方式、车站与市政道路的关系等进行分类;从结构形式上,依据桥梁部分和建筑部分的关系,可分为"桥-建"分离结构和"桥-建"组合结构两大类。

1. 按建筑布局分类

1) 线路与站台的相互位置

高架车站根据线路与站台的相互位置,可以分为岛式站台[图 3-2-11a)]和侧式站台[图 3-2-11b)]两种形式。岛式站台位于上、下行线路之间,具有站台面积利用率高、可灵活调剂客流、乘客使用方便等优点;但线路的总体景观相对较差。侧式站台位于上、下行线路的两侧,具有车站两端线形顺直、造价较低等优点;但站台的利用效率相对较低,楼(扶)梯的数量较多。

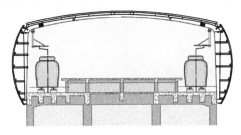
a) 岛式站台

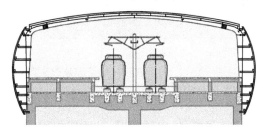
b) 侧式站台

图 3-2-11 高架车站站台形式

2)换乘方式

车站根据是否考虑换乘,可分为换乘车站与非换乘车站,如图 3-2-12~图 3-2-14 所示。从功能上看,换乘站的人流流线形式较复杂。

 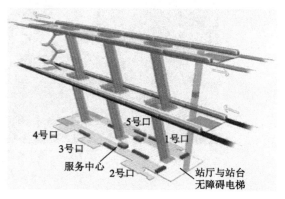

a) b)

图 3-2-12　上海地铁 11 号线罗山路站——高架三层岛式换乘

 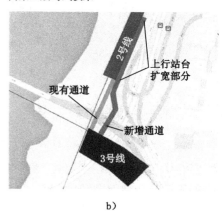

a) b)

图 3-2-13　重庆轨道交通 2、3 号线牛角沱站——L 形通道换乘

a) b)

图 3-2-14　北京地铁昌平线、8 号线朱辛庄站——同台平行换乘

3)车站与市政道路的关系

高架车站主要由站台层、站厅层组成,根据车站站厅层(设备层)与地面的关系,可分为架空式和落地式两大类,如图 3-2-15、图 3-2-16 所示。根据车站与市政道路的关系,又可分为路

中车站和路侧车站,路中车站一般设置于路中绿化带内,路侧车站一般设置于市政道路两侧绿化带内。两种站型在建筑功能上各有特点,架空式高架车站下部仅保留车站结构墩柱,通透性较好,一般多见于路中车站;落地式高架车站下部设置设备用房、站厅或用于物业开发,体量较大,一般多见于路侧车站。

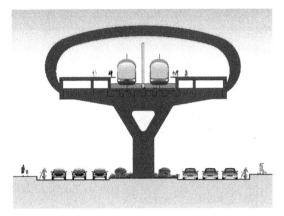
a)架空式

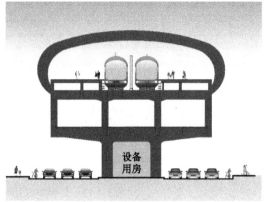
b)落地式

图 3-2-15 路中车站

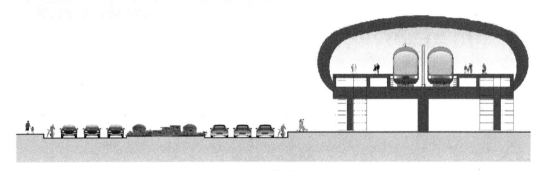
a)落地式

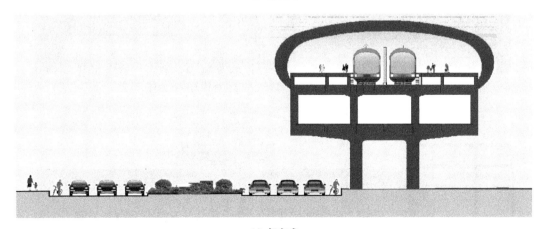
b)架空式

图 3-2-16 路侧车站

(1)路中车站。

根据设备管理用房与车站主体的关系,路中车站可分为设备管理用房内置和外挂于路侧两种形式,如图 3-2-17 ~ 图 3-2-20 所示。设备管理用房布置在车站主体内,具有便于运营管理、建筑布局紧凑等优点;设备管理用房外挂于路侧,具有景观通透、路侧建筑结构体系简单、造价低的优点。

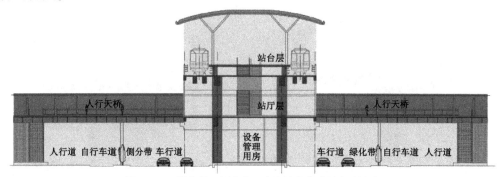

图 3-2-17　设备管理用房布置在车站主体内的岛式站台

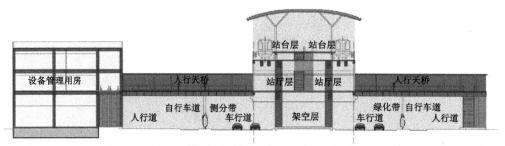

图 3-2-18　设备管理用房外挂于路侧的岛式站台

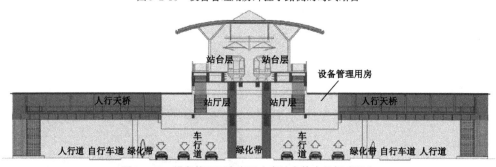

图 3-2-19　设备管理用房布置在车站主体内的侧式站台

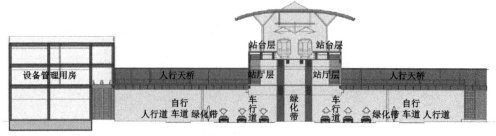

图 3-2-20　设备管理用房外挂于路侧的侧式站台

(2)路侧车站。

对于路侧车站,设备管理用房置于车站主体内,具有运营管理方便、建筑布局紧凑等优点。由于路侧地块或绿化带内受道路交通及市政管线影响较小,故结构墩柱布置灵活,整体造价低于路中车站。路侧车站置于道路一侧,道路对面客流乘车很不方便,尤其是对于路侧地面站厅车站且道路宽度较大的情况。针对此种情况,一般通过设置过街天桥或地下通道解决(图3-2-21、图3-2-22)。

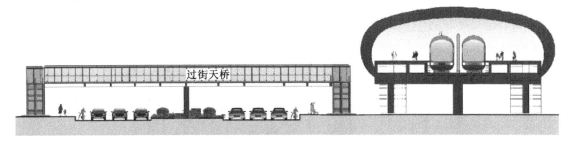

图3-2-21 路侧地面站厅车站过街天桥

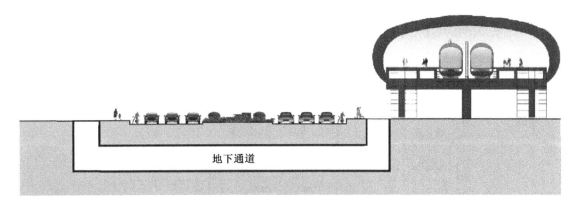

图3-2-22 路侧地面站厅车站地下通道

2.按桥梁与建筑的关系分类

高架车站主体结构主要由桥梁结构和建筑结构组成。桥梁结构主要分布在轨行区,建筑结构主要分布在站台、站厅区,分别承担列车荷载和非列车荷载(人群及设备荷载等),因此,依据桥梁部分和建筑部分的关系,可分为"桥-建"分离结构(图3-2-23)和"桥-建"组合结构(图3-2-24~图3-2-27)两大类,这种划分主要是从结构受力及设计标准的角度出发,考虑站厅、站台及轨道层三者之间的结构关系,即承受列车荷载的轨道梁结构与承受非列车荷载的其他主体结构是否脱开。《地铁设计规范》(GB 50157—2013)按此标准划分。

关于"桥-建"组合结构,在目前的建设实践中出现了较多类别。车站横向墩柱的数量以及车站墩柱与车行轨道梁的连接形式,对结构体系的受力特征影响较大,引起车站结构体系更偏向桥梁受力特征或建筑受力特征,从而引起车站主导设计方法的差别。根据轨道梁与其支撑结构刚接与否,同时结合横向墩柱数量,还可细分为桥式站-简支轨道梁式(图3-2-24)、桥式站-刚接轨道梁式(图3-2-25)、框架站-简支轨道梁式(图3-2-26)和框架站-刚接轨道梁式

(图3-2-27)四种,这四种类型的结构受力分析各不相同,最明显的区分特征是横向墩柱数量,通常将横向为独柱或双柱的高架车站划分为桥式站,横向为三柱及以上的高架车站划分为框架站,如表3-2-1所示。高架车站从结构层数、材料类型上还可进行细分,但都脱离不开上述结构类型。

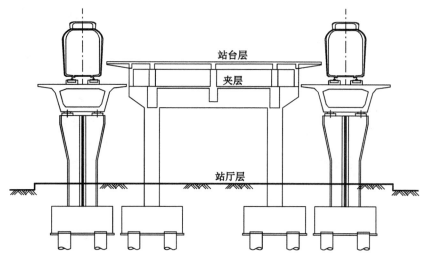

a) 岛式站台

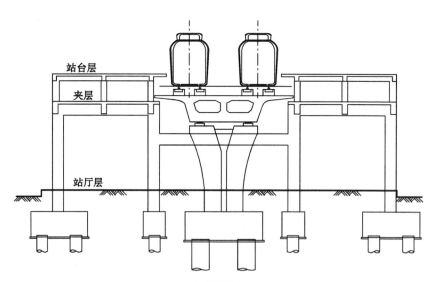

b) 侧式站台

图 3-2-23 "桥-建"分离结构

"桥-建"组合结构分类　　　　表 3-2-1

类型	横向墩柱数量(个)	轨道梁连接方式
桥式站-简支轨道梁式	≤2	铰接(设置支座)
桥式站-刚接轨道梁式	≤2	刚接

续上表

类型	横向墩柱数量(个)	轨道梁连接方式
框架站-简支轨道梁式	≥3	铰接(设置支座)
框架站-刚接轨道梁式	≥3	刚接

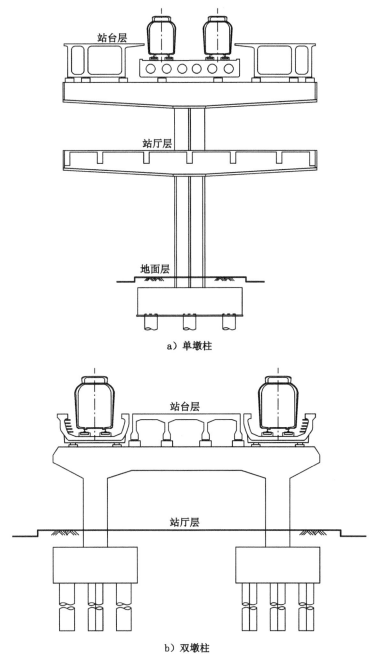

图 3-2-24 桥式站-简支轨道梁式

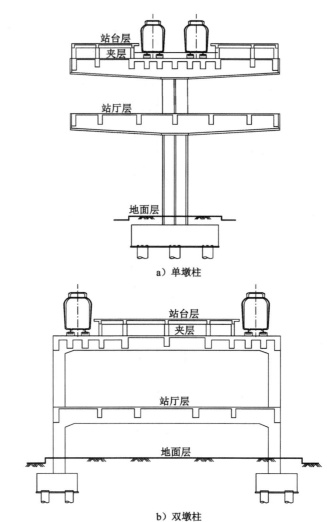

a) 单墩柱

b) 双墩柱

图 3-2-25 桥式站-刚接轨道梁式

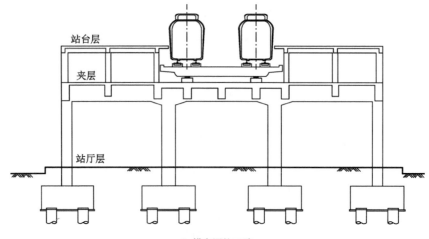

a) 横向四柱三跨

图 3-2-26

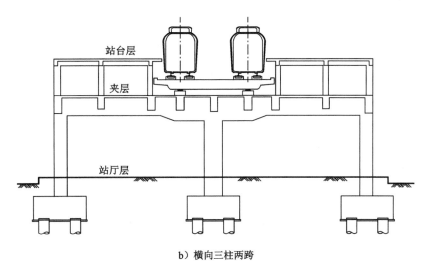

b）横向三柱两跨

图 3-2-26　框架站-简支轨道梁式

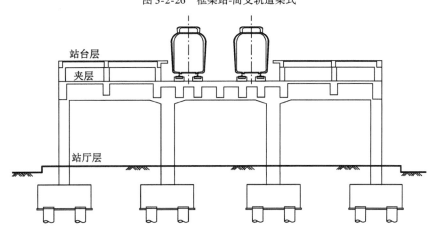

a）横向四柱三跨

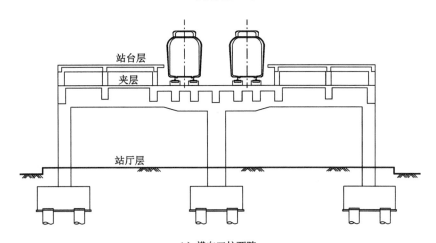

b）横向三柱两跨

图 3-2-27　框架站-刚接轨道梁式

第二节 结构构造与设计

一、总体设计

1. "桥-建"分离结构

"桥-建"分离结构是根据专业分工自然形成的结构形式,是将车站范围内的高架桥梁部分与建筑结构部分完全分开,分别由桥梁专业和建筑结构专业按照本专业规范、规程进行设计,相互之间处理好高程和结构构件间的空间关系即可。此类结构受力明确,传力简捷,桥梁结构与建筑结构各有国家规范可遵循,各有比较定型的结构设计与计算方法,其中桥梁部分跨径可按经济跨径为30m设置,梁型选择也较自由。另外,"桥-建"分离结构减振降噪性能优于"桥-建"组合结构。此结构体系的缺点是框架结构纵、横向联系相对较弱,结构抗震性能相对较差,施工次序和施工操作空间需要严格控制。从建筑方面分析,此结构体系采用桥梁结构和建筑结构两套柱网,竖向构件分布不规则,降低了车站空间利用率。因此,"桥-建"分离结构需处理好桥梁跨径与框架跨度的匹配性问题,降低对城市景观和站厅空间的影响。目前"桥-建"分离结构在广州地铁6号线、上海轨道交通5号线、成都地铁4号线二期工程中均有应用。

2. "桥-建"组合结构

"桥-建"组合结构是伴随轨道交通发展出现的新型结构形式,是目前国内高架车站应用最广泛的结构类型。此结构体系中,桥梁结构和建筑结构整体浇筑形成超静定的空间整体结构,同时具备桥梁专业和建筑结构专业的属性,作为桥梁构件的墩柱、盖梁、轨道梁与楼面系统的梁、板整浇一体,或者轨道梁简支于盖梁(框架横梁)上,彼此之间不再独立或者相对独立,共同参与整体受力及变形。"桥-建"组合结构站厅层结构柱网较规则,结构分缝少,在平面和客流组织上更加合理和高效,空间利用率大幅提高。在结构方面,组合式结构改变了分离式结构构件类型多且需分别布置的现状,竖向构件的柱网布置较规则,进而降低了基础工程的复杂性,在建造和实施上具有一定优势。以下是四种"桥-建"组合结构车站。

1)桥式站-简支轨道梁式车站

桥式站-简支轨道梁式车站是将车站的站厅层梁与桥梁的墩柱(横向少于3柱时)固结或铰接,但轨道梁、站台梁与车站用支座结构铰接。车站墩柱数目较少,占用城市道路资源少,减振降噪效果好,适用于路中高架侧式车站。另外,站厅梁、站台梁和轨道梁均可工厂预制,可节省工期,在目前政府推进装配式结构应用的背景下,有推广应用的先天优势。其缺点是纵、横向联系相对较弱,结构整体抗震性能偏弱,墩柱尺寸较大,且独柱墩结构不宜应用于高烈度设防区和岛式车站,通常需结合结构性能化设计确定方案的合理性后方可采用;建筑方面,由于支座铰接会增加结构高度,相应地会增加建筑总高度和电扶梯提升高度,增加造价,降低车站服务水平,另外,建筑存在变为高层建筑的可能,会带来造型或消防设计上的困难。此种类型车站在长春轻轨4号线、上海地铁8号线均有应用。

2) 桥式站-刚接轨道梁式车站

桥式站-刚接轨道梁式车站适用范围与纯桥支承式相同,与纯桥支承式结构所不同的是轨道梁结构与车站刚接。采用刚接时,车站结构整体性增强,且建筑高度降低,车站服务水平提升,造价降低。其缺点是结构采用刚接形式,纵、横向浇筑成一体,温度作用对纵向较大的结构配筋影响较大,温度应力引起结构构件相应配筋的增加;由于取消了桥梁支座,列车振动传递缺少支座的缓冲作用,车站内振动、噪声较大,人员和设备工作环境变差,一般需要通过轨道采取减振措施或设备管理用房外挂改善工作环境。此种类型车站在重庆、成都、深圳、北京、西安等城市均有应用。

3) 框架站-简支轨道梁式车站

框架站-简支轨道梁式车站主要用于路侧车站。结构横向墩柱数量多,框架整体抗震性能提高,墩柱尺寸较小,车站内的视觉效果较好;车站站台雨棚造型灵活。其缺点是框架结构跨径较小,通透效果稍弱,结构对温度作用和沉降变形敏感,车站结构纵向较长的时候需要设置温度变形缝。此种类型车站在宁波地铁1号线、长春地铁4号线均有应用。

4) 框架站-刚接轨道梁式车站

框架站-刚接轨道梁式车站主要用于路侧车站,轨道梁的支承形式采用现浇刚接形式。采用刚接时,框架整体抗震性能较梁柱简支式结构好,且建筑高度降低,车站服务水平提升,造价降低。其缺点是框架结构跨径较小,通透效果稍弱,结构对温度作用和沉降变形敏感,车站结构纵向较长的时候需要设置温度变形缝,刚接轨道梁对车站的振动影响相对较大,为降低影响,需要加强轨道的减振措施。此种类型车站在成都地铁4号线、5号线,青岛—海阳城际(蓝色硅谷段)轨道交通工程,西安地铁3号线,北京轨道交通房山线均有应用。

高架车站结构服务于车站建筑功能需要,上述车站结构类型具有各自的特点和适用条件,在实际选用时,要综合考虑其适用条件和优缺点,因地制宜,灵活创新,避免简单套用或全线采用单一结构类型,以免对车站的使用功能产生不利影响。

二、结构构造设计

高架车站结构一般由主体结构及附属结构组成(图3-2-17~图3-2-20),其中主体结构主要包括车站基础、墩柱、盖梁、轨道梁、站台梁、站厅梁,附属结构包括站台雨棚、出入口通道、设备管理用房、电力管沟、消防水池、设备基础等。

1. 主体结构

1) 一般构造

(1) 基础。

高架车站由于沉降控制严格,一般采用桩基础。由于有砟轨道后期的运营维护工作量较大,地铁线路目前多采用无砟轨道,对轨道平顺度及沉降控制严格,《地铁设计规范》(GB 50157—2013)要求,高架结构相邻桥墩施工后沉降量之差不应超过10mm。承担列车荷载的墩柱荷载较大,为满足沉降和承载力要求,车站墩柱基础一般采用钻孔灌注桩形式。对于土层承载力较小的车站,为减小桩长,也可采取后注浆方式提高桩身端阻力和桩侧阻力,以提高桩基承载力特征值。钻孔灌注桩桩径一般为0.8~1.5m,桩长根据受力大小及土层分布确定,桩身混凝土强度等级一般为C30或C35,竖向钢筋沿桩身等截面或变截面通长配筋,箍筋采用螺旋箍筋。

（2）墩柱。

路侧架空式高架车站或路中高架车站,墩柱除考虑轨道交通结构自身承重受力特点外,由于所处位置特殊和连续布置,更要从道路、景观及视觉上着重考虑。架空式高架车站常采用独柱墩悬挑盖梁（图3-2-28）、双柱墩悬挑盖梁（图3-2-29）,也可采用横向三墩柱的结构形式（图3-2-30）。其中对于以桥梁为主的结构,墩柱纵向柱距可以与区间桥梁匹配,其他类型纵向柱距一般为10~15m,单墩柱截面边长一般取2~2.5m,双墩柱截面边长一般取1.5~1.8m。墩柱材料常采用钢筋混凝土结构[图3-2-31a）],在高烈度地区或其他特殊结构形式中,为提高结构刚度及抗震延性,也采用型钢混凝土结构墩柱,如图3-2-31b）、图3-2-32所示。

图3-2-28　车站横向独柱墩

图3-2-29　车站横向双柱墩

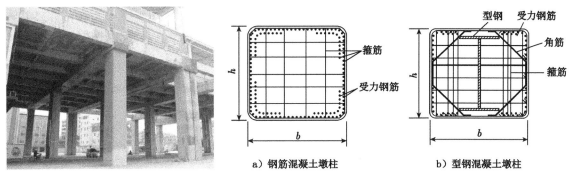

图 3-2-30　车站横向三墩柱

图 3-2-31　墩柱配筋示意图

a）钢筋混凝土墩柱　　b）型钢混凝土墩柱

图 3-2-32　车站型钢混凝土墩柱

（3）盖梁。

对于横向三柱或四柱的车站，盖梁一般采用钢筋混凝土结构（图 3-2-33），对于截面高度受限、承载力要求高的位置可采用预应力混凝土结构（图 3-2-34）或型钢混凝土结构。对于横向双墩柱车站，盖梁存在大跨或者悬挑，由于跨度较大，一般优先采用预应力混凝土结构或型钢混凝土结构；对于独柱墩车站的悬挑盖梁，盖梁悬挑长度约 10m，均采用预应力混凝土结构。盖梁配筋示意图见图 3-2-35。

图 3-2-33　车站钢筋混凝土盖梁

图 3-2-34　车站预应力混凝土盖梁

（4）轨道梁。

对于刚接轨道梁结构，轨道梁基本为框架横梁现浇的矩形截面连续梁，常采用普通钢筋混凝土结构。通过支座铰接的轨道梁，可供选择的梁型主要有板梁、π形梁、槽形梁以及箱形梁，梁型的比较如表 3-2-2 所示。目前各种轨道梁类型均有应用,其具体结构造型及截面尺寸需根据施工、环境、车站工程、造价等因素综合确定。轨道梁跨度一般根据盖梁纵向间距确定,常采用 10~15m,截面高度一般取 0.8~1.0m。

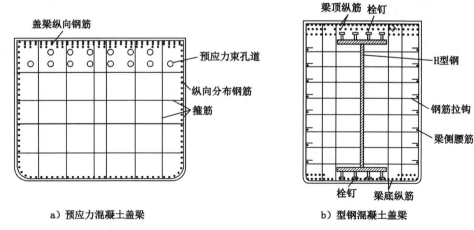

图 3-2-35 盖梁配筋示意图(尺寸单位:mm)

轨道梁类型   表 3-2-2

类型	优点	缺点	图示
板梁	小跨度桥梁最常用的结构形式;建筑高度低、构造简单;施工方法灵活,可采用现浇法或预制拼装法进行施工	自重大,结构整体性差	
π 形梁	较为常用的结构形式,设计和施工经验成熟,可在工厂和施工现场预制,在现场吊装就位,也可直接现场现浇,再现浇横向缝,形成整体桥面;传力直接,施工方便,对施工设备没有特殊要求,质量易保证;造价经济,设计和施工经验非常成熟	建筑高度相对较大,而横向刚度较弱;桥面下纵、横梁布置错杂,景观效果不佳	
槽形梁	建筑高度低,适用于建筑高度受限的车站;主梁腹板可有效降低行车噪声;施工形式多样,可采用全现浇或预制主梁现浇底板的方法施工	构造较为复杂;缺少成熟的设计、施工经验;造价较高	
箱形梁	目前国内设计、施工比较成熟的高架轨道梁形式;梁截面抗弯、抗扭刚度大,结构动力特性好	施工较复杂;小跨度箱梁经济性较差	

(5)站台梁、站厅梁。

站台梁、站厅梁主要承担人群荷载和设备荷载,其结构设计需要考虑垂直电梯、楼扶梯、环网电缆敷设等洞口布置,还要考虑站台雨棚柱脚等预埋件(套管)设置,设计接口复杂。对于"桥-建"分离结构,站台及站厅采用现浇框架结构体系。对于"桥-建"组合结构,站台梁、站厅梁可采用预制箱梁(图3-2-36)、现浇框架结构(图3-2-37)、钢结构(图3-2-38),目前站台梁大多采用预制箱梁和现浇框架结构,站厅层主要采用现浇混凝土框架结构。

图3-2-36　站台预制箱梁　　　　　　　图3-2-37　站台现浇框架结构

图3-2-38　站厅钢箱梁

2)钢筋构造

钢筋混凝土构件由钢筋(型钢或预应力钢束)与混凝土浇筑而成,需满足相应的构造要求,以使混凝土与钢筋(型钢或预应力钢束)共同工作,保证结构计算与工程实际相符。钢筋的构造要求主要包括混凝土保护层厚度、钢筋的锚固、钢筋的连接、钢筋最小配筋率、基本构件的钢筋构造要求、钢筋的抗震构造要求等,具体可参见《混凝土结构设计规范(2015年版)》(GB 50010—2010)、《混凝土结构耐久性设计标准》(GB/T 50476—2019)、《地铁设计规范》(GB 50157—2013)、《铁路桥涵混凝土结构设计规范》(TB 10092—2017)、《铁路混凝土结构耐久性设计规范》(TB 10005—2010)、《建筑抗震设计规范(2016年版)》(GB 50011—2010)、《铁路工程抗震设计规范》(GB 50111—2006)、《城市轨道交通结构抗震设计规范》(GB 50909—2014)、《城市桥梁抗震设计规范》(CJJ 166—2011)等设计规范及手册,涉及内容较多,这里不再赘述。

[**案例3-2-1**]　某城市轨道交通中的三层高架侧式车站,6B编组,采用干字形单墩柱式结构,墩柱采用C40混凝土,盖梁采用C50混凝土,钢筋采用HRB400,预应力钢束采用Φ^{s}15.2,

构件验算按《铁路桥涵混凝土结构设计规范》(TB 10092—2017)执行,构件需满足混凝土容许应力、钢筋容许应力及裂缝控制等要求。

墩柱的配筋,对于中跨墩柱,横桥向弯矩较大,钢筋配置量较多;对于边跨墩柱,由于温度效应,横桥向和纵桥向钢筋配置量均较大,如图 3-2-39 所示。

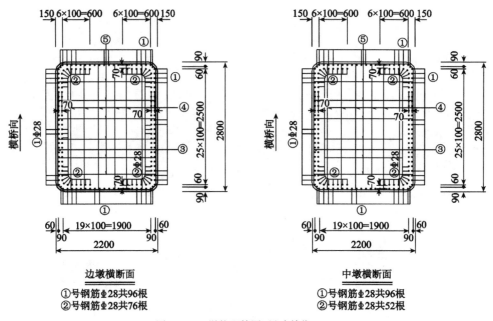

图 3-2-39　墩柱配筋图(尺寸单位:mm)

预应力混凝土盖梁采用桥梁结构分析软件进行计算,按照《铁路桥涵混凝土结构设计规范》(TB 10092—2017)计算混凝土收缩和徐变引起的预应力损失,考虑徐变产生的挠度值。预应力钢束分两批次张拉,兼顾运营及施工阶段,盖梁预应力钢束布置如图 3-2-40 所示。

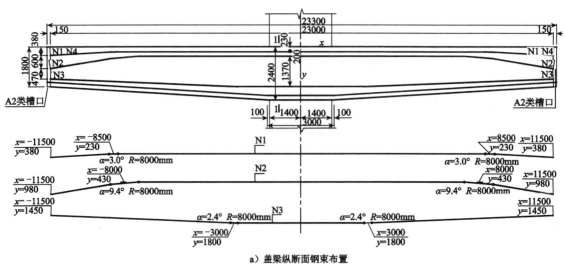

a) 盖梁纵断面钢束布置

图 3-2-40

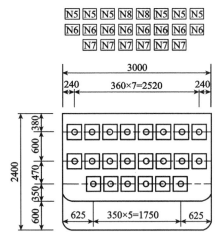

b）盖梁端锚截面

图 3-2-40　盖梁预应力钢束布置示意图（尺寸单位：mm）

2. 区间桥梁与车站连接

对于"桥-建"组合结构的高架车站，区间梁与车站主体接驳方式目前主要有两种：一种是车站边跨设置牛腿承托区间梁（图 3-2-41），另一种是单独设置区间边墩承托区间梁（图 3-2-42）。车站主体边跨横梁设置牛腿方案有利于节省投资和改善车站建筑城市景观效果。对于十字路口位置，考虑到区间桥梁跨度较大，为使桥梁及车站上部结构的变形互不影响，确保线路的平顺性，更好地满足列车行车安全性和乘车舒适性，同时对结构受力有利，可采用车站端部增设桥梁墩柱、区间墩柱与车站墩柱设置联合基础的方案。

图 3-2-41　车站边跨设置牛腿

图 3-2-42　单独设置区间边墩

车站端头增加墩柱的连接形式，其墩柱设计与区间桥梁墩柱设计相同。对于设置牛腿的形式，牛腿起到充当桥梁支座、传递桥梁荷载至车站结构的作用，其截面尺寸应满足受力、支座安装固定、防落梁等要求。牛腿计算参考《混凝土结构设计规范（2015 年版）》（GB 50010—2010），按三角桁架模型进行设计，其截面尺寸及配筋的构造要求应满足规范中的规定，这里不再赘述。前文案例 3-2-1 中三层高架侧式车站边墩牛腿配筋如图 3-2-43 所示。

3. 附属结构

1）站台雨棚

为满足站台层的大空间要求，车站站台雨棚常采用轻钢结构，有门式刚架、张弦梁、平面管桁架、空间管桁架、空间网壳、膜结构等(图 3-2-44),应因地制宜,根据车站环境、建筑效果、通风、采光等选择。

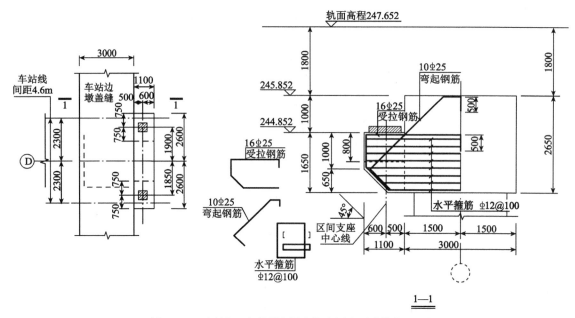

图 3-2-43　车站与区间接驳牛腿配筋示意图(尺寸单位:mm)

a) 平面/空间管桁架结构雨棚

b) 弧形门式刚架结构雨棚

图　3-2-44

c) 膜结构雨棚

图 3-2-44　站台雨棚

2) 出入口通道

为方便乘客乘车及穿越道路,高架车站常设置地下过街通道或人行天桥。地下过街通道设计一般采用钢筋混凝土箱涵形式;人行天桥设计,根据跨度大小,可采用钢箱梁、钢桁架梁、钢筋(预应力)混凝土梁等形式(图 3-2-45),应根据市政道路、环境、车站造型及城市景观要求等因素综合确定。

a) 钢箱梁桥　　　　　　　　　　　　　　b) 钢桁架梁桥

c) 钢筋混凝土梁桥

图 3-2-45　人行天桥

3) 设备管理用房

设备管理用房除必需的房间设置在车站站厅、站台层外,其他设备用房可集中布置在车站主体结构外或设置地下室,附属用房常用结构形式为钢筋混凝土框架结构,基础常采用独立基础或条形基础。

4) 电力管沟、消防水池及设备基础

对于设备管理用房外挂的路中车站,或者靠近主变电站的高架车站,需要设置电力管沟,电力管沟一般采用钢筋混凝土结构;为满足车站消防要求,车站常需设置独立消防水池,水池可设置于路中或路侧绿化带内,一般采用钢筋混凝土结构;高架车站的室外设备基础主要指室外空调基础的设备基础,一般采用条形基础。

第三节 结构计算方法 *

高架车站主体结构的计算分析方法包括设计方法确定、设计规范选择、结构设计荷载类型的确定与计算等。高架车站计算详细内容请扫二维码查阅。

第三章 CHAPTER THREE
地下车站结构

第一节 概述

一、地下车站一般特点

地下车站作为城市轨道交通路网中一种重要的建筑物，除了供旅客乘降、换乘和候车外，还应保证旅客安全、迅速、方便地进出车站，并有良好的通风、照明、卫生、防灾设备和设施等。因此，地下车站应具备完善的土建工程和反应良好的系统工程。其中，车站的土建工程包括车站主体结构及其附属部分，而系统工程则包括通风空调系统、防灾报警系统、自动售检票系统、给排水系统等。

地下车站建设主要包括站位的选择、车站建筑空间及其附属物的布置以及车站结构的建成使用。整个过程包括规划、设计、施工和保证安全运营四个阶段。其中设计包括建筑设计和结构设计，结构设计应根据建筑设计拟定的尺寸进行。

地下车站的设计与施工是密不可分的，通常设计应根据具体的施工工法确定，地下车站多位于人口稠密的市区，且多为浅埋，施工方法的选择受到地质条件、结构形式以及周围建(构)筑物的影响。主要施工方法有明挖法、盖挖法和矿山法。

明挖法、盖挖法施工工艺简单、技术成熟、质量可靠、防水效果好、风险小，是地下铁道施工的首选方法，在地面交通和环境允许的地方通常采用明挖法施工(图3-3-1)，也是目前国内使用较为普遍的施工工法，在交通疏解、地下管线、周围环境许可的条件下，可降低工程造价，加快工程进度；当不允许长期中断或者影响交通时，可采用盖挖法施工(图3-3-2)，即先施工地下结构的顶板或临时路面盖板，然后在下方进行车站结构施工。明挖法、盖挖法的缺点主要有：需占用较大的施工场地、对道路交通具有一定的干扰，场地范围地下管线及地面附着物需进行改移和保护，噪声与震动等对环境的影响较大。

图 3-3-1　明挖法施工的地下车站

图 3-3-2　盖挖法施工的地下车站

暗挖法是在距离地表较近的地下进行各种类型地下洞室暗挖施工的一种方法,采取超前支护和改良地层、注浆加固等配套技术来完成隧道及地下工程的设计与施工。暗挖法能减少地下管线迁改,基本不影响地面交通,但是对地质条件要求较高,工期较长,造价较高。图 3-3-3 为采用暗挖法施工的地下车站。

a)

b)

图 3-3-3　暗挖法施工的地下车站

当前,随着我国轨道交通事业快速发展,这些地铁车站施工技术已在我国大范围地开发应用,综合考虑场地地质条件、工程环境、施工场地、车站形式等因素,选择合理的施工工法是地下车站结构设计与施工需要首先考虑和确定的问题,对车站的工程安全、周边环境、工期及土建投资具有重要影响。

二、地下车站主要类型及适用情况

地下车站通常包含站台区、设备区和客流集散区,建筑空间比较大。一般根据不同的施工方法,地下车站采用不同的结构形式。例如,以围护结构为临时支护主体的明挖法和盖挖法等施工的地下车站常采用矩形框架结构;以浅埋暗挖法施工的地下车站常采用拱形结构;以洞桩法施工的地下车站常采用大跨度或小间距的连拱结构。因此,地下车站的结构形式与选择的施工方法密切相关。

1. 明挖法、盖挖法施工的车站

1) 矩形框架结构

明挖法、盖挖法施工的地下车站主体结构一般为长条形多层、多跨框架结构,地下两层、地下三层单柱或双柱的框架结构形式,当建筑使用功能上有特殊要求时,车站有时需要局部加宽,采用三柱四跨甚至四柱五跨等结构形式。图 3-3-4a) 为地下两层单柱双跨车站结构,两跨跨度都为 9.15m。图 3-3-4b) 为地下两层双柱三跨车站结构,总跨度为 21.2m,左侧跨度为 6.95m,中间跨度为 5.9m,右侧跨度为 6.95m。图 3-3-4c) 所示是站内设置停车线后,车站较宽,为了满足结构受力合理的需要,在车站中心设置三根立柱的三柱四跨车站结构,从左至右各跨跨度分别为 9.1m、6.5m、8.75m 和 4.2m。

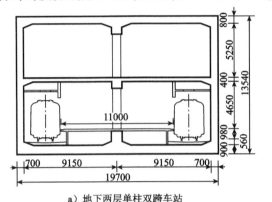

a) 地下两层单柱双跨车站　　b) 地下两层双柱三跨车站

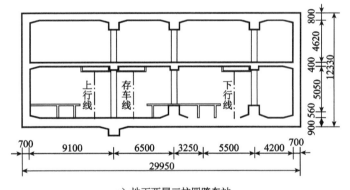

c) 地下两层三柱四跨车站

图 3-3-4　地下车站矩形框架结构图(尺寸单位:mm)

2) 装配式结构

装配式地下车站采用装配式结构,预制构件拼装施工,具有节能环保、节约建筑材料、节省劳动力、缩短工期、施工噪声小、对周边环境影响小的特点,尤其是我国北方严寒地区,冬季寒冷且漫长,不利于现浇混凝土制备、养护与施工,装配式结构适合大范围推广使用,地铁装配式车站将成为今后地铁车站建设的新趋势。采用这种结构的地铁车站主要有长春地铁 2 号线袁家店站、西兴站(图 3-3-5)。

2. 暗挖法施工的车站

暗挖地铁车站断面形式的确定应综合考虑围岩条件、使用要求、施工工艺、结构受力、围岩稳定及环境保护等。宜采用连接圆顺的马蹄形断面,根据地质情况、施工方法、断面尺寸及结构受力等,侧墙可采用曲墙或直墙形式,底板可采用平底板或仰拱形式;遇无条件起拱等特殊情况,亦可采用矩形框架结构;当车站埋置于稳定围岩中、不受冻害影响时,可采用直墙拱结构,在Ⅲ~Ⅵ级围岩中宜设置仰拱。

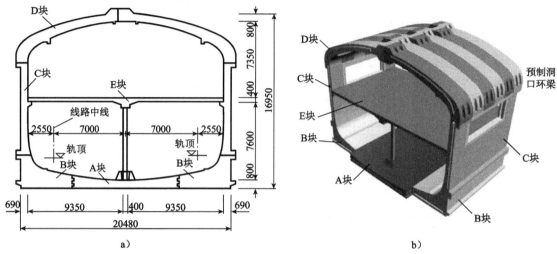

图 3-3-5 长春地铁 2 号线装配式车站结构图(尺寸单位:mm)

拱形地铁车站根据线路、建筑使用功能、现场的地质条件和施工方法的不同,可以采用地下单层或两层的结构,其拱形可以采用单拱式、双拱式或多拱式结构,双拱式或三拱式结构既可以采用连拱的结构形式,也可以采用小间距拱的结构形式,拱与拱之间一般以纵梁和立柱或以横通道连接。在满足车站使用功能的前提下,宜优先选择单层或分离式单洞方案;在土层中,断面大或埋深小时,根据隧道断面的大小及跨径分配,可采用中洞法、侧洞法、侧壁导坑法以及混合使用各种工法分步实施开挖和支护作业。

1)单拱单跨结构

单拱单跨结构适用于大块状结构完整的花岗岩或侏罗系砂岩等地层,如重庆轻轨大坪车站采用大跨度双层单拱方案(图3-3-6),日本横滨地铁三泽下街车站采用了单层单拱方案(图3-3-7),俄罗斯地铁采用单拱车站与体育综合体的结合方案(图3-3-8),巴黎地铁采用单拱方案(图3-3-9)。

图 3-3-6 重庆轻轨大坪地下单拱车站

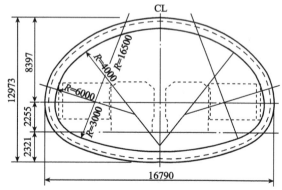

图 3-3-7 日本横滨地铁三泽下街车站(尺寸单位:mm)

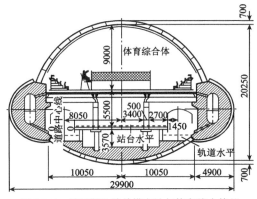
图 3-3-8 俄罗斯地铁单拱车站与体育综合体的结合（尺寸单位：mm）

图 3-3-9 巴黎地铁车站

2）单拱多跨结构

当地层条件差、断面特别大时，一般设计成多跨结构，跨与跨之间一般用梁、柱连接。例如北京地铁 5 号线中，崇文门车站采用单拱两柱三跨双层方案（图 3-3-10），北京地铁 4 号线陶然亭车站、5 号线蒲黄榆车站采用单拱单柱双跨双层方案（图 3-3-11）。

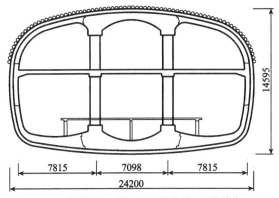

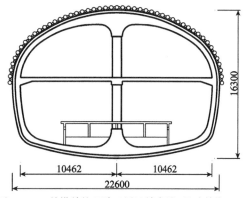

图 3-3-10 单拱两柱三跨双层地铁车站（尺寸单位：mm）　　图 3-3-11 单拱单柱双跨双层地铁车站（尺寸单位：mm）

当车站范围内有大型城市污水总管、地区排水系统总管及大口径的给水管、煤气管或穿越既有隧道时，可考虑采用明暗结合的施工方法，即车站两端采用明挖法，在地下管线或既有隧道下方采用单层暗挖法通过，如北京地铁 5 号线刘家窑、东单、东四、张自忠路车站采用明暗结合施工方案，跨路口段落采用单拱两柱大跨度单层方案（图 3-3-12）。

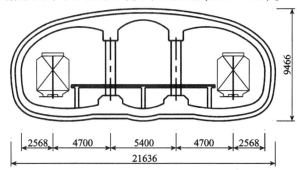

图 3-3-12 北京地铁 5 号线刘家窑单拱两柱大跨度单层地铁车站（尺寸单位：mm）

车站采用复合衬砌结构形式,顶梁、底梁为钢筋混凝土结构,立柱为钢管柱,其应用单拱主要是为避免连拱隧道顶部积水问题,优点是隧道顶部没有积水槽,防水效果好,但采用单拱形式会导致隧道的整体高度偏大,施工期间对控制隧道稳定性的要求更高。

隧道开挖采用中洞法,其中中洞采用交叉中隔壁法施工。在中洞形成后,由下至上施工底板、底梁,然后施工立柱,后浇筑顶梁、顶板。侧洞采用台阶法由上至下开挖而成。施工过程中在拱部打设钢管棚,钢管棚间插小导管,并注浆以保证拱部稳定。

3) 双拱结构

双拱立柱式车站的拱圈相交节点处防水处理十分困难,通常采用中洞法施工,也可采用侧洞法、侧壁导坑法以及混合使用各种工法分步实施开挖和支护作业。

纽约地铁车站采用单层双连拱方案(图3-3-13),北京、深圳部分地下车站采用双层双连拱方案(图3-3-14),跨路口段落采用单层双连拱方案,如北京10号线苏州街站及双井站跨路口段(图3-3-15)。

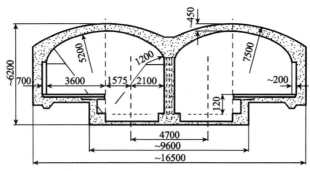

图3-3-13 纽约地铁单层双连拱车站结构图(尺寸单位:mm)

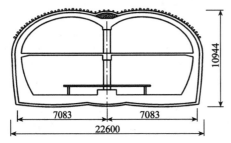

图3-3-14 北京、深圳双层双连拱车站结构图(尺寸单位:mm)

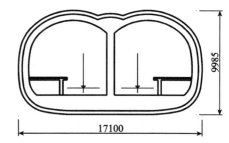

图3-3-15 单层双连拱车站断面(尺寸单位:mm)

4) 三拱结构

通常情况下,根据隧道断面的大小及跨径分配,三拱结构可采用中洞法、交叉中隔墙法(CRD法)、侧洞法、侧壁导坑法以及混合使用各种工法分步实施开挖和支护作业。

图3-3-16为北京地铁1号线西单车站结构图,此外,北京地铁天安门、王府井、东单、天坛东门、磁器口等地下车站也采用了这种结构形式,隧道断面尺寸在22m×15m(宽×高)左右。车站采用复合衬砌结构形式,顶梁采用型钢梁,立柱为钢管柱,其他均为钢筋混凝土结构。图3-3-17所示为哈尔滨轨道交通一期工程中结合既有的"7381"人防车站结构改造的单层三连拱车站结构形式;图3-3-18所示为单层三连拱结构的明暗结合车站,在地下管线或既有隧道下方及跨路口段采用单层暗挖法通过。

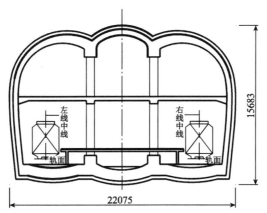

图 3-3-16　北京地铁 1 号线西单双层三连拱车站结构形式(尺寸单位:mm)

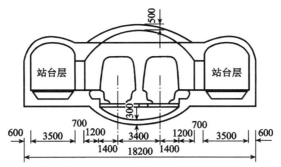

图 3-3-17　哈尔滨轨道交通一期工程单层三连拱车站结构图(尺寸单位:mm)

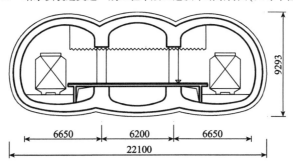

图 3-3-18　北京地铁单层三连拱车站结构形式(尺寸单位:mm)

5) PBA 结构

在城市轨道交通日益发展的今天,地铁车站大多设置在城市建成区,这些地段交通繁忙,道路下管线密布,埋深较深,且道路两侧建筑物因城市路网重新规划,部分进入规划道路红线内。受到诸如地面建筑、场地等种种原因的限制,地下暗挖车站应用越来越广泛,常见的 PBA 工法是规避地表沉降的可靠工法之一。

PBA 工法的原理是将明挖框架结构施工方法和暗挖法进行有机结合,即地面不具备施工基坑围护结构条件时,改在地下先行暗挖的导洞内施作围护边桩、桩顶纵梁,使围护桩、桩顶纵梁、顶拱共同构成桩(pile)、梁(beam)、拱(arc)支撑框架体系(PBA 即 pile、beam、arc 三个英文单词的首字母组合,又称作桩洞法),承受施工过程的外部荷载;然后在顶拱和边桩的保护下,逐层向下开挖(必要时设预加力横向支撑),施工内部结构最终形成由外层边桩及顶拱初期支护和内层二次衬砌组合而成的永久承载结构体系。

PBA 工法将盖挖法与分步暗挖法有机结合起来,充分发挥了两种工法的优势。利用小导洞施作桩、梁形成主要传力结构,在暗挖拱盖保护下进行内坑开挖。该工法对地层扰动次数少,支护转换单一,地面沉降较小;只需拆除小导洞的部分初衬,废弃工程量少;拱盖形成较费时,其后即可进行大面积作业,效率较高,且小导洞施工可同步进行,工期较短。PBA 工法两侧的桩墙对维护基坑侧壁土体的稳定性十分有利,因此北京地铁新线的多层多跨暗挖车站推荐采用 PBA 工法施工。

图 3-3-19 为北京地铁 10 号线劲松车站地下两层岛式车站三连拱 PBA 结构,图 3-3-20 为北京地铁 10 号线苏州街车站地下两层侧式车站双连拱 PBA 结构。现有 PBA 工法施工案例中,边桩有两种做法:其一为小导洞内施作条基;其二是加长边桩,利用桩基代替条形基础的作用。第一种做法可省去小导洞内钻孔施作长桩的麻烦,但需多挖 2 个小导洞,在控制地面沉降以及节省费用等方面并没有明显的优势,因此设计时应结合工程地质情况选取边桩参数。

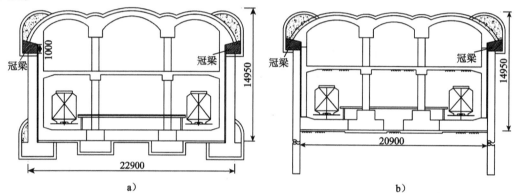

图 3-3-19　北京地铁 10 号线劲松车站地下两层岛式车站三连拱 PBA 结构图(尺寸单位:mm)

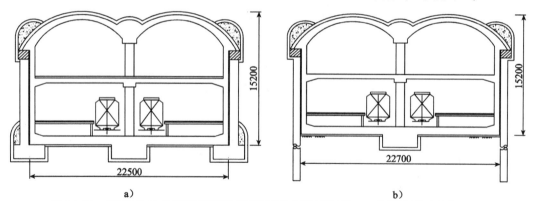

图 3-3-20　北京地铁 10 号线苏州街车站地下两层侧式车站双连拱 PBA 结构图(尺寸单位:mm)

6) 其他结构形式

暗挖法地铁车站除了采用上述几种结构形式外,还可以采用分离式结构等。分离的站台隧道单洞马蹄形断面一般采用隔墙法(CD 法)、交叉中隔墙法(CRD 法)、眼镜工法施工,PBA 断面采用桩洞法(PBA 法)施工。

已建成的采用分离式结构的地铁车站主要有：广州地铁 2 号线越秀公园站（图 3-3-21，采用 3 个单洞马蹄形断面），北京地铁 10 号线呼家楼站（图 3-3-22，采用 2 个分离的单跨双层 PBA 断面）、金台夕照站（图 3-3-23，站台采用 2 个单洞马蹄形断面，站厅采用 1 个单跨双层 PBA 断面），西安地铁 2 号线钟楼站（图 3-3-24，站台采用 2 个单洞马蹄形断面，站厅采用明挖双层结构），南京地铁 1 号线南京站等。

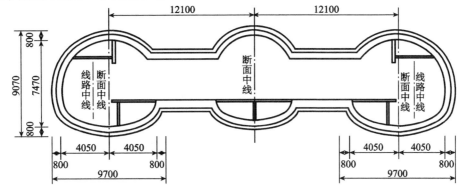

图 3-3-21　广州地铁 2 号线越秀公园站三拱塔柱式车站（尺寸单位：mm）

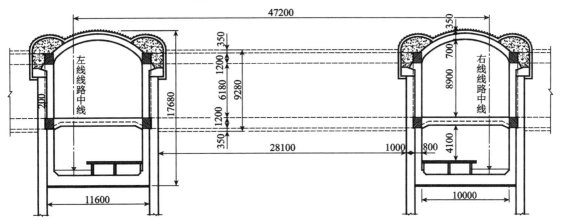

图 3-3-22　北京地铁 10 号线呼家楼站分离单跨双层 PBA 断面（尺寸单位：mm）

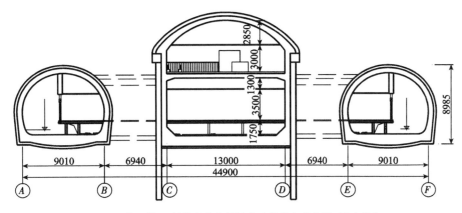

图 3-3-23　北京地铁 10 号线金台夕照站全暗挖分离式车站（尺寸单位：mm）

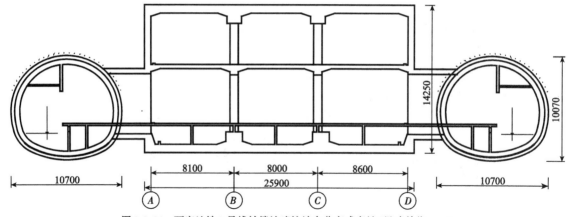

图 3-3-24　西安地铁 2 号线钟楼站暗挖站台分离式车站（尺寸单位：mm）

第二节　结构构造与设计

一、明挖法地铁车站结构设计

1. 明挖法结构建设及设计流程

结构设计与施工密切相关，应根据建造施工流程进行相应的结构设计。明挖法结构建造施工程序，参见第四篇第四章第一节相关内容。

明挖法结构设计可分为围护结构设计和主体结构设计两个阶段。围护结构设计主要指基坑工程的设计与计算，一般包括以下内容：环境调查及基坑安全等级的确定、支护结构选型、支护结构设计计算、节点设计、井点降水以及土方开挖方案确定、临时支撑拆除及监测要求等，设计流程如图 3-3-25 所示。主体结构设计主要根据结构承受的主要荷载进行结构强度、刚度等计算，以确定主体结构尺寸及耐久性等，设计流程如图 3-3-26 所示。

2. 围护结构设计

1）设计原则

明挖法施工的地下车站，基坑围护结构应根据以下原则进行设计。

（1）根据地质及水文地质条件、基坑深度及地下水资源保护要求，基坑地下水处理应采用以止水为主、降水为辅的方式，避免大规模地开采地下水，支护结构可采用地下连续墙、钻孔灌注桩，场地条件允许的地方可采用土钉或放坡喷锚等支护措施；止水帷幕形式应根据地质条件、含水层的厚度等综合确定。

（2）结构设计中应严格控制降水、基坑开挖和地下隧道施工中引起的地面沉降量。应对可能由土体位移引起的周围建筑、构筑物、地下管线产生的危害加以预测，并提出安全、经济、技术合理的基坑支护措施。防止过量的地面变形对周围建筑和市政管线造成危害。地面变形允许数值应根据地铁沿线不同地段的地面建筑及地下构筑物的实际情况，参照类似工程的实践经验确定。基坑支护首先应保证基坑周边建(构)筑物、地下管线、道路的安全和正常使用；其次应保证主体地下结构的施工空间。

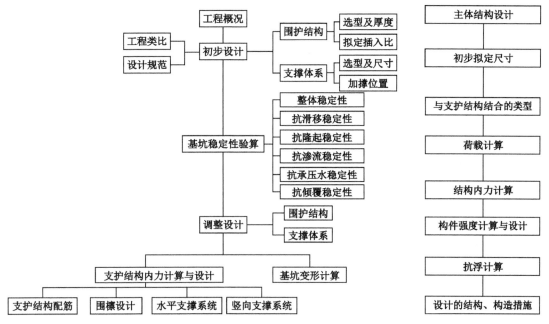

图 3-3-25　围护结构设计流程图　　　　图 3-3-26　主体结构设计流程图

(3)基坑支护设计应规定其设计使用期限。基坑支护的设计使用期限不应小于1年。

(4)基坑支护设计时,应综合考虑基坑周边环境和地质条件的复杂程度、基坑深度等因素,支护结构的安全等级参考表3-3-1。对同一基坑的不同部位,可采用不同的安全等级。

支护结构的安全等级　　　　　　　　　　　　表 3-3-1

安全等级	破坏后果
一级	支护结构失效、土体过大变形对基坑周边环境或主体结构施工安全的影响很严重
二级	支护结构失效、土体过大变形对基坑周边环境或主体结构施工安全的影响严重
三级	支护结构失效、土体过大变形对基坑周边环境或主体结构施工安全的影响不严重

(5)根据《城市轨道交通工程监测技术规范》(GB 50911—2013)并结合地质水文条件,将基坑、隧道工程监测等级划分为三个等级(表3-3-2)。根据表3-3-2确定的监测等级,制定合理的明挖法和盖挖法基坑支护结构和周围岩土体监测项目控制值(表3-3-3)。

工程监测等级　　　　　　　　　　　　表 3-3-2

工程自身风险等级	周边环境风险等级			
	一级	二级	三级	四级
一级	一级	一级	一级	一级
二级	一级	二级	二级	二级
三级	一级	二级	三级	三级

明挖法和盖挖法基坑支护结构和周围岩土体监测项目表 表 3-3-3

序号	监测项目	基坑监测等级		
		一级	二级	三级
1	支护桩(墙)、边坡顶部水平位移	√	√	√
2	支护桩(墙)、边坡顶部竖向位移	√	√	√
3	支护桩(墙)体水平位移	√	√	○
4	支护桩(墙)结构应力	○	○	○
5	立柱结构竖向位移	√	√	√
6	立柱结构水平位移	√	√	√
7	立柱结构应力	○	○	○
8	支撑轴力	√	√	√
9	顶板应力	○	○	○
10	锚杆拉力	√	√	√
11	土钉拉力	○	○	○
12	土表沉降	√	√	√
13	竖井井壁支护结构净空收敛	√	√	√
14	土体深层水平位移	○	○	○
15	土体深层竖向位移	○	○	○
16	坑底隆起(回弹)	○	○	○
17	支护桩(墙)侧向土压力	○	○	○
18	地下水位	√	√	√
19	孔隙水压力	○	○	○

注：√-应测项目，○-选测项目。

(6)工程监测对象的选择应在满足工程支护结构安全和周边环境保护要求的条件下，针对不同的施工方法，根据支护结构设计方案、周围岩土体及周边环境条件综合确定。

工程监测项目应根据监测对象的特点、工程监测等级、工程影响分区、设计及施工的要求合理确定，并应能反映监测对象的变化特征和安全状态。各监测对象和项目应相互配套，满足设计、施工方案的要求，并形成有效、完整的监测体系。

(7)结构设计应进行抗浮稳定验算，按最不利情况进行验算。在不考虑侧壁摩阻力时，其抗浮安全系数不得小于1.05；当计及侧壁摩阻力时，其抗浮安全系数不得小于1.15。当结构抗浮不能满足要求时，应采取相应的工程措施。

(8)当桩、墙等支护结构作为永久结构的一部分时，若不进行裂缝验算，则应考虑先期承受的外部荷载因材料性能退化和刚度下降向内部衬砌的转移。其构件刚度可按折减到50%考虑。

(9)当采用逆筑法施工时，应尽可能减少施工作业占用道路的时间和空间，结构形式、技术措施、施工方法和施工机具的选择等应与这一要求相适应。

(10)在确定地下围护结构入土深度时，可参照类似工程经验，基坑工程应进行抗滑移和抗倾覆的整体稳定性、基坑底部土体抗隆起和抗渗流稳定性及坑底以下承压水的稳定性检算，同时验算嵌固段基坑内侧土反力。

（11）侧向地层抗力和地基反力的数值及分布规律，应根据结构形式及其在荷载作用下的变形、施工方法、回填与压浆情况、地层的变形特性等因素确定。

（12）对顶板镂空的车站，应做好平、战转换的结构处理。

（13）桩、墙式围护结构的设计，在软土地层中，水平基床系数的取值宜考虑挖土方式、时限、支撑架设顺序及时间等因素。

（14）根据地铁相关规范要求，为确保结构建筑限界满足设计、施工和长期运营要求，根据国内其他城市地铁的设计经验，对综合误差（包括施工误差、结构变形等）的预留余量问题规定如下：

①明挖结构，水平方向每侧按50mm加宽、顶板按50mm加高计算。

②明挖基坑的回填，其密实度应满足设计要求的承载能力和沉降要求。

2）围护结构选型

基坑围护结构是地下结构设计的重点之一。采用明挖法和盖挖法施工时，为控制基坑开挖引起的地表沉降，保证施工安全，需进行基坑支护，基坑支护结构形式应紧密结合工程地质、水文地质条件及对周边环境保护的要求确定。所选定的支护结构，首先应具有施工的可行性、应能满足根据站位环境所确定的基坑保护等级对基坑水平位移和地表沉降的限制要求，在满足上述要求的前提下，依据场地工程地质及水文地质条件、环境情况、开挖深度、施工方法、工期、工程造价、地区常用的围护结构形式作综合的技术、经济比较后确定最终的支护结构形式。

地下车站围护结构常见的支护形式主要有：地下连续墙、钻孔灌注桩、人工挖孔桩、套筒咬合钻孔灌注桩、型钢水泥土搅拌墙、钢板桩、土钉墙、水泥土重力式围护墙、放坡开挖等。相应的施工方法参见第四篇第四章第一节相关内容。各支护形式的优缺点如表3-3-4所示。

常用的围护结构形式对比 表3-3-4

围护结构形式	优点	缺点
地下连续墙	①技术相对成熟； ②适用于各种地层及复杂周边环境工程，特别是止水要求严格的基坑支护	①工程投资高； ②施工机具要求较高，施工工艺复杂； ③施工技术要求高； ④施工机具占用场地较大； ⑤废弃泥浆等对环境有污染； ⑥基坑开挖时需另设支撑
钻孔灌注桩	①技术相对成熟，工艺相对简单； ②适用于各种地层，受地质条件的限制较小； ③单桩成孔时间短，施工进度快	①在含水地层使用还需配以止水措施，工程投资综合较高； ②对环境有一定影响； ③基坑开挖时需另设支撑

续上表

围护结构形式	优点	缺点
人工挖孔桩	①技术成熟,施工工艺简单,操作方便; ②施工精度易控制; ③占用场地小; ④施工进度较快; ⑤对周边环境影响较小	①与放坡开挖及土钉墙等相比,工程投资相对较大; ②受地质条件的限制较大,一般不宜用于淤泥及含水砂层; ③其适用范围受严格限制,并有逐渐淘汰的趋势; ④基坑开挖时需另设支撑
套筒咬合钻孔灌注桩	①技术相对成熟,综合造价低; ②适用于强风化、全风化及各类土层; ③适宜地层中单桩成孔时间短,施工进度快; ④与钻孔灌注桩相比,桩间咬合达到止水要求,不需另外设置止水桩; ⑤与钻孔灌注桩相比,不需进行泥浆处理,对环境影响小	①需动用钻孔机具及套筒工具,施工工序较复杂; ②在中、微风化及大粒卵石等地层施工困难; ③混凝土配比技术要求高; ④成桩精度要求高(特别是垂直度); ⑤基坑开挖时需另设支撑
型钢水泥土搅拌墙	①技术相对成熟,综合造价低; ②防渗、止水性能好,对内衬约束小; ③与排桩相比,不需另外设置止水帷幕	①结构刚度小,适用于浅基坑; ②受机具限制,成桩长度受限; ③基坑开挖时需另设支撑; ④不适用于硬塑以上的土层
钢板桩	①成品制作,可反复使用; ②施工简便; ③具有止水性能	①施工有噪声; ②刚度小,变形较大,适用于浅基坑; ③止水要求较高时需增设止水帷幕
土钉墙	①技术成熟,施工工艺简单,操作简单,难度小; ②施工精度易控制; ③工程投资少; ④由于不需设置支撑,对主体结构施工的影响小	①土钉锚杆的设置,对后续邻近工程可能有一定影响; ②对砂层需做降水处理; ③土钉墙需按一定坡度设置,基坑施工场地相对较大
水泥土重力式围护墙	①无支撑,墙体止水性好; ②便于基坑内施工	①墙体变形大; ②适用于软土地层浅基坑
放坡开挖	①施工简单,施工难度小; ②施工进度较快; ③由于不需设置支撑,主体结构施工方便	①由于自然放坡的坡率大,若基坑较深,则基坑开挖面积大,工程投资相对较大; ②占用场地大,对环境有影响

一般情况下,围护结构类型不同,其施工方法、工艺和所用的施工机械也各不相同,因此,应根据基坑深度、工程地质和水文地质条件、地面环境条件等确定,特别要考虑城市施工特点,经技术、经济综合比较后确定。

3）支撑结构体系选择

当基坑支护无法采用自立式挡墙（包括重力式挡土墙和悬臂式挡土墙）时，必须采用锚杆体系或内支撑结构体系来平衡土压力，以维持围护结构的稳定性。

(1) 锚杆体系支护形式。

锚杆体系中的锚杆一端与围护墙连接，另一端锚固在稳定地层中，使作用在围护结构上的水土压力，通过自由段传递到锚固段，再由锚固段将锚杆拉力传递到稳定土层中去。与其他内支撑的支护形式相比，采用锚固支护形式，减少了大量内支撑和竖向支承钢立柱的设置和拆除，经济上有较大优势，而且为基坑工程的土方开挖、地下结构施作创造了开阔的空间。但锚固支护受到地层条件和环境条件的限制，主要指地层的地质条件可能使锚杆力无法有效传递，以及锚杆有可能超越用地红线，对红线以外的既有建筑物形成不利影响或者成为将来地下空间开发的障碍等。

(2) 内支撑结构体系支护形式。

①内支撑结构体系。

内支撑结构体系由围檩、水平支撑、竖向支承（钢立柱和立柱桩）等基本构件组成，如图3-3-27所示。围檩起协调支撑作用，是围护墙结构间受力与变形的重要构件，起到加强围护墙的整体性、将力传递给支撑构件的作用，要求其具有较好的自身刚度和较小的垂直位移。水平支撑是平衡围护墙外侧水平作用力的主要构件，要求传力直接、平面刚度好且分布均匀。竖向支承（钢立柱和立柱桩）的作用是保证水平支撑的纵向稳定，加强支撑体系的空间刚度和承受水平支撑传来的竖向荷载。

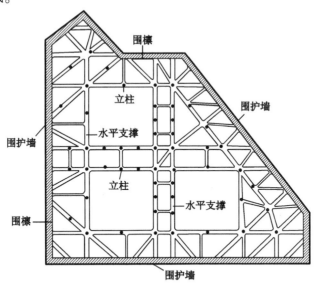

图3-3-27 内支撑结构体系示意图

内支撑结构体系具有支撑刚度大、控制基坑变形能力强，而且不侵入周围地下空间形成障碍物等优点，但相对于锚杆系统而言，其工程造价高，支撑的设置将对地下结构的回筑施工等造成一定程度的影响。

②平面支撑结构体系。

平面支撑结构体系分为单层或多层平面支撑体系和竖向斜撑体系。

平面支撑体系可以直接平衡支撑两端围护墙上所受到的侧压力,其构造简单、受力明确、使用范围广,但当支撑长度较大时,应考虑支撑自身的弹性压缩以及温度应力等因素对基坑围护结构位移的影响。典型的多层平面支撑体系如图 3-3-28 所示。

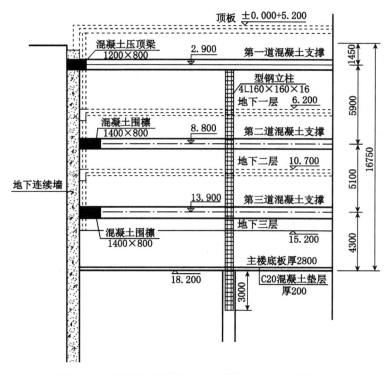

图 3-3-28　多层平面支撑体系(尺寸单位:mm,高程单位:m)

竖向斜撑体系如图 3-3-29 所示,主要是将围护体所受的水平力通过斜撑传到基坑中部先浇筑好的斜撑基础上。

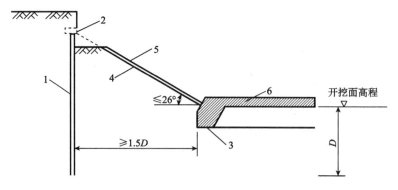

图 3-3-29　竖向斜撑体系
1-围护墙;2-围檩;3-斜撑基础;4-斜撑;5-土堤;6-压杆或底板

根据基坑的形状、尺寸、地质条件等,可采用不同的平面支撑布置方式,常用的平面支撑体系特点见表 3-3-5。也可根据需要,采用几种支撑方式的组合,如一般的地铁车站基坑为长条形基坑,标准段可设置为短边方向的对撑体系,端头井可设置为水平角撑 + 对撑体系。

常用支撑体系的特点 表 3-3-5

序号	布置形式	图例	特点
1	同一水平面的直交式支撑，非同一平面的直交式支撑		①在软土地层，环境保护要求高的条件下，这是应用最多的布置形式； ②安全稳定，有利于控制墙体位移； ③支撑布置与开挖土方设备和工艺不协调时，土方开挖和主体结构施工较为困难
2	井字形集中布置		①一般在采用钢筋混凝土支撑时，在环境保护要求高的条件下，将水平直交的支撑集中布置成井字形并与角撑结合的支撑体系，以方便土方开挖和主体工程施工； ②使用钢筋混凝土支撑时，可与施工用的栈桥平台结合设计
3	角撑体系布置		①方便土方开挖和主体结构的施工； ②整体稳定性及变形控制效果不及水平直交式支撑及井字形集中式布置
4	边桁架		①方便土方开挖和主体结构的施工； ②整体稳定性及变形控制效果不及水平直交式支撑及井字形集中式布置
5	圆形环梁布置		①在采用钢筋混凝土支撑时，因地制宜采用环梁方案，可方便中间筒体、主楼施工，方便土方开挖； ②将支撑体系受力主构件化为圆形结构，受力条件较好，可节省钢筋混凝土用量； ③在坑外围荷载不均匀，土性软硬差异较大，部分地层水平基床系数很小时，要慎用此布置形式
6	竖向斜撑		①节省立柱和支撑材料； ②有利于开挖面积较大、深度较小的基坑； ③在软弱地层中，不易控制基坑稳定和变形； ④斜撑与底板相交处结构施工较困难

平面支撑可采用钢支撑[图3-3-30a)]、钢筋混凝土支撑[图3-3-30b)]、钢与混凝土组合支撑等。

a) 钢支撑

b) 钢筋混凝土支撑

图3-3-30 钢支撑及钢筋混凝土支撑

钢支撑体系是在基坑内将钢构件用焊接或螺栓拼接起来的结构体系。目前常用的形式一般有钢管和型钢两种，钢管大多选用 $\phi 609$mm，壁厚为12mm、14mm、16mm；型钢大多选用H型钢，常用的有H700mm×300mm、H500mm×300mm等。钢结构支撑构件的拼接应满足截面强度的要求，常用的连接方式有焊接和螺栓连接。钢支撑架设和拆除的速度快、架设完毕后无须等待即可直接开挖下层土方，而且可以通过施加和复加预应力控制变形，支撑材料可重复使用，对节省基坑工程造价和加快工期具有显著优势。但由于复杂的钢支撑节点现场施工难度大、施工质量不易控制，以及可供选择的钢支撑类型较少、承载能力有限等因素，限制了其应用范围，因此其主要用于开挖深度一般、平面形状规则、狭长形的基坑工程。目前钢支撑体系几乎成为地铁车站基坑工程首选的支撑体系。

钢筋混凝土支撑体系具有刚度大、整体性好的特点，而且可采取灵活的平面布置形式适应基坑工程的各项要求。相对于钢支撑，钢筋混凝土支撑造价高，需要现场浇筑和养护，而且基坑工程结束后还需进行拆除，因此其经济性和施工工期不及相同条件下的钢支撑。根据钢支撑和钢筋混凝土支撑的不同特点及应用范围，在一定条件下的基坑工程可以采用钢与混凝土组合支撑。常用的有两种形式：一为同层支撑平面内的组合，如在长条形基坑中，基坑中部设置短边方向的钢支撑对撑，基坑两边设置钢筋混凝土角撑；二为分层组合，如第一道为钢筋混凝土支撑，第二道及以下为钢支撑。

③竖向支承系统。

基坑内部架设水平支撑的工程，一般需要设置竖向支承系统，用以承受混凝土支撑或者钢支撑杆件的自重等荷载。特别是在开挖宽度较大时，为了缩短横撑的自由长度，防止横撑失稳，并承受横撑倾斜时产生的垂直分力，在建造挡土结构的同时建造中间桩柱以支承横撑。

基坑的竖向支承系统，通常采用钢立柱插入立柱桩基的形式。立柱一般可采用角钢格构式钢柱、H型钢柱或钢管柱；立柱桩常采用钢筋混凝土的钻(挖)孔灌注桩，也可以采用钢管桩。

角钢格构柱由于构造简单、便于加工且承载能力较大，在工程中得到了广泛的应用。最常用的角钢格构柱采用4根角钢拼接而成，选用的角钢规格主要为L120mm×12mm、L140mm×

14mm、L160mm×16mm 和 L180mm×18mm 等，钢材牌号常为 Q235B 或 Q345B，典型的型钢格构柱拼接如图 3-3-31 所示，为保证下部连接的稳定与可靠，钢立柱一般需要插入立柱桩顶以下 3~5m。

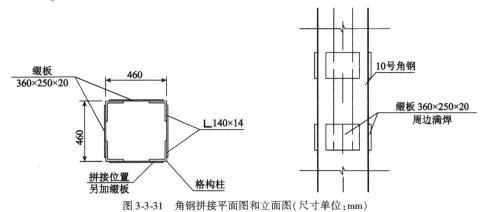

图 3-3-31　角钢拼接平面图和立面图（尺寸单位：mm）

3. 主体结构设计

1）设计原则

明挖法施工的地下车站，其主体结构应根据以下原则设计。

（1）结构设计应以"结构为功能服务"为原则，满足城市规划、行车运营、环境保护、抗震、防护、防水、防火、防腐蚀及施工工艺等对结构的要求，同时做到结构安全、耐久、技术先进、经济合理。

（2）结构设计应满足强度、刚度、稳定性和耐久性要求，应根据结构特点进行承载力（包括失稳）、抗倾覆、滑移、漂浮、疲劳、变形、裂缝宽度验算，并满足施工工艺及结构耐久性要求。

（3）地下结构设计应以地质勘查资料为依据，根据《城市轨道交通岩土工程勘察规范》（GB 50307—2012）按不同设计阶段的任务和目的确定工程勘察的内容和范围；考虑不同施工方法对地质勘探的特殊要求，通过施工中对地层的观察和监测反馈进行验证。

（4）应减少施工中和建成后对环境造成的不利影响，并考虑城市规划引起周围环境的改变对结构的作用。

（5）换乘车站分期实施时，先期施工的车站应考虑远期车站的接口预留、施工便捷及工程风险，确保对既有地铁正常运营影响最小。

（6）应根据沿线不同地段的工程地质和水文地质条件及城市总体规划要求，结合周围地面既有建（构）筑物、管线及道路交通状况，通过对技术、经济、工期、环境影响、使用效果、风险分析等的综合评价，选择合理的施工方法和结构形式；在含水地层中，应采取可靠的地下水处理和防治措施。

（7）地下结构的净空尺寸必须符合本线建筑限界要求，并应满足使用及施工工艺要求，同时应计入施工误差、结构变形和位移的影响等因素。

（8）应根据施工方法、结构或构件类型、使用条件及荷载特性等，选用与其特点相近的现行结构设计规范和设计方法。在工程实施阶段结合施工监测进行信息化设计。地下结构应结合施工方法、结构形式、断面大小、工程地质、水文地质及环境条件等因素,合理确定其埋置深度及其与相邻隧道的距离。

(9)地下结构应进行横断面方向的受力计算,遇下列情况时,还应进行纵向强度和变形计算:

①覆土荷载沿其纵向有较大变化时;
②结构直接承受建(构)筑物等较大局部荷载时;
③地基或基础有显著差异,沿纵向产生不均匀沉降时;
④地震作用下的小曲线半径的隧道、刚度突变的结构和液化对稳定有影响的结构。

(10)当温度变形缝的间距较大时,应考虑温度变化和混凝土收缩对结构纵向的影响。

(11)空间受力作用明显的区段,宜按空间结构进行分析。

(12)结构计算简图应符合结构的实际工作条件,反映围岩对结构的约束作用。当受力过程中受力体系、荷载形式等有较大变化时,宜根据构件的施工顺序及受力条件,按结构的实际受载过程进行分析,考虑结构体系变形的连续性;结构设计时应按结构整体或单个构件可能出现的最不利荷载组合进行计算,并应考虑施工过程中荷载变化情况分阶段计算。

(13)地下结构应根据《地铁杂散电流腐蚀防护技术标准》(CJJ/T 49—2020)的有关规定采取防止杂散电流腐蚀的措施;钢结构及钢连接件应进行防锈处理。

(14)如考虑冬期施工,应采用相应的冬期施工措施,满足《建筑工程冬期施工规程》(JGJ/T 104—2011)的有关规定以及冬期施工相关要求。

2)技术标准

主体结构使用期间不可更换的结构构件,应根据使用环境类别,按设计使用年限为 100 年的要求进行耐久性设计,结构安全等级为一级,按荷载效应基本组合进行使用阶段承载力计算时,结构重要性系数取 $\gamma_0 = 1.1$;使用期间可以更换且不影响运营的次要结构构件,可按设计使用年限为 50 年的要求进行设计,结构安全等级为二级,结构重要性系数取 $\gamma_0 = 1.0$;临时结构宜根据其使用性质和结构特点确定其使用年限(如矿山法隧道的初期支护等),并根据重要程度及风险情况综合确定,结构重要性系数取 $\gamma_0 \geq 0.9$;基坑支护结构的结构重要性系数根据相应的侧壁安全等级取值;按荷载效应的偶然组合进行承载力验算时,结构重要性系数取 $\gamma_0 = 1.0$。

地下结构设计应考虑平战结合,并应满足战时的防护、平时和战时的使用与平战功能转换的要求。结构设计按防常规武器抗力级别六级、防核武器抗力级别六级进行设计或验算。

结构按 8 度抗震设防烈度(或针对具体工点的地震安全性评价报告要求的抗震设防烈度)进行抗震设计,结构抗震设防类别为重点设防类(乙类),明挖车站框架结构、矿山法车站隧道结构抗震等级为二级,盾构区间、明挖区间、车站出入口等附属结构抗震等级为三级,断面大小接近车站断面的地下结构应按车站的抗震等级设计;进行抗震设计时,应根据设防要求、场地条件、结构类型和埋深等因素选用能较好反映其地震工作性状的分析方法,并应采取提高结构和接头处的整体抗震能力的构造措施。除应进行抗震设防等级条件下的结构抗震分析外,地铁地下主体结构尚应进行罕遇地震工况下的结构抗震验算。在地下结构上部有整建的地面结构时,地下结构的抗震等级不应低于地面结构的抗震等级。当地层中包含可液化土层时，应分析液化土层对结构受力和稳定产生的影响，采取可靠对策，提高地层的抗液化能力，保证地震作用下结构的安全性。

地下结构设计应分别按施工阶段和正常使用阶段进行强度、刚度和稳定性计算。对于钢筋混凝土结构，还应对使用阶段进行裂缝宽度验算；偶然荷载参与组合时，不需要验算结构的裂缝宽度。地下结构裂缝控制等级一般为三级。对处于一般环境中的钢筋混凝土构件，按荷载效应准永久组合并考虑长期作用影响时，可按表3-3-6中的最大计算裂缝宽度允许值进行控制；对处于侵蚀环境的不利条件下的结构，其最大计算裂缝宽度允许值应根据具体情况另行确定，从严控制。

最大计算裂缝宽度允许值　　　　表3-3-6

结构类型		裂缝控制等级	允许值(mm)
钢筋混凝土管片		三级	0.2
其他结构	处于水中环境、土中缺氧环境的结构	三级	0.3
	处于洞内干燥环境或洞内潮湿环境的结构	三级	0.3
	处于干湿交替环境的结构	三级	0.2

注：1. 当设计采用的最大裂缝宽度的计算式中保护层的实际厚度超过30mm时，可将保护层厚度的计算值取为30mm。
2. 厚度不小于300mm的钢筋混凝土结构可不计干湿交替作用。
3. 洞内潮湿环境指环境相对湿度为45%~80%。

结构设计应按最不利地下水位情况进行抗浮稳定验算。当不计地层侧摩阻力时，抗浮安全系数不应小于1.05；当计及地层侧摩阻力时，根据不同地区的地质和水文地质条件，可采用1.15的抗浮安全系数。对城市轨道交通结构而言，减压排水措施不能作为永久性结构抗浮措施考虑。

地下结构主要构件的耐火等级为一级，地面出入口、风亭等附属建筑的耐火等级不得低于二级。

3) 一般构造设计

(1) 现浇钢筋混凝土板。

①应预留板上孔洞，当孔洞尺寸<300mm时，板内钢筋由洞边绕过，不得截断；当孔洞尺寸>300mm且<1000mm时，孔洞边应设置加强钢筋。当设计图未特别说明时，应按如下要求处理：孔洞口每侧各设置2根，其截面面积不得小于被孔洞宽度内截断的受力钢筋面积的1/2，且不小于2ϕ20；在单向板的受力方向、双向板的两个方向沿孔洞跨度通长设置，并伸入板内，伸入长度不小于钢筋锚固长度；单向板的非受力方向设置孔洞口加强筋，并伸入板内，伸入长度不小于钢筋锚固长度；其他未详述之处参照相关设计规范。

②顶、底、中板及墙体内钢筋网片之间设拉结筋，且呈梅花形布置。

③框架纵梁主筋与板受力钢筋交叉时，如外框架梁、板外皮平齐时，梁筋在内侧，板筋在外侧；如外框架梁、板内皮平齐时，反之。

(2) 框架梁和次梁。

①板的支座负钢筋伸入支座内长度及形式应满足相关设计规范规定的锚固要求。

②纵向钢筋优先采用焊接接头，上部通长钢筋可选择在跨中1/3范围内焊接，相邻两跨的下部钢筋通长时，可在支座处焊接。

③主次梁相接处吊筋等的构造应满足相关设计规范要求。
④框架梁内箍筋肢数少于第二、三排钢筋根数时,第二、三排钢筋应采用拉筋固定。
⑤框架梁和框架柱相交处,框架柱箍筋全截面通过。

(3)框架柱。
①柱内纵向钢筋一律采用机械连接或焊接接头,一般在要求位置上每隔一根错开接头。
②柱的配筋构造应满足相关设计规范要求。

(4)墙。
①墙内钢筋均为双排双向,墙体布置一般为竖向钢筋在外,横向钢筋在内,双排筋之间用拉结筋连接。
②墙上孔洞必须预留,洞口尺寸≤300mm 时,可不设附加钢筋,墙内钢筋由墙边绕过,不得截断;当洞口尺寸>300mm 且<800mm 时,应设置洞口加强筋。

4)钢筋构造设计

(1)钢筋的连接。
①钢筋接头位置:顶板、顶板梁、楼板、楼板梁上部钢筋在跨中 $L_n/3$(L_n 为梁、板的净跨径)范围内连接,下部钢筋在支座处连接;底板、底板梁上部钢筋在支座处连接,下部钢筋在跨中 $L_n/3$ 范围内连接。
②钢筋连接方式:可采用绑扎搭接、焊接连接或机械连接(直径 $d≥22mm$ 的钢筋建议采用机械连接)。车站主体与出入口及风道接口处的钢筋接头全部采用机械接头。钢筋的连接应满足相关规范要求。
③接头面积百分率:钢筋绑扎搭接的连接区段长度为搭接长度的 1.3 倍,位于同一连接区段内的受拉与受压钢筋搭接接头面积百分率不应大于 50%;机械连接与焊接连接区段长度为 $35d$,位于同一连接区段内的受拉与受压钢筋搭接接头面积百分率不应大于 50%;接头面积百分率不大于 50% 时,可采用Ⅱ级机械连接接头,大于 50% 时必须采用Ⅰ级机械连接接头;受压钢筋接头(机械连接、焊接)面积百分率可不受限制。
④接头宜避开框架的梁端、柱端箍筋加密区,当无法避开时,应采用二级接头或一级接头,且接头面积百分率不应大于 50%,一级接头的接头面积百分率除本情况外可不受限制。
⑤采用搭接连接时,对于同一连接区段的受力钢筋接头面积百分率不大于 25% 时,搭接长度为锚固长度的 1.2 倍;对于同一连接区段的受力钢筋接头面积百分率为 50% 时,搭接长度为锚固长度的 1.4 倍。构件中的纵向受压钢筋,当采用搭接连接时,其受压搭接长度不应小于受拉搭接长度的 70%,且≥200mm。
⑥当钢筋采用焊接连接时,其接头形式、焊接工艺、试验方法、质量要求及质量验收等,应符合《混凝土结构工程施工质量验收规范》(GB 50204—2015)、《钢筋焊接及验收规程》(JGJ 18—2012)等的要求。钢筋焊接前,必须根据施工条件进行试焊,合格后方可施焊。钢筋搭焊长度为单面焊 $10d$,双面焊 $5d$。

(2)纵向受拉钢筋的抗震锚固长度。
纵向受拉钢筋抗震最小锚固长度见表 3-3-7。

受拉钢筋抗震最小锚固长度 l_{aE}（二级）（mm） 表3-3-7

钢筋种类	C35 级混凝土		C45 级混凝土	
钢筋直径	$d \leq 25$	$d > 25$	$d \leq 25$	$d > 25$
HPB300	$32d$	—	$28d$	—
HRB400	$37d$	$41d$	$32d$	$36d$

注：1. 受拉钢筋非抗震锚固长度 $l_a = l_{aE}/\xi_a$，ξ_a 取值参见《混凝土结构施工图平面整体表示方法制图规则和构造详图》（22G101-1）图集中相关规定。
2. 在任何情况下，受拉钢筋的锚固长度不得小于250mm；钢筋的弯锚、钢筋弯钩和机械锚固长度应按各类构件构造详图取值。
3. 箍筋及拉筋末端应做成不小于135°的弯钩，弯钩端头平直段长度不应小于 $10d$。

5）变形缝、施工缝构造要求

变形缝、施工缝的设置应符合下列规定：

（1）伸缩缝的形式和间距可根据围岩条件、施工工艺、使用要求以及运营期间地铁内部温度相对于结构施工时的变化等，按类似工程经验确定。

（2）在区间隧道和车站结构中不宜设置沉降缝，当因结构、地基、基础或荷载发生变化，可能产生较大的差异沉降时，宜通过地基处理、结构措施或设置后浇带等方法将结构的纵向沉降曲率和沉降差控制在整体道床和地下结构允许变形范围内；道岔转辙器部位和辙叉部位、扶梯范围内不能设置结构沉降缝，楼梯跨过结构沉降缝时需特别处理。

（3）在车站结构与出入口通道等附属建筑的结合部宜设置变形缝，但不允许两部分之间出现影响结构正常使用的差异沉降。

（4）应采取可靠措施，确保变形缝两边的结构不产生影响行车安全和正常使用的差异沉降。

（5）为避免人为设缝导致车站主体结构纵向刚度急剧下降，以致丧失抵抗纵向变形的能力，为避免对行车产生不利影响，沿车站长度方向按一定间距（24~36m）设置诱导缝或者伸缩缝。标准车站不宜设置诱导缝或伸缩缝，其余区域诱导缝宜设于柱中，伸缩缝应设双柱。若由于某些因素导致诱导缝间距过大，则除了中间增设施工缝外，还应增加纵向分布钢筋。车站结构各部位纵向分布钢筋的配筋率应不小于0.5%（双面）。

（6）现浇混凝土结构的横向施工缝的位置、间距应综合考虑结构形式、受力要求、施工方法、气象条件及变形缝的间距等因素后确定。施工缝间各结构的混凝土应间隔浇筑，并应加设端头模板。

（7）施工缝的位置应结合施工组织安排，尽量留在剪力较小且便于施工的部位，宜与变形缝、后浇段相结合，并注意保持结构内部设施（如水池、电梯井、出入口等）的完整性。缝间距一般控制在15m以内，其位置的选定需结合结构受力一并考虑，一般情况下顶、中、底板不得设置纵向施工缝。

（8）结构的施工缝位置，应尽可能避开可能遭受最不利局部侵蚀环境的部位，如水位变动区和靠近地表的干湿交替区。

（9）当地铁车站上部有开发工程时，地铁变形缝应结合上部开发的结构形式统一考虑。

6）结构抗震设计

（1）设计原则。

城市轨道交通结构抗震设计中各抗震设防类别结构的抗震设防标准，应符合下列要求：

①特殊设防类(甲类):地震作用应按地震工作主管部门批准的工程场地地震安全性评价的地震动参数结果且高于本地区抗震设防要求确定。

②重点设防类(乙类):地震作用应按《中国地震动参数区划图》(GB 18306—2015)规定的本地区抗震设防要求确定;对进行过地震安全性评价的,应按经地震主管部门批准的工程场地地震安全性评价的结果确定,但不应低于本地区抗震设防要求确定的地震作用。

结构抗震设计按《建筑工程抗震设防分类标准》(GB 50223—2008)、《建筑抗震设计规范(2016年版)》(GB 50011—2010)及《工程场地地震安全性评价报告》选择相应的设计基本地震参数进行抗震验算,应根据设计烈度、场地条件、结构类型和埋深等因素选用能较好反映其临震工作状况的分析方法,并采取必要的构造措施,提高结构和接头处的整体抗震能力。非承重构件(装饰构件、管道安装等)亦应采取抗震措施。

结构按抗震设防烈度(或针对具体工点的地震安全性评价报告要求的抗震设防烈度)进行抗震设计,结构抗震设防类别为重点设防类(乙类),盾构区间及附属结构抗震等级为三级;进行抗震设计时,应根据设防要求、场地条件、结构类型和埋深等因素选用能较好反映其地震工作性能的分析方法,并应采取提高结构和接头处的整体抗震能力的构造措施。除应进行抗震设防等级条件下的结构抗震分析外,地铁地下主体结构还应进行罕遇地震工况下的结构抗震验算。

当地层中包含可液化土层时,应分析液化土层对结构受力和稳定产生的影响,必须采取可靠对策,提高地层的抗液化能力,保证地震作用下结构的安全性。

(2)抗震设防目标。

根据住房和城乡建设部相关文件,地下结构抗震需要满足如下要求:

①当遭受低于本工程抗震设防烈度的多遇地震影响时,市政地下工程主体结构不受损坏,对周围环境和市政设施正常运营无影响;

②当遭受相当于本工程抗震设防烈度的地震影响时,市政地下工程不损坏或仅需要对非重要结构部位进行一般的维修,对周围环境影响轻微,不影响市政设施的正常运营;

③当遭受高于本工程抗震设防烈度的罕遇地震(高于设防烈度1度)影响时,市政地下工程主要结构支撑体系不发生严重破坏且便于修复,无重大人员伤亡,对周围环境不产生严重影响,修复后市政设施可以正常运营。

参考日本和美国的抗震设计经验,目前对于地下结构,一般采用两级抗震设防:475年一遇的地震设防(ODE)和2450年一遇的地震设防(MDE)。该两级设防分别相当于50年设计周期10%的超越概率和2%的超越概率。在我国的抗震设计规范中,475年一遇的地震被定义为E2级别,而2450年一遇的地震被定义为E3级别。在之前的其他地铁线路的抗震分析中,专家认为目前对于E3级别的抗震分析还缺乏足够的理论分析,建议只做E2级别的抗震分析,并将其结果作为抗震工况与正常工况进行比较。

(3)抗震构造措施。

①框架抗震遵守"强柱、弱梁、更强节点核心区"原则,严格控制中柱轴压比(三级),保证中柱的延性。中柱纵向受力钢筋的配筋率按不大于3%控制,钢筋在同一截面内的钢筋接头不宜超过全截面钢筋总数的50%,在搭接接头范围内,箍筋间距$\leqslant 5d$,且应小于100mm。同时按抗震三级要求设置箍筋加密区。

框架梁是框架结构在地震作用下的主要耗能构件,为了对节点核心区提供约束,以提高其受剪承载力,梁宽不应小于柱宽的1/2,通过适当的加宽梁截面来降低梁截面的剪压比。框架梁的纵向受拉钢筋最小配筋率不应小于0.3和$65f_t/f_y$中的较大值,梁端纵向钢筋配筋率不宜大于2.5%。按抗震三级要求设置箍筋加密区。

②框架节点区处理:框架中间层中间节点处,框架梁的上部纵向钢筋应贯穿中间节点;框架柱的纵向钢筋应贯穿中间层中间节点和中间层端节点,柱纵筋接头应设在节点区以外。

对于框架中间层中间节点、中间层端节点、顶层中间节点以及顶层端节点,梁、柱纵向钢筋在节点部位的锚固和搭接,应符合图3-3-32、图3-3-33构造规定。

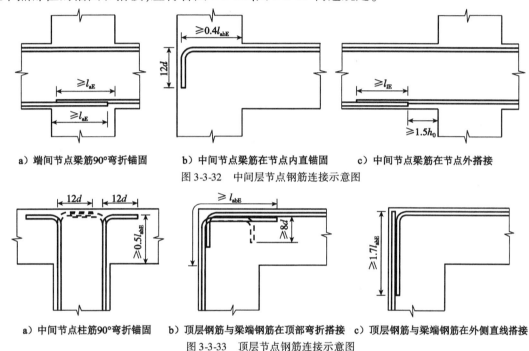

a) 端间节点梁筋90°弯折锚固　　b) 中间节点梁筋在节点内直锚固　　c) 中间节点梁筋在节点外搭接

图3-3-32　中间层节点钢筋连接示意图

a) 中间节点柱筋90°弯折锚固　　b) 顶层钢筋与梁端钢筋在顶部弯折搭接　　c) 顶层钢筋与梁端钢筋在外侧直线搭接

图3-3-33　顶层节点钢筋连接示意图

③节点区腋角的设置。

在结构梁与板、墙与板交界处均设置腋角。设置腋角后,可有效增大节点区结构构件的截面高度,提高节点的受剪承载力,进而提高结构的抗震性能。

腋角内下部纵向受拉钢筋的直径和根数,一般不宜小于结构伸进腋角内的下部钢筋的直径和根数。

④施工缝、变形缝、后浇带的设置。

施工缝:墙体水平施工缝不应留在剪力最大处或底板与侧墙的交接处,而应设于底板斜托与侧墙结合面以上300~500mm处、顶板斜托与侧墙结合面以下300mm处、各层楼板与侧墙结合面上下300mm处。墙体有预留孔洞时,施工缝距孔洞边缘不应小于300mm。结构环向施工缝设置间距不宜大于16m,并宜采用跳槽分段的方法施工。环向施工缝要求布置在纵向柱距1/4~1/3跨附近。

变形缝:车站、通道、风道的结构突变处,非盾构区间与车站结合部位,通道、风道与车站主体的结合部位等处应设置变形缝。

后浇带:后浇带应设在受力和变形较小的部位,纵向间距为 40~60m,带宽为 700~1000mm,沿底板、侧墙及顶板环行设置。后浇带混凝土的强度等级、抗渗等级均应高于两侧混凝土,宜采用补偿收缩混凝土,其在水中养护 14d 后的限制膨胀率为 0.03%~0.05%。后浇带应在其两侧混凝土龄期达到 42~60d 后再施工,后浇带两侧的接缝处理措施与施工缝相关要求相同。

⑤主体结构薄弱部位工程措施。

主体结构采用钢筋混凝土结构,确保车站结构具有良好的整体性。

侧墙开洞处顶板设刚度较大的梁。在侧墙开洞处不设施工缝。对于侧墙开洞部位,加强顶板跨中钢筋,加强开洞侧墙下部跨中钢筋。

二、盖挖法地铁车站结构设计

盖挖法施工是首先修筑地下结构的顶板或临时路面盖板,然后在其遮护下修建地下结构其他部分的半明挖施工方法的通称。按其主体结构的施工顺序,盖挖法可分为盖挖顺作法、盖挖逆作法、盖挖半逆作法等。

(1)在路面交通不能长期中断的道路下修建车站主体结构时,可考虑采用盖挖顺作法。该方法是在现有道路上,按结构所需宽度,由地表面完成基坑围护结构和桩柱后,以定型设计的预制标准路面覆盖结构(包括纵梁、横梁和路面板)置于基坑围护结构上维持交通,向下进行开挖和加设横撑,直至结构底板设计高程。然后自下而上施工主体结构和防水层,最后恢复路面。

(2)当开挖面较大、覆土较浅、周围有临近的建筑物时,为尽量防止因基坑开挖而引起附近建筑物的变形或沉陷,或需尽早恢复路面交通,但又缺乏定型设计的覆盖结构,常采用盖挖逆作法施工,即利用主体结构顶板作为横撑,在顶板覆盖下自上而下逐层开挖并建造主体结构直至底板。

(3)盖挖半逆作法类似盖挖逆作法,其区别仅在于车站顶板完成及恢复路面后,向下挖土至设计高程后先建筑底板,再依次向上逐层建筑侧墙、楼板。在盖挖半逆作法施工中,一般都必须设置横撑并施加预应力。

盖挖法施工能够实现的关键之一,是建造一个稳固、经济的临时路面系统。可重复利用的路面板应既能满足强度、刚度和稳定性要求,又能满足快速安装、拆卸及经济性要求。

盖挖法施工中的路面板可采用三种形式:混凝土路面板、钢路面板、型钢路面板。混凝土路面板采用外包角钢的单跨预制板,安全可靠,但混凝土板自重太大,施工不便,且对纵横梁体系影响较大;钢路面板(2cm 厚钢板)刚度较小,需按 1m 间隔设置纵向槽钢作横向次梁,且车行噪声较大;型钢路面板,并排焊接 5 根 H 型钢,并且两端用平钢进行加固,不仅可以作为道路交通的路面,也可用于施工工地的栈桥,具有用途广泛的优点,虽一次性投入较高,但可重复利用,综合效益较好。

盖板梁可选用钢支撑或钢筋混凝土支撑,由于钢筋混凝土支撑稳定性好、对控制深基坑变形有利,故目前采用较多。也可采用军用便梁,如图 3-3-34 所示。

盖板梁与首道支撑可采用分离设置、结合设置两种处理方法。在地质较好的地区进行盖挖法施工时,往往将盖板梁和首道支撑分离设置。由于土体自立性好,盖板梁不承受水平方向的荷载,仅承受路面的竖向荷载,同时将该荷载传递给中间立柱,根据施工所需空间要求,第一道支撑一般设置在地表以下2m深处。盖板梁兼作首道支撑时,必须使得该构件能同时承受上部传来的竖向荷载及基坑挡土墙传来的水平荷载,约束挡墙的水平变形,即该构件必须既是抗弯构件,又是抗压构件。

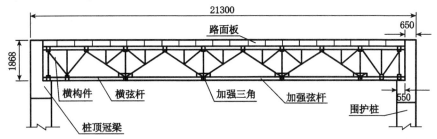

图 3-3-34 工程军用便梁构造示意图(尺寸单位:mm)

盖挖法施工要求先做围护结构与中间立柱、立柱桩,共同构成路面系统的竖向支承体系。

竖向支承体系不仅受到基坑开挖土体应力释放的影响,还要承受上部道路荷载作用,在这些荷载作用下发生沉降与抬升;同时,立柱桩承载的不均匀增加了立柱桩之间及立柱桩与地下墙之间产生较大差异沉降的可能,若差异沉降过大,将对路面体系产生较大的附加应力,严重时会影响安全。因此,如何减少中间立柱桩、围护结构的沉降以及差异沉降,是盖挖法施工的要点之一。

盖挖法的结构内力计算应根据施工工况分别进行,但盖挖法是在盖板的保护下进行施工的,所以要考虑作用在盖板上的汽车荷载及冲击荷载。汽车荷载的计算可以参照《公路桥涵设计通用规范》(JTG D60—2015)中的相关条文。

三、暗挖法地铁车站结构设计

暗挖地铁车站结构设计,应以喷射混凝土、钢拱架(包括格栅钢架和型钢钢架)或锚杆为主要支护手段,根据围岩和环境条件、结构埋深、断面尺寸等,选择适宜的开挖方法、辅助措施、支护形式及与之相关的物理力学参数等,达到保持围岩和支护的稳定、合理利用围岩自身承载能力的目的。施工中应通过围岩和支护的动态监测,优化设计和施工参数。

1. 围岩分级

暗挖结构的围岩分级按《铁路隧道设计规范》(TB 10003—2016)的有关规定执行。铁路隧道围岩分级如表 2-4-1 所示。表中给出了各级围岩的主要工程地质特征、结构特征和完整性等指标,并预测了隧道开挖后可能出现的塌方、滑动、膨胀、挤出、岩爆、突然涌水及瓦斯突出等失稳的部位和地段,同时给出了相应的工程措施。

2. 结构设计相关规定

1) 设计规定

暗挖地铁车站的设计应符合下列规定:

(1) 暗挖地铁车站的最小覆土厚度不宜小于 6~8m。

(2) 暗挖地铁车站结构应采用复合式衬砌,有条件时也可采用装配式衬砌。在围岩完整、稳定、无地下水和不受冻害影响的地段,出入口通道和通风道等附属结构也采用喷锚衬砌,喷锚衬砌的内部净空应考虑结构补强的预留量。

(3) 初期支护宜采用钢拱架(钢筋格栅拱架或型钢拱架加钢筋网)喷射混凝土,其基层平整度应符合 $D/L \leq 1/6$(D 为初期支护基层相邻两凸面凹进去的深度;L 为基层两凸面的距离);二次衬砌宜采用模筑钢筋混凝土,二次衬砌宜为等厚截面,连接圆顺。

(4) 复合式衬砌的设计应综合考虑包括围岩在内的支护结构、断面形式、开挖方法、施工顺序和断面的闭合时间等因素,利用时空效应,力求使衬砌结构受力合理、安全、经济。

(5) 开挖断面的确定,除应满足隧道建筑限界、施工和测量误差外,还应预留适当的围岩变形量,其量值可根据围岩级别、隧道形式及断面尺度、埋置深度、施工方法、支护情况等条件,采用工程类比法确定。当无类比资料时,可参照表 2-4-2 采用。

2)规范规定

《地铁设计规范》(GB 50157—2013)对暗挖法施工的结构还做了以下规定:

矿山法施工的结构,在设计和施工阶段,应通过理论分析或工程类比对初期支护的稳定性进行判别。复合式衬砌的初期支护(含围岩的支护作用)应按主要承载结构设计,承担施工期间的全部荷载,其设计参数可采用工程类比法确定,施工中通过监控量测进行修正。浅埋、大跨度、围岩或环境条件复杂、形式特殊的结构,应通过理论计算进行验算;同时符合下列规定:

(1) 岩石隧道应利用围岩的自承载能力。

(2) 土质隧道应采用较大的初期支护刚度,并注意及时施作二次衬砌。

(3) 复合式衬砌中的二次衬砌,应根据其施工时间、施工后荷载的变化情况、工程地质及水文地质条件、埋深和耐久性要求等因素按下列原则设计:

① 第四纪土层中的浅埋结构及通过流变性或膨胀性围岩中的结构,初期支护应具有较大的强度及刚度,且宜提前施作二次衬砌,由二者共同承受外部荷载。

② 应考虑在长期使用过程中,外部荷载因初期支护材料性能退化和刚度下降向二次衬砌的转移。

③ 作用在不排水型结构上的水压力由二次衬砌承担。

④ 浅埋和 Ⅴ~Ⅵ 级围岩中的结构宜采用钢筋混凝土衬砌。

车站、风道和其他大跨度土质隧道,采用暗挖法施工时应合理安排开挖分块和开挖步序,应减少分部开挖的导洞之间的相互影响。

3. 初期支护结构设计

对于一般跨度的暗挖地铁工程,可参考有关规范及工程实例,按工程类比法决定其设计参数。某些特殊地形、地质条件下(如浅埋、偏压、膨胀性围岩、原始地应力过大的围岩等)及大跨度渡线隧道或车站结构的初期支护,应通过理论计算,按主要承载结构确定其设计参数。

土质暗挖地铁车站的初期支护应采用包括超前支护、格栅钢架或钢拱架、钢筋网片和喷射混凝土等组合的支护方式,《地铁设计规范》(GB 50157—2013)对其设计做出了如下要求:

① 初期支护厚度宜根据隧道分步开挖断面的大小控制在 200~350mm;对于开挖宽度不大于 3m 的单体隧道,可采用 200mm 厚度的初期支护。

②初期支护中的钢拱架宜优先选用钢筋格栅；根据需要，钢拱架间距宜为500～1000mm，钢筋格栅的主筋直径不宜小于18mm，附属钢筋的直径不宜小于12～14mm。

③初期支护的厚度不大于300mm，宜在其内侧设置单层钢筋网片；初期支护的厚度大于300mm，可考虑在其外侧设置双侧钢筋网片；钢筋网应以直径6～8mm的钢筋焊接而成（也可采用成品焊接网片），钢筋间距宜为150～250mm，钢筋网搭接长度为1～2个网眼。

④初期支护各分节间应采用可靠的连接。

钢架节点的设置应遵循以下原则：

①钢架的节点设置应与施工开挖方法和步序相结合，先期施工的导洞钢架节点应考虑与后期施工导洞钢架节点的衔接。宜将"墙脚"加大或设计成"L"形。

②节点位置尽量避开受弯矩和剪力较大的部位。

③每段钢架长度和重量应方便现场施工，其长度一般宜控制在2～4m。

④宜将相邻环钢架的节点位置错开布置。

⑤应加强节点连接。一般节点除采用螺栓连接外，还应要求钢架就位后，将两段钢架的主筋用钢筋绑焊在一起，增加节点连接的可靠性。

复合式衬砌初期支护及二次衬砌的设计参数，应根据隧道围岩分级、岩体构造特征、地应力条件等采用工程类比、理论分析确定，当无类比资料时，可参照表3-3-8进行预设计，并应根据现场围岩、支护结构量测信息对支护参数做必要的调整。

复合式衬砌的设计参数 表3-3-8

围岩级别	隧道开挖跨度	初期支护							二次衬砌厚度(cm)	
		喷射混凝土厚度(cm)		锚杆			钢筋网	钢架	拱墙	仰拱
		拱墙	仰拱	位置	长度(m)	间距(m)				
Ⅱ	小跨	5	—	局部	2.0	—	—	—	30	—
	中跨	5	—	局部	2.0	—	—	—	30	—
	大跨	5～8	—	局部	2.5	—	—	—	30～35	—
Ⅲ硬质岩	小跨	5～8	—	拱墙	2.0	1.2～1.5	拱部@25×25	—	30～35	—
	中跨	8～10	—	拱墙	2.0～2.5	1.2～1.5	拱部@25×25	—	30～35	—
	大跨	10～12	—	拱墙	2.5～3.0	1.2～1.5	拱部@25×25	—	35～40	35～40
Ⅲ软质岩	小跨	8	—	拱墙	2.0～2.5	1.2～1.5	拱部@25×25	—	30～35	30～35
	中跨	8～10	—	拱墙	2.0～2.5	1.2～1.5	拱部@25×25	—	30～35	30～35
	大跨	10～12	—	拱墙	2.5～3.0	1.2～1.5	拱部@25×25	—	35～40	35～40
Ⅳ深埋	小跨	10～12	—	拱墙	2.5～3.0	1.0～1.2	拱部@25×25	—	35～40	40～45
	中跨	12～15	—	拱墙	2.5～3.0	1.0～1.2	拱部@25×25	—	40～45	45～50
	大跨	20～23	10～15	拱墙	3.0～3.5	1.0～1.2	拱墙@20×20	拱墙	40～45*	45～50*
Ⅳ浅埋	小跨	20～23	—	拱墙	2.5～3.0	1.0～1.2	拱部@25×25	拱墙	35～40	40～45
	中跨	20～23	—	拱墙	2.5～3.0	1.0～1.2	拱墙@25×25	拱墙	40～45	45～50
	大跨	20～23	10～15	拱墙	3.0～3.5	1.0～1.2	拱墙@20×20	拱墙	40～45*	45～50*

续上表

围岩级别	隧道开挖跨度	初期支护							二次衬砌厚度(cm)	
		喷射混凝土厚度(cm)		锚杆			钢筋网	钢架	拱墙	仰拱
		拱墙	仰拱	位置	长度(m)	间距(m)				
V深埋	小跨	20~23	—	拱墙	3.0~3.5	0.8~1.0	拱墙@20×20	拱墙	40~45	45~50
	中跨	20~23	20~23	拱墙	3.0~3.5	0.8~1.0	拱墙@20×20	全环	40~45*	45~50*
	大跨	23~25	23~25	拱墙	3.5~4.0	0.8~1.0	拱墙@20×20	全环	50~55*	55~60*
V浅埋	小跨	23~25	23~25	拱墙	3.0~3.5	0.8~1.0	拱墙@20×20	全环	40~45	45~50
	中跨	23~25	23~25	拱墙	3.0~3.5	0.8~1.0	拱墙@20×20	全环	40~45	45~50
	大跨	25~27	25~27	拱墙	3.5~4.0	0.8~1.0	拱墙@20×20	全环	50~55*	55~60*

注：1. 表中喷射混凝土厚度为平均值，带*表示钢筋混凝土衬砌。
2. Ⅵ级围岩和特殊围岩应进行单独设计。
3. Ⅲ级缓倾软质岩地段，隧道拱部180°范围的初期支护可架设格栅钢架，并相应调整拱部喷射混凝土厚度。

4. 二次衬砌结构设计

二次衬砌的设计宜尽可能等厚，并圆顺连接；其厚度根据受力确定，但不得小于250mm。

二次衬砌应根据其施工时间、施工后荷载的变化情况、工程地质和水文地质条件、埋深和耐久性要求等因素按下列原则设计：

①第四纪土层中的浅埋结构，初期支护应具有较大的刚度和强度，在软塑性地层和其他不稳定地层中，应提前施作二次衬砌，由二者共同承受外部荷载。考虑在长期使用过程中，外部荷载因初期支护材料性能退化和刚度下降向二次衬砌的转移，构件刚度可按折减到50%考虑。

②作用在不排水型结构上的水压力由二次衬砌承担。

③二次衬砌根据受力和构造要求配置钢筋，最小配筋率不得小于构造配筋率。

在第四纪土层中的浅埋结构、流变性或膨胀性围岩中的结构、提前施作二次衬砌的结构，以及施作二次衬砌后外部荷载增大的结构，除满足规范要求的初期支护外，还应考虑由初期支护和二次衬砌共同承受外部荷载。可采用荷载-结构模型，将已有结构复合衬砌的现场实测资料整理归纳的压力值作为二次衬砌的计算荷载。

对于初期支护和二次衬砌交替施作的大跨度车站结构或连拱结构，可采用地层-结构模型或荷载-结构模型，根据初期支护和二次衬砌之间的构造特点和应力传递特点，按施工过程分析确定二次衬砌的受力情况。

由于喷射混凝土难以完全满足地铁工程的耐久性要求，故应通过加强二次衬砌的方法来保证暗挖法结构的耐久性。所以，长期使用阶段复合衬砌的受力分析，应考虑初期支护刚度下降以后外部荷载向二次衬砌的转移。

考虑浅埋条件下及Ⅴ级~Ⅵ级围岩中外部荷载数值及分布的不确定性，以及城市地下水位变动的可能性，从安全角度考虑，二次衬砌宜采用钢筋混凝土结构。

四、地下车站结构防水设计

1. 设计原则及要求

地下铁道若修建在含水地层或透水地层中,将受到下水的有害作用,并受地面水的影响。如果没有可靠的防水措施,地下水就会渗入乃至影响结构使用寿命和危害运营。因此,地下铁道结构物的防水措施应根据场地的水文地质情况、地形条件、施工方法、结构形式、防水标准、使用要求、技术经济指标等综合考虑确定。并应遵循"以防为主、刚柔结合、多道防线、因地制宜、综合治理"的原则,采取与其相应的防水措施。当结构处于贫水稳定地层,同时位于地下潜水位以上时,在确保安全的条件下可以考虑限排。

地铁结构物的防水措施应根据场地的水文地质条件、地形条件、施工方法、结构形式、防水标准、使用要求、技术经济指标等综合考虑确定,并根据《地下工程防水技术规范》(GB 50108—2008)确定地下工程防水等级,如表3-3-9所示。

地下工程防水等级　　　　　　　　表3-3-9

防水等级	标准
一级	不允许渗水,无湿渍
二级	不允许渗水,有少量、偶见的湿渍
三级	有少量漏水点,不得有线流和泥流,漏水量小于0.5L/(m²·d)
四级	有流水量,不得有线流和漏泥沙,漏水量小于2.0L/(m²·d)

1)防水等级与设防标准

车站、出入口通道、机电设备集中地段,防水等级为一级。结构不允许渗水,结构内表面无湿渍。其设防标准为:多道设防,其中必有一道结构自防水,并根据需要加设附加防水措施。

车站的风道、风井、区间隧道、辅助线隧道等,按防水等级二级的要求进行设计,结构不允许漏水,结构表面允许有少量的湿渍,总湿渍面积不应大于总防水面积的6‰,任意100m²防水面积上的湿渍不超过4处,单个湿渍的最大面积不大于0.2m²。设防标准为一道或多道防水,其中必有一道是结构自防水,并可根据需要采用其他附加防水措施。变形缝、施工缝、穿墙管等特殊部位应采取加强措施。

当在侵蚀性介质中仅用防水混凝土时,其耐蚀系数不得小于0.8,小于0.8时,应有可靠的防腐蚀措施。

2)防水一般要求

地铁工程防水设计,应满足技术先进、施工简便、经济合理、使用安全、确保质量的要求。防水设计应综合考虑地下水、地表水的作用,全方位考虑工程防水。

地铁工程的防水是一个系统工程,设计时应综合考虑结构形式、施工方法、水文地质条件等与防排水的关系,在保证结构安全可靠的基础上,结构应能满足防水的需要,为运营创造良好的环境。应当采取综合防水的措施,优先考虑结构自防水,再根据需要采用附加防水层、注浆防水等附加防水措施。以混凝土结构自防水为主,强调结构自防水首先应保证混凝土、钢筋混凝土结构的自防水能力,即以结构自防水为根本,采取措施控制结构混凝土裂缝发展,保证防水混凝土达到相关规范规定的密实性、抗渗性、抗裂性、防腐性和耐久性;强调采取有效技术措施保证诱导缝、变形缝、施工缝、后浇带、穿墙管、预埋件、预留孔洞、各型接头、各种结构断面接口、桩头等细部结构的防水效果;辅以外包防水层加强防水,防水层兼作隔离层。

地铁工程具有防水要求高、渗漏治理困难的特点,防水材料应优先选用质量可靠、耐久性好、物理力学性能优越、符合环保要求、施工简便的材料。应精心施工,严格控制防水材料质量和施工质量,层层把关,不留隐患。

暗挖法(矿山法)地铁车站结构防水设计原则与明挖法结构基本相同,以结构自防水为主,接缝防水往往是决定防水性能的关键因素,同时还应满足下列要求:

①目前国内采用暗挖法施工的地下车站防水均遵循"以防为主、刚柔结合、多道设防、因地制宜、综合治理"的原则,而区间隧道除采用与车站相同的设计原则外,也有个别城市地铁隧道(多为围岩条件较好的地区或山岭隧道)遵循"以防为主、防排结合"的设计原则,即全包排水型和半包排水型。如重庆地铁1号线长梁山隧道,埋深较大,采用全包排水做法(外排水);南京地铁1号线穿小洪山隧道也采用了全包排水做法(内排水);青岛地铁由于围岩较好,对于Ⅰ、Ⅱ级围岩地层,区间采用半包排水做法,围岩条件较好的地下矿山法车站采用"锚喷支护+排水盲管"做法。排水系统的堵塞(耐久性)问题是排水型隧道难以解决的主要矛盾,目前国内均慎重采用。

②两拱相交节点处应采用防、截、堵相结合的综合防水措施;变形缝处采取的防水措施应能满足接缝两端结构产生的差异沉降及纵向伸缩时的密封防水要求。

③对于地下水较多的软弱围岩地段应采取全封闭的复合式衬砌。

明挖法、盖挖法地下车站结构及暗挖法地下车站结构防水措施应符合表3-3-10、表3-3-11的要求。

明挖法、盖挖法地下车站防水措施　　表3-3-10

工程部位		主体结构						施工缝					后浇带				变形缝(诱导缝)				
防水措施		防水混凝土	防水卷材	防水涂料	塑料防水板	膨润土防水材料	防水砂浆	金属防水板	遇水膨胀止水条(胶)	外贴式止水带	中埋式止水带	外抹防水砂浆	外涂防水涂料	水泥基渗透结晶型防水涂料	预埋注浆管	补偿收缩混凝土	外贴式止水带	预埋注浆管	遇水膨胀止水条(胶)	防水密封材料	中埋式止水带	外贴式止水带	可卸式止水带	防水密封材料	外贴防水卷材	外涂防水涂料
防水等级	一级	应选	应选一至两种						应选两种						应选	应选两种				应选	应选一至两种					
	二级	应选	应选一种						应选一至两种						应选	应选一至两种				应选	应选一至两种					
	三级	应选	宜选一种						宜选一至两种						应选	宜选一至两种				应选	宜选一至两种					
	四级	宜选	—						宜选一种						应选	宜选一种				应选	宜选一种					

暗挖法地下车站防水措施　　　　表 3-3-11

工程部位		初砌结构						内衬砌施工缝						内衬砌变形缝				
防水措施		防水混凝土	塑料防水板	防水砂浆	防水涂料	防水卷材	金属防水板	外贴式止水带	预埋注浆管	遇水膨胀止水条(胶)	防水密封材料	中埋式止水带	渗透结晶型防水涂料	中埋式止水带	外贴式止水带	可卸式止水带	防水密封材料	遇水膨胀止水条(胶)
防水等级	一级	必选	应选一至两种					应选一至两种						应选	应选一至两种			
	二级	应选	应选一种					应选一种						应选	应选一种			

2. 明挖法、盖挖法车站结构防水设计

1) 结构防水体系

明挖法、盖挖法车站结构防水应遵循"以防为主、刚柔结合、多道设防、因地制宜、综合治理"的原则,确立钢筋混凝土结构自防水体系,即以结构自防水为根本,采取措施控制结构混凝土裂缝的发展,增加混凝土的抗渗性能;以变形缝、施工缝等接缝防水为重点,辅以全包柔性防水层加强防水。

(1) 结构自防水。

"以防为主"的原则,是指结构自防水,即混凝土或钢筋混凝土的自防水能力。为此,应根据所处的环境条件选用适当的材料以满足混凝土自身的抗渗性、耐久性要求。自防水能力体现为混凝土具有一定的抗渗能力。如规定结构混凝土抗渗等级不得小于 P8,抗渗能力不小于 0.8MPa。控制裂缝宽度和钢筋保护层最小厚度应符合《地铁设计规范》(GB 50157—2013)的各项要求。裂缝宽度迎水面不大于 0.2mm,背水面不大于 0.3mm,且不得贯通;迎水面钢筋混凝土保护层厚度不小于 50mm;处于侵蚀性介质中的防水混凝土耐侵蚀系数不小于 0.8。防水混凝土的结构厚度不应小于 250mm。

(2) 接缝防水。

结构变形缝、施工缝、后浇带、穿墙管等薄弱部位的防水能力,应不低于防水混凝土自身的防水能力,对上述部分应采取特殊加强的防水处理措施。

(3) 附加防水层。

附加防水层在结构迎水面一侧用防水卷材、防水涂料等制成,用于需增强防水能力、免受侵蚀性介质作用的工程。附加防水层应设在迎水面或复合衬砌之间。防水能力应能抵抗地下水的实际水头,且不应小于 30m 的水头。卷材防水层宜为 1~2 层。卷材及其胶黏剂应具有良好的耐水性、耐久性、耐刺穿性、耐腐蚀性和耐菌性。卷材防水层主要物理性能除应满足设计要求外,还应符合国家现行的有关强制性标准的规定。涂料防水层应根据工程所在地区环境、气候条件、施工方法、结构构造形式、工程防水等级要求选择防水涂料品种。所选用的涂料应具有良好的耐水性、耐久性、耐腐蚀性,并且无毒、难燃、低污染;无机防水涂料应具有良好的湿干黏结性、耐磨性;有机防水涂料应具有较好的延伸性及适应基层变形的能力。无机防水涂料厚度宜为 0.8~3mm,有机防水涂料厚度宜为 1~2mm,其中反应型涂料厚度宜不小于

1.5mm。防水涂料可采用外防外涂、外防内涂和顶板外涂、侧墙与底板内涂三种做法。明挖法、盖挖法地铁车站防水设计体系基本要求详见表 3-3-12。

明挖法、盖挖法地铁车站防水设计体系　　　　表 3-3-12

序号	设防部位		防水方案
1	钢筋混凝土结构自防水	混凝土抗渗等级	工程埋深 0 ~ 20m 时,抗渗等级为 P8; 工程埋深 20 ~ 30m 时,抗渗等级为 P10; 工程埋深 30 ~ 40m 时,抗渗等级为 P12
		裂缝控制	裂缝控制:迎水面裂缝宽度≤0.2mm,且不得有贯穿裂缝
		耐腐蚀要求	处于侵蚀性介质中防水混凝土的耐侵蚀要求应根据介质的性质按有关标准执行
2	附加防水层		采用全包或者半包防水方式,采用不易窜水并能适应相应工法的防水材料
3	施工缝	环向	钢边橡胶止水带(镀锌钢板止水带)、注浆管、遇水膨胀止水胶
		纵向	钢边橡胶止水带(镀锌钢板止水带)、遇水膨胀止水胶、注浆管
4	变形缝		外贴式塑料止水带 + 中埋式钢边橡胶止水带 + 背水面密封胶嵌缝
5	穿墙管		止水法兰 + 遇水膨胀止水胶

2)防水材料的选择

轨道交通工程主要受力构件的使用年限应达到 100 年以上,因此选用的柔性防水材料应具有较好的耐久性。柔性防水层工作环境复杂,轨道交通地下工程长期受列车振动荷载的作用,同时,地下水的水位、酸碱度、微生物以及冻融环境等均会对防水层的防水质量和耐久性产生不利影响。

城市轨道交通工程施工场地有限,基坑多采用围护桩或地下连续墙支护,决定了侧墙柔性防水层大多采用"外防内贴"法施工,成品保护困难,对防水层的完整性和不窜水性要求较高。地下车站工程工期一般需要 1 年以上,因此要求选用的防水材料应同时具有较好的高、低温施工性能,防水层耐雨水、耐冻融等性能要好。

目前,国内地下车站工程常见的防水材料有预铺防水卷材类及涂料类。预铺防水卷材类主要有弹性体(SBS)改性沥青防水卷材、三元乙丙橡胶预铺防水卷材、自粘聚合物改性沥青基聚酯胎预铺防水卷材、高分子自粘胶膜预铺防水卷材(非黑色)、膨润土防水毯;涂料类主要有单组分聚氨酯防水涂料。防水材料的性能比较详见表 3-3-13。

防水材料性能对比表　　　　表 3-3-13

材料	类型	优点	缺点
弹性体(SBS)改性沥青防水卷材	非自粘型	耐高温,有较高的弹性和耐疲劳性、较强的耐穿刺能力、耐撕裂能力	对基面要求严格,无自粘性能,需采用热熔法或者冷黏结施工,施工较不便捷
三元乙丙橡胶预铺防水卷材			
自粘聚合物改性沥青基聚酯胎预铺防水卷材	自粘型	综合性能优越,卷材与结构层混凝土湿固化反应黏结形成有机结合,中间无窜水隐患; 抗冲击和耐穿刺性能优异,对基层要求低	综合造价稍高
高分子自粘胶膜预铺防水卷材(非黑色)			

续上表

材料	类型	优点	缺点
膨润土防水毯	非自粘型	密实、防水性能持久,施工相对简单,不需要加热和粘贴,绿色环保	膨润土颗粒分布不均;延展性差,防水毯之间的连接处易出现松动、断裂等现象,造成窜水
单组分聚氨酯防水涂料	涂刷型	与基面黏结力强,涂膜有良好的柔韧性,环保,涂膜密实,防水层完整,无裂缝,无气泡,施工简便	需要操作空间,无法在密贴式结构中使用

3)防水设计

常见的明挖法、盖挖法地铁车站结构防水设计如图 3-3-35 所示,防水层与防水加强层为同一种材料,防水层采用单面黏合高分子胎预铺防水卷材(YPS 1.5mm)(GB/T 23457—2009)。结构防水等级为一级时,涂料防水层为 2.5mm 厚单组分聚氨酯涂膜;结构防水等级为二级时,涂料防水层为 2.0mm 厚单组分聚氨酯涂膜。涂料防水加强层为涂刷 1.0mm 厚单组分聚氨酯涂膜后加黏聚酯布或玻璃纤维布增强层。隔离层均为 350 号纸胎油毡。底板细石混凝土保护层等级强度为 C20。

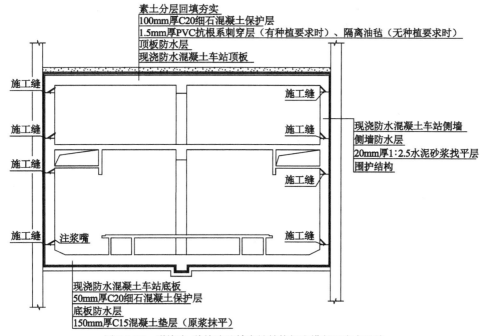

图 3-3-35 明挖法、盖挖法地铁车站结构标准横断面防水设计

冬期施工阶段,应改用 2.0mm 非固化橡胶沥青防水涂料 + 4mm 厚 SBS 改性沥青防水卷材(PY Ⅱ型)复合防水设防,代替单组分聚氨酯防水涂料。

找平层、阴角倒角用水泥砂浆均指 1:2.5 的水泥砂浆;底板和侧墙铺设防水层的阴角均应做成 $R \geqslant 50mm$ 的圆弧或 $50mm \times 50mm$ 的钝角,阳角应做成 $R \geqslant 20mm$ 的圆弧或 $20mm \times 20mm$ 的钝角。

3. 暗挖法车站结构防水设计

1)结构防水体系

暗挖法施工的车站结构防水应根据含水地层的特性、围岩稳定情况和结构支护形式等确定。在无侵蚀性介质、贫水的Ⅰ或Ⅱ级围岩地段的车站顶拱宜用复合式衬砌防水,有条件时底部可考虑限排。地下水较多的软弱围岩地段,应采用全封闭式的复合式衬砌全包防水层。暗挖法地铁车站防水体系基本要求如表3-3-14所示。

暗挖法地铁车站防水设计体系 表3-3-14

序号	设防部位		防水方案
1	钢筋混凝土结构自防水	混凝土抗渗等级	初期支护要进行系统注浆,形成初道止水帷幕; 二衬:抗渗等级≥P8; 工程埋深0~20m时,抗渗等级为P8; 工程埋深20~30m时,抗渗等级为P10; 工程埋深30~40m时,抗渗等级为P12
		裂缝控制	裂缝控制:迎水面裂缝宽度≤0.2mm,且不得有贯穿裂缝
		耐腐蚀要求	处于侵蚀性介质中防水混凝土的耐侵蚀要求应根据介质的性质按有关标准执行
2	复合式衬砌夹层防水(全包防水卷材,并能抵抗本工程埋深的水压)		1.5~2.0mm厚PVC/EVA/ECB塑料防水板、 1.5~2.0mm厚合成高分子预铺防水卷材
3	施工缝	环向	钢边橡胶止水带(镀锌钢板止水带)、注浆管、遇水膨胀止水胶
		纵向	钢边橡胶止水带(镀锌钢板止水带)、遇水膨胀止水胶、注浆管
4	变形缝		外贴式塑料止水带+中埋式钢边橡胶止水带+背水面密封胶嵌缝
5	穿墙管		止水法兰+遇水膨胀止水胶
6	分区、注浆系统		暗挖法施工的地下结构应采取防水层表面注浆系统,选择的浆液类别应视渗漏情况而定。同时应在整个地下结构变形缝位置设置分区系统

2)防水材料的选择

近年来国内轨道交通采用暗挖法施工的车站和区间防水层多为塑料防水板(包括PVC、EVA、ECB),但由于塑料防水板单独使用时,会出现窜水问题,给后续的堵漏维修工作带来不利影响。因此,有些城市在矿山法地铁结构中开始采用预铺防水卷材材料,以期解决窜水问题,如重庆地铁采用合成高分子预铺防水卷材;西安地铁采用沥青基聚酯胎预铺防水卷材等;北京地铁5号线天坛东门—磁器口区间左线隧道采用膨润土防水毯进行全包防水试验等。对于预铺防水卷材用于矿山法隧道,国外不多见,国内应用效果目前尚无统计数据。表3-3-15为目前国内地铁暗挖法车站(区间)附加防水材料情况。

目前国内地铁暗挖法车站(区间)附加防水材料情况　　　　表 3-3-15

序号	地铁城市	防水材料
1	北京	车站:2.0mm 厚 ECB 塑料防水板;区间:1.5mm 厚 EVA 塑料防水板
2	沈阳	EVA 或 PVC 塑料防水板
3	南京	EVA 或 PVC 塑料防水板
4	成都	试验段采用改性沥青类预铺式自粘防水卷材
5	重庆	车站:2.0mm 厚 ECB 塑料防水板;区间:1.8mm 厚自粘复合高分子防水卷材
6	广州	PVC 塑料防水板,背贴式止水带进行分区及注浆防水
7	深圳	EVA 或 PVC 塑料防水板
8	郑州	PVC 或 ECB 塑料防水板
9	青岛	暗挖车站:2.0mm 厚 ECB 塑料防水板;暗挖区间:1.5mm 厚 EVA 或 PVC 塑料防水板
10	哈尔滨	PVC 或 ECB 塑料防水板
11	西安	预铺反粘防水卷材

暗挖法结构由于防水层直接铺设在喷射混凝土表面,基层表面凹凸起伏,尖锐突出物较多,如采用水泥砂浆找平,则工作量较大,顶拱部位不易施工。因此国内外多采用对基层条件适应性较强的塑料防水板进行防水。国内目前多使用 PVC、EVA 和 ECB 塑料防水板。为避免塑料防水板在模筑混凝土的压力下受到穿刺破坏,在防水层和初期支护之间设置 $400g/m^2$ 的短纤土工布缓冲层,底板(仰拱)防水板表面设置 $400g/m^2$ 的短纤土工布缓冲层,并浇筑 70mm 厚 C20 细石混凝土保护层。常见塑料防水板性能对比详见表 3-3-16。

常用塑料防水板性能对比　　　　表 3-3-16

材料名称	优点	缺点
EVA	①无毒、耐久性优异; ②物性指标较高; ③抗撕裂、穿刺性能较好; ④机械焊接性能较好	①熔点较高,材质较硬; ②手工焊接质量较差; ③施工性能较差
PVC	①柔软,施工性能较好; ②熔点较低,手工焊接容易	①高温加热时有害气体逸出; ②密度较大; ③基本物性指标较低,抗撕裂、穿刺性能较差; ④增塑剂迁移导致其耐久性较差
ECB	为 EVA 改性沥青产品,优点与 EVA 基本相同	①熔点较高,材质较硬; ②手工焊接质量较差; ③施工性能较差

为解决窜水问题,防水板表面必须设置防水板注浆系统,在变形缝部位也可设置分区系统。通过大量工程实例,证明注浆系统能够解决窜水及渗漏水问题。

3) 防水设计

矿山法车站防水等级为一级,塑料防水板均为 2.0mm 厚的 ECB 防水板,防水板采用热风焊枪热熔焊接在塑料圆垫片上,焊接应牢固、可靠,避免脱落。土工布缓冲层和土工布保护层均为 $400g/m^2$ 的短纤土工布。常见的暗挖法车站结构横剖面防水设计如图 3-3-36 所示。图中注浆系统位置为示意位置,一般情况下环向、纵向设置间距为3~4m。在环向施工缝和变形缝两侧、纵向施工缝上方(距缝500mm)需加密设置。

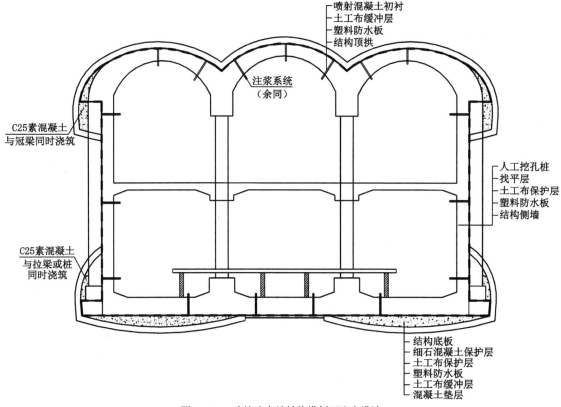

图3-3-36 暗挖法车站结构横剖面防水设计

围岩条件较好的地下矿山法车站采用"排水盲管"做法,如图3-3-37所示。

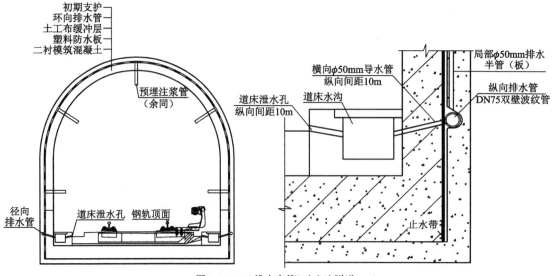

图3-3-37 "排水盲管"矿山法隧道

五、人防设计

人防,即人民防空,指国家根据国防需要,动员和组织群众采取防护措施,防范和减轻空袭灾害。

1. 人防工程的分类分级

甲类工程:能防预定核武器、生化武器及常规武器破坏效应的人防工程。

乙类工程:能防预定常规武器、生化武器破坏效应的人防工程。

人防工程的抗力等级主要用以反映人防工程能够抵御敌人核袭击能力的强弱,其性质与地面建筑的抗震裂度类似,是国家设防能力的一种体现。人防工程抗力等级按防核爆炸冲击波地面超压的大小和抗常规武器的抗力要求划分。

目前常见的面广量大的防空地下室一般为抗核武器4级、4B级、5级、6级和6B级,抗常规武器5级和6级。

2. 人防工程的设计原则及要求

人防工程的设计原则及要求如下:

①轨道交通工程战时在拟定的核武器、生化武器、常规武器袭击和袭击后的城市次生灾害作用下,应具有保障人员安全、交通转移和物资运输的功能。

②依据国家规范及相关规定,结合工程实际情况,按防核武器6B级和防常规武器6级设计,平战转换时限按3天设计。

③轨道交通工程宜与附近人防工程和人防主干道、支干道相连通,暂时不能连通时,应根据当地人防工程总体规划预留人防连通口。与相邻地下工程有连通规划的,连通道和连通口应一次设计、施工到位。

④防护段内应设置不影响防护设备启闭、便于人防设备平时维护检修、利于平战转换和战平转换、与周围环境相协调的装修措施。

⑤标准设防站及通道换乘每站按掩蔽1500人考虑,其他换乘形式车站掩蔽人数按人防主管部门要求考虑。一般设防车站战时作为紧急人员掩蔽部,防化等级为Ⅹ级,考虑清洁式通风和隔绝式防护;重点设防车站战时作为紧急人员掩蔽部,防化等级为Γ级,考虑滤毒式通风、清洁式通风和隔绝式防护。

3. 防护措施

除应按国家现行的有关规范、规定、标准,根据承载力极限状态及正常使用极限状态的要求,分别进行承载力计算和稳定、变形和裂缝宽度验算外,还应按《轨道交通工程人民防空设计规范》(RFJ 02—2009)的要求,验算结构在爆炸动荷载和静荷载共同作用下的承载能力,但不验算此工况下的结构变形、裂缝宽度、地基承载力及变形。

动荷载作用或动、静荷载同时作用下,工程材料的材料强度综合调整系数,HPB300级钢筋为1.35,C55以下混凝土为1.5,采用蒸汽养护或掺入早强剂的混凝土,综合调整系数应乘折减系数0.9;混凝土弹性模量可取静荷载作用下的1.2倍,钢材弹性模量及各种材料的泊松比取静荷载作用时的数值。当按等效静荷载进行梁、柱斜截面受剪承载力及墙、柱正截面受压承载力验算时,混凝土及砌体的强度设计值应乘折减系数0.8。

人防荷载考虑核武器一次作用和常规武器非直接命中,包括地面空气冲击波超压荷载、各口部的超压反射荷载,以及岩土介质中的压缩波荷载。

主体结构各部位及构件的抗力应相互协调。工程的防护密闭门框墙、临空墙、密闭隔墙及各种孔口的防护能力,应与主体结构防护能力相协调。区间防护密闭隔断门门框墙应按双向受力进行设计。

战时各孔口的防护密闭门(防护密闭封堵板)外有顶盖段通道结构,按承受土体中压缩波动荷载与静荷载同时作用计算,不考虑由空气冲击波产生的内压作用。无顶盖的敞开段孔口通道部分按挡土墙进行设计。

战时用的竖井,不考虑空气冲击波内压作用,只考虑土体中压缩波的水平等效静荷载,以及土压力、水压力作用。

出入口通道、通风道内由防护密闭门至密闭门的防护密闭段,必须采用整体现浇钢筋混凝土结构,不得设置沉降缝及伸缩缝。出入口的楼梯踏步和休息平台的荷载,应按构件正面和反面不同时受荷分别计算,作用方向与构件表面垂直,等效静载为正面60kN/m,反面30kN/m。出入口通道内的临空墙(板)等效静荷载可按150kN/m取值,通风道内的临空墙(板)等效静荷载可按120kN/m取值。防倒塌棚架设计荷载分别为15kN/m(水平),50kN/m(垂直);立柱尺寸不小于250mm,墙与柱不得拉结。

与门框墙连接的通道墙等结构,应能承受由牛腿或悬臂梁根部传来的弯矩、剪力和轴力,门框墙门前门扇启闭操作范围至密闭门段通道,通道的顶板、侧墙和底板厚度应不小于300mm。

六、耐久性设计

永久结构应按《混凝土结构设计规范(2015年版)》(GB 50010—2010)及《混凝土结构耐久性设计标准》(GB/T 50476—2019)要求进行耐久性设计。地下结构的工程材料应根据结构类型、受力条件、使用要求和所处环境等选用,并考虑可靠性、耐久性和经济性;主要受力结构应采用钢筋混凝土材料,必要时也可采用其他金属材料结构或组合结构。

1. 混凝土材料

混凝土材料的原材料和配比、最低强度等级、最大水胶比和单位体积混凝土的胶凝材料最小用量等应符合相关规范的耐久性基本要求,同时满足抗裂、抗渗、抗冻和抗侵蚀的需要。混凝土的最低强度等级和钢筋的混凝土保护层厚度应根据结构类别、环境条件、耐久性要求等确定,并应符合下列规定:

(1)最外层钢筋的混凝土保护层的厚度不得小于钢筋的公称直径。

(2)在一、二a、二b环境条件下,地下结构最低混凝土强度等级和钢筋保护层最小厚度应符合表3-3-17与表3-3-18的规定。

混凝土最低设计强度等级　　　　　　　　　　　　　　　　　　　　表 3-3-17

施工方法		部位	混凝土强度等级
地下结构	明挖法	整体式钢筋混凝土结构	≥C35
		装配式钢筋混凝土结构	≥C35
		作为永久结构的地下连续墙和灌注桩	≥C35
	矿山法	喷射混凝土初衬	≥C25
		现浇混凝土或钢筋混凝土衬砌	≥C35
	盾构法	装配式钢筋混凝土管片	≥C50
		整体式钢筋混凝土衬砌	≥C35
	顶进法	钢筋混凝土结构	≥C35

钢筋的混凝土保护层最小厚度　　　　　　　　　　　　　　　　　　表 3-3-18

结构类别	地下连续墙		灌注桩	明挖结构						钢筋混凝土管片		矿山法施工结构		
				顶板		楼板		底板				初期支护或锚喷支护		二次衬砌
	外侧	内侧		外侧	内侧	外侧	内侧	外侧	内侧	外侧	内侧	外侧	内侧	
保护层厚度(mm)	70	70	70	45	35	30		45	35	35	25	35	35	35

注:1. 顶进法或沉管法施工的隧道,钢筋的保护层厚度可采用明挖结构的数值。
　　2. 矿山法施工的结构,当二次衬砌的厚度大于500mm时,钢筋的保护层厚度应采用40mm。
　　3. 当地下连续墙与内衬墙组成叠合墙时,其内侧钢筋的保护层厚度可采用50mm。

矿山法隧道的二衬结构抗渗等级不小于P8,盾构隧道管片的抗渗等级不小于P10,抗渗等级的选用须同时满足《地下工程防水技术规范》(GB 50108—2008)对混凝土的抗渗等级要求。

单位体积混凝土的胶凝材料用量(最大水胶比、混凝土的胶凝材料最小水泥用量)参照表 3-3-19 的规定。

结构混凝土材料的耐久性基本要求　　　　　　　　　　　　　　　表 3-3-19

强度等级	最大水胶比	胶凝材料最小水泥用量(kg/m^3)
C30	0.55	280
C35	0.50	300
C40	0.45	320
C45	0.40	340
C50	0.36	360

注:1. 表中数据适用于最大集料粒径为20mm的情况,集料粒径较大时,宜适当降低胶凝材料用量;集料粒径较小时,可适当增加胶凝材料用量。
　　2. 在满足混凝土抗渗等级、强度等级和耐久性的条件下,水泥用量不宜小于260kg/m³。

结构耐久性设计尚应按《混凝土结构设计规范(2015年版)》(GB 50010—2010)及相关标准,对不同环境条件下混凝土结构及构件提出耐久性技术措施;提出结构使用阶段的检测与维护要求。配制耐久混凝土的水泥可采用硅酸盐水泥或普通硅酸盐水泥,其强度等级不低于C40;车站大体积浇筑的混凝土避免采用高水化热水泥。喷射混凝土应采用湿喷混凝土技术。

2. 钢材

钢结构的钢材应满足:钢材的屈服强度实测值与抗拉强度实测值的比值不应大于0.85;钢材应有明显的屈服台阶,且伸长率不应小于20%;钢材应有良好的焊接性和合格的冲击韧性。

受力预埋件的锚板宜采用Q235、Q345级钢;受力预埋的锚筋应采用HRB400或HPB300钢筋,不应采用冷加工钢筋;吊环应采用HPB300钢筋制作。混凝土预制构件吊装设施的位置应能保证构件在吊装、运输过程中平稳受力。设置预埋件、吊环、吊装孔及各种内埋式预留吊具时,应对构件在该处承受吊装作用的效应进行承载力的验算,并应采取相应的构造措施,避免吊点处混凝土局部破坏。

1) 普通钢筋

普通钢筋混凝土和喷锚支护结构中的钢筋应按下列规定采用:

①梁、柱纵向受力钢筋应采用HRB400、HRB500、HRBF400、HRBF500钢筋,其他纵向受力钢筋也可采用HPB300、RRB400钢筋。

②箍筋宜采用HRB400、HRBF400、HPB300、HRB500、HRBF500钢筋。

③当抗震构件纵向受力钢筋采用普通钢筋时,钢筋的抗拉强度实测值与屈服强度实测值的比值不应小于1.25,钢筋的屈服强度实测值与屈服强度标准值的比值不应大于1.3,且钢筋在最大拉力下的总伸长率实测值不应小于9%。

2) 预应力钢筋

预应力钢筋宜采用预应力钢丝、钢绞线和预应力螺纹钢筋。

3. 结构构造要求

结构构件的外形应有利于通风和排水,避免水汽在混凝土表面积聚,便于施工时混凝土的捣固和养护,减少荷载作用下或发生变形时的应力集中。

结构构造应有利于减少结构因变形而引起的约束应力,并详细规划施工缝、变形缝的间距、位置和构造。结构的施工缝应尽量避开可能遭受最不利局部侵蚀环境的部位(如水位变动区和靠近地表的干湿交替区)。

确保混凝土保护层的设计厚度。保护层垫块可用细石混凝土制作,其抗侵蚀能力和强度应高于构件本体混凝土,水胶比不大于0.4。

应严格控制施工质量。防水混凝土采用预拌混凝土时,入泵坍落度宜控制在120~160mm,入模温度以温差控制,混凝土的表面温度与大气温度的差值不应大于20℃。混凝土中心温度与表面温度的差值不应大于25℃。根据现浇混凝土使用的胶凝材料的类型、水胶比及气象条件等确定潮湿养护时间。预制构件蒸汽养护的最高温度应不超过60℃。

第三节　明挖车站计算方法 *

　　明挖车站结构计算包括主体结构计算和围护结构计算。主体结构计算包括结构内力计算、承载能力极限状态验算、正常使用极限状态验算、结构抗浮计算、结构抗震计算等。围护结构计算包括土压力和水压力计算、围护结构内力计算、稳定性计算、变形计算等。
　　明挖车站计算详细内容请扫二维码查阅。

第四节　暗挖车站计算方法 *

　　暗挖车站结构计算包括结构内力计算、承载能力极限状态验算、正常使用极限状态验算、稳定性计算、变形计算、抗裂及裂缝宽度计算等。
　　暗挖车站计算详细内容请扫二维码查阅。

第四篇　城市轨道交通结构施工

第一章　轨道与路基结构施工

第一节　轨道结构施工

轨道结构施工是指将轨道铺设在已完成的并达到设计强度的路基、高架结构、地下结构等构筑物上的工作。轨道结构的施工方法按照不同的轨道结构形式可分为有砟轨道施工（图4-1-1）和无砟轨道施工（图4-1-2）两大类。

图4-1-1　有砟轨道施工

一、有砟轨道施工

有砟轨道施工包括施工准备工作，预铺道砟，铺枕、铺轨，分层上砟整道，轨道整理，钢轨预打磨等内容。无缝线路还包含现场钢轨焊接、应力放散及无缝线路锁定等内容。

a)   b)   c)

图 4-1-2 无砟轨道施工

施工准备工作主要包括收集相关技术资料，审核施工技术文件，进行施工调查，编制实施性施工组织设计。

预铺道砟主要包括整修放线区基床表面，铺砟下胶垫，测量放线，试验确定参数，摊铺压实作业，检测等。

铺枕、铺轨主要包括钢轨拖放，轨枕转运，布枕，钢轨入槽就位，轨枕调整，安装扣件等内容。

分层上砟整道主要包括补砟、捣固、稳定等，一般要求分 3～4 次完成，最后进行加强捣固和轨道整理。

轨道整理和钢轨预打磨主要包括对不符合设计要求的道床断面进行修整，匀铺石砟，堆高砟肩，拍拢夯实，调整轨距、扣配件及轨枕，复核缓和曲线、竖曲线区段，使之圆顺。在线路验收前，对全线钢轨进行预打磨作业。

无缝线路现场钢轨焊接一般是在整道作业基本完成，线路基本达到稳定后实施，焊接方法一般有三种，即接触焊、铝热焊和气压焊，一般优先选择接触焊。无缝线路锁定应具备的条件包括轨温应控制在设计锁定的轨道温度允许范围内，相邻单元轨节间的锁定轨温差不应大于 5℃，左右股钢轨的锁定轨温差不应大于 3℃，单元轨节长度应满足施工进度和铺设时应力放散最佳效果的要求。最后应对线路进行精调整，加强焊缝相邻 6 根轨枕的找平和捣固工作，复核锁定轨温。

二、无砟轨道施工

无砟轨道施工包括施工准备工作、混凝土底座施工、隔离层铺设、轨道板（轨枕）铺设、轨道板调整、灌注混凝土、轨道板连接、钢轨铺设精调、轨道整理及几何形位全面检查等内容。不同类型的无砟轨道结构施工略有不同。

无砟轨道由于其施工精度要求较高，施工准备阶段除一般性准备工作外，还应建立一个适合无砟轨道精密测量的控制网。

混凝土底座施工主要包括基础清理、基础表面处理和混凝土底座施工。在底座施工完毕，且混凝土强度达到设计要求，隔离层铺设完成后，即可开始铺设轨道板。

轨道板铺设前应对轨道板进行检测。轨道板铺设包括自密实混凝土层钢筋绑扎、轨道板初铺。

轨道板调整包括纵向位置对中、高程调整、中线调整、轨道板精调、轨道板状态复测等内容。上述工作完成后即可进行自密实混凝土灌注以及混凝土养护。

轨道几何尺寸精调完成后,在底部及侧面减振垫位置放置砂浆袋,用双面胶将砂浆袋与轨枕固定,将调制好的砂浆灌注进砂浆袋,灌注应均匀、密实。

施工完成后对线路进行清洁、养护。

第二节 路基结构施工

路基结构施工包括路基本体施工、防护支挡工程施工、排水设施及路基附属工程等施工。以下主要介绍路基本体和防护支挡工程的施工方法。

一、路基本体施工

路基本体施工按照路基结构形式通常分为填筑路基(路堤)施工和开挖路基(路堑)施工两大类。

1. 填筑路基施工

填筑路基施工主要由施工准备、基底处理、分层填筑[图4-1-3a)]、摊平碾压[图4-1-3b)]、检验签证、基面整修等步骤组成。

a) 分层填筑

b) 摊平碾压

图4-1-3 填筑路基施工

施工准备阶段,首先要会同设计单位进行核对、交桩、复测、包固控制点、路基放样等工作;随后按要求清理现场地表所有杂草、根类及障碍物等,为路基填筑做准备。一般情况下,还要进行路基填筑前试验段作业,以确定不同填料、不同压实度、不同碾压方式情况下,达到设计要求的最佳铺筑厚度、含水率及压路机械压实次数等。

基底处理包括按要求对地基表层进行处理和检测,对不能满足路基基底要求的地基表层进行换填、加固或碾压,以达到设计规定的标准。

分层填筑路基视地形情况主要采用水平分层法和纵坡分层法等方法分段填筑,填筑前应对填料进行检测,以符合设计要求的填料等级;每层施工时,按照试验路段确定的松铺厚度施工,每层厚度不大于30cm,同时路基填筑时每侧应超出路堤设计宽度30cm,施工完成后再刷去30cm,以保证刷坡后的路基边缘有足够的压实度和边坡整修的宽度。

摊平碾压是在每层松铺完成后对路基进行摊平、压实,碾压一般遵循"先低后高、先轻后重"的原则,直线地段一般由路基两侧向中心碾压,碾压时应控制好土的含水率,必要时应洒水或翻晒,以调整土的含水率。

检验签证是在每层摊铺碾压完成后对分层路基进行检测,达到设计要求后进行签证,签证完成后才能进行下一层的施工。

基面整修是在路基施工重复摊铺、碾压、检测等工序达到设计要求后,对路基面的坡度、路拱进行修整,对路基边坡进行刷坡,完成路基填筑。

2. 开挖路基施工

开挖路基施工(图 4-1-4)包括开挖前准备工作、开挖截水沟、分层开挖、刷坡防护等。

开挖前准备工作包括施工测量放样,定出开挖边线,在开挖范围内清除杂草、树木等。

开挖截水沟是在路基开挖前按设计先进行截水沟施工,把坡面的地表水引到路基外,防止边坡坍塌。

分层开挖分为土方开挖和石方开挖两种。土方开挖中,对短而深的路堑一般采用

图 4-1-4 开挖路基施工

全幅分层挖掘法,每层高度为 3~4m;对于较长的路堑,可采用纵挖法,即先沿路堑纵向挖掘一条通道,然后将通道向两侧拓宽,上层通道拓宽至路堑边坡后,再开挖下层通道。石方开挖路段,对于风化较严重的软石,采用松土机械作业法,利用推土机把软石破碎钩松,用挖掘机、装载机配自卸车运输清渣;对于坚硬岩石,采用从上至下分层爆破的方法开挖,爆破方法根据开挖断面尺寸分别采用浅孔爆破法、深孔爆破法、边坡光面与预裂爆破法等;在地形较陡、地表岩石风化破碎地段,采用控制爆破方法,用挖掘机、装载机配自卸车运输清渣。

刷坡防护是在路堑开挖完后对坡面的处理,为防止边坡坍塌,应及时对边坡进行处理防护,尤其是土方路段,应及时按设计要求对边坡进行防护。

二、防护支挡工程施工

由于路基防护支挡工程的类型和内容不同,施工方法也各不相同。路基防护工程和路基支挡工程可单独修建,也可以按组合方式修建,通常情况下,以组合方式修建的工程较多,如路肩墙加护坡(上挡下护)或下部挡墙上部护坡(下挡上护)等。由于路基防护工程和路基支挡工程的这种修建特点,有时也将路基防护工程和路基支挡工程统称为护坡。

1. 重力式挡土墙施工

重力式挡土墙施工过程包括原始地貌数据采集及测量放线、基槽开挖、墙体施工[图 4-1-5a)]、墙背回填[图 4-1-5b)]。

a）墙体施工　　　　　　　　　　　　b）墙背回填

图 4-1-5　重力式挡土墙施工

1）数据采集及测量放线

用全站仪放出挡土墙的中轴线，依据挡土墙底座宽、基础深度及放坡系数放出挡土墙开挖长度和宽度，并用白灰画线。在场地周围已有建（构）筑物通视条件良好的墙上标记高程点，以控制挡土墙上部的高程和水平度。

2）基槽开挖

基槽开挖应注意以下三个方面：

①基槽开挖前应将场地清理平整，做好排水坡，施工前应调查并排除地下管线、电缆、洞穴等情况。

②基槽土石方一般采用挖掘机开挖，当挖至设计高程后改用人工开挖，并按要求将基底清理干净。

③挡土墙基础应跳槽开挖，开挖时须注意基坑支护，开挖后应立即进行挡土墙施工及墙背回填，避免基坑坍塌。

3）墙体施工

墙体施工包括立模板、基础浇筑、泄水孔设置、墙身混凝土浇筑、养护。

（1）立模板。

根据设计图纸用全站仪放出挡土墙的墙身线，将地基上的杂物清理干净，安装墙身模板，用墨斗弹线，按设计高程控制好墙身的顶面高程。

（2）基础浇筑。

根据基础深度宜分段分层连续浇筑混凝土，每浇筑一层混凝土，应投放一定数量的片石，片石尺寸应为 15~30cm，各段层间应相互衔接，每段间浇筑长度控制在 2~3m，做到逐段逐层呈阶梯形向前推进。

（3）泄水孔设置。

按设计设置泄水孔，采用孔径为 10cm 的 PVC 管，坡度 5%，泄水孔间距 2.50m，呈梅花形布置。在墙背设反滤层，用透水性较好的碎石作滤层材料。泄水孔底部用黏土夯实，以隔断水向下渗漏。

(4)墙身混凝土浇筑。

浇筑混凝土前,对支撑、模板及预埋件进行检查,将模板内的杂物、积水清理干净;模板接缝填塞严密,泵送混凝土入模。混凝土应水平分层浇筑,每层厚度不超过30cm,大致水平,分层振捣,边振捣边往里加片石,片石数量不超过混凝土体积的25%。加片石时应注意,片石与模板之间的距离不得小于10cm,片石与片石之间的距离不得小于20cm;片石在浇筑前应用清水洗净并浸泡至饱和。用插入式振动器振捣密实,振动器移动间距为40~60cm,与模板保持10~15cm的间距,插入下层5~10cm,振捣棒要快插慢拔,不得碰撞模板。振捣时间根据混凝土坍落度确定,一般为18~25s。振捣以混凝土下沉稳定,不再冒出气泡,表面平坦、泛浆为度。在施工浇筑过程中应注意,混凝土浇筑要连续进行,如因故必须间断,其间断时间要小于前层混凝土的初凝时间,否则按施工缝处理。混凝土浇筑过程中注意观察模板、支架等的工作情况,如有变形、移位或沉陷,应立即校正、加固,处理后方可继续浇筑。

(5)养护。

拆模后对混凝土进行覆盖、洒水养护。

4)墙背回填

墙背回填土宜采用分层回填的施工方法,每层厚度为20~30cm,达到泄水孔高度后按设计要求设置土工布包裹碎石的反滤包,防止碎石跌入泄水孔,从而保证泄水孔的有效使用。

2. 锚杆挡土墙施工

锚杆挡土墙施工过程包括钻孔、锚杆安放、灌浆、肋板施工等。

1)钻孔

钻孔前,对岩面按设计边坡进行刷坡整修,并清除岩面松石,再按设计图用全站仪和钢尺布置孔位,并用红油漆进行标识。锚孔位置用钢管脚手架搭设钻孔平台,搭设的平台必须有足够的刚度和稳定性,确保钻机和操作人员的安全。钻机平台搭设好后,将钻机放于锚孔处,校正主轴倾角,从而保证锚杆倾斜度;然后移动钻机,使主轴中心对准孔位;固定钻机,防止钻机在钻进过程中移动。

钻孔时,用开孔钻具低速钻进,避免钻头发生晃动,待施工正常后,改用长钻具中速钻进,直至达到设计孔深。在钻进中遇岩石层破碎、孔壁垮塌时,应立即提钻,改用大一级钻具进行扩孔后,下套管,以保证工程顺利进行。套管在水泥砂浆灌注后,应及时拔出。当钻机达到设计深度后,取出钻具,并用高压风将孔穴内的残留废渣和水清除干净,增强锚杆的锚固力。

成孔后,应进行成孔检查,孔径、孔深及孔的倾角必须满足相关设计和规范要求。

2)锚杆安放

锚杆的规格、长度均应满足设计要求。当孔深达到设计锚固深度时,方可进行锚杆的安放。

锚杆安放前必须除锈,并在运输过程中防止污染,以利于其与水泥砂浆黏结。锚杆自由段需作防腐处理——刷两遍沥青底漆,再用沥青玻纤布缠裹不少于两层。

在锚杆上每隔1.5m焊接定位钢筋,交错设置,以确保锚杆在孔内位置居中,不扰动孔壁和有足够厚度的水泥砂浆保护层。

3) 灌浆

采用高压泵压浆,由孔底开始往外灌注,直至灌注到孔口,并流出稳定浆体,中途不得中断。因采用早强水泥,整个灌浆过程应尽量缩短时间,必须在 4min 内结束。灌浆完成后,不得敲击和碰撞锚杆。

锚杆质量的检查:锚杆成孔,灌浆完毕,待锚杆砂浆达到 28d 养护期后,应对其进行抽样抗拔试验,并保证其抗拔强度不低于设计值。

4) 肋板施工

对肋板内布设的钢筋在使用前应进行除锈处理。为保证钢筋网的位置准确,面板、肋柱钢筋和岩面间的间隙用同强度等级混凝土垫块支垫。

安装模板前,用高压风或水冲洗已喷浆岩面,清除泥垢,然后安装并固定好模板。浇筑混凝土,并采用钢筋内撑,保证面板厚度。

其他类型挡土墙施工方法可参照相关施工手册和施工技术标准。

第二章
CHAPTER TWO
车站结构施工

车站结构施工,包括地面车站施工、高架车站施工和地下车站施工。其中,高架车站施工包含建筑结构和桥梁结构两部分(二者合一或分离),其在施工方法上与高架结构有共通之处,因此放入高架结构施工中介绍。地下车站施工与地下结构施工有共通之处,故放入地下结构施工中介绍。本章主要介绍地面车站建筑结构施工。

第一节 施工方法

一、主要施工步骤

地面车站主要的施工工艺有基坑开挖、钻孔灌注桩成孔、钢筋笼吊装、防水、现浇框架(含地下、地上框架结构)、填充墙砌筑、装修工程等。主要施工步骤如下:
①三通一平❶→施工围挡;
②管线及地下、地面障碍物核查;
③围护结构施工;
④开挖基坑,并施作坡面网喷混凝土;
⑤开挖至基底,进行接地网、垫层、底板防水、底板、框架柱、结构侧墙及站台板下墙纵筋插筋;
⑥依次进行地下夹层梁、柱、侧墙钢筋绑扎、支模、混凝土浇筑;
⑦施作侧墙防水并回填土方;
⑧站厅层梁、柱、板钢筋绑扎、支模、混凝土浇筑;
⑨站台层梁、柱、板钢筋绑扎、支模、混凝土浇筑;
⑩钢雨棚施工;

---

❶ 三通一平是指建设项目在正式施工前,施工现场应达到水通、电通、道路通和场地平整等条件的简称。

⑪内部楼梯施工;
⑫装修工程。

地面车站的地面以上部分,采用模板支架法施工,地下部分需结合周边建(构)筑物和管线情况来拟定施工方法。

二、基坑围护结构施工方法

基坑开挖中常用的施工方法有放坡开挖法和不放坡开挖法。

放坡开挖法是利用土体的自稳能力开挖土体,加适当表面护坡形成稳定边坡。该法施工空间大、开挖速度快、费用较低,但需要的场地较大。岩石基坑、土质基坑的边坡坡度如表4-2-1、表4-2-2所示。

岩石基坑边坡坡度　　　　　　　　表4-2-1

岩石类别	风化程度	坡度值(高宽比)	
		8m以内	8~15m
硬质岩石	微风化	1:(0.10~0.20)	1:(0.20~0.35)
	中等风化	1:(0.20~0.35)	1:(0.35~0.50)
	强风化	1:(0.35~0.50)	1:(0.50~0.75)
软质岩石	微风化	1:(0.35~0.50)	1:(0.50~0.75)
	中等风化	1:(0.50~0.75)	1:(0.75~1.00)
	强风化	1:(0.75~1.00)	1:(1.00~1.25)

土质基坑边坡坡度　　　　　　　　表4-2-2

土质类别	密实度或状态	坡度值(高宽比)		
		5m以内	5~10m	10~15m
碎石土	密实	1:(0.35~0.50)	1:(0.50~0.75)	1:(0.75~1.00)
	中密	1:(0.50~0.75)	1:(0.75~1.00)	1:(1.00~1.25)
	稍密	1:(0.75~1.00)	1:(1.00~1.25)	1:(1.25~1.50)
粉土	$S_r \leq 0.5$	1:(1.00~1.25)	1:(1.25~1.50)	1:(1.50~1.75)
黏性土	坚硬	1:(0.75~1.00)	1:(1.00~1.25)	1:(1.25~1.50)
	硬塑	1:(1.00~1.25)	1:(1.25~1.50)	1:(1.50~1.75)

不放坡开挖法需在围护结构的保护下施工。常用围护结构施工方法有复合土钉墙支护、钻孔咬合桩、钻孔灌注桩法等。

1. 复合土钉墙支护

复合土钉墙支护是边开挖基坑,边对两侧基坑土体壁面设钢筋网,喷混凝土,通过打入式或钻孔注浆式设置土钉,土钉通过滑裂面加固坑周土体,约束土体变形,保持土体稳定;必要时可增加一至两道预应力锚索,用于抵抗土体变形。该方法的优点是施工简单、不用横撑、施工空间大、造价低,每平方米造价约为500元,而且施工速度快。其缺点是基坑越深,土钉长度越长,造价越高,且施工时需要坑内外同时降水。土钉墙的适用深度一般为 12m 左右,适用土层一般为标准贯入度 N 值大于 5 的砂质土或 N 值大于 3 的黏性土。

2. 钻孔咬合桩

钻孔咬合桩是将相邻混凝土排桩间部分圆周镶嵌,并跳桩置入桩内钢筋笼,使之形成具有良好防渗作用的整体连续挡土支护结构。由于其特点为相邻的两桩互相咬合,故称之为咬合桩。与钻孔灌注桩相比,其可省去降水或止水费用。该方法的优点是无须坑外降水,可以避免由降水引起的地面沉降问题、施工场地问题,桩体刚度较大,控制基坑变形能力好,桩体可以作为永久结构的一部分,地层适应性较强。其缺点是对于深基坑,受桩体垂直度的影响,下部的咬合可能会出现偏差;另外,其造价比一般的钻孔灌注桩高,相比钻孔灌注桩,其围护施工较困难。

3. 钻孔灌注桩法

钻孔灌注桩法的支护结构是钢筋混凝土连续桩体,桩与桩之间采用钢筋网+喷射混凝土保护桩间土。其优点是桩体刚度较大,控制基坑变形好,施工工艺较简单,桩体可以作为永久结构的一部分,地层适应性较强。其缺点是在有水地层止水性差,对不能坑外降水的地段须另设止水帷幕;造价较高,每立方米的造价为 1200 元左右;对于粒径较大的砾石层或卵石层,钻孔灌注桩的施工较为困难,必要时需采用人工挖孔。

半地面式车站一般为地下一层结构,基坑埋深较浅,可根据周边情况选择围护形式。当设置于道路绿化带内时,为了减小对道路的影响,围护结构可采用柱列式灌注桩,当周边地块未来有建设开发要求时,为避免锚杆对周边建(构)筑物造成影响、减少对周围环境的污染及为后续工程建设提供空间,可采用钢管内支撑,对于邻近重要建(构)筑物、基坑变形控制严格的车站基坑,采用混凝土内支撑。当车站设置在比较空旷的场地,有放坡的条件时,可选择复合土钉墙支护。

第二节 施工环保措施

地面车站的施工暴露于大气环境中,为满足环保要求,应采取相应的施工环境保护措施。

①基坑开挖原则上采用机械开挖与人工开挖相结合的方式。

②坑外现状条件虽然较好,但也需加强对周边地表沉降的监控量测及观察,并严格控制其沉降量,避免造成施工机械倾倒及塌陷伤人等事故。

③环境保护必须遵守国家现行有关环境保护的方针、政策,并符合城市环保部门的有关规定。

④做好土方调配,避免乱取乱弃、破坏自然环境。

⑤施工期间,噪声应满足《建筑施工场界环境噪声排放标准》(GB 12523—2011)的要求。

⑥施工期间产生的废水经沉淀后抽排到市政雨水管道。

⑦应加强施工现场管理,非施工人员未经许可不得擅自进入施工现场,以确保安全。

⑧弃土运输应进行遮盖,以防污染环境。

第三章
CHAPTER THREE
高架结构施工

高架结构施工与设计有着十分密切的关系。对不同结构形式的高架结构,施工方法可能不同;对同种结构形式的高架结构,也可采用不同的施工方法。高架结构的受力状况取决于所选用的施工方法。施工方法可根据结构的跨度、孔数、桥梁总长、截面形式和尺寸、地形、设备能力、气候、运输条件、设备的周转使用等综合条件来选择。高架结构施工方法主要分为现浇法和预制安装法两大类。

现浇法又分为支架现浇法、悬臂灌注法等。支架现浇法适用于桥墩不高且桥下地面情况适宜搭设支架的高架结构,一般用于整体式结构的施工,如整孔现浇的简支梁桥、整联现浇的连续梁桥及斜拉桥、拱桥等。悬臂灌注法适用于变截面连续梁桥、连续刚构桥、斜拉桥等。

预制安装法有预制装配法、悬臂拼装法、节段拼装法等。预制安装法适用于有预制梁场地(或工厂预制)、有运输和吊装设备的情况。预制装配法一般适用于装配式简支梁桥、先简支后连续梁桥;悬臂拼装法适用于等截面和变截面连续梁桥(连续刚构桥)、悬臂拼装的斜拉桥;节段拼装法适用于有支架或无支架拼装施工的梁桥、拱桥等。

高架车站结构由于包含建筑结构和桥梁结构两部分(二者合一或分离),其施工方法需综合考虑桥梁结构和建筑结构二者特点后确定,目前常用的施工方法主要有整体支架现浇法、支架现浇+预制安装法,整体预制装配法目前在地下车站(长春地铁2号线一期工程袁家店站)中已有应用,在高架车站中尚未使用。

第一节 现浇法施工

一、支架现浇法

1. 高架区间

支架现浇法可以分为满堂支架法[图4-3-1a)]和移动支架法[图4-3-1b)]。

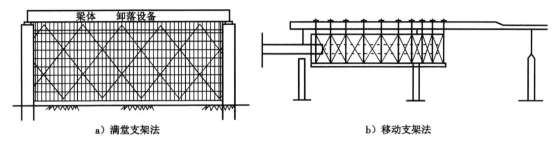

图 4-3-1 支架现浇法施工

满堂支架法的施工工序:搭设支架→预压支架待变形稳定→安装模板→绑扎钢筋(预应力筋)→浇筑混凝土→养护→拆模→张拉预应力筋(后张梁)→卸落支架。满堂支架法是最为常用的施工方法,其具有桥梁整体性好、施工简便可靠、对施工机具和起重设备的要求不高等优点。但其对周围环境的影响大,产生噪声、废渣、废水污染较多;对地面道路交通的影响较大;自动化程度低,施工周期长;地基土软弱时需进行地基处理,支架承载前必须进行预压等。上海地铁 3 号线、上海地铁 1 号线北延伸段高架均采用了这种方法。

移动支架法的施工工序:支架安装就位→在支架上绑扎钢筋(预应力筋)→浇筑混凝土→养护→拆模→张拉预应力筋(后张梁)→移动支架至下一孔梁。移动支架法一般需要依托造桥机来实现,它可以避免满堂支架法对地面交通和环境的不利影响,但造价相对较高,一般多用于水中桥梁的施工,在城市道路上未成型的区段,也可以考虑采用移动支架法。

2. 高架车站

高架车站一般采用整体支架现浇法施工。整体支架现浇法施工可分为"桥-建"组合结构高架车站施工和"桥-建"分离车站施工。

对于"桥-建"组合结构高架车站,其施工流程为:三通一平→管线迁改、施工围挡→桩基施工→开挖基槽→承台及基础梁施工→预埋墩柱插筋→墩柱施工→站厅层、轨行区盖梁及其他构件钢筋绑扎、支模、混凝土浇筑→站台层梁板柱钢筋绑扎、支模、混凝土浇筑→吊装工厂预制作的屋盖钢结构→附属结构施工、进行装修工程→站前广场工程→竣工。其中对轨道梁采用支座铰接的车站,车站范围内轨道梁一般利用轨行区现浇施工,对高架段区间预制梁采用桥上运架时,站台层一般需待预制梁运架完成后再施工。

对于"桥-建"分离车站,施工步骤与上述步骤稍有区别。车站建筑结构、车站桥梁结构与区间桥梁结构施工需要统筹考虑,一般车站桥梁结构与区间桥梁结构同步施工,避免影响高架段的预制梁运架,车站建筑结构可稍晚施工,处理好桥梁结构与建筑结构之间的施工空间需求即可。

(1)基坑施工。

高架车站地下结构一般包括承台、消防水池、地下通道等。对于地下通道,由于其涉及市政道路、管线、建筑物保护等,且埋深较深,其基坑开挖及支护要求与地下车站的出入口相同;对于承台及消防水池等地下结构施工,一般采用坡率法(图 4-3-2)或者土钉支护,为减少对市政管线的影响和减小道路破坏恢复工程量,也可采用钢板桩或者沉井(套箱)支护(图 4-3-3)。

图 4-3-2 基坑放坡开挖　　　　　图 4-3-3 基坑套箱支护

(2) 桩基施工。

高架车站桩基一般采用钻孔灌注桩或冲击成孔灌注桩,可采用泥浆护壁、套筒护壁或二者相结合,为提高桩基承载力、降低造价及控制沉降,钻孔灌注桩后压浆施工工艺也在部分工程中得到应用。

(3) 墩柱、盖梁施工。

高架车站墩柱及盖梁均为现浇施工,对高架结构车站,墩柱常采用爬模或滑模系统分段浇筑(图 4-3-4),普通钢筋(型钢)混凝土盖梁采用满堂脚手架支模现浇,预应力混凝土盖梁采用支架现浇法、分批张拉法施工,为不影响道路交通,盖梁脚手架可采用膺架法施工。

(4) 轨道梁(站台梁、站厅梁)施工。

对于轨道梁刚接车站,轨道梁(站厅梁、站台梁)等与盖梁整体支模浇筑混凝土;对于轨道梁简支车站,轨道梁可采用预制吊装方式,也可直接在轨行区结构上支模现浇。站台层施工如图 4-3-5 所示。

图 4-3-4 墩柱施工　　　　　图 4-3-5 站台层施工

(5) 站台雨棚、天桥施工。

站台雨棚及天桥桥跨结构一般采用钢结构,在工厂加工完后运至现场吊运拼接安装,如图 4-3-6、图 4-3-7 所示。其技术难点是起重机具选型、吊装顺序、高空焊接及拼接质量控制、与铺轨工程及大型设备安装的工序安排。

(6) 运梁过站。

当高架段长度超过 5km 时,在预制梁场整孔预制架设比节段预制、支架现浇经济,因此高架车站需要考虑运梁过站的影响,运梁过站可采用架设临时支撑(图 4-3-8、图 4-3-9)和利用车站永久结构两种方案。高架区间箱梁重约 450t,加上运梁车重量,总重 570~650t,集中在 30m

左右范围内布置,因此应将运梁车荷载作为施工荷载,对轨道层梁板柱进行施工工况下的构件验算,确保结构和构件安全;对于不能满足承载力要求的情况,应采取架设支撑等措施。实际工程中过站方案的选择需要根据工期安排、运架设备选型及施工组织、综合造价等因素确定。

图4-3-6 站台雨棚吊装

图4-3-7 天桥吊装

图4-3-8 架梁设备过站

图4-3-9 运梁车运梁

3. 支架现浇法施工对结构受力的影响

整体支架现浇法具有无须预制场地和大型起重运输设备、结构钢筋连接整体性好、建筑及设备布置灵活、工艺成熟、对起重设备要求低等优点,但是支架需进行地基处理和堆载预压,整体工期较长,支架模板耗用量大,对于预应力混凝土因收缩和徐变引起的应力损失较大。

对于整体支架现浇法施工的车站,主要考虑超长无缝混凝土施工、支架安拆顺序对结构受力的影响。

(1) 超长无缝混凝土施工。

高架车站根据列车编组和车辆型号确定车站的长度,一般4B编组车站长度为80m,6B编组车站长度为120m,6A编组车站长度为140m,8A编组车站长度为186m。工程中为考虑公共空间舒适性、城市景观、建筑使用功能等因素,一般结构不设或只设置一道变形缝,结构单元长度一般在80~120m,属于超长结构。对于采用支架现浇法施工的刚架体系高架车站,混凝土收缩、徐变及温度作用对结构影响较大,施工中可选用后浇带法、膨胀加强带法、跳仓法、跳仓递推法、施加预加变形等施工方法控制裂缝的产生,进行结构设计时,应结合施工方案分析施工与使用阶段结构应力分布情况,采取切实有效的措施,减少和避免有害裂缝的产生。

(2)支架安拆顺序。

逐层施工的车站结构的竖向刚度和竖向荷载是逐层形成的,其刚度的形成与荷载加载及施工中支架的拆除顺序密切相关。结构设计中,如果不考虑施工中支架安装和拆除顺序,即忽视结构刚度形成和荷载加载的顺序,可能造成结构位移及内力计算结果失真。

对于无长悬挑、转换结构或预应力结构的车站,施工过程中按照后搭先拆、先搭后拆的原则,由上而下逐层拆除支架,结构计算时可采用结构刚度一次形成、荷载一次性加载或分层加载模式,其计算结果与整体结构受力状态相近。对于长悬挑结构或存在体系转换的结构,结构设计中的施工过程模拟应与实际施工中的施工、拆模顺序吻合,否则会出现结构承载力体系不合理、结构分析结果与结构使用中受力状态不符,严重的甚至出现工程质量事故。

以铰接轨道梁式桥车站为例,其盖梁预应力钢束张拉分两批张拉,拟定的施工顺序为:

①搭架浇筑站厅层、轨道层结构构件;

②张拉上层、下层盖梁第1批钢束;

③架设车站轨道梁及浇筑站台层结构;

④拆除轨道层支架,张拉上层盖梁第2批钢束;

⑤拆除站厅层支架,张拉下层盖梁第2批钢束;

⑥施加站厅层装修荷载、设备荷载,站台层装修荷载、设备荷载,轨道梁二期恒载,钢结构雨棚安装;

⑦施加运营阶段双线列车荷载及站厅、站台人群荷载。

结构设计过程中需严格按照拟定的施工步骤、预应力张拉顺序、混凝土龄期要求等进行施工阶段、使用阶段受力分析,调整盖梁钢束线形、张拉次数等,使盖梁在每个阶段都处于合理的应力状态。同时,实际施工中也应按照设计中拟定的施工顺序开展施工,保证设计与施工的吻合,从而保证施工质量和建成结构的安全。实际施工中因为支架安拆质量及张拉控制不到位引起的预应力盖梁质量问题较多,如图4-3-10、图4-3-11所示。

图4-3-10 盖梁一端坍塌梁

图4-3-11 盖梁端部崩塌

以图4-3-12所示的双柱桥式轨道刚接式高架车站为例,其悬臂端竖向位移控制及根部截面设计是设计人员必须考虑的问题。若结构设计时按结构刚度一次形成、荷载一次性加载的模式进行设计,而施工过程中按照先搭架支模施工站厅层、拆除首层支架后再施工站厅层及站台层的顺序,则会出现设计与实际施工顺序不吻合,有低估悬臂端竖向位移、轨道层横梁弯矩,忽略站厅边柱承担拉力的可能。

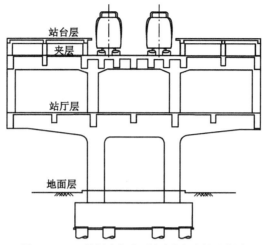

图 4-3-12　双柱桥式轨道刚接式高架车站示意图

车站结构需要经历长期、复杂的施工过程,随着施工阶段的推进,结构形式、支承约束条件、荷载作用方式等都在不断变化。一般结构分析认为,整个结构施工是一次形成,即一次落架法,结构分析中采用整体刚度分层(批)加载,此分析方法对整体施工法形成的结构受力分析是可以接受的,但对分阶段分段(层或批)施工的结构,并不能真实反映实际结构的受力性能。分阶段分段(层或批)施工的结构受力状态是逐工况、逐阶段累计形成的,对各工况和各阶段的结构受力必须独立分析,结构最终状态的受力是已完成的每个工况或阶段受力状态的叠加结果。因此有必要掌握和了解施工方法和施工顺序对结构受力性能的影响,掌握和了解施工阶段和使用阶段结构的受力性能,保证结构在施工和运营工况下的安全,工程从业人员应对此足够重视。

二、悬臂灌注法

高架结构采用悬臂灌注法施工,是由墩顶向两侧跨径方向逐段对称现浇施工梁段,对于连续梁桥、连续刚构桥、斜拉桥的施工工序略有不同。

1. 施工方法

(1)连续梁桥的施工工序。

①在墩顶施工 0 号段,并且将梁段临时固结(图 4-3-13);

② 0 号段达到强度后,在 0 号段两端分别安装挂篮系统并预压,消除残余变形;

③对称施工第 1 节段和第 1′节段(钢筋绑扎→灌注混凝土→待混凝土达到强度后,张拉预应力筋→移动挂篮至下一节段);

④对称施工第 2 节段和第 2′节段(同第③步);

⑤依次对称施工后续节段,直至合龙段;

⑥体系转换(拆除 0 号段临时固结,连续梁桥由刚构体系转换为连续梁体系);

⑦拆除挂篮;

⑧张拉预应力束。

(2)连续刚构桥采用悬臂灌注法时的施工工序与连续梁桥的不同在于不需要进行"⑥体

系转换"的施工,其他步骤相同。

(3)斜拉桥采用悬臂灌注法的施工工序与连续梁桥的不同在于每一节段施工中,"钢筋绑扎→灌注混凝土→待混凝土达到强度后,张拉预应力筋→移动挂篮至下一节段"变为"钢筋绑扎→灌注混凝土→待混凝土达到强度后,移动挂篮至下一节段→挂索",其他步骤基本相同。

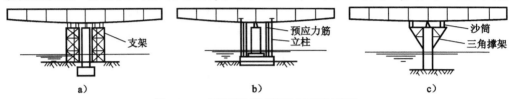

图4-3-13 悬臂灌注施工临时支承固结措施

悬臂灌注施工可使用少量机具设备,免去设置支架,方便跨越深谷、大河和交通量大的道路,施工不受跨径限制,但因施工受力特点,悬臂施工宜在变截面梁中使用。由于施工的主要作业都是在挂篮中进行(图4-3-14),挂篮可设顶棚和外罩以减少外界气候影响,便于养护和重复操作,有利于提高作业效率,保证作业质量;同时在悬臂浇筑过程中还可以不断调整节段的误差,提高施工精度。但悬臂灌注施工与其他施工方法比较,施工期较长,施工一个节段一般为6~10d,依节段混凝土的数量和结构的复杂程度而不同。

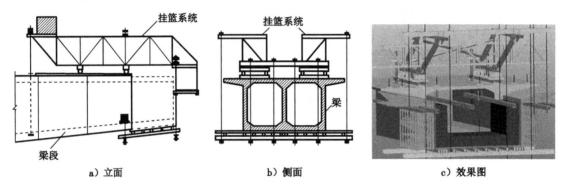

图4-3-14 悬臂灌注法施工

2. 悬臂灌注法施工对结构受力的影响

以5跨连续梁桥为例,简述桥跨结构在施工过程中承受一期恒载(自重)作用的内力变化。

1)悬臂施工阶段

连续梁悬臂施工阶段,梁体在一期恒载和施工荷载作用下始终是T型刚构受力体系(墩梁临时固结),一期恒载和预加力随着每段的施工作用于梁体上。T型刚构随着施工过程推进,梁端悬臂长度不断增加,墩顶负弯矩随之累加增大,至合龙前最后一块悬臂段施工完成,悬臂长度达到最大,墩顶负弯矩亦达到最大值,如图4-3-15a)所示。

2)边跨合龙

边跨(第1、5跨)合龙,一般先在支架上施工边跨现浇段,再进行边跨合龙段现浇,待混凝土达到设计强度后张拉合龙段和边跨现浇段预应力束。当支架拆除后,结构体系为一端固定、一端铰支的单跨单悬臂梁(超静定结构),边跨现浇段与合龙段梁体自重作用在结构上产生的内力如图4-3-15b)所示。

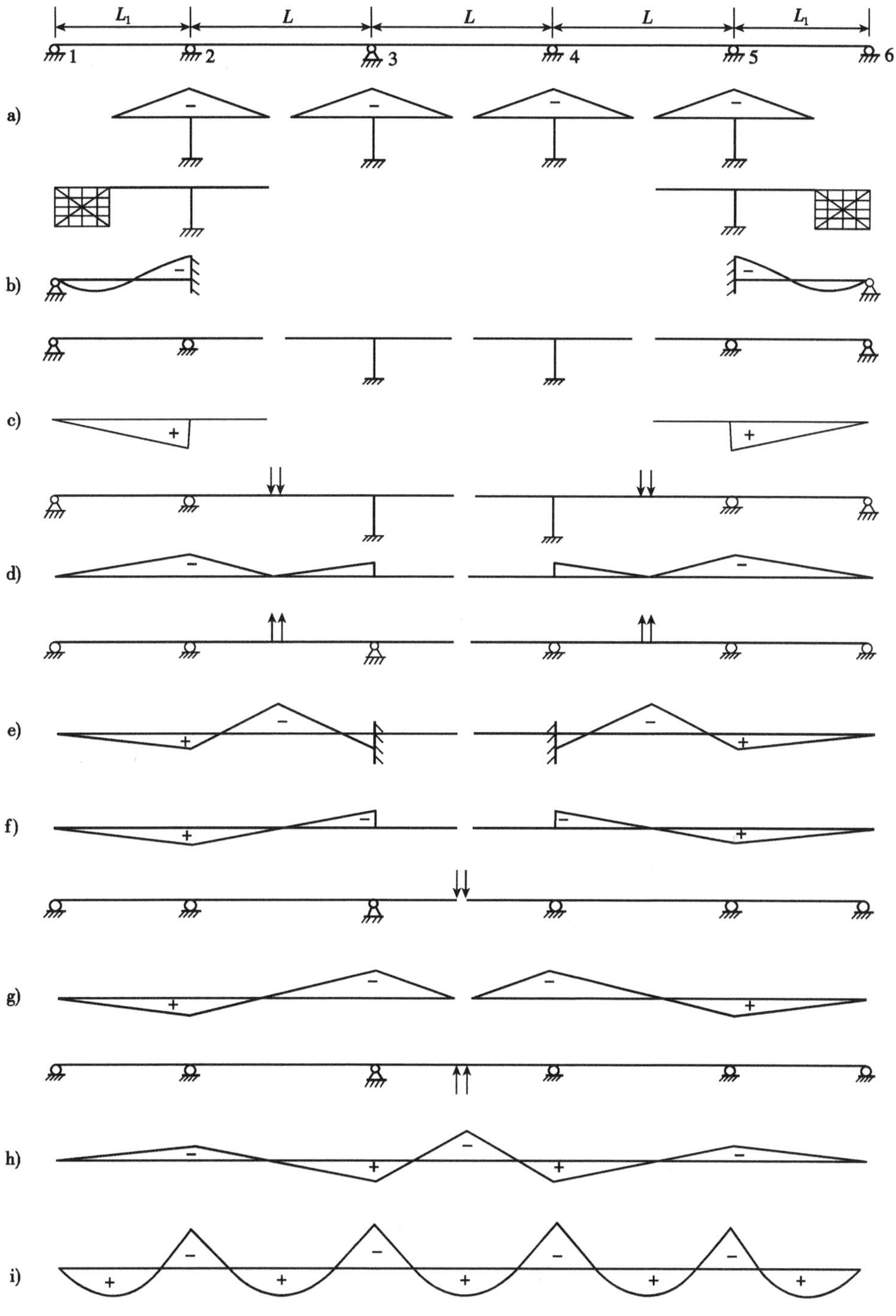

图 4-3-15　5 跨连续梁施工程序与恒载内力示意图

3）边跨体系转换

拆除 2 号墩、5 号墩上的临时支承，墩顶永久支座开始受力。此时，墩顶由固结转换为简支，结构体系转换成两端简支的单跨单悬臂梁（静定结构），计算由体系转换释放的不平衡弯矩在结构上产生的内力,如图 4-3-15c)所示。

4) 次边跨合龙

次边跨(第 2、4 跨)合龙,一般采用在梁上支架或挂篮上施工合龙段,待混凝土达到设计强度后再进行合龙段预应力束张拉。计算单悬臂梁和 T 型刚构在支架与模板(或挂篮)重力及合龙段自重作用下的内力,如图 4-3-15d)所示。

5) 拆除合龙段支架(或挂篮),次边跨体系转换

当支架或挂篮拆除后,支架与模板(或挂篮)重力及合龙段自重将反方向加到已合龙的结构体系上,由此而产生的结构内力如图 4-3-15e)所示。

拆除 3 号墩、4 号墩上的临时支承,墩顶永久支座开始受力。此时,墩顶由固结转换为简支,结构体系转换成单悬臂两跨连续梁,计算由体系转换释放的不平衡弯矩在结构上产生的内力,如图 4-3-15f)所示。

6) 中跨合龙

中跨(第 3 跨)合龙一般采用在梁上支架或挂篮上施工合龙段,待混凝土达到设计强度后再进行合龙段预应力束、跨中底板预应力束等张拉。计算合龙段两侧悬臂端在支架与模板(或挂篮)重力及合龙段自重作用下的内力,如图 4-3-15g)所示。

7) 拆除合龙段支架(或挂篮)

合龙段支架或挂篮拆除后,结构体系为最终成桥体系——连续梁。支架与模板(或挂篮)重力及合龙段自重将反方向加到已合龙的连续梁上,由此而产生的结构内力如图 4-3-15h)所示。

8) 恒载内力累计

连续梁最终一期恒载内力是伴随施工进程逐步累加的,如图 4-3-15i)是图 4-3-15a)~h)的叠加。

2013 年建成的西安地铁 3 号线灞河大桥,主桥为 3 联(50 + 80 + 50)m 连续刚构桥,全长 540m,桥面宽 10m,采用悬臂灌注法施工,如图 4-3-16 所示。

图 4-3-16　西安地铁 3 号线灞河大桥

第二节　预制安装法施工

一、预制装配法

预制装配法的施工工序:在制梁厂(场)制梁→将成品梁移运至桥位处→采用起吊设备架设→安装完成。

预制装配法预制梁,可以整孔梁预制架设,也可以将一孔梁分成几段(块)预制架设,主要由运输、起重能力和结构受力等因素决定。拼装接头的数量要少,应尽量设置在梁的内力较小处,构件要便于预制、运输和安装。

可以采用吊车架设或架桥机架设。对于被吊构件,起吊姿态和吊点位置是关键。

1. 起吊姿态

梁是以受弯为主的构件,根据受力和构造要求,受力主钢筋布置在截面受拉边。在吊装、移运预制梁(板)过程中,应始终保持梁体正位[图 4-3-17a)、b)、c)],这样截面受力与设计是一致的。若采用倾斜[图 4-3-17d)]或翻身[图 4-3-17e)]的吊运方式,截面侧面或上缘将变成受拉边,在侧面或上缘未设置受拉钢筋的情况下,会导致截面开裂破坏,这与设计是相悖的。

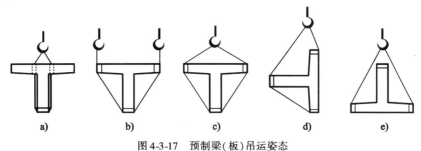

图 4-3-17 预制梁(板)吊运姿态

2. 吊点位置

吊点位置应满足预制梁(板)在吊运过程中的受力状态与最终成桥状态一致,并按设计规定要求设置。悬臂梁吊点设在梁段中间,简支梁吊点一般设在支点上方附近。在起吊时若发现吊点失效或设计无规定,则可采用钢丝绳等吊装,吊点应根据计算确定,如图 4-3-18 所示。计算时可根据梁截面上、下缘纵向钢筋设置数量来控制梁体上、下缘拉应力不超出规范容许值。

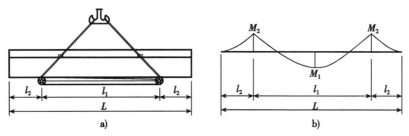

图 4-3-18 梁体吊装计算

[**例题 4-3-1**] 试确定图 4-3-18 的吊点位置。

解:假设梁为矩形截面,截面下缘纵向钢筋面积为 A_{g1},上缘纵向钢筋面积为 A_{g2}。在起吊过程中,跨中最大正弯矩为 M_1,吊点处最大负弯矩为 M_2。

根据《铁路桥涵设计规范(极限状态法)》(Q/CR 9300—2018)规定:构件动力系数,运输时采用 1.5,架设时采用 1.2。

在吊运过程中是不允许截面开裂的,因此,可用结构力学方法进行计算。构件受力如图 4-3-18b)所示,由结构力学知:$M_1 = \frac{1}{8}q(L-2l_2)^2 - M_2$,$M_2 = \frac{1}{2}ql_2^2$。

①当截面上、下缘配筋量相同时,$A_{g1} = A_{g2}$,则 $M_1 = 1.2 \times |M_2|$。

将 M_1 和 M_2 的计算式代入,得:

$$\frac{1}{8}q(L-2l_2)^2 - \frac{1}{2}ql_2^2 = 1.2 \times \frac{1}{2}ql_2^2$$

所以

$$l_2 = \frac{L}{\sqrt{8.8} + 2} \approx 0.201L$$

②当截面上、下缘配筋量不同时,可根据 $A_{g1} = nA_{g2}$,则 $M_1 = 1.2 \times nM_2$,推算出:

$$l_2 \approx \frac{1}{2 + 2\sqrt{1.2n+1}}L \tag{4-3-1}$$

式中:n——梁截面下缘与上缘纵向钢筋面积比值,$n = \frac{A_{g1}}{A_{g2}}$。

二、悬臂拼装法

悬臂拼装法是将梁纵轴按起重能力划分成适当长度的梁段,在工厂或桥位附近的预制场进行预制,从墩顶开始,将预制梁段对称吊装,就位后施加预应力,并逐段接长的一种施工方法(图 4-3-19)。悬臂拼装法除了梁段制作过程与悬臂灌注法不同外,其余施工工序与悬臂灌注法基本相同。悬臂拼装法节省了悬臂灌注法在挂篮上施工每一梁段的时间,并且上、下部结构可以平行施工,施工周期短,施工速度快。同时,预制节段施工质量易控制,减小了结构附加内力。但预制节段需要较大的场地,要求有一定的起重能力,大跨桥梁对拼装精度要求很高。因此,悬臂拼装施工一般用于跨径小于 100m 的连续梁桥或连续刚构桥。悬臂拼装法在施工过程中,桥跨结构承受一期恒载(自重)作用的内力变化分析方法参照悬臂灌注法施工。图 4-3-20 为上海轨道交通 17 号线运用悬臂拼装法施工的连续梁桥。

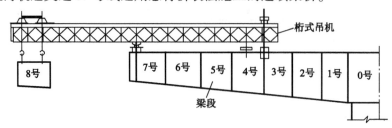

图 4-3-19 悬臂拼装法施工

三、节段拼装法

节段拼装法是将整孔梁沿纵向分成若干段在现场(或工厂)预制,利用造桥机在桥位上进行拼装的造桥工艺。该方法在城市轨道交通高架桥建设中使用,能有效解决预制场地缺乏问题,减少工程占地面积,减小对地面交通的干扰,减少对环境的破坏,加快建造速度,但对施工精度要求高。该方法在广州地铁 14 号线施工中应用,如图 4-3-21 所示。

图 4-3-20　上海轨道交通 17 号线"双 U + 箱梁"连续梁桥悬臂拼装施工

图 4-3-21　广州地铁 14 号线节段拼装法施工

第三节　支架现浇 + 预制安装法施工

支架现浇 + 预制安装法,是在车站位置就地搭架支模浇筑基础、墩柱及盖梁混凝土,在车站附近预制场内预制轨道梁、站台梁及站厅梁,通过龙门式起重机、汽车或履带式起重机或架桥设备吊装梁体的施工方法。该方法主要适用于铰接轨道梁式桥式车站。

一、施工方法

1. "桥-建"组合结构高架车站

对"桥-建"组合结构高架车站,其正常施工步骤为:

①三通一平；
②管线迁改、施工围挡；
③桩基施工；
④开挖基槽，进行承台及基础梁施工，预埋墩柱插筋；
⑤墩柱及盖梁施工；
⑥吊装预制轨道梁、站台梁、站厅梁；
⑦吊装工厂预制作的屋盖钢结构；
⑧施工附属结构，进行装修工程；
⑨站前广场工程，竣工。

2."桥-建"分离车站

对于"桥-建"分离车站，车站建筑结构部分仍采用整体支架现浇法，桥梁部分采用支架现浇＋预制安装法，车站桥梁结构与区间桥梁结构同步施工，为保证桥梁结构与建筑结构之间的施工空间，避免影响高架段的预制梁运架，车站建筑结构可稍晚施工。

车站各分项工程的具体施工方法与整体支架现浇法的基本区别仅在于站厅梁、站台梁、轨道梁不与盖梁整体浇筑，采用了预制吊装或架桥机架设的方法，如图4-3-22、图4-3-23所示。

图4-3-22　盖梁施工现场

图4-3-23　槽形轨道梁起吊

二、施工对结构受力的影响

支架现浇＋预制安装法施工的车站，由于轨道梁、站台梁或站厅梁采用预制梁，通过支座与高架结构的盖梁连接，结构体系发生变化，可以不考虑超长无缝混凝土施工对结构受力的影响，吊装施工及支架安拆顺序对结构受力的影响与整体支架现浇法基本相同。

对于支架现浇＋预制安装法施工车站，车站结构体量较大，影响乘客服务功能及城市景观，建筑及设备孔洞布置灵活度较低，但轨道梁等重要承重结构采用工厂预制和机械化施工，可提高梁体质量和尺寸精度，能有效节约劳动力成本，同时上、下部结构可以平行作业，施工速度快，可有效缩短工期，另外可减小结构安装时梁体的收缩和徐变。

第四章 地下结构施工

城市轨道交通地下结构施工技术是指实施各种地下结构施工方法所需的技术方案和措施,如开挖掘进施工技术、支护衬砌施工方案及措施、监控量测技术、不良地质条件的处理与加固技术等。地下区间结构施工管理包括施工组织设计,如施工方案选择、施工技术措施、场地布置、施工进度(控制、材料供应、劳力及机具安排等),以及施工中的技术管理、计划管理、质量管理、经济管理和安全管理等问题。施工过程中经常会遇到突然变化的地质条件及其他意外情况,如塌方、涌水、与设计不符的围岩等级等,应结合工程实际情况因地制宜地采取施工方法及技术,确保施工安全及地下区间结构的总体安全稳定。主要施工方法有明挖(盖挖)法、暗挖法(矿山法)、盾构法、顶进法、预制节段沉埋法、沉箱法等,本节主要介绍最常用的明挖(盖挖)法、暗挖法(矿山法)和盾构法。

第一节 明挖(盖挖)法施工

一、概述

明挖(盖挖)法是从地表向下开挖,在预定位置修筑结构物的方法。一般在地形平坦、埋深小于 30m 的条件下具有很好的实用价值,因此在城市地下工程中,特别是在浅埋的地下铁道工程中应用广泛。

1. 明挖(盖挖)法的特点

(1)明挖(盖挖)法的优点。

①适应性强,适用于任何岩(土)体,可修建各种形状的结构物;

②施工速度快,可为地下结构物施工创造最大限度的工作面,各项工序可以全面铺开,进行平行流水作业;

③施工方法比较简单,技术成熟;

④易于保证工程质量;

⑤工程造价较低。

(2) 明挖(盖挖)法的缺点。

①施工受外界气象条件影响较大;

②施工易造成噪声、粉尘及废弃泥浆等污染,对环境影响大;

③需要拆除工程影响范围内的建筑物和地下管线。

2. 明挖(盖挖)法主要施工方法

有围护结构明挖(盖挖)法依据主体结构施作顺序可分为明挖顺作法、盖挖顺作法、盖挖逆作法、盖挖半逆作法,其中后三种统称为明挖覆盖施工法。

盖挖顺作法与明挖顺作法相比,在施工顺序、施工方法和技术要求上差别不大,仅挖土和出土工作因受覆盖板的限制,无法使用大型机具,需要采用特殊的小型、高效机具并精心组织施工。而盖挖逆作法和盖挖半逆作法与明挖顺作法相比,除施工顺序不同外,还具有以下特点:

①对围护结构和中间桩柱的沉降量控制严格,以免对上部结构受力造成不良影响。

②中间柱如为永久结构,则其安装就位困难,施工精度要求高。

③为了保证不同时期施工的构件相互间的连接能达到预期的设计状态,必须将各种施工误差控制在较小范围内,并有可靠的连接构造措施。

④除在非常软弱的地层中外,一般不需再设置临时横撑,这样不仅可节省大量钢材,也为施工提供了便利。

⑤由于是自上而下分层建筑主体结构,故可利用土模技术,节省大量模板和支架。

⑥与盖挖顺作法一样,其挖土和出土往往成为决定工程进度的关键工序。但同时又因为施工是在顶板和边墙的保护下进行的,安全可靠,并不受外界气象条件的影响。

1) 明挖顺作法

明挖顺作法是先从地表面向下开挖基坑至设计高程,再在基坑内的预定位置由下而上地施工主体结构及其防水措施,最后回填土并恢复路面,如图4-4-1所示。

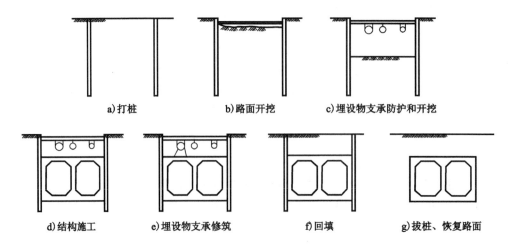

图 4-4-1 明挖顺作法施工步骤

2) 盖挖顺作法

在路面交通不能长期中断的道路下修建地下铁道车站或区间隧道时,可采用盖挖顺作法。该方法是在既有道路上,按所需宽度,由地表面完成挡土结构后,以定型的预制标准覆盖结构(包括纵、横梁和路面板)置于挡土结构上维持交通,往下反复进行开挖和加设横撑,直至设计高程。依序由下而上修筑主体结构和防水措施,回填土并恢复管线路或埋设新的管线路。最后,视需要拆除挡土结构的外露部分及恢复道路,如图4-4-2所示。

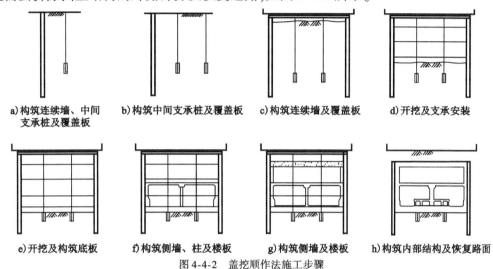

a) 构筑连续墙、中间支承桩及覆盖板　b) 构筑中间支承桩及覆盖板　c) 构筑连续墙及覆盖板　d) 开挖及支承安装

e) 开挖及构筑底板　f) 构筑侧墙、柱及楼板　g) 构筑侧墙及楼板　h) 构筑内部结构及恢复路面

图4-4-2 盖挖顺作法施工步骤

盖挖顺作法主要依赖坚固的挡土结构,根据现场条件、地下水位高低、开挖深度以及周围建筑物的临近程度,可以选择钢筋混凝土钻(挖)孔灌注桩或地下连续墙。对于饱和的软弱地层,应以刚度大、止水性能好的地下连续墙为首选方案。随着施工技术的不断进步,工程质量和精度更易于掌握,故现在盖挖顺作法中的挡土结构常用来作为主体结构边墙体的一部分或全部。如开挖宽度很大,为了缩短横撑的自由长度,防止横撑失稳,并承受横撑倾斜时产生的垂直分力以及行驶于覆盖结构上的车辆荷载和吊挂于覆盖结构下的管线重量,经常需要在建造挡土结构的同时建造中间桩柱以支承横撑。中间桩柱可以是钢筋混凝土的钻(挖)孔灌注桩,也可以采用预制的打入桩(钢或钢筋混凝土材质)。中间桩柱一般为临时性结构,在主体结构完成后将其拆除。

定型的预制覆盖结构一般由型钢纵、横梁和钢-混凝土复合路面板组成。路面板通常厚200mm、宽300~500mm、长1500~2000mm。为便于安装和拆卸,路面板上均设有吊装孔。

3) 盖挖逆作法

当开挖面较大、覆土较浅、周围沿线建筑物过于靠近时,为尽量防止因开挖基坑而引起邻近建筑物的沉陷,或需及早恢复路面交通,但又缺乏定型覆盖结构,可采用盖挖逆作法施工。其施工步骤为:先在地表面向下做基坑的围护结构和中间桩柱,和盖挖顺作法一样,基坑围护结构多采用地下连续墙,或钻孔灌注桩,或人工挖孔桩。中间桩柱则多利用主体结构本身的中间立柱以降低工程造价。随后即可开挖表层土至主体结构顶板底面高程,利用未开挖的土体作为土模浇注顶板。它还可以作为一道强有力的横撑,以防止围护结构向基坑内变形,待回填土后将道路复原,恢复交通。之后的工作都是在顶板覆盖下进行,即自上而下逐层开挖并建造主体结构直至底板。在特别软弱的地层中,且临近地面建筑物时,除以顶、楼板作为围护结构的横撑外,还需设置一定数量的临时横撑,并施加不小于横撑设计轴力70%~80%的预应力。其施工步骤如图4-4-3所示。

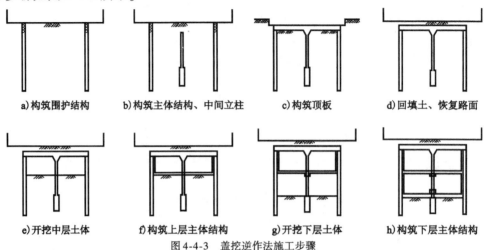

图4-4-3 盖挖逆作法施工步骤

为了减少围护结构及中间桩柱的入土深度,可以在做围护结构和中间桩柱之前,用暗挖法预先做好它们下面的底纵梁,以扩大承载面积。当然,这必须在工程地质条件允许暗挖施工时才可能实现,而且在开挖最下一层土和浇注底板前,由于围护结构和中间桩柱都无入土深度,故必须采取措施,如设置横撑以增加它们的稳定性。北京地铁1号线天安门东站就是采用这种施工方法,如图4-4-4所示。

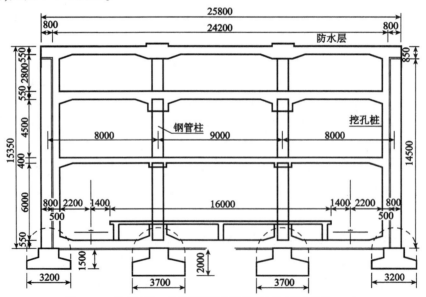

图4-4-4 北京地铁1号线天安门东站施工方法(尺寸单位:mm)

采用盖挖逆作法施工时,若采用单层墙或复合墙,结构的防水层较难做好。只有采用双层墙,即围护结构与主体结构墙体完全分离,无任何连接钢筋,才能在两者之间敷设完整的防水层。但需要特别注意中层楼板在施工过程中因悬空而引起的稳定和强度问题,一般可在顶板和楼板之间设置吊杆予以解决。

盖挖逆作法施工时,顶板一般都搭接在围护结构上,以增加顶板与围护结构之间的抗剪能力和便于敷设防水层。所以,需将围护结构外露部分凿除,或将围护结构仅做到顶板搭接处高程,其余高度用便于拆除的临时挡土结构围护,如图4-4-3所示。

4) 盖挖半逆作法

盖挖半逆作法类似于盖挖逆作法,其区别仅在于完成顶板构筑及恢复路面后,向下挖土至设计高程后先建筑底板,再依次序向上逐层建筑侧墙、楼板。在半逆作法施工中,一般都必须设置横撑并施加预应力,如图4-4-5所示。

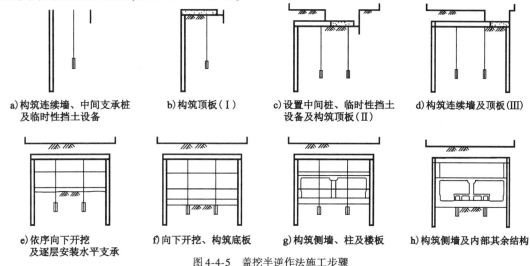

图4-4-5 盖挖半逆作法施工步骤

采用盖挖逆作法或盖挖半逆作法施工时要注意混凝土施工缝的处理,可采用直接法、注入法或充填法处理,如图4-4-6所示。其中直接法是传统的施工方法,不易做到完全紧密接触;注入法是通过预先设置的注入孔向缝隙内注入水泥浆或环氧树脂;充填法是在下部混凝土浇注到适当高度,清除浮浆后再用无收缩或微膨胀的混凝土或砂浆充填。待充填的高度:用混凝土充填为1.0m,用砂浆充填为0.3m。为保证施工缝的良好充填,一般在柱中最好设置V形施工缝,其倾斜角以小于30°为宜。

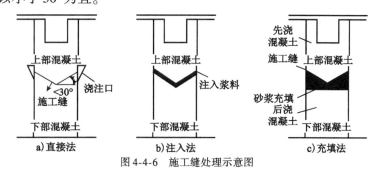

图4-4-6 施工缝处理示意图

在盖挖逆作法和盖挖半逆作法施工中,如主体结构的中间立柱为钢筋混凝土柱,柱下基础为钢筋混凝土灌注桩时,需要解决好两者之间的连接问题。一般是将钢管柱直接插入灌注桩的混凝土内 1.0m 左右,并在钢管柱底部均匀设置几个孔,以利于混凝土流动,同时加强桩、柱之间的连接。有时也在钢管柱和灌注桩之间插入 H 型钢加以连接。

二、基坑施工

明挖顺作法施工中的基坑可以分为敞口放坡基坑和有围护结构的基坑两类,在这两类基坑施工中,又采用不同的维护基坑边坡稳定的技术措施和围护结构,如图 4-4-7 所示。

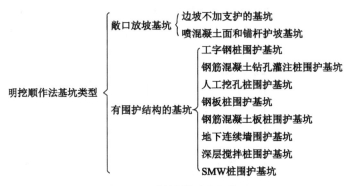

图 4-4-7 明挖顺作法基坑类型

在选择基坑类型时,应根据地下隧道所处位置、埋置深度、工程地质和水文地质条件等因地制宜地确定。若基坑所处地面空旷,周围无建筑物或建筑物间距很大,地面有足够的空地能满足施工需要,又不影响周围环境,则可采用敞口放坡基坑施工。因为这种基坑施工简单、速度快、噪声小、无须做围护结构。如因场地限制,基坑放坡坡度稍陡于规范规定,则可采用适当的挡土结构,如土钉加混凝土喷抹面对边坡加以支挡。如果基坑很深,地质条件差,地下水位高,特别是处于繁华的市区,地面建筑物密集,交通繁忙,无足够空地满足施工需要,没有条件采用敞口放坡基坑,则可采用有围护结构的基坑施工。

1. 敞口放坡基坑施工

敞口放坡明挖法也称为敞口基坑法,其适用于地面开阔,周围建筑物稀少,地质条件较好,土质稳定且在基坑周围无较大荷载,对基坑周围的位移和沉降无严格要求的情况。

依据放坡开挖方式可分为全放坡和半放坡两种,两种放坡开挖的基坑断面如图 4-4-8 所示。

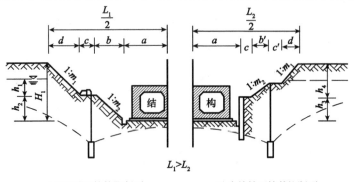

a) 全放坡开挖基坑断面   b) 半放坡开挖基坑断面

图 4-4-8 放坡开挖基坑断面

采用敞口放坡基坑法修建地下隧道和地下车站时,保证基坑边坡的稳定是非常重要的,否则,一旦边坡坍塌,不但地基受到震动,影响承载力,而且还会影响周围地下管线、地面建筑物和交通安全。

1) 影响基坑边坡稳定性的因素

基坑边坡坡度是直接影响基坑稳定性的重要因素,当基坑边坡土体中的剪应力大于土体的抗剪强度时,边坡就会失稳坍塌。其次是施工不当,表现为:

①没有按照设计坡度进行边坡开挖。

②基坑边坡坡顶堆载过大。

③基坑降排水措施不利,地下水未降至基底以下,而地面雨水、基坑周围地下给排水管线漏水,渗流至基坑边坡的土层中,使土体湿化,土体自重加大,增加土体中的剪应力。

④基坑开挖后暴露时间过长,经风化而使土体变松散。

⑤基坑开挖过程中未及时刷坡,甚至挖反坡,使土体失去稳定性。

2) 基坑开挖注意事项

由于种种原因,常出现施工工况和原设计不符合或者设计中难以考虑周全的情况,此时必须对基坑边坡重新校核。如果安全度不足,应采取相应的补救措施。所以在施工过程中应注意:

①根据土层的物理力学性质确定基坑边坡坡度,并于不同土层处做成折线形或留置台阶。

②不要在已开挖的基坑边坡的影响范围内进行动力打入或静力压入的施工活动,若必须打桩,应对边坡进行削坡和减载,打桩采用重锤低击、间隔跳打。

③不要在基坑边坡堆加过重荷载,若需在坡顶堆载或行驶车辆时,必须对边坡稳定性进行核算,控制堆载指标。

④施工组织设计应有利于维持基坑边坡稳定,如土方出土宜从已开挖部分向未开挖方向后退,不宜沿已开挖边坡顶部出土,应采用由上至下的开挖顺序,不得先切除坡脚。

⑤注意地表水的合理排放,防止地表水流入基坑或渗入边坡。

⑥采用井点等排水措施,降低地下水位。

⑦注意现场观测,发现边坡失稳先兆(如产生裂纹)时立即停工,并采取有效措施,提高施工边坡的稳定性,待符合安全度要求时方可继续施工。

⑧基坑开挖过程中,边坡随挖随刷,不得挖反坡。

3) 防止基坑边坡失稳的措施

防止基坑边坡失稳的措施主要包括边坡修坡、设置边坡护面、边坡坡脚抗滑加固等。

(1) 边坡修坡。

边坡修坡是改变边坡外形,将边坡修缓或修成台阶形(图4-4-9)。这种方法的目的是减少基坑边坡的下滑重量,因此其必须与坡顶卸载(包括卸土)结合才更有效果。

(2) 设置边坡护面。

设置基坑边坡混凝土护面的目的是控制地表水经裂缝渗入边坡内部,从而减小因为水的因素导致土体软化和孔隙水压力上升的可能性。护面可以做成10cm的混凝土面层(图4-4-10)。为增加边坡护坡面的抗裂强度,内部可以配置一定的构造钢筋。

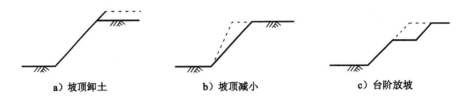

图 4-4-9 边坡修坡

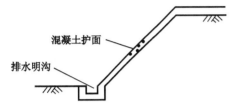

图 4-4-10 基坑边坡设置混凝土护面

(3) 边坡坡脚抗滑加固。

当基坑开挖深度大,而边坡又因场地限制不能继续放缓时,可以对边坡抗滑范围的土层进行加固(图 4-4-11)。采用的具体方法有设置抗滑桩、悬喷法、分层注浆法、深层搅拌法等。采用这些方法时必须注意,加固区应穿过滑动面并在滑动面两侧保持一定范围。一般而言,对于混凝土抗滑桩,此范围应大于 5 倍洞径。

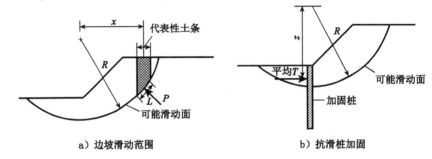

图 4-4-11 基坑边坡坡脚抗滑加固

4) 基坑开挖施工

基坑放坡开挖常采用人工开挖、小型机械开挖和大型机械开挖。

人工开挖效率低、劳动强度大,一般只在土方量小(如修坡)或缺乏开挖机械的情况下采用;常见的小型开挖机械有蟹斗式挖掘机、绳索拉铲等,小型机械开挖一般在施工空间受限制而无法采用大型机械的情况下采用;常见的大型开挖机械有单斗挖土机、铲运机等,其工作效率很高,可大大节约人力,加快施工进度,因此对于大面积且有足够的操作空间的土方开挖,应尽量采用大型开挖机械施工。但大型开挖机械易出现超挖现象,因此施工中只能挖至基底以上 20~30cm 的位置,其余 20~30cm 的土方应采用人工或其他方法挖除。

2. 有围护结构的基坑施工

基坑开挖中可采用的围护结构种类较多,其施工方法、工艺和所用的施工机械也各异,应根据基坑深度、工程地质和水文地质条件、施工速度、结构防水性能、地面环境条件、工程造价等进行选择,要特别考虑城市施工这一特点,经综合比较后确定。

1) 排桩围护结构

排桩围护结构是利用常规桩体,如钻孔灌注桩、挖孔桩等并排连续起来形成的地下挡土结构。排桩围护结构可分为柱列式排桩结构、连续排桩结构、组合式排桩结构三种。

① 柱列式排桩结构。当边坡土质较好、地下水位降低时,可利用土拱作用,以稀疏的钻孔

灌注桩或挖孔桩支挡土坡,如图 4-4-12a)所示。

②连续排桩结构。在软土中一般不能形成土拱,支护桩应该连续密排,如图 4-4-12b)所示。密排的钻孔桩可以相互搭接,或在桩身混凝土强度尚未形成时,在相邻桩之间做一根素混凝土树根桩,把钻孔桩排连起来,如图 4-4-12c)所示。

③组合式排桩结构。在地下水位较高的软土地区,可采用钻孔灌注桩排桩与水泥土桩防渗墙组合的形式,如图 4-4-12d)所示。

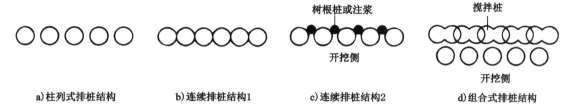

图 4-4-12 常用的钢板桩断面形式

(1)钻孔灌注桩干作业成孔法施工。

对于地下水位以上的一般黏性土、砂土及人工填土地基的钻孔灌注桩,可采用干作业成孔法施工,即非泥浆无循环钻进法。一般采用螺旋钻孔机进行成孔。螺旋钻孔机由主机、滑轮、螺旋钻杆、钻头、出土装置等组成。主要利用螺旋钻头切削土体,被切出的土块随钻头旋转,并沿螺旋叶片上升而被推出孔外。该类钻机结构简单,使用可靠,成孔作业效率高、质量好,无振动、无噪声,最宜用于均质黏性土,并能较快穿透砂层。干作业成孔中,螺旋式成孔应用最多,其施工工艺流程如图 4-4-13 所示。

为了保证最终成孔质量,在施工中应注意以下问题:

①在钻机就位检查无误后,使钻杆慢慢向下移动,当钻头接触土面时,再打开电动机,且开始时钻速要慢,以减少钻杆的晃动,易于校正桩位及垂直度。

②如发现钻杆不正常地摆动或难于钻进时,应立即提钻检查,排除地下块石或障碍物,避免设备损坏或桩位偏斜。

③遇硬土层时,应慢速钻进,以保证孔型及垂直度。

④钻到设计高程时,应在原深度处空转清土,停钻后,提出钻杆弃土。空转清土时,不可进钻;提钻弃土时,不可回钻钻杆。

⑤钻取出的土不可堆放在孔口边,应及时清运。

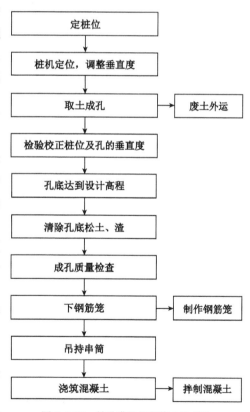

图 4-4-13 钻孔灌注桩干作业法成孔施工工艺流程图

⑥吊放钢筋笼时,应防止变形和碰撞孔壁。钢筋笼外侧应设有预制的混凝土垫块,以保证混凝土保护层厚度。

⑦经检查合格的孔,应及时浇筑混凝土。混凝土从吊持的串筒内注入,一般深度大于6m时,靠混凝土自身重力下冲压实;小于6m时,应以长竹竿进行人工插捣;当只剩下2m时,用混凝土振捣器捣实。常采用的混凝土坍落度:一般黏性土为5~7cm,砂类土为7~9cm,黄土为6~9cm。混凝土强度等级不低于C25。

⑧桩顶高程低于地面时,孔口应有盖板,以防人、物坠落。

(2)钻孔灌注桩湿作业成孔法施工。

钻孔灌注桩湿作业成孔法,适用于一般黏性土、淤泥和淤泥质土、砂性土和碎石类土,尤其适用于地下水位较高的土层。钻孔灌注桩湿作业成孔法施工工艺流程如图4-4-14所示,施工工艺如图4-4-15所示。

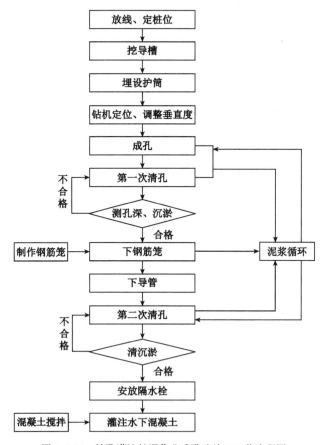

图4-4-14 钻孔灌注桩湿作业成孔法施工工艺流程图

湿作业主要施工过程如下:

①成孔施工。

成孔工艺应根据工程特点、地质条件和设计要求合理选择。成孔直径必须达到设计桩径,钻头应有保径装置。钻头直径应根据施工工艺和设计桩径合理选定。在成孔施工过程中应经常检查钻头尺寸,必要时应进行修理。

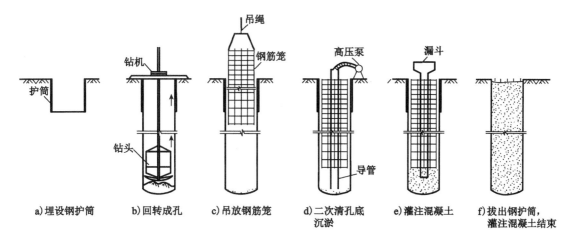

图 4-4-15　钻孔灌注桩湿作业成孔法施工工艺图

在正式施工前应进行试成孔,数量不少于两个。核对地质资料,检验所选的设备、机具、施工工艺及技术要求是否适宜。孔径、垂直度、孔壁稳定和沉渣等检测指标不能满足设计要求时,应拟定补救技术措施,或重新选择成孔工艺。

成孔施工应一次性不间断地完成,成孔完毕至灌注混凝土的时间间隔不应大于 24h。护壁泥浆可采用原土造浆或人工造浆。根据不同的成孔工艺和地质情况,选取能够满足性能要求的泥浆。

成孔至设计深度后,应对孔径、孔深、垂直度及泥浆密度进行检查,确认符合要求后,方可进行下一道工序施工。

②清孔。

清孔应分两次进行,第一次在成孔后立即进行,第二次在下钢筋笼和安装导管后进行。

常用的清孔方法有正循环清孔、泵吸反循环清孔和压缩空气法清孔,通常按成孔时采用的循环方式而定。清孔过程中应测定泥浆指标,清孔后的泥浆相对密度应小于 1.15。清孔结束时应测定孔底沉渣,对于支护桩,其孔底沉渣厚度一般应小于 30cm。第二次清孔结束后孔内应保持水头高度,并应在 30min 内灌注混凝土。若超过 30min,灌注混凝土前应重新测定孔底沉渣厚度,并应满足规定要求。

③钢筋笼施工。

钢筋笼宜分段制作,分段长度应按照成笼的整体刚度、来料钢筋的长度及起重设备的有效高度等因素确定。为了保证保护层厚度,钢筋笼上应设保护层垫块,每节钢筋笼设置数量不应少于 2 组,对于长度大于 12m 的钢筋笼,中间应增设 1 组。每组块数不得少于 3 块,且应均匀地分布在同一截面的主筋上,保护垫块可采用混凝土滑轮块或扁钢定位体。

钢筋笼在起吊、运输和安装的过程中,应采取保护措施防止其变形。起吊点宜设置在加强箍筋部位。钢筋笼采用分段沉放法时,纵向主筋的连接必须用焊接,要特别注意焊接质量,同一截面上的接头数量不得大于纵筋数量的 50%,相邻接头间距不小于 500mm。对于非均匀配筋的钢筋笼,在安装时应注意方向性。

④水下混凝土施工。

正式拌制混凝土前应进行试配,试配的混凝土强度比设计桩身强度高 15%~25%,坍落度

16~20cm,含砂率40%~50%,水泥用量不得小于370kg/m³,不宜大于500kg/m³。应具有良好的和易性和流动度。坍落度损失应满足灌注要求。混凝土初凝时间应为正常灌注时间的2倍。

水下混凝土浇注用的导管内径应按照桩径和每小时灌注量确定,一般为200~250mm,壁厚不小于3mm。导管第一节底管应大于4.0m,导管标准节长度以3m为宜。浇注水下混凝土所用的隔水塞可采用混凝土浇制,混凝土强度不低于C20。隔水塞外形应规则、光滑,并配有橡胶垫片。

混凝土浇注时,导管应全部安装入孔,安装位置应居中。导管底口距孔底高度以能放出隔水塞和混凝土为宜,一般控制在50cm左右。隔水塞应采用铁丝悬挂于导管内。混凝土浇注前应先在灌斗内灌入0.1~0.2m³的1:1.5水泥砂浆,然后再灌入混凝土。等初灌混凝土足量后,方可截断隔水塞的系结铁丝将混凝土灌至孔底。混凝土初灌量应能保证混凝土入灌后,导管埋入混凝土深度不小于0.8m,导管内混凝土柱和管外泥浆柱压力平衡。

在水下混凝土灌注中,导管埋入深浅影响浇注能否顺利进行,进而决定成桩质量的好坏。导管埋入过浅,操作时稍一疏忽就会将导管拔出混凝土面,或因孔深压力差大,导管埋入浅,可能发生新灌入的混凝土冲翻顶面,造成夹泥甚至断桩事故。导管埋入过深,会发生或因顶升阻力大而产生局部涡流,造成夹泥,或因混凝土出管上泛阻力大,上部混凝土长时间不动,流动度损失而造成浇注不畅或其他质量问题。因此,混凝土浇注过程中,导管应始终埋在混凝土中,不能提到混凝土面之上。导管埋入混凝土面的深度以3~10m为宜,不得小于2m。导管应勤提勤拆,一次提管拆管不得超过浇注中的混凝土,应防止钢筋笼上浮。

混凝土实际浇注高度应比设计桩顶高程高。高出的高度应根据桩长、地质条件和成孔工艺确定,其最小高度不宜小于桩长的5%,且应保证支护结构圈梁底高程处及以下的桩身混凝土强度满足设计要求。

当然,用浇注桩作为排桩支护,桩体排列应是一条直线,以便开挖后坑壁整齐。桩的施工一般应间隔两根,按桩号的次序首先是1、4、7、10号,然后是2、5、8、11号。

(3)挖孔桩施工。

挖孔桩作为基坑支护结构,与钻孔浇注桩相似,是由多个桩组成桩墙而起到挡土作用。挖孔桩可使用简单的机具进行开挖,不受设备和工作面限制,可若干个孔同时开挖。施工时无振动、无噪声、无泥浆,对周围环境不会产生污染;适用于建筑物、构筑物拥挤的地区,对邻近结构和地下设施的影响小,场地干净,造价较经济。

挖孔桩适用于无水或少水的较密实的土质中,在流动性淤泥、流砂和地下水较丰富的地区不宜采用。桩的直径(或边长)不宜小于1.4m,最大可达5.0m,孔深一般不宜超过20m。

挖孔桩施工,必须在保证安全的基础上不间断地快速进行。每一桩孔开挖、提升出土、排水、支撑、立模板、吊装钢筋骨架、浇注混凝土等作业都应事先准备,紧密配合,及时完成。

人工挖孔桩是采用人工挖掘桩孔土方,随着桩孔的下挖,逐段浇捣钢筋混凝土护壁,直至所需深度,如图4-4-16所示。土层好时,也可不用护壁,一次挖至设计高程,最后在护壁内一次性浇注混凝土。

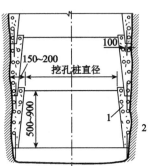

图4-4-16 人工挖孔桩示意图
(尺寸单位:mm)
1-钢筋混凝土护壁;2-开挖面

人工挖孔桩主要施工过程如下：

①开挖桩孔。一般采用人工开挖，开挖之前应清理、整平场地，做好孔口四周临时围护和排水措施。孔口应采取措施以防止土石掉入孔内，并安排好排土提升设备（卷扬机或绞车等），布置好运土通道及弃土地点，必要时孔口应搭雨棚。挖孔过程中要随时检查桩孔尺寸和平面位置，防止误差。应注意施工安全，下孔人员必须佩戴安全帽和安全绳，提取土渣的机具必须经常检查。孔深超过10m时，应经常检查孔内二氧化碳浓度，如超过0.3%应增加通风措施。孔内如用爆破施工，应采用浅眼爆破法，且在炮眼附近加强支护，防止振坍孔壁。桩孔较深时，应采用电引爆，爆破后应及时通风排烟，经检查孔内无毒后，施工人员方可下孔。

②护壁和支撑。挖孔桩开挖过程中，开挖和护壁两个工序必须连续作业，以确保孔壁不坍。挖孔桩能否顺利施工，护壁起决定性作用。应根据地质条件、水文条件、材料来源等情况因地制宜地选择护壁及支撑方法。当遇桩孔较深、地质较差、出水量较大或流砂等情况时，宜采用就地浇注混凝土护壁，每下挖1~2m浇注一次，随挖随支。护壁厚度一般采用0.15~0.20m，混凝土强度等级为C15~C20，必要时可配置少量的钢筋，也可采用下沉预制钢筋混凝土圆管护壁。例如，土质松散而渗水量不大时，可考虑用木料做框架式支撑或木框架后面铺架木板做支撑。

③排水。孔内渗水量不大时，可采用人工排水；渗水量较大时，可用高扬程抽水机或将抽水机吊入孔内抽水。遇到混凝土护壁坍塌或漏水时，用干拌水泥堵塞，效果良好。

④吊装钢筋骨架及灌注桩身混凝土。挖孔达到设计深度后，应检查和处理孔底、孔壁。清除孔壁及孔底浮土，孔底必须平整，符合设计条件及尺寸，以保证桩身混凝土与孔壁及孔底密贴，受力均匀。遇到地下水较难抽干但可清理干净时，可先铺砌条石、块石封底或采用水下混凝土封底。浇注桩身混凝土时应一次浇注完毕，不留施工缝。在挖孔过深（15~20m），孔壁土质易于坍塌或渗水量较大的情况下，都应慎重考虑挖孔桩。

排桩围护结构与地下连续墙相比，其优点在于施工工艺简单、成本低、平面布置灵活，缺点是防渗和整体性差，一般适用于中等深度的基坑围护。非打入式的钻孔灌注桩、挖孔桩等围护体与预制式板桩相比，具有无振害、无噪声、无挤土等优点。

2）地下连续墙围护结构

地下连续墙围护结构用于地下工程施工，就是在拟构筑地下工程地面上，沿周边划分数段槽孔，在泥浆护壁的支持下，使用造孔机械钻挖槽孔，待槽孔达到设计深度后，在槽孔两端放入接头管，采用直升导管法进行泥浆下灌注混凝土。现浇混凝土由槽孔底部逆行向上抬起并充满槽孔段，把泥浆置换出来。依次逐段完成各段槽孔的钻挖和灌注混凝土工作，然后将相邻的墙段连接成整体，形成一条连续的地下墙体，起到截水防渗和挡土承重的作用。

(1)地下连续墙的特点。

地下连续墙施工工艺与其他施工方法相比，具有如下优点：

①适用于多种地质条件。目前在我国除岩溶地区和承压水头很高的砂砾层难以采用外，在其他各种土质中皆可应用地下连续墙技术。在一些复杂的条件下，它几乎成为唯一可采用的有效施工方法。

②能兼作临时设施和永久的地下主体结构。由于地下连续墙具有强度高、刚度大的特点，不但能用于深基础护壁的临时支护结构，而且在采取一定结构构造措施后，还可用作地面高层

建筑基础或地下工程的部分结构。一定条件下可大幅度减少工程总造价,获得经济效益。

③地下连续墙施工具有振动小、噪声低等特点,可减少工程施工时对周边环境的影响。

④可结合"逆作法"施工,缩短施工总工期。逆作法是一种新颖的施工方法,是在地下室顶板完成后,同时进行多层地下室和地面高层房屋的施工。一改传统施工方法先地下、后地上的施工步骤。逆作法施工通常要采用地下连续墙的施工工艺和施工技术。

地下连续墙施工方法的局限性和缺点主要表现在:

①对于岩溶地区含承压水头很高的砂砾层或很软的黏土,如不采用其他辅助措施,目前尚难以采用地下连续墙法。

②如施工现场组织管理不善,可能造成现场潮湿和泥泞,影响施工的条件,而且会增加对废弃泥浆的处理工作。

③如施工不当或土层条件特殊,容易出现不规则超挖和槽壁坍塌。

④现浇地下连续墙的墙面通常较粗糙,如果对墙面要求较高,墙面的平整处理就会增加工期和造价。

⑤地下连续墙如仅用作施工期间的临时挡土结构,在基坑工程完成后就失去了其使用价值,所以当基坑开挖不深时,不如其他方法经济。

⑥需配备一定数量的专用施工机具和一定技术水平的专业施工队伍,使该项技术的推广受到一定限制。

通常情况下,地下连续墙的造价高于其他围护结构,以下几种情况宜采用地下连续墙:

①处于软弱地基的深大基坑,周围又有密集的建筑群或重要的地下管线,对基坑工程周围地面沉降和位移值有严格限制的地下工程。

②既作为土方开挖的临时围护结构,又作为主体结构的一部分。

③采用逆作法施工,地下连续墙同时作为挡土结构、地下室外墙、地面高层房屋基础的工程。

(2)地下连续墙分类。

地下连续墙,按其成墙方式,可分为桩排式、壁板式、桩壁组合式;按其填筑的材料,可分为土质墙、混凝土墙、钢筋混凝土墙(又有现浇和预制之分)和组合墙(预制钢筋混凝土墙板和现浇混凝土的组合,或预制钢筋混凝土墙板和自凝水泥膨润土泥浆的组合);按其用途,可分为临时挡土墙、防渗墙、用作主体结构兼作临时挡土墙的地下连续墙、用作多边形基础兼作墙体的地下连续墙等。根据施工方法,地下连续墙可分为现浇和预制两大类。

目前,我国地下铁道工程中应用最多的是现浇钢筋混凝土壁板式连续墙。壁板式地下连续墙既可作为临时性的挡土结构,也可兼作地下工程永久性结构的一部分。其与主体结构间的连接方式主要可分为四种,如图4-4-17所示。其中分离壁式、整体壁式、重壁式均是基坑开挖以后再浇注一层内衬形成的,内衬厚度可取20~40cm。

(3)现浇地下连续墙施工。

现浇地下连续墙施工,一般分为准备工作与墙体施工两个阶段。

准备工作阶段要求准确定出墙体位置,现场核对单元槽段的划分尺寸,完成泥浆置备和废泥浆处理,场地平整,清除地下旧管线和各类基础,挖导沟,准确设置导墙,铺设轨道并组装成槽机、吊车、拔管线等设备,准备好钢筋笼及接头设备,并检查全部检测设备。

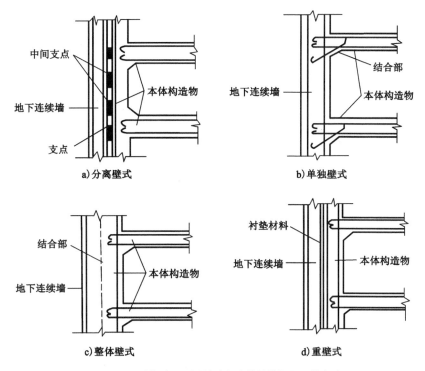

图 4-4-17　壁板式地下连续墙与主体结构间的连接方式

墙体施工阶段,采用逐段施工方法,且周而复始地进行。每段的施工过程大致可分为五个步骤,如图 4-4-18 所示。

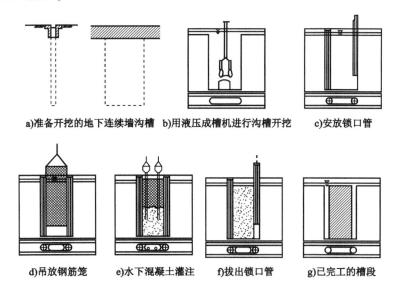

图 4-4-18　现浇地下连续墙施工流程(以液压抓斗式成槽机为例)

第一步:利用专用挖槽机械开挖地下连续墙槽段,在挖槽过程中,沟槽内始终充满泥浆,以保证槽壁的稳定。

第二步：当槽段开挖完成后，在沟槽两端放入接头管（又称锁口管）。

第三步：将事先加工好的钢筋笼插入槽段内，下沉到设计高度。当钢筋笼太长，一次吊沉有困难时，需将钢筋笼分段焊接，逐节下沉。

第四步：待插入用于水下灌注混凝土的导管后，即可进行混凝土灌注。

第五步：待混凝土初凝后，及时拔去接头管，这样便形成一个单元的地下连续墙。

地下连续墙的施工过程复杂、工序多。其中，导墙修筑、泥浆制备和处理、钢筋笼制作和吊装以及水下混凝土灌注是主要的工序。

①导墙施工。

导墙（也称导向墙）是用钢、木、混凝土和砖石等材料修筑的两道平行墙体。它是地下连续墙施工中一个很重要的临时构筑物，其作用如下：

A. 控制地下连续墙施工精度。导墙与地下连续墙中心一致，规定了沟槽的位置走向，可作为量测挖槽高程、垂直度的基准。导墙顶面又可作为机架式挖土机械导向钢轨的架设定位。

B. 挡土。由于地表土层受地面超载影响，容易坍陷，导墙起到挡土作用。为防止导墙在侧向土压作用下产生位移，一般应在导墙内侧每隔 1~2m 加设上、下两道木支撑。

C. 重物支承台。施工期间，承受钢筋笼、灌注混凝土用的导管、接头管以及其他施工机械的静、动荷载。

D. 维持液面稳定。导墙内有蓄泥浆，为保证槽壁的稳定，要使泥浆液面始终保持高于地下水位一定的高度。此高度值的确定，各国的规定和有关文献不尽相同，大多数规定为 1.25~2.0m。实际操作时，只要使泥浆液面保持高于地下水位 1.0m，一般能满足要求。

导墙一般采用现浇钢筋混凝土结构，但也有钢制的或预制钢筋混凝土的装配式结构。根据工程实践，采用现场浇注的混凝土导墙容易做到底部与土层贴合，防止泥浆流失，而其他预制式导墙较难做到这一点。图 4-4-19 为各种形式的现浇钢筋混凝土导墙。

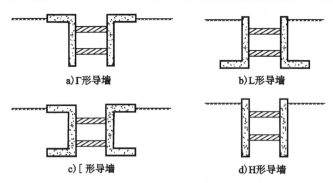

图 4-4-19 现浇钢筋混凝土导墙形式示意图

导墙一般采用 C25 混凝土浇注，配筋通常为 $\phi12~\phi14@200$。当表土较好，在导墙施工期间能保持外侧土壁垂直自立时，则以土壁代替外模板，避免回填土，以防槽外地表水渗入槽内。如表土开挖后外侧土壁不能垂直自稳，外侧需设模板。导墙外侧的回填土应用黏土回填密实，防止地面水从导墙背后渗入槽内，引起槽段塌方。

两侧导墙内表面之间的净距，应比地下连续墙厚度略宽，一般为 40mm 左右。导墙顶面应高于地面 100mm 左右，以防雨水流入槽内稀释及污染泥浆。

导墙的垂直程度是决定地下连续墙能否保持垂直的首要条件。现浇钢筋混凝土导墙拆模以后,应沿其纵向每隔1m左右设上、下两道木支撑,将两道导墙支撑起来,在导墙的混凝土达到设计强度之前,禁止任何重型机械和运输设备在旁边行驶,以防导墙受压变形。

导墙的顶部应平整,以便架设钻机机架轨道,并且作为钢筋笼、混凝土导管、接头管等的支承面。

②泥浆护壁。

在地下连续墙挖槽过程中,泥浆的作用是护壁、携渣、冷却机具和切土滑润,其中护壁为最重要的功能。泥浆的正确使用,是保证挖槽成功的关键。

泥浆具有一定的密度,在槽内对槽壁有一定的静水压力,相当于一种液体支撑。泥浆能渗入土壁形成一层透水性很低的泥皮,有助于维护土壁的稳定性。

泥浆具有较高的黏性,能在挖槽过程中将土渣悬浮起来。这样就可使钻头时刻钻进新鲜土层,避免土渣堆积在工作面上影响挖槽效率,又便于土渣随同泥浆排出槽外。

泥浆既可降低钻具因连续冲击或回转而上升的温度,又可减轻钻具的磨损消耗,有利于提高挖槽效率并延长钻具的使用时间。

挖槽筑墙所用的泥浆不仅要有良好的固壁性能,而且要便于灌注混凝土。如果泥浆的膨润土浓度不够、密度太小、黏度不大,则难以形成泥饼,难以固壁,难以保证其携砂作用;但黏度过大,会造成泥浆循环阻力过大、携带在泥浆中的泥沙难以除去、灌注混凝土的质量难以保证以及泥浆不易从钢筋笼上除去等弊病。泥浆还应有一定的稳定性,保证在一定时间内不出现分层现象。

地下连续墙挖槽护壁用的泥浆种类主要包括膨润土泥浆、聚合物泥浆、CMC泥浆及盐水泥浆,其主要成分和常用外加剂如表4-4-1所示。

护壁泥浆的种类及其主要成分　　　　　表4-4-1

泥浆种类	主要成分	常用外加剂
膨润土泥浆	膨润土、水	分散剂、增黏剂、加重剂、防漏剂
聚合物泥浆	聚合物、水	—
CMC泥浆	CMC、水	膨润土
盐水泥浆	膨润土、盐水	分散剂、特殊黏土

目前,我国工程中使用最多的是膨润土泥浆。膨润土泥浆的成分为膨润土、水和一些外加剂。膨润土是一种颗粒极其细小、遇水显著膨胀(在水中膨胀后的重量可增至干重量的600%~700%)、黏性和可塑性都很大的特殊黏土。膨润土并不是单一的黏土矿物,而是由几种黏土矿物组成,其中最主要的是蒙脱石。

膨润土分散在水中,其片状颗粒表面带负电荷,端头带正电荷。如果膨润土的含量足够多,则颗粒的正、负电荷使分散颗粒之间相互链接形成一种机械结构,膨润土水溶液呈固体状态。这种水溶液一经触动(摇晃、搅拌、振动或通过超声波、电流),颗粒之间的链接即遭到破坏,膨润土水溶液就随之变为流体状态。如果外界因素停止作用,该水溶液又变为固体状态。这种特性称为触变性,这种水溶液就称为触变泥浆。

制备泥浆的水一般选用纯净的自来水,水中的杂质含量和pH值过高或过低,均会影响泥浆的质量。为了使泥浆的性能满足地下连续墙挖槽施工的要求,通常要在泥浆中加入适当的外加剂。不同地层中的泥浆配合比如表 4-4-2 所示,可供工程参考。

在不同地层中的泥浆配合比　　　　表 4-4-2

地层	膨润土	增黏剂 CMC	分散剂 FCL	其他
黏性土	5%~8%	0~0.02%	0~0.5%	—
砂	5%~8%	0~0.05%	0~0.5%	—
砂砾	8%~12%	0.05%~0.1%	0~0.5%	防漏剂

在施工过程中,为保证泥浆的物理、化学特性的稳定和合适的流动特性,既要使泥浆在长时间静置情况下不至于产生离析沉淀,又要使泥浆有很好的触变性。因此,要对泥浆的各项控制指标进行监控,以便及时调整。泥浆质量的控制指标如表 4-4-3 所示。

泥浆质量的控制指标　　　　表 4-4-3

指标名称	新制备的泥浆	使用过的循环泥浆
黏度(Pa/s)	19~21	19~25
密度(g/cm³)	<1.05	<1.2
失水量(mL/min)	<20	<40
泥皮厚度(mm)	<1	<2.5
稳定性	100%	—
pH 值	8~9	<11

③槽段开挖。

地下连续墙通常是分段施工的,每一段称为地下连续墙的一个槽段(又称为一个单元),一个槽段是一次混凝土灌注单位。槽段开挖是地下连续墙施工中的重要环节,约占工期的一半,挖槽精度又决定了墙体制作精度,所以槽段开挖是决定施工进度和质量的关键工序。

A. 槽段长度的确定。

从理论上来说,槽段长度越长越好。这样能减少地下墙的接头数,以提高地下连续墙的防水性能和整体性。但实际上槽段长度是由多个因素决定的,一般应考虑下列因素:

a. 地质条件:当地层很不稳定时,为了防止沟槽壁面坍塌,应减少槽段长度,以缩短造孔时间。

b. 周围环境:假使近旁有高大建筑物或有较大的地面荷载时,为了确保沟槽的稳定,也应缩减槽段长度,缩短槽壁暴露时间。

c. 工地所具备的起重机能力:根据工地所具备的起重机能力是否能方便地起吊钢筋笼等重物,来决定槽段长度。

d. 单位时间内供应混凝土的能力:通常可规定每槽段长度内的全部混凝土量,需在4h内灌注完毕。

e. 工地上所具备的稳定液槽容积:稳定液槽的容积一般应是每一槽段沟槽容积的 2 倍。

f. 工地所占用的场地面积以及能够连续作业的时间。

目前,日本能施工的最大槽段长度为 20m,但通常一段不超过 10m。从我国的施工经验看,槽段长度以 6~8m 较为合适。

B. 槽段平面形状和接头位置。

作为深基坑的围护结构或地下构筑物外墙的地下连续墙，一般多为纵向连续一字形。但为了增加地下连续墙的抗挠曲刚度，也可采用 L 形、T 形及多边形（图 4-4-20），墙身还可设计成格栅形。划分槽段单元应注意槽段之间接头位置的合理设置，一般情况下应避免将接头设在转角处及地下连续墙与内部结构的连接处，以保证地下连续墙有较好的整体性。

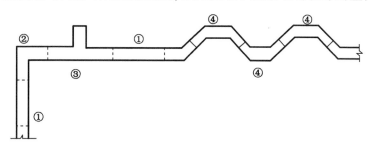

图 4-4-20　地下连续墙的平面形状及槽段划分
①-矩形槽段；②-转角 L 形槽段；③-T 形槽段；④-U 形槽段

地下连续墙的墙厚根据结构受力计算确定，一般为 600~1000mm，最大为 1200mm。

C. 槽孔深度。

各种挖槽机都有不同的挖槽深度极限，超过这个极限，挖槽效率就会降低。

对各种形式的抓斗来说，随着孔深的增加，它的升降时间加长，挖槽效率逐渐降低，其挖槽深度就有一个极限。对于水下挖槽机，机械提升力和高油（水）压的密封结构问题，是影响其挖槽深度的主要因素。目前，抓斗的最大挖槽深度不超过 120m，而 BM 型多头钻的最大挖槽深度可达 130m，电动铣槽机的最大挖槽深度可达 170m。我国冲击钻机的最大挖槽深度已突破了 80m。

D. 挖槽宽度。

各种挖槽机都规定有最大和最小的挖槽宽度，可以根据其变化范围来选择所需的墙厚和施工工法。一般来说，地下连续墙用作临时挡土墙时，其厚度多为 40~60cm；用作结构墙时，为 60~120cm；随着地下连续墙深度的增加，其厚度可达 150~250cm 甚至更大。

由于把地下连续墙用作永久结构的情况越来越多，故其厚度也在逐渐增加。另一种倾向是采用预制地下连续墙，减小钢筋保护层厚度；或通过施加预应力，减小墙体厚度，提高其经济效益。

在任何情况下，墙体厚度的最后实际完工尺寸不得小于设计墙厚。如果挖槽机宽度与设计墙厚一致，一般来说，由于超挖的影响，实际挖槽宽度不会小于设计墙厚。但是由于在软弱地基中挖槽时可能产生"缩颈"现象，或者由于泥皮质量不好而在孔壁上形成了很厚的泥皮，从而会使墙体的实际厚度小于设计墙厚。即，实际挖槽宽度≥设计墙厚≥实际墙体厚度。

在实际工程中，常令挖槽机的挖槽宽度比设计墙厚小 1~2cm，再计入挖槽时的超挖量，实际槽孔宽度（墙厚）一般会大于设计墙厚。

E. 排渣方式。

根据泥浆的循环方式，可把排渣方式分为正循环排渣、直接出土［图 4-4-21a)］、抽筒排渣、反复循环排渣［图 4-4-21b)］。

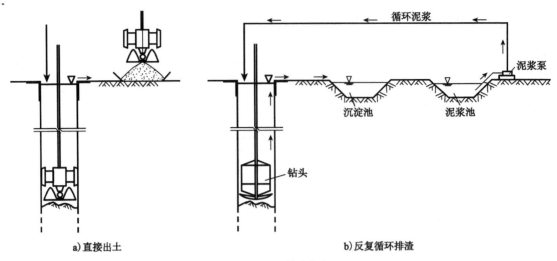

图 4-4-21 排渣方式

F. 挖槽顺序。

最初的地下连续墙挖槽都是采用两期挖槽法,即先挖奇数槽孔,后挖偶数槽孔,最后建成一道连续墙体。近年来出现了一种新挖槽法——除了在第 1 个槽孔内放两根接头管(箱)外,从第 2 个槽孔开始,按序号(2,3,4,5,…)开挖,此时每个槽孔内只需放置一根接头管。这种挖槽法叫作顺序挖槽法。这两种挖槽法都是可行的。两期挖槽法的二期槽孔不需放置接头管,施工较简易。顺序挖槽法每次只用一根导管,但每槽都用。应根据工程的工期要求来选用适当的挖槽方法(图 4-4-22)。

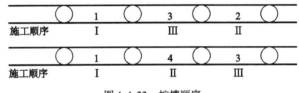

图 4-4-22 挖槽顺序

④钢筋笼加工和吊放。

A. 钢筋笼加工。

地下连续墙的受力钢筋一般采用 HRB400 钢筋,直径不宜小于 16mm,构造筋可采用 HPB300 钢筋,直径不宜小于 12mm。

钢筋笼根据地下连续墙墙体配筋图和单元槽段的划分来制作。钢筋笼最好按单元槽段做成一个整体。如果地下连续墙很深或受起重设备的起重能力限制,可分段制作,然后在吊放时逐段连接。钢筋笼的拼接,一般应采用焊接,且宜用绑条焊,不宜采用绑扎搭接接头。加工钢筋笼时,要根据钢筋笼的质量、尺寸,以及起吊方式和吊点布置,在钢筋笼内布置一定数量的纵向桁架。

地下连续墙与基础底板以及内部结构板、梁、柱、墙的连接,如采用预留锚固钢筋的方式,锚固筋一般用光圆钢筋,直径不宜超过 20mm。钢筋笼加工场地应尽量设置在工地现场,以便于运输,减少钢筋笼在运输途中的变形或损坏。

B. 钢筋笼吊放。

钢筋笼起吊时,顶部要用一根横梁(常用工字钢),其长度要和钢筋笼尺寸相适应。钢丝绳需吊住4个角。为了不使钢筋笼在起吊时产生很大的弯曲变形,通常采用两台吊车同时操作:一台吊住顶部,另一台吊住中间部位。为了不使钢筋笼在空中晃动,钢筋笼下端可系绳索用人力控制。起吊时不允许钢筋笼下端在地面上拖引,以防造成下端钢筋弯曲变形。

如果钢筋笼是分段制作,吊放时需要接长时,下段钢筋笼要垂直悬挂在导墙上,然后将上段钢筋笼垂直吊起,上段钢筋笼的下端与下段钢筋笼的上端用电焊直线连接。焊接接头,一种是上、下钢筋笼的钢筋逐根对准焊接;另一种是用钢板接头。前一种方法很难做到逐根钢筋对准,焊接质量没有保证,且焊接时间很长;后一种方法是在上、下钢筋笼端部将所有钢筋焊接在相同长度的钢板上,上、下钢筋笼对准后,用螺栓固定,以防止焊接变形,并用一根和主筋直径相同的附加钢筋与主筋点焊连接以加强焊缝和补强,间距300mm,最后将上、下钢板对焊即完成钢筋笼分段连接。图4-4-23为钢筋笼分段连接构造图。

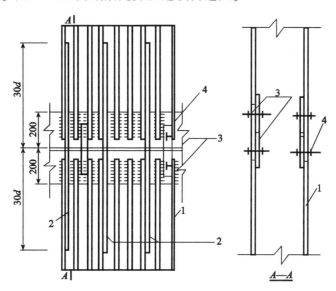

图4-4-23 钢筋笼分段连接构造图(尺寸单位:mm)

d-主筋直径;1-主筋;2-与主筋直径相同的附加筋,长度为主筋的50倍;3-连接钢板,厚度根据主筋等截面计算,不足部分补附加筋;4-定位钢板,300mm×60mm×16mm,用ϕ20螺栓定位及防焊接变形

⑤水下混凝土灌注。

A.浇灌混凝土前的清底工作。

浇灌混凝土前要测定槽底残留的土渣厚度。沉渣过多,钢筋笼插不到设计位置,地下连续墙的承载力降低,会增加墙体的沉降。

清底一般有沉淀法和置换法两种方法。沉淀法是在土渣基本沉淀到槽底之后再进行清底;置换法是在挖槽结束之后,对槽底进行认真清理,然后在土渣沉淀之前就用新泥浆把槽内的泥浆置换出来,使槽内泥浆的密度在1.15g/cm³以下。我国多采用置换法进行清底。

B.对混凝土的要求。

地下连续墙混凝土浇筑是靠导管内混凝土面与导管外泥浆面之间的压力差和混凝土本身的良好和易性与流动性,不断填满原来被泥浆占据的空间。地下连续墙槽段的浇注过程具有一般水下混凝土浇注的施工特点。混凝土强度等级一般不应低于C30。混凝土的级配除了满足结构强度要求外,还要满足水下混凝土施工的要求,如流态混凝土的坍落度宜控制在15~

20cm，混凝土应具有良好的和易性和流动性。混凝土配合比中水泥用量一般大于400kg/m³，水灰比一般需小于0.6。

C. 混凝土浇注。

地下连续墙混凝土浇注是用导管在泥浆中浇注的，如图4-4-24所示。

在混凝土浇注过程中，导管下口插入混凝土的深度应控制在2~4m，不宜过深或过浅。导管插入太深，容易使下部沉积过多的粗集料，而混凝土面层聚积较多的砂浆；导管插入太浅，则泥浆容易混入混凝土，影响混凝土的强度。因此，导管埋入混凝土深度不得小于1.5m，不宜大于6m。只有当混凝土浇灌到地下连续墙墙顶附近，导管内混凝土不易流出时，方可将导管的埋入深度减为1m左右，并可使导管适当地做上下运动，促使混凝土流出导管。

⑥接头施工。

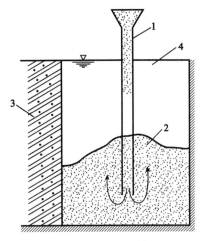

图4-4-24 导管法浇注混凝土示意图
1-导管；2-正在浇注的混凝土；3-已经浇注混凝土的槽段；4-泥浆

地下连续墙是通过槽段分别施工后再连成整体的，因而其接头为薄弱部位。此外，地下连续墙与内部主体结构之间的连接接头，要承受弯、剪、扭等各种内力，必须保证结点的受力可靠。接头连接施工，是地下连续墙施工中十分重要的环节。地下连续墙接头主要分为槽段间接头和结构接头。

A. 槽段间接头。

单元槽段之间应设连接接头，根据受力特性可分为刚性接头和柔性接头。刚性接头能够承受弯矩、剪力和水平拉力，柔性接头则不能。槽段间接头要求施工简便、质量可靠，满足受力和防渗要求。工程上常用的接头见表4-4-4。

槽段间接头形式及其特点 表4-4-4

接头形式	图示	特点
V形钢隔板		优点：安装、拔出钢隔板较容易，垂直度较容易保证。 缺点：钢隔板易变形，混凝土易流出
接头管	①挖出新单元槽段 ②吊放接头管、钢筋笼 ③浇注混凝土 ④拔出接头管	优点：用钢量少，造价低，便于操作，能满足一般防渗要求。 缺点：安装、拔出接头管困难，垂直度很难保证

续上表

接头形式	图示	特点
接头箱	①吊放敞口接头箱 ②吊放钢筋笼 ③浇注混凝土 ④拔出接头箱	优点:防渗性能好。 缺点:安装、拔出接头箱困难,垂直度很难保证,操作复杂
隔板式接头		优点:安装、拔出钢隔板较容易,垂直度较容易保证。 缺点:钢隔板易变形,混凝土易流出

a. 直接接头。

单元槽段挖成后,随即吊放钢筋笼,浇灌混凝土。混凝土与未开挖土体直接接触。在开挖下一单元槽段时,用冲击锤等将与土体接触的混凝土改造成凹凸不平的连接面,再浇灌混凝土,形成所谓的"直接接头"(图4-4-25)。这种接头的受力与防渗性能均较差,目前已很少使用。

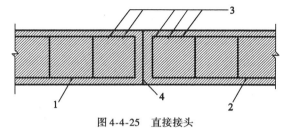

图4-4-25 直接接头
1—一期工程;2—二期工程;3—钢筋;4—接缝

b. 接头管接头。

使用接头管(也称锁口管)形成槽段间的接头,其施工情况如图4-4-26所示。为了使施工时每一个槽段纵向两端受到的水压力、土压力大致相等,一般可沿地下连续墙纵向将槽段分为一期和二期两类。先开挖一期槽段，待槽段内土方开挖完成后，在该槽段的两端用起重设备放入接头管，然后吊放钢筋笼和浇注混凝土。这时两端的接头管相当于模板，将刚浇注的混凝土与还未开挖的二期槽段的土体隔开。待新浇混凝土开始初凝时，用机械将接头管拔起。这时，已施工完成的一期槽段的两端与还未开挖土方的二期槽段之间分别留有一个圆形孔。继续二期槽段施工时，与其两端相邻的一期槽段混凝土已经凝结，只需开挖二期槽段内的土方。当二期槽段完成土方开挖后，应对一期槽段已浇注的混凝土半圆形端头表面进行处理。在接头处理后，即可进行二期槽段钢筋笼吊放和混凝土的浇注。这样，二期槽段外凸的半圆形端头和一期槽段内凹的半圆形端头相互嵌套，形成整体。

c. 接头箱接头。

接头箱接头可以使地下连续墙形成整体接头，接头的刚度较好。接头箱接头的施工方法与接头管接头相似，只是以接头箱代替接头管。一个单元槽段挖土结束后，吊放接头箱，再吊放钢筋笼。由于接头箱在浇注混凝土的一面是开口的，所以钢筋笼端部的水平钢筋可插入接头箱内。浇注混凝土

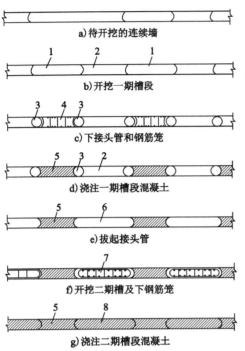

图 4-4-26 接头管接头的施工过程
1-已开挖的一期槽段；2-未开挖的二期槽段；3-接头管；4-钢筋笼；5-一期槽段混凝土；6-拔去接头管的二期槽段；7-二期槽段钢筋笼；8-二期槽段混凝土

时，由于接头箱的开口面被焊在钢筋笼端部的钢板封住，因而浇注的混凝土不能进入接头箱。混凝土初凝后，与接头管一样逐步吊出接头箱，待后一个单元槽段再浇注混凝土时，由于两相邻单元槽段的水平钢筋交错搭接，而形成整体接头，其施工过程如图 4-4-27 所示。

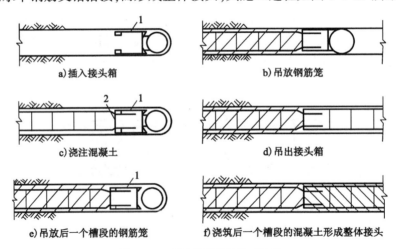

图 4-4-27 接头箱接头的施工过程
1-接头箱；2-焊在钢筋笼端部的钢板

d. 隔板式接头。

隔板式接头按隔板的形状分为平隔板接头、榫形隔板接头和 V 形隔板接头(图 4-4-28)。由于隔板与槽壁之间难免有缝隙,为防止新浇注的混凝土渗入,要在钢筋笼的两边铺贴维尼龙等化纤布。

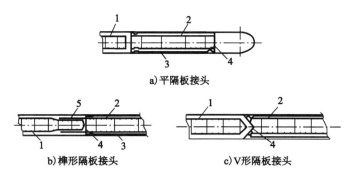

图 4-4-28　隔板式接头
1-钢筋笼(正在施工地段);2-钢筋笼(完工地段);3-用化纤布铺盖;4-钢制隔板;5-连接钢筋

带有接头钢筋的榫形隔板接头,能使各单元墙段连成一个整体,是一种受力较好的接头方式。但其插入钢筋笼较困难,施工时必须特别注意。

e. 预制构件接头。

用预制构件作为接头的连接件,其材料可分为钢筋混凝土和钢材。

图 4-4-29 是日本大阪等地工程所采用的波形半圆钢板式接头,使用后认为该接头受力和防渗的效果等均较理想。图 4-4-30 为英国某工程所采用的接头,该接头是用钢板桩与接头管连接,拔去接头管后,通过钢板桩将两个槽段连接起来,并承受两者之间的剪力。

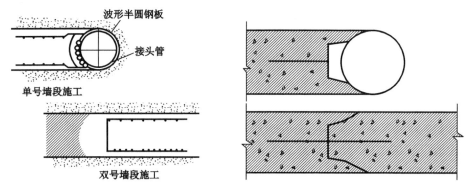

图 4-4-29　波形半圆钢板式接头　　　　图 4-4-30　钢板桩式接头

B. 结构接头。

地下连续墙与内部结构的楼板、柱、梁连接的结构接头,常用的有下列几种。

a. 直接连接接头。

地下连续墙体浇注前,设计连接部位预先埋设连接钢筋。连接钢筋一端与地下墙的主筋连接,另一端弯折后与地下连续墙墙面平行且紧贴墙面。待开挖地下连续墙内侧土体,露出此墙面时,凿去该处的墙面混凝土面层,露出预埋钢筋,然后再弯成所需的形状,与后浇主体结构受力筋连接(图 4-4-31)。

b. 间接连接接头。

间接连接接头是以钢板或钢构件作媒介,连接地下连续墙和地下工程内部构件的接头。一般有预埋连接钢板法(图4-4-32)和预埋剪力连接件法(图4-4-33)两种方法。预埋连接钢板法是将钢板事先固定于地下连续墙钢筋笼的相应部位,待浇注混凝土以及内墙面土方开挖后,将面层混凝土凿去,露出钢板,然后用焊接的方法将后浇的内部构件中的受力钢筋焊接在该预埋钢板上。预埋剪力连接件法与预埋连接钢板法类似。

(4)预制地下连续墙施工。

采用常规施工方法成槽后,在泥浆中先插入预制墙段等预制构件,然后以自凝泥浆或注浆置换成槽用的护壁泥浆,也可直接以自凝泥浆护壁成槽插入预制构件,以自凝泥浆的凝固体填塞墙后空隙和防止构件间接缝渗水,形成地下连续墙,如图4-4-34所示。

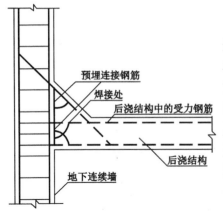

图4-4-31 预埋连接钢筋法

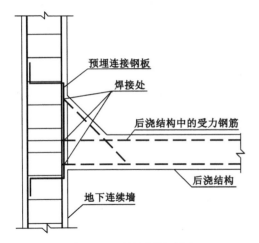

图4-4-32 预埋连接钢板法

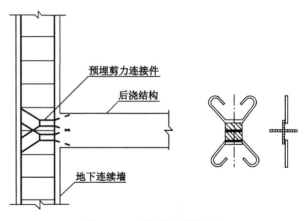

图4-4-33 预埋剪力连接件法

预制地下连续墙保证了墙体的施工质量,可直接作为地下室的建筑内墙,节约成本;与结构梁板、基础底板等连接处的预埋件位置准确,不会出现钢筋连接器脱落等现象。但由于受到起重和吊装能力的限制,墙段长度受到了一定限制。

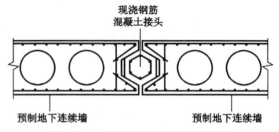

图4-4-34 预制地下连续墙平面示意图

通常连续墙的厚度为600mm、800mm、1000mm、1200mm。幅宽应根据车站基坑平面布置、地质条件、施工机具性能、施工环境、结构布置、起吊能力等确定,一般幅宽为6~8m,但当地下连续墙邻近有建筑物、重要地下管线时,幅宽宜缩短。

地下连续墙混凝土设计强度等级不应低于C30,水下浇注时,混凝土强度等级按相关规范要求提高。墙体和槽段接头应满足防渗设计要求,混凝土抗渗等级不宜小于 S6 级。受力钢筋应采用 HRB400 级钢筋,构造钢筋可采用 HPB300 级钢筋。

3) SMW 桩围护结构

SMW 桩围护结构是利用搅拌设备就地切削土体,然后注入水泥系混合液搅拌形成均一的挡土墙,最后按一定的形式在其中插入型钢(如 H 型钢)形成的一种劲性复合围护结构。

该围护结构的优点主要表现在止水性好,构造简单,型钢插入深度一般小于搅拌桩深度,施工速度快,型钢可回收重复使用,成本较低。

SMW 工法是用三轴型或多轴型搅拌桩在现场向一定深度钻掘,同时在钻头处喷出水泥固化剂而与地基土反复搅拌,在各施工单元间采取重叠搭接施工,然后在水泥混合体凝结之前插入型钢或钢筋笼作为其加筋材料,至水泥凝结,便形成一道有一定强度和刚度的、连续完整的挡土墙体。SMW 工法施工工艺如图 4-4-35 所示。

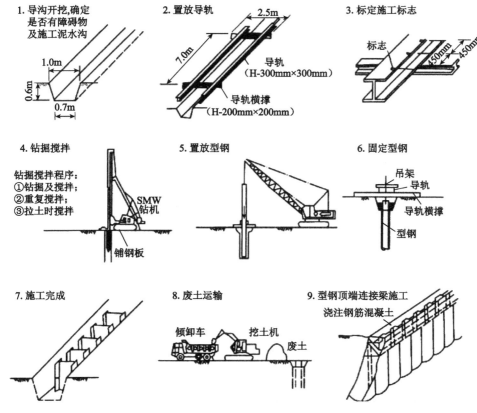

图 4-4-35　SMW 工法施工工艺图

4) 钢板桩围护结构

钢板桩是一种带锁口或嵌口的热轧(或冷弯)型钢,钢板桩打入后靠锁口或嵌口相互连接咬合,形成连续的钢板桩围护结构。钢板桩支护结构是将钢板桩打入土层,设置必要的支撑或拉锚,抵抗土压力和水压力并保持周围地层的稳定。钢板桩支护的优点是板桩材料质量可靠,在软弱土层中施工较简单且速度快,并具有较好的挡水性,临时性结构的钢板桩可多次拔出,重复使用,以降低成本。

钢板桩围护体刚度较小,基坑开挖时变形较大,一般适用于开挖深度不大于7m且邻近无重要建筑物或重要地下管线的砂土、粉土和黏土层的基坑。

钢板桩常用的断面形式多为U形或Z形,如图4-4-36所示。我国地下车站施工中多用U形钢板桩,其沉放和拔除方法、使用的机械均与工字钢桩相同,但其构成方法可分为单层钢板桩围堰、双层钢板桩围堰及屏风等。由于地下车站施工时基坑较深,为保证其垂直度且方便施工,并使其能封闭合龙,多采用屏风式构造(图4-4-37,图中h为屏风高度)。

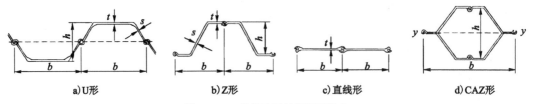

图 4-4-36 常用的钢板桩断面形式

b-型钢长度;t-型钢直边钢板厚度;s-型钢斜边钢板厚度;h-钢板桩厚度

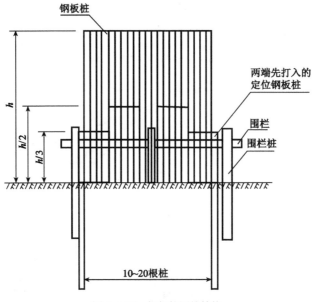

图 4-4-37 钢板桩围护结构

(1)钢板桩挡土结构施工。

①钢板桩施工的准备。

A. 钢板桩准备。桩打入前应将桩尖处的凹槽底口封闭,避免泥土挤入,锁口应涂以黄油或其他油脂。对于年久失修、锁口变形、锈蚀严重的钢板桩,应整修矫正;弯曲变形的桩可用油压千斤顶压或火烘等方法进行矫正。

B. 围檩支架安装。围檩支架的作用是保证钢板桩垂直打入和打入后使钢板桩墙面平直。围檩支架由围檩和围檩桩组成,其形式在平面位置上有单面和双面,在高度上有单层、双层和多层桁架。第一层围檩的安装高度约在离地面50cm处。双面围檩之间的净距以比两块板桩的组合长 8~10mm 为宜。围檩支架有钢质（H 型钢、工字钢、槽钢等）和木质的，但都必须十分牢固。围檩支架每次安装的长度视具体情况而定，应考虑周转使用，以提高利用率。围檩桩的截面和打入土中的深度应通过计算确定。

C. 桩帽。桩帽是板桩施工必不可少的辅助工具。在采用锤击法施工时，桩帽可防止桩顶面损伤并确保锤与桩对中，避免偏心锤击。桩帽要做到与钢板桩的接触面尽可能大，能承受较大的冲击力。为确保钢板桩在桩帽中的位置，需在桩帽内设置定向块，定向块的孔隙大小要适当。为防止过大的冲击，帽内应放置缓冲料，一般用硬木，既可缓冲，又可避免能量过多损耗。硬木厚度为 200~250mm，需经常更换。

D. 转角桩的制作。应钢板桩桩墙构造的需要，常需配备改变打桩轴线方向的特殊形状的钢板桩，在矩形墙中为 90°的转角桩。一般是工程所用的钢板桩从背面中线处切断，再根据所选择的截面进行焊接或铆接组合而成，或采用转角桩。转角桩的组合形态（拉森型）如图 4-4-38 所示。

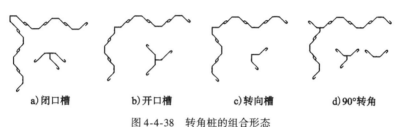

a) 闭口槽　　b) 开口槽　　c) 转向槽　　d) 90°转角

图 4-4-38　转角桩的组合形态

② 钢板桩的打入。

钢板桩的打入通常分为单独打入法和屏风式打入法两种。

A. 单独打入法是最普通的施工法，即将钢板桩一根根地打入土中。施工速度快，桩架高度相对较小，但是容易倾斜。因此，可在一根桩打入后，将它与前一根桩焊牢，既可防止倾斜，又可避免被后打的桩带入土中。

B. 屏风式打入法。将 10~20 根钢板桩插入土中一定深度，然后来回锤击，并使两端的一组桩先打到要求深度，再将中间部分的钢板桩依次打入。屏风式打入法可防止板桩倾斜与转动，对要求闭合的围护结构，常采用此法。其缺点是施工速度比单独打入法慢且桩架较高。

③ 钢板桩的拔除。

基坑回填后，一般要拔除钢板桩，以便重复使用。拔除钢板桩前，要仔细研究拔桩方法、拔桩顺序、拔桩时间及土孔处理。否则，受拔桩振动影响，以及拔桩带土过多，容易引起地面沉降和位移，会给已施工的地下结构带来危害，并影响邻近的建筑物、构筑物和地下管线的安全。设法减少拔桩带土十分重要，目前已有灌浆、灌砂等措施。

A. 拔桩方法。常见的拔桩方法有振动锤拔桩和重型起重机与振动锤共同拔桩两种。振动锤拔桩即利用振动锤产生的强迫振动，扰动土体，破坏钢板桩周围土的黏聚力，以克服其拔桩阻力，依靠附加起吊力的作用将桩拔除。振动锤拔桩的效果与振动锤的特性、桩的类型、土质等有关。振动锤拔桩特性见表 4-4-5。重型起重机与振动锤共同拔桩适用于振动锤拔不出的钢板桩，其方法是在钢板桩上方装一个吊架，在使用振动锤振动的同时，起重机向上拔除钢板桩。

振动锤拔桩特性表   表4-4-5

	型号	VM1-2500E	VM2-400E	VM2-500A	VM4-10000A
	电机额定功率(kW)	45	60	90	150
拔桩	H型、I型钢桩长(m)	20	22	25	30
	U型钢桩长(m)	≤20(Ⅳ型)	≤22(Ⅳ型)	≤25(Ⅳ型)	≤30(Ⅴ型)
	吊车吊装能力(kN)	250	250	300	300

B. 施工要点。对封闭式板桩墙,拔桩起点应离开角桩5根以上,可根据沉桩时的情况确定拔桩起点,必要时也可采用跳拔(间隔拔)的方法;拔桩的顺序最好与打桩时相反。

C. 土孔处理。对拔桩后留下的桩孔,必须及时回填处理,所用材料一般为砂。回填的方法有振浮法、挤密法和填入法。

(2) 钢板桩施工中的常见问题及处理对策。

① 钢板桩向行进方向倾斜。在软土中打钢板桩时,由于连接锁口处的阻力大于钢板桩周围的土体阻力,形成一个不平衡力,钢板桩向前进方向倾斜。因此,施工过程中应用仪器随时检查、控制、纠正。如果发生倾斜,可用钢丝绳拉住桩身,边拉边打,逐步纠正。

② 共连(将相邻钢板桩带入)。在软土中打桩,当遇到不明障碍物或者钢板桩本身倾斜弯曲时,钢板桩阻力增加,会带着相邻钢板桩一起下沉。一般可将发生共连的桩焊在围檩上,也可将发生共连的桩和其他已打好的桩用角钢电焊临时固定。

③ 扭转。由于锁口是铰式连接,在打入过程中会发生扭转。解决的措施有:在打桩行进方向用卡板锁住钢板桩的前锁口;在钢板桩与围檩之间的两边空隙内,设一只定榫滑轮支架,制止钢板桩下沉中的转动;用垫铁和木榫填实两块钢板桩锁口扣搭处的两边。

5) 土钉墙围护结构

土钉墙由分布于原位土体中的土钉、黏附于土体表面的钢筋混凝土面层、土钉之间被加固的原位土体及必要的防排水系统组成,是具有自稳能力的原位挡土墙,土钉墙的基本形式如图4-4-39所示。土钉墙与各种隔水帷幕、微型桩及预应力锚杆(索)等构件结合起来,又可形成复合土钉墙。土钉及锚杆工作示意图见图4-4-40。

土钉是置放于原位土体中的细长杆件,是土钉墙支护结构中的主要受力构件,常用的土钉有钻孔注浆型、直接打入型、打入注浆型等。钻孔注浆型是先用钻机等机械设备在土体中钻孔,成孔后置入杆体,然后沿全长注水泥浆;其几乎适用于各种土层,抗拔能力较强、质量较可靠、造价较低,是最常用的土钉类型。直接打入型是在土体中直接打入钢管、角钢等型钢、钢筋、毛竹、圆木等,不再注浆;由于直径小、钉长受限制,其承载力较低,但优点是不需预先钻孔、对原位土扰动较小、施工速度快等。打入注浆型是在钢管中部及尾部设置注浆孔成为钢花管,直接打入土中后压灌水泥浆形成土钉;其具有直接打入钉的优点,且抗拔力较高。

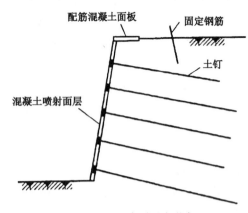

图4-4-39 土钉墙基本形式

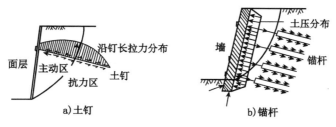

图 4-4-40　土钉及锚杆工作示意图

面层不是土钉墙支护结构的主要受力构件,通常采用钢筋混凝土结构,混凝土一般采用喷射工艺而成,也可采用现浇,或用水泥砂浆代替混凝土。面层与土钉间、土钉与土钉间需设置连接件,面层与土钉间的连接方式主要有钉头筋、垫板两种,土钉间的连接一般采用加强钢筋。

土钉墙具有以下优点:施工设备及工艺简单,对基坑形状适应性强,经济性较好;坑内无支撑体系,可实现敞开式开挖;支护柔度大,有良好的延性;施工所需场地小,支护结构基本不占用场地内的空间等。但土钉墙的土钉长度较长,需占用坑外地下空间,而且土钉墙施工与土方开挖交叉进行,对现场施工组织要求较高。

土钉墙支护结构适用于地下水位以上或经人工降水后的人工填土、黏性土和弱胶结砂土,一般用于开挖深度不大于 12m、周边环境保护要求不高的基坑工程。

3. 基坑围护结构的支撑体系

在我国修建的地下铁道明挖施工中,基坑工字钢桩、钢板桩、钢筋混凝土灌注桩以及地下连续墙等围护结构,多采用横撑或锚杆加以支撑。除壁式地下连续墙根据设计沿纵向设置各道支撑暗梁外,其他围护结构的支撑点全部作用在紧贴桩的水平腰梁上,腰梁一般采用工字钢或槽钢背靠背并排制成,其支撑体系一般有两种形式,一种为围护结构结合内支撑系统的形式,另一种为围护结构结合外锚的形式,如图 4-4-41 所示。

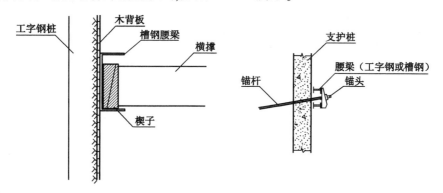

图 4-4-41　横撑节点与锚头

作用在围护结构上的水压力、土压力可以由内支撑有效地传递和平衡,也可以由坑外设置的土层锚杆平衡。内支撑可以直接平衡两端围护结构上所受的侧压力,构造简单,受力明确。锚杆设置在围护结构的外侧,为挖土、结构施工创造了空间,有利于提高施工效率。

区间较窄基坑的横撑,一般采用型钢加焊缀板制成;较宽基坑(或车站)的横撑,常采用多节串联并且两端长短可以调整、使用灵活的 $\phi 600mm$ 以上的钢管以及钢桁架。当采用横撑比较困难而地质条件又允许时,也可采用土层锚杆代替横撑。

纵向腰梁、横撑、锚杆,应进行设计,根据受力经计算加以确定。

1)腰梁、横撑及锚杆位置的确定

柱列式地下连续墙和支护桩顶部,一般均采用现浇帽梁将其连接为一个整体。而工字钢桩、钢板桩,通常随基坑土方开挖,在其 2~3m 处设置第一道横撑。为防止锚杆拉应力对土层及地下管线产生不良影响,一般第一道锚杆设置在距地面以下 4m 处。其他各层横撑及锚杆位置应根据受力经计算确定,并在基坑土方开挖过程中,随挖随设置。如图 4-4-42 所示。

因为主体结构(特别是车站结构)埋置深、结构高,基坑围护结构需设置多道横撑或锚杆(图 4-4-43)。由于结构完成后,还要拆除腰梁、横撑和锚头等,所以基坑围护结构的横撑、锚杆和腰梁的设计,必须与主体结构施工步骤紧密结合。除主体结构顶面以上的横撑底面至结构顶板距离不小于 100cm,以利于结构顶板施工外,还应考虑其他各层横撑在结构施作到每一部位后如何拆除的问题,以利于横撑和腰梁的使用并保证施工安全和工程质量。

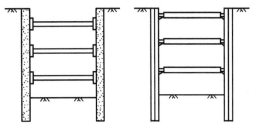

图 4-4-42 单跨压杆式支撑

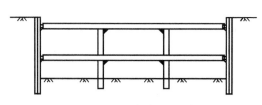

图 4-4-43 多跨压杆式支撑

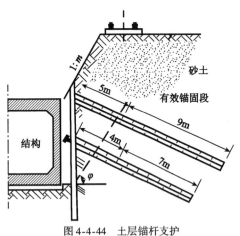

图 4-4-44 土层锚杆支护

2)土层锚杆

土层锚杆支护要点是先在基坑侧壁用水平钻机钻出一定深度的斜孔(孔径为 90~130mm),然后在孔中心放进钢筋或高强度钢丝束,接着在孔中灌注水泥砂浆即成。为了增强握裹力,可用特制的内部扩孔钻头将直径扩大 3~5 倍,或用炸药爆扩,扩大钻孔端头,如图 4-4-44 所示。

当基坑很宽很深,需要设置多层拉杆时,可采用土层锚杆支护。土层锚杆支护可以多层设置,是工字钢桩与木挡板支护、连续钢板桩支护和地下连续墙很理想的一种支护方式,亦可作为永久性结构,如挡墙结构、船坞底板抗浮或桥基加固的锚固措施。但在软弱而松散的地层中设置锚杆较为复杂和困难。

土层锚杆由锚头、锚杆和锚固体三部分组成。目前我国地下铁道明挖基坑围护结构的锚杆杆体多采用钢筋或钢绞线。土层锚杆设计时应进行承载力、截面积和稳定性等的计算。

(1)锚杆布置。

最上层锚杆的覆土厚度一般不小于 4m。锚杆间距通过计算确定,一般上下层间距为 4~5m,水平间距为 1.5~3m。锚杆倾角为 13°~35°。锚固体位于滑动土体 1m 以外,锚杆长度常采用 15~30m。

（2）土层锚杆施工。

土层锚杆的施工步骤：钻孔→锚杆制作与安装→注浆→锚杆试验。

①钻孔前根据设计先定出孔位并做好标志；钻孔时应根据地质情况选用不同的钻机，严格控制位置、方向和深度。

②制作锚杆时，应根据设计断面，采用 1～3 根钢筋或钢绞线制成束型，每隔 2～3m 绑扎一处。为保证锚杆束位于钻孔中心，并方便插入，每隔 2～3m 放置一个定位器。同时，为使非锚固段拉杆自由伸长，在锚固段和非锚固段之间放置堵浆器，或在非锚固段包裹塑料布加以保护。锚杆安装之前要认真检查，符合要求方可进行安装。当钻机钻杆退出后应及时插入锚杆和注浆管。

③注浆是土层锚杆施工中的一个关键工序，锚杆注浆一般使用纯水泥浆，通常用普通硅酸盐水泥，水灰比采用 0.4～0.45，流动性适宜泵送。为防止泌水、干缩和水灰比降低，可掺加外加剂和微膨胀剂。灌浆一般采用一次灌浆法，在一些重要工程上，也可进行第二次注浆，以提高锚杆的承载力。

④锚杆试验一般分为抗拔试验、抗拉试验和张拉试验。抗拔试验是在使用新型锚杆或在过去未曾用过的土壤条件下设置锚杆，为得到锚杆的极限承载能力而进行的试验。抗拉试验是在与工地相同的条件下进行的，把荷载张拉至设计荷载，并绘制出锚杆的荷载-变位图，以作为张拉锚杆的检查验收标准。张拉试验是对工程上的每一锚杆施加一定的预应力，张拉应按设计文件给定的程序进行，一般为初张拉 10%～25%，随后依次为 50%、70%～80%、达到设计锁定张拉值，锁定。每次加荷后，都要量取锚头的变位，并将张拉试验结果与抗拉试验结果对照，张拉试验结果不超过抗拉试验结果即为合格。锁定锚杆预应力的锚头构造实例如图 4-4-45 所示。

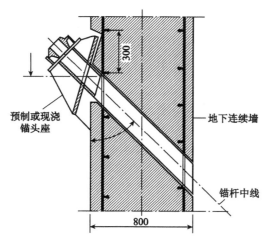

图 4-4-45　连续墙锚头结构图（尺寸单位：mm）

4. 基坑降水施工

在深基坑和地下构筑物的开挖过程中往往会遇到地下水位高于施工作业面的情况，地下水的涌入及流砂的产生等会影响施工进度和质量，甚至导致无法施工，因此需进行降水施工处理。

人工降低水位的常用方法可分为基坑明沟排水和井点降水两类。具有一定规模的地下构筑物或深基础工程在地下水位以下的含水层施工时，如果采用大开口开挖施工，基坑明沟排水常会遇到大量地下水渗入或出现较严重的边坡滑塌和流砂问题,使基坑或地下构筑物无法施工,甚至影响邻近建筑物的安全。对此情况,一般采用井点(垂直)和水平井点(包括辐射井)降水法进行降水。井点(垂直)常沿基坑外围布设,水平井点则可穿越基坑底部,井点深度大于基坑深度,通过井点抽水降低地下水位,保证工程顺利施工。

当降排水工程距离已有建筑物很近时,可能引起邻近建筑物的沉降,危及安全时,应采取防治措施,可应用同样的井点施工工艺,在已有建筑物附近布设井点进行回灌,保持已有建筑物下部原有的地下水位,从而降低或防止建筑物沉降。

井点降水在基础工程与地下工程中的应用日益得到重视与发展,为了充分发挥井点降水的应有作用,并降低其对环境的影响,必须认真研究降水地区的水文地质条件,熟悉各种降水技术的原理及方法,结合工程特点,采用合理的降水方案与施工工艺,进行严格的科学管理,以达到理想的降水效果。

1)基坑明沟排水

基坑明沟排水即明沟排水法,或称集水明排法,常应用于一般工程中,其设备费和保养费均较井点降水法低,同时适用于各种土层,然而采用这种方法时,集水井通常设置在基坑内部以排出流向基坑的各种水流(如边坡和坑底渗出的水、雨水等),导致细粒土边坡面被冲刷而塌方。尽管如此,如果能仔细施工并采用支撑系统,并能及时抽排基坑内的表面水,明沟排水法未尝不是一种经济的方法。

明沟排水法适用于密砂、粗砂、级配砂、硬质裂隙岩石。表面径流来自黏土时比较好,若来自松散、软黏质土、软质岩石,则将遇到边坡稳定性问题。

明沟排水法是在开挖基坑时,在坑底设置集水井,并沿坑底周围或中央挖掘排水沟,使水流入集水井中,然后用水泵排至坑外。在挖掘基坑过程中,要随挖土深度不断加深排水沟和集水井,使坑底高程保持高于排水沟中水位0.5m。明沟排水法可根据排水沟和集水井的设置不同分为普通明沟排水法、分层明沟排水法、深沟排水法、板桩支撑集水井排水法等。在工程实际中,可根据具体情况确定排水沟和集水井的设置。明沟排水法示意图如图4-4-46所示。

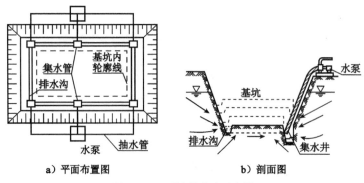

a)平面布置图　　b)剖面图

图4-4-46　明沟排水法示意图

开挖基坑时,可根据现场地形状况,在基坑四周挖掘截水沟并构筑防水堤,以防止降水时地表水流入基坑。场地排水应尽量利用原有的沟渠排泄,施工用水和废水要用临时排水管排泄。基坑附近的灰池和防洪疏水等储水构筑物不得漏水。一般各种设施与基坑之间要有一定的安全距离。同时,在基坑内要设置集水沟,并保证水流畅通,以便定时将积水排出。

①四周排水沟和集水井应设置在基坑坡顶面 0.5m 以外,并设在地下水走向的上游。根据地下水量大小、基坑平面形状及水泵能力,确定排水沟和集水井截面尺寸,集水井每隔 30~40m 设置一个。

②排水沟深 0.3~0.4m,沟底宽度不小于 0.3m,坡度为 0.1%~0.5%。

③集水井与构筑物边线的距离必须大于井的深度。为防止井壁塌落,可用挡土板加固或用砖干砌加固。集水井的深度随着挖土的加深而加大,要经常低于挖土面 0.7~1.0m。当基坑挖到设计高程后,井底应低于坑底 1~2m,并铺设 30cm 厚碎石做反滤层,以免在抽水时将泥砂抽出,并防止坑底的土被搅动。

④当基坑基础较深且地下水位较高,且多层土中上部有渗水性较强的土层时,可在基坑边坡上设置多层明沟,分层排出上部土中的地下水,以避免上层地下水流出,冲刷土的边坡,造成塌方。

⑤常用于排水的水泵有隔膜式泵、潜水泵和离心泵,使用时应按水泵技术条件选用。水泵的总排水量一般为基坑总涌水量的 1.5~2.0 倍。当涌水量小于 20m³/h 时,可用隔膜式泵、潜水泵;当涌水量为 20~60m³/h 时,可用隔膜式泵、潜水泵、离心泵;当涌水量大于 60m³/h 时,采用离心泵。

2) 井点降水

井点降水是目前地下工程开挖施工的一项重要辅助措施。井点降水作为一种工程措施,在避免流砂、管涌和底鼓,保持干燥的施工环境,提高土体强度与基坑边坡稳定性方面都有着显著的效果,因此在实际工程中被广泛采用。

(1) 井点降水方法。

井点降水方法主要分为轻型井点、喷射井点、电渗井点、管井井点、深井井点等,其中以轻型井点应用较为普遍。各种井点的适用范围如表 4-4-6 所示。施工中应根据土层的渗透系数、降低水位深度、现场的施工条件等选用不同的方法。

各类井点的适用范围 表 4-4-6

井点类型	渗透系数(m/d)	降低水位深度(m)	适用岩(土)性
一级轻型井点	0.1~80	3~6	轻亚黏土、细砂、中砂和粗砂
二级轻型井点	0.1~80	6~9	轻亚黏土、细砂、中砂和粗砂
喷射井点	0.1~50	8~20	黏土、亚黏土、粗砂、砾石、卵石
电渗井点	<0.1	5~6	黏土、亚黏土、粗砂、砾石、卵石
管井井点	20~200	3~5	黏土、亚黏土、粗砂、砾石、卵石
深井井点	10~80	>15	中砂、粗砂、砾石

①轻型井点。

轻型井点是沿基坑的四周或一侧将直径较小的井点管沉入深于坑底的含水层内,井点管上部与总管连接,利用真空作用,用抽水设备将地下水从井点管通过总管不断抽出,使原有的地下水位降低到坑底以下。该方法适用于渗透系数为 0.10~80.0m/d 的土层,同时对含有大量细砂和粉砂的土层特别有效,可以防止流砂现象并增强土坡稳定性,且便于施工,如土壁采用临时支撑还可减少作用在其上的侧向土压力。

轻型井点系统由井点管、连接管、集水总管、抽水设备等组成。轻型井点降水示意图如图 4-4-47 所示。

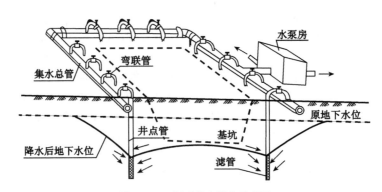

图 4-4-47 轻型井点降水示意图

采用轻型井点降水,其井点间距小,能有效拦截地下水流入基坑内,尽可能减少残留滞水层厚度,对保持边坡和桩间的稳定比较有利,因此降水效果较好。其缺点是占用场地大、设备多、投资大,特别是对于狭窄的施工场地,其占用场地和施工费用一般难以让建设和施工单位接受,在较长的降水过程中,对供电、抽水设备的要求高,维护管理费用高等。

轻型井点系统的平面布置由基坑的平面形状、大小、要求降水深度、地下水流向、地基岩性等因素决定,可布置成环形、U 形或线形等,一般沿基坑周围 1.0~1.5m 布置,井点系统可设置多级。

在地铁施工过程中,对于区间部分,其井点降水一般是沿线路两侧布置;对于车站部分,常采用 U 形或环形封闭式井点布置。当降水深度在 6m 以内时,采用单级井点降水,当降水深度较大时,可采用下卧降水设备或多级井点降水。一般情况下,降水深度不大于 8m 时,采用下卧降水设备较好,即先挖土 1~2m 后再布置井点;降水深度大于 8m 时,采用多级井点降水,每级以阶梯状接力抽水来降低地下水位,每级井点降水深度可按 4.5~5.0m 计。

轻型井点的间距应根据场地的水文地质条件(如渗透系数、含水层厚度和含水层底板埋深等)和降水深度及降水面积综合考虑确定。

②喷射井点。

喷射井点由高压水泵、供水总管、井点管、喷射器、排水总管及循环水箱组成,如图 4-4-48 所示。

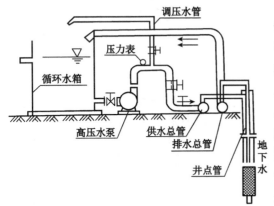

图 4-4-48 喷射井点降水系统

喷射井点是采用高压水泵将压力工作水经供水管压入井点内外之间的环形空间,并经过喷射器两边的侧孔流向喷嘴。由于喷嘴截面突然变小,喷射水流加快(一般流速达 30m/s 以上),这股高速水流喷射后,在喷嘴射出水柱的周围形成负压,从而将地下水和土中空气吸入并带至混合室。这时地下水流速加快,工作水流速逐渐变缓,二者在混合室末端基本混合均匀。混合均匀的水流射向扩散管,扩散管截面是逐渐扩大的,其目的是减少摩擦损失。当喷嘴不断喷射水流时,就推动水沿管内不断上升,混合水流由井点进入回水总管至循环水箱,部分作为循环水,多余部分(地下水)溢流至现场之外,如此循环,以达到深层降水的目的。

喷射井点主要适用于渗透系数较小的含水层和降水深度较大(8~20m)的降水工程,其主要优点是降水深度大。但由于需要双层井点管,喷射器设在井孔底部,由两根总管与各井点管相连,地面管网敷设复杂,工作效率低,成本高,管理困难。

喷射井点的平面布置和轻型井点基本相同,因其抽水深度较大,纵向只需要单级井点降水即可,井点间距一般为3~5m,井点深度视降水深度而定,一般应低于基坑底板3~5m。

③电渗井点。

电渗井点降水是利用轻型井点和喷射井点的井点作为阴极,另埋设金属棒(钢筋或钢管)作为阳极,在电动势的作用下构成电渗井点抽水系统。

当接通电流,在电势的作用下,使带正电荷的孔隙水向阴极方向流动,带负电荷的黏土颗粒向阳极方向移动,电渗和真空抽吸的双重作用,强制黏土中的水向井点管汇集,并由井点管吸取排出,使地下水逐级下降,达到疏干含水层的目的。

电渗井点一般只适用于含水层渗透系数较小(<0.1m/d)的饱和黏土,特别是在淤泥和淤泥质黏土之中的降水。由于黏性土的颗粒较小,地下水流动十分困难,其中仅自由水在孔隙中流动,其他部分地下水则处于被毛细管吸附的约束状态,不能在压力水头作用下参与流动,当向土中通以直流电后,不仅自由水,被毛细管约束的黏滞水也能参与流动,增加了孔隙水流动的有效断面,其渗透系数提高数倍,从而缩短降水时间,提高降水效果。

电渗井点工程在与轻型井点或喷射井点结合降水时,将井点沿基坑周围1~2m布设,另外,以直径38~50mm的钢管或直径不小于20mm的钢筋作为阳极,埋设在井点管的内侧,与井点管保持垂直平行,但不能与井点管相接触,上部露出地面0.2~0.3m,下部应比井点管深0.5m左右。井点管的间距和深度与采用轻型井点和喷射井点降水时相同,在非降水段或渗透性稍大的地层中无须电渗时,可在这些部位给电极涂上绝缘材料,使之与地面隔绝,以节省电能。井点管(阴极)与阳极平行排列,其数量应相等,必要时阳极数量可多于阴极。将阴、阳极分别用电线或钢筋连接成通路,并接到直流发电机的相应电极上。井点管与阳极的间距一般为:采用轻型井点时取0.8~1.0m,采用喷射井点时取1.2~1.5m。

④管井井点。

管井井点降水即利用钻孔成井,多采用单井单泵(潜水泵或深井井点)抽取地下水的降水方法。当管井深度大于15m时,也称为深井井点降水。

管井井点直径较大,出水量大,适用于中、强透水含水层,如砂砾、砂卵石、基岩裂隙等含水层,可满足大降深、大面积降水要求。

管井的结构如图4-4-49所示。管井的孔径一般为400~800mm,管径为200~500mm,当井深较小、地层水量较大时,孔径可为800~1200mm,管径为500~800mm。井管一般采用钢管、铸铁管、水泥管、塑料管或竹木管等,滤水管有穿孔管和钢筋骨架管外缠铁丝或包

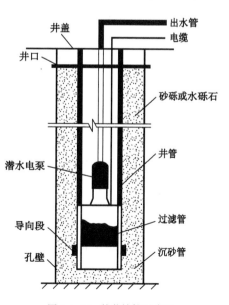

图4-4-49 管井结构示意图

尼龙网或金属网,也有水泥砾石滤水管,目前用于降水的管井井点多采用后者。

抽降管井一般沿基坑周围距基坑外缘1~2m布置,如果场地宽敞或采用垂直边坡或有锚杆和土钉护坡等条件,应尽量距离基坑边缘远一点,可为3~5m;当基坑边部有设置围护结构及止水帷幕的条件时,可在基坑内布置管井,采用坑内降水方法。

管井的间距和深度应根据场地水文地质条件、降水范围和降水深度确定,其间距一般为10~20m。当降水层为中等透水层或降水深度接近含水层底板时,其间距可为8~12m;当降水层为中等到强透水层或降水深度接近含水层底板时,其间距可采用12~20m;当降水层深度较小,含水层为中等以上透水层,具有一定厚度时,井点间距可大于20m。井点深度要大于设计井中的降水深度或进入非含水层中3~5m,井中的降水深度由基坑降水深度、降水范围等计算确定。

⑤深井井点。

深井井点的排水原理是将深井井点放入管井内,依靠水泵的扬程把地下水送至地面,从而达到降低地下水的目的。其适用于水量大、降水深的场合,当土粒较粗、渗透系数很大,而透水层厚度也大时,用井点系统或喷射井点一般不能奏效,此时采用深井井点较为适宜。其优点是降水的深度大,范围也大,因此可布置在基坑施工范围以外,使其排水时的降落曲线达到基坑之下。深井井点可单用,也可和其他井点系统合用。

(2)降水对邻近建筑物的危害与预防措施。

①基坑开挖与降水对邻近建筑物的危害。

基坑开挖与降水必须考虑邻近建筑物的安全,特别是在细颗粒的软弱土层中,必须认真对待。在软弱土层中降水,地下水位的下降,使土层中含水率降低,浮托力减小,等于增加了附加荷重,使土层固结、压缩,建筑物基础和地面发生不均匀沉降。

在粉土和粉细砂层中降水,采用井点钻探施工时,可导致塌孔、涌砂,应防止构筑物基础局部下沉,以免影响安全。

②防止降水对建筑物造成影响的措施。

A.防止土颗粒带出的措施:

a.加大井点管的长度,减缓降水速度,使降水曲线较为平缓,使邻近建筑物均匀沉降,以防止裂缝产生;

b.合理设计加工井点过滤器,防止抽水涌砂;

c.控制抽水量,减缓抽降速度。

B.在建筑物沿基坑一侧采用防护措施:

a.采用旋喷柱、混凝土桩、钢板桩形成阻水帷幕;

b.采用回灌井技术,即在建筑物沿基坑一侧钻探一排回灌井,在基坑降水的同时,向回灌井注入一定水量,形成一道阻渗水幕,使基坑降水的影响范围不超过回灌井点排水的范围,阻止地下水向降水区流失,保持已有建筑物所在地原有的地下水位,土压力仍处于原有平衡状态,从而有效防止降水的影响,使建筑物沉降达到最小。

如果建筑物离基坑稍远,且为较均匀的透水层,中间无隔水层,则可采用最简单的回灌沟方法进行回灌。这种方法较为经济易行,如图4-4-50所示。

如果建筑物离基坑近,且弱透水层或透水层中间夹有弱透水层和隔水层时,则需用回灌井点方法进行回灌,如图 4-4-51 所示。

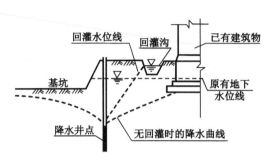

图 4-4-50　井点降水与回灌沟回水示意图

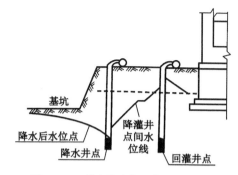

图 4-4-51　井点降水与回灌井点示意图

5. 基坑土方开挖与回填

1) 基坑开挖应具备的条件

(1) 已拟定开挖实施方案。

(2) 基坑内地下水位已降至开挖面以下 0.5m。

(3) 弃(存)土地点已经落实。

(4) 地下管线已经改移或悬吊完毕。

(5) 已确定运输道路及行走路线并取得了有关部门的同意和认可。

(6) 现场拆迁已完成,场地清理干净,排除地面水并做好测量工作。

(7) 施工机械设备、车辆已维修保养好。常用的机械设备有推土机、挖掘机、铲运机和大型翻斗运输车等。

2) 设置运输马道

为满足机械车辆出入基坑的需要,应设置马道,其坡度一般为 1:7,设置位置要因地制宜,通常 300m 左右设置一条,并尽量利用车站出入口和通风道处作为马道,以减少土方的开挖数量。

3) 土方开挖

土方应分层开挖,每层开挖深度一般为 4~6m,如果采用有围护结构的基坑,土方开挖尚需与横撑、锚(钉)杆的施工相配合。为防止基底扰动和超挖,当机械挖至设计高程以上 10~20cm 时,应采用人工清底。

4) 基坑回填

基坑回填前,应选好土料(以砂性土为宜),清理基底,做好质量控制的准备工作等。

基坑应分层并从低处开始逐层回填并压实。基坑边坡与主体结构之间狭窄之处,应采用人工回填。地下管线处应从两侧用细土均匀回填。特殊部位处理好后,再采用机械进行大面积回填。为确保回填密实度,在回填过程中,应根据规定进行密实度检查,合格后方可回填上层土。

三、主体结构施工

1. 钢筋工程

1) 钢筋加工

地下区间隧道工程一般在城市施工,场地狭窄,因此,钢筋一般在工厂加工好后运至现场安装。工厂加工钢筋及骨架,均按相关规范和设计要求进行,出厂前进行检查验收,合格后才能运往施工现场进行绑扎安装。

2) 钢筋连接

(1) 钢筋接头连接。

钢筋接头连接应符合下列规定:

①钢筋接头宜在工厂内连接;若需在现场连接,宜根据现场条件采用螺纹连接、搭接焊和搭接绑扎方式。

②当钢筋直径大于22mm时,优先采用机械连接或焊接;当钢筋直径大于28mm且受压钢筋直径大于32mm时,不宜采用绑扎搭接接头。

③钢筋接头机械连接以螺纹连接为主,主筋接头混凝土保护层厚度应符合设计文件要求,钢筋连接应符合《钢筋机械连接技术规程》(JGJ 107—2016)的有关规定。

④钢筋接头连接应进行工艺试验,并应按批量现场取样进行抽检试验。

(2) 受力钢筋接头位置。

受力钢筋接头位置应符合下列规定:

①同一纵向受力钢筋不宜设置两个或两个以上接头。

②设在同一构件内的受力钢筋焊接接头,任一焊接接头中心至长度为35d(d为钢筋直径)且不小于500mm的区段内,同一根钢筋不得有两个接头;若该区段在受拉区内,接头的受力面积占受力钢筋总截面积不应超过50%。

③设在同一构件内的受力钢筋螺纹连接接头,接头中心至长度为35d且不小于500mm的区段内,同一根钢筋不宜有两个接头;若现场条件限制,该区段内有两个或两个以上接头时,应采用Ⅰ级螺纹接头。

④设在同一构件内的受力钢筋采用绑扎搭接接头时,绑扎搭接长度应为锚固长度的1.4倍,并应符合《混凝土结构工程施工规范》(GB 50666—2011)的规定。

⑤直接承受动力荷载的结构构件,受力钢筋不宜采用焊接;当采用螺纹连接时,同一受拉区段内接头的受力面积占受力钢筋总面积不得超过50%。

⑥有抗震设防要求的结构,梁端、柱端箍筋加密区范围内不宜设置钢筋接头,且不应进行钢筋搭接连接。

3) 钢筋安装

钢筋安装前应进行检查,做好以下工作:

①认真熟悉设计图纸,拟定施工方案,确定绑扎顺序,做好技术交底;

②核对并检查钢筋数量、类别、型号、直径等是否与设计相符,锈蚀的钢筋应除锈,锈蚀严

重的应更换,弯曲变形的钢筋应校正;

③检查结构位置、高程和模板支立情况,无误后测放钢筋位置;

④清理结构内杂物,并准备好绑扎铁丝和工具。

2. 模板工程

明挖法施工的地下区间隧道为钢筋混凝土框架结构,表面积大,模板用量多,做好模板设计工作十分重要。为保证钢筋混凝土质量,应尽量采用钢模板,有条件的地段,可采用模板台车。对于方形或矩形柱,可采用组合钢模板,而圆形柱多采用对装成节的钢模板或玻璃钢模板;变形缝处的端头模板,要便于设置和固定止水带和填缝板,因此应采用木模板。

1)模板基本要求

(1)模板应事先设计,并进行计算,保证模板及支架的强度、刚度和稳定性;

(2)模板接缝应严密不漏浆并涂隔离剂,以利于拆模;

(3)模板必须保证各部位形状、尺寸和相互间位置的正确性;

(4)模板要考虑多次周转使用及方便安装和拆除,对混凝土无损伤,并方便钢筋绑扎和混凝土灌注;

(5)结构顶板模板支立时应考虑1~3cm的沉落量。

2)模板台车

明挖法施工的地下区间隧道断面是定型的,而且结构较长,因此,应采用模板台车灌注混凝土,以实现模板拆装、运输机械化,加快施工进度,减轻劳动强度,保证工程质量。

模板台车是利用钢模板铰接折叠原理,采用设于台车上的机械手的推、拉、顶的作用来实现拆支模板的,其施工程序和操作要点如下:

(1)支模板:台车载着模板运至安装地点——分别伸出垂直、水平、斜拉千斤顶,将模板顶出并就位;

(2)拆模板:台车运至拆模地点——分别伸出垂直、水平、斜拉千斤顶与模板铰相连,分别收缩斜拉千斤顶和垂直、水平千斤顶,将模板拆下。

3. 混凝土工程

地下区间隧道结构的材料、配合比、搅拌、运输和混凝土灌注等均应符合防水混凝土工程的要求。混凝土大多数为商品混凝土,采用搅拌站集中生产,用搅拌车运送,再用输送泵车输送至灌注地点。隧道结构施工程序为底板→中边墙及顶板。

施工要点如下:

(1)结构底板、墙、顶(楼)板钢筋混凝土施工,均应以变形缝划分区段间隔施工,并一次灌注完毕。

(2)顶(楼)板、底板应沿线路方向分层浇筑;墙体单独浇筑时,应水平分层连续浇筑,分层厚度宜为500mm,墙体高大于3m时应设串筒,防止混凝土离析;混凝土柱宜单独水平分层连续浇筑,若柱、墙、板一体浇筑,应先浇筑柱,再浇筑墙,最后浇筑板。

(3)钢筋与模板间必须应用相同强度等级的砂浆垫块或专用垫块支垫,以保证钢筋保护层厚度,支垫间距宜为1m,并按行列式或交错式摆放,垫块与钢筋应绑扎牢固。

(4)混凝土入模温度不应低于5℃,不宜超过35℃。大体积混凝土入模温度不宜超过30℃。

(5)施工缝尽量少留或不留,墙体与底板间的水平施工缝应高出底板 200~300mm,如有梗斜,施工缝应留置在梗斜上 200~300mm。混凝土灌注之前应凿毛,清除浮渣和杂物,用水清洗并保持湿润。灌注混凝土时先铺设 20~30mm 厚的同标号微膨胀水泥砂浆,再正式灌注混凝土。

(6)变形缝处的端头模板应钉填缝板,填缝板和嵌入式止水带中心线应与变形缝中心线重合,并应用模板固定。止水带不得穿孔或用铁钉固定。变形缝设置中埋式止水带时,应先浇筑嵌入式止水带下部的混凝土,待嵌入式止水带压紧其上表面后,方可继续浇筑。

(7)在灌注混凝土的过程中,应派专人观测模板、支架、钢筋、预埋件和留洞等情况,发现变形、移位等问题时,应及时采取措施进行处理。

四、结构防水施工

1. 明挖法结构防水

明挖结构的防水一般由结构自防水(防水混凝土)和附加防水层组成。附加防水层可以选用卷材、涂料或水泥砂浆等材料做成。防水层通常都设在主体结构外侧(迎水面),且要求与结构的表面满贴密实。处于侵蚀性介质中的防水层要耐侵蚀,受振动作用的防水层要有足够的柔性。

1)卷材防水

(1)防水材料。

我国目前的防水卷材品种较多,主要可分为沥青防水卷材、高聚物改性沥青防水卷材和合成高分子防水卷材三大类。

①沥青防水卷材虽具有良好的耐水性和耐腐蚀性,但其温度稳定性差,高温易流淌,低温易脆裂,故在地铁等重要工程中一般不使用。

②根据不同的改性剂,高聚物改性沥青防水卷材可分为塑性体的(以无规聚丙烯 APP 为代表)、弹性体的(以 SBB 为代表)、自黏结的、聚乙烯沥青的、橡胶粉改性的等。国际上常用的为 APP 和 SBB 改性剂。

③高分子防水卷材,按其母材性质可分为橡胶类的,如三元乙丙橡胶、氯丁橡胶、丁基橡胶、再生橡胶防水卷材等;塑料类的,如聚氯乙烯、氯化聚乙烯、低密度聚乙烯(LDPE)、线性低密度聚乙烯(LLDPE)防水卷材等;多种合成树脂的,如用乙烯-醋酸乙烯酯共聚物(EVA)、乙烯共聚物改性沥青(ECB)等制成的防水卷材;橡胶类与塑料类共混制品,如氯化聚乙烯-橡胶共混防水卷材等。

(2)结构防水层设计。

明挖结构外贴式防水层的构造如图 4-4-52 所示。

在设计时应注意以下两点:

①选材。目前地铁明挖结构的外贴式防水层多选用改性沥青防水卷材或高分子防水卷材。卷材的配套材料(如黏结剂)应与所选的卷材相匹配。无论是卷材还是黏结剂都应能与结构表面黏结良好,且能在水中保持黏结性,以防止防水层局部破损时,水在防水层和结构之

间串流,导致防水层全面失效。此外,在选材时还应考虑施工的季节性和经济性,如溶剂型黏结剂冬天难以挥发,将影响质量和工期。

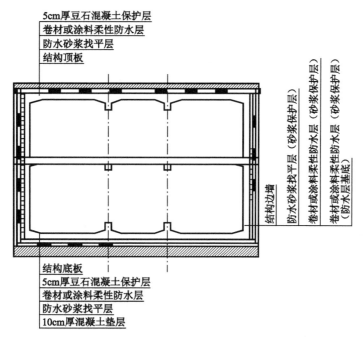

图 4-4-52 明挖结构外贴式防水层构造

②保护层。结构底板以及放坡开挖的侧墙部分的防水层都应在其外侧设置保护层,以免后续施工时弄坏防水层。保护层一般由砂浆或砖墙组成,设计中规定保护层内表面应平整、光滑,不允许有突出的"水泥钉",以免在侧向压力的作用下将防水层压穿。

(3)结构防水层施工。

明挖结构防水层施工的一般步骤:先在底板的找平层及边墙下部(永久保护墙与卷材接头高度)用先贴法按规定施作防水层,并抹防水砂浆进行保护,然后立模灌注主体结构,拆模后接长卷材,用后贴法将其粘贴于边墙和顶板的外侧,最后施作顶板保护层。施工过程中要注意以下几点:

①基面要平整、牢固、清洁、干燥,湿度小于9%。结构的阴阳角均应抹成圆弧形或钝角,沥青类卷材圆弧半径不小于150mm,高分子类卷材圆弧半径不小于100mm。后贴法部位的基面应涂刷打底料。

②卷材防水层的层数应根据场地的水文地质情况、工程的重要性、卷材的质量和厚度等因素确定。卷材间的搭接长度不应小于100mm(长边)和150mm(短边),上下两层和相邻两幅卷材接缝应错开1/3幅宽。平、立面转角处卷材如需接缝,则应将接缝放在平面上,距立面不小于300mm。转角处应用同等材料或抗拉和延伸性较高的材料加强。

③黏结卷材时,无论是外防外贴还是外防内贴,均先在保护墙上用白灰砂浆或水泥砂浆找平,达到强度后再贴卷材。

④采用热熔法施工时,温度过低会影响黏结质量,过高则会烧坏防水层;采用溶剂施工时,要严格注意溶剂挥发程度,过早或过迟黏合都会影响黏结强度。

2)涂料防水

在明挖结构中也可采用大面积的涂料防水,但要注意保证涂料防水厚度均匀一致。在基面复杂的部位,因卷材不易施工,采用涂料防水更方便。

(1)选材。

应选用防水、抗菌、无毒或低毒、刺激性小的涂料,目前比较适用的是焦油聚氨酯涂料,其性能应符合防水标准《聚氨酯防水涂料》(GB/T 19250—2013)的规定。

(2)基面要求。

基面应平整、清洁、无浮浆,涂刷溶剂型涂料时含水率应小于9%。

(3)施工。

施工前必须检测涂料性能是否符合规定,配料要准确,搅拌要均匀。涂刷时必须保证涂料厚度一致,第二层涂料与前一层涂料的涂刷方向垂直。当与玻璃布、玻璃毡片、土工布等材料复合使用时,布材铺贴不得皱折。

3)明挖结构变形缝等防水构造和施工要求

(1)变形缝。

变形缝防水构造形式和材料应根据工程特点、地基和主体结构变形情况,以及水压、水质和防水等级等因素确定。缝宽一般为20～30mm。水压较大的变形缝通常采用埋入式橡胶止水带。防水等级较高的工程,根据施工条件,可在变形缝外侧或内侧用其他防水材料,如用嵌缝材料或高分子卷材进行加强。

(2)后浇缝。

①应在其两侧结构混凝土的龄期达到6周以后再施工。

②施工前应将接缝处的混凝土凿毛,清洗干净,使其保持润湿并刷水泥浆,或凿毛清洗后等其干燥,在其结构断面中部附近安放遇水膨胀腻子条。

③用补偿混凝土将后浇缝注满,其强度等级和抗渗标号均不低于两侧主体结构混凝土。

④养护时间不得少于28d。

后浇缝处的防水构造示意图如图4-4-53所示。

(3)施工缝

凿毛清洗干净后,在结构断面中部附近放置遇水膨胀腻子条,其可靠、经济;也可采用橡胶或塑料止水板等,但施工比较麻烦。

(4)穿墙管。

①应在浇注混凝土前埋设,并加止水环,环与主管要满焊。

②如需更换墙管,则采用套管法。

③穿墙管线较多时,可采用穿墙盒,盒的封口钢板应与墙上的预埋件焊牢,并从钢板上的浇注孔注入密封材料。穿墙管的防水构造如图4-4-54所示。

2. 盖挖法结构防水

盖挖法修建的地下隧道结构,除采用结构自防水外,还应增设附加防水层组成多道防线:

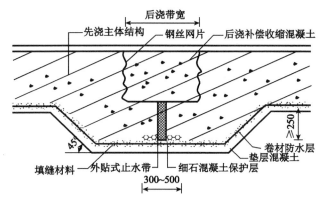
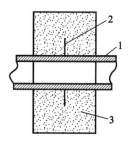

图 4-4-53 后浇缝防水构造(尺寸单位:mm)　　图 4-4-54 穿墙管防水构造
1-管;2-止水环;3-主体结构

(1)在结构的顶、底板迎水面铺设外防水层;在顶板与立墙连接处宜采用无机防水材料,并应与立墙和顶板防水层搭接过渡;

(2)板底以下 500mm 范围内的墙体与结构顶板、楼板同时浇筑,墙体的下部应做成斜坡形,斜坡形下部应预留 300~500mm 的空间,并应待下部先浇筑混凝土施工 14d 后再行浇筑;

(3)防水层应随结构由上往下分层、分段逆作施工。

[施工组织方案实例 4-4-1]

1)车站工程概况

某市地铁×××站位于新华西大街中部,车站结构形式为地下二层单柱双跨箱形框架结构,车站全长 191m,基坑深度 16.4m。

(1)地形地貌及工程地质条件。

该站位于山前冲洪积平原堆积区,地形平坦开阔,本场地主要位于内蒙古地轴、阴山台拱、大青山隆褶束的南缘,凉城台隆的西北部,属鄂尔多斯地台向斜的北缘,为一中、新生代断陷盆地,车站周边地势平坦,地面高程 1049.42~1050.52m。

根据勘察地质资料,×××站粉土②$_3$ 层、圆砾②$_9$ 层、粉质黏土③$_2$ 层、细砂③$_5$ 层、中砂③$_6$ 层。

(2)水文气象条件。

该市地处温带内陆地区,位于华北北部,内蒙古自治区中部,属典型的温带大陆性气候,其特点是冬季漫长而寒冷,少雪;夏季短而温热,降水集中;春季干旱多风;秋季日光充足,凉爽而短促。气温日较差和年较差大,冷暖变化剧烈,无霜期较短,降水少且集中,气候干燥。地下水位埋深 7~8m。

冬季是该市一年中最长的季节,寒冷、干燥是该季节的主要特点,每年 12 月、1 月、2 月为 3 个月的冬休期。

(3)周围建筑及地下管线。

根据站位放样及现场调查,×××站主体结构主要受到热电开发经营总公司的高耸建筑与精密设备、该市庄重工程机械有限公司办公楼、该市热电厂办公楼(现外租)、大福星饭店、热点开发经营总公司办公楼等的影响。

该站地下空间对车站施工比较有利,无人防、过街通道、地下商场、停车场等结构形式。经现场调查,未发现该站建筑物有锚索(杆)情况。但该站周边管线复杂,影响车站施工的主要管线有雨水管道、电力管廊、燃气管、路灯管线、污水管道、给水管道、电力管线、电力排管(空管,与道路中间的电力管廊相通)和架空电力线。

经全面调查分析,本站并无特殊建(构)筑物,无桥沟、河流、湖泊回填区,且无其他特殊地质构造。但车站基坑涉及的中粗砂、粉砂、圆砾、卵石层地层固结度差、易坍塌,且车站地下水位较高,水位降深较大(地下水位埋深7~8m,车站基坑深度最深17.96m,水位降深达到11~12m),若降水不到位,开挖时易产生涌水等事故。故本站采用明挖顺作法施工,基坑支护采用"地下连续墙+内支撑"施工。

2)车站总体施工方案

该站采用明挖顺作法施工,主体结构自下而上分段、分层施工,各分部分项工程的主要施工方案与技术措施详见表4-4-7。

各分部分项工程的主要施工方案与技术措施 表4-4-7

部位	类型	施工项目	施工方案
车站	围护结构	地下连续墙	主体围护结构采用地下连续墙结构,地下连续墙采用液压抓斗成槽机成槽,钢筋笼现场整体加工成型,150t和70t履带吊整体吊装到位
		钻孔灌注桩	钻孔灌注桩采用旋挖钻机、冲击钻成孔,导管法灌注水下混凝土。旋喷桩采用旋喷钻机施工
		支撑系统	主体结构支撑体系根据基坑深度的变化分别采用三道内支撑或四道内支撑,采用混凝土或钢支撑
	主体结构	降水施工	基坑施工时主要采用坑内管井辅以集水明排,坑外设置专门的截水沟进行截排地表水,另外冠梁上设置的挡土墙高出地面300mm可有效阻挡地表水流入基坑内
		基坑开挖	基坑采用"分层台阶法"开挖,遵循"纵向分段、竖向分层、先撑后挖、严禁超挖"的原则,确保基坑开挖安全
		结构施工	分段、分块施工。侧墙采用整体钢模结合三脚架;中板、顶板采用满堂脚手架结合竹胶板形式
		防水施工	结构混凝土采用防水混凝土,结构设置柔性全包防水层。严格按照设计图纸进行防水施工
		回填施工	顶板以上回填不小于1m厚的不透水非膨胀性黏性土(不含有草、垃圾等有机物),采用小型打夯机分层压实,1m以上采用大型机械分层压实,层厚不大于25cm

3. 围护结构施工

1) 导墙施工

（1）导墙结构。

在地下连续墙成槽前，应砌筑导墙。导墙质量直接影响地下连续墙的边线和高程，是成槽设备进行导向，存储泥浆稳定液位，维护上部土体稳定，防止土体坍落的重要措施。

导墙采用整体式钢筋混凝土结构，净宽比地下连续墙厚大约4cm，为85cm。导墙高出地面20cm，厚为20cm，顶宽100cm，一般控制深度为1.9m。导墙分段施工，每段长度30~50m。导墙的分段线不能与连续墙分幅线在同一位置，混凝土强度等级C30。导墙结构形式如图4-4-55所示。

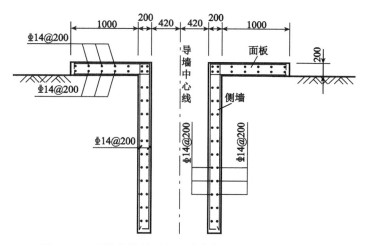

图4-4-55 导墙结构断面图（尺寸单位：mm；底板及基础未示）

（2）工艺流程。

导墙施工工艺流程如图4-4-56所示。

（3）导墙施工方法和技术措施。

导墙开挖采用PC200挖掘机，人工配合清底、夯填、整平，侧墙采用组合钢模，间隔1.5m顶部及底部设100mm×100mm木枋支撑。混凝土人工入模，插入式振动棒振捣。在混凝土强度达到设计强度的70%时拆模，并立即加设对口撑。施工中还应保证导墙的顶面高程、内外墙间距、垂直度满足设计要求。导墙内侧间距比地下墙设计厚度加宽40mm。

在连续墙成槽过程中，导墙起锁口和导向作用，因此它直接关系连续墙的顺利成槽和成槽精度，施工中必须保证以下措施的实现：

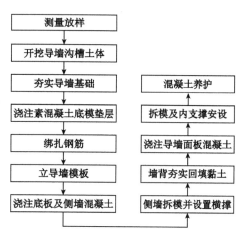

图4-4-56 导墙施工工艺流程图

①严格控制导墙施工精度，确保连续墙轴线误差为±10mm，内墙面垂直度为5‰，内外墙净距允许偏差为±10mm，导墙顶面平整度为±5mm。

②进行墙背侧回填时应对称回填,拆模后及时加设对口撑,且支撑仅在槽段开挖时才拆除,确保导墙垂直度。

③导墙未达设计强度时禁止重型设备接近,不准在导墙上进行钢筋笼的制作及吊放。

2)地下连续墙施工

根据工程地质、水文地质条件,计划采用液压抓斗成槽机成槽,钢筋笼现场整体加工成型,100t 和 50t 履带式起重机整体吊装到位,最后进行水下混凝土灌注。其施工工艺流程如图 4-4-57 所示。

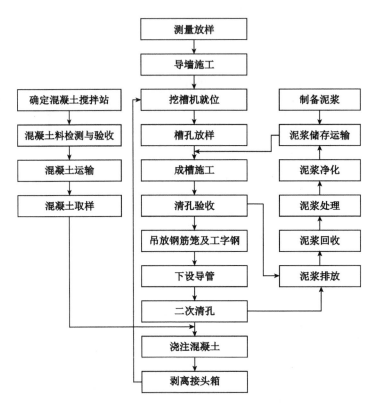

图 4-4-57 地下连续墙施工工艺流程图

(1)测量放样。

根据业主提供的基点、导线点及水准点,在施工场地内布设施工测量控制点和水准点,经监理单位验收无误后,对地下连续墙中心线进行定位放样。施工过程中应经常对基点桩位进行复测。

(2)泥浆工艺。

泥浆循环系统工艺流程如图 4-4-58 所示。

护壁泥浆在使用前应进行室内性能试验,施工过程中根据监控数据及时调整泥浆指标。如果不能满足槽壁土体稳定的要求,则须对泥浆指标进行调整。泥浆循环采用 22kW 型泥浆泵在泥浆池内循环,22kW 型泥浆泵输送,22kW 型泥浆泵回收,由泥浆泵和软管组成泥浆循环管路,采用半埋式砖砌泥浆池储存泥浆。泥浆使用一个循环之后,利用泥浆净化装置对泥浆进行分离净化并补充新制泥浆,以提高泥浆的重复使用率。补充泥浆成分的方法是向净化泥浆中补充烧碱等,使净化泥浆基本上恢复原有的护壁性能。

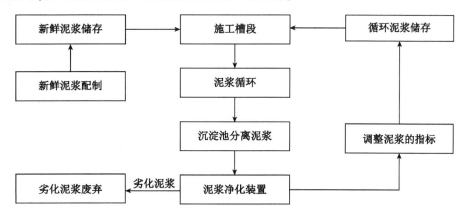

图4-4-58 泥浆循环系统工艺流程图

(3)地下连续墙成槽施工。

地下连续墙成槽施工采用液压成槽机开挖成槽,成槽采用"跳挖法"及"三抓成槽"工艺。对于整个基坑围护结构连续墙,施工时采用1,3,5,…;2,4,6,…的方式跳跃施工。

单幅连续墙成槽施工主要步骤如图4-4-59所示。

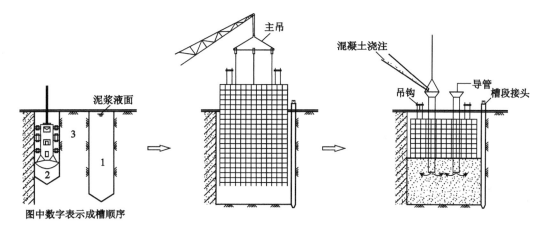

图4-4-59 单幅连续墙成槽施工主要步骤

为了能使抓斗在挖单孔时吃力均衡,可以有效地纠偏,保证成槽垂直度,单元槽段成槽采用"三抓成槽"工艺,即先抓两侧土体,后抓中间土体,如图4-4-60所示。

(4)刷壁。

单元槽段开挖结束之后,先用抓斗对槽底进行清理,再用特制钢丝刷壁器刷壁,反复刷数次,直至刷壁器上不粘泥为止。刷壁器加工时沿侧向钢丝应较长,这是因为对槽段接头侧壁进行刷壁有一定困难,侧向钢丝刷较长,可增大侧向柔性,有利于保证侧向刷壁的质量。

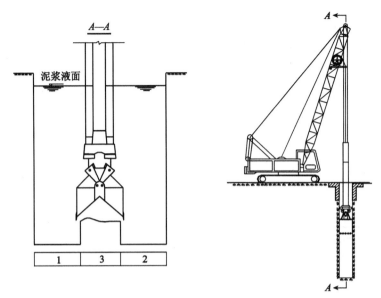

图 4-4-60　地下连续墙单元槽段成槽顺序图

注:图中数字表示成槽开挖顺序。

(5) 钢筋笼制作及吊装。

①钢筋笼应严格根据地下连续墙墙体设计配筋和单元槽段的划分来制作。钢筋笼以单元槽段为单位整体在钢筋加工场加工。

②钢筋笼加工时主筋与主筋采用机械连接,机械连接的性能等级为 1 级;接头位置要相互错开,间距应大于 $35d$(d 为钢筋直径),同一连接区段内接头百分率不得大于 50%。纵横向主筋及桁架筋与水平分布钢筋相交处需点焊,点焊质量应满足规范要求。

③连续墙接头采用工字钢接头形式。工字钢采用 10mm 钢板焊接,焊缝质量要求满足规范要求。首开幅连续墙钢筋笼加工时,工字钢板接头焊接在钢筋笼两侧;闭合幅连续墙钢筋笼加工时,钢筋笼两端做成缩口,插进两边连续墙工字钢板接头中。工字钢接头底部与槽深相同,上部应高出设计墙顶 50cm,防止超灌混凝土从墙顶绕流至工字钢背部,保证接头防水性。

④地下连续墙内侧按设计要求预埋钢支撑钢板。根据设计图纸要求,各种预埋件的施工误差为:高程方向上、下 10mm,平面位置左、右 30mm。

⑤测斜管、注浆管及声测管在钢筋笼上的埋设。根据施工监测单位设计要求,应在部分地下连续墙钢筋笼上预埋测斜管。在每幅地下连续墙钢筋笼内布置 2 根注浆管,注浆管埋设深度应至连续墙底部 50cm,顶部超过冠梁顶面 30cm,注浆压力及注浆量由现场试验确定,注浆管型号为 $\phi 48$mm,可兼作声测管。声测管按照总幅数的 20% 频率预埋,每幅 4 根。

⑥钢筋笼吊装。为了不使钢筋笼在起吊时产生很大的弯曲变形,在施工时由两台履带式起重机整体一次性吊装,主起重机采用 100t 履带式起重机,副起重机采用 50t 履带式起重机。吊点位置事先由检算进行确定,并在吊点周围 2m 范围内进行加固焊接,确保起吊安全。起吊时其中一钩吊住顶部,另一钩吊住中间部位,先使钢筋笼水平离开地面一定尺寸,然后主起重机升高,副起重机配合使钢筋笼底端不接触或冲撞地面,直至主起重机将钢筋笼垂直吊起,这

时由主起重机吊着钢筋笼运输、入槽、就位,用[12槽钢横担于导墙上将钢筋笼吊住,稳定在设计高程位置。钢筋笼吊装如图4-4-61所示。

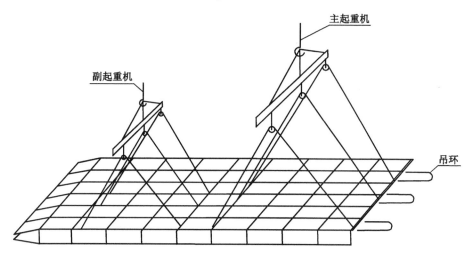

图4-4-61 钢筋笼吊装图

如果钢筋笼不能顺利插入槽内,则重新吊起,查明原因并加以解决;如有必要,在修槽之后再次吊放,不得让钢筋笼做自由坠落状强行插入基槽。

(6)水下混凝土浇注。

①钢筋笼安放后应在4h内浇灌混凝土,浇灌前先检查槽深;确定沉渣厚度是否超限,判断有无坍孔,最后计算所需混凝土土方量。

②每幅连续墙混凝土坍落度试验不得少于3次。

③浇注混凝土时应由两根导管同时浇灌,确保混凝土面均匀上升,混凝土面高差应小于50cm,以防止因混凝土面高差过大而产生夹层现象。

④混凝土灌注结束时,顶面应高出设计高程50cm。

⑤应对混凝土浇注过程中的每一次量测做好详细记录,灌注过程中的一切事故均应记录备案。

⑥为改善和易性和缓凝时间,水下混凝土宜掺入外加剂。

3)基坑开挖及支护

(1)基坑土方开挖。

①基坑纵向开挖顺序。

基坑开挖采取纵向分段、竖向分层的方式,沿车站长度方向每15~20m为一个施工段,每段在施工时再划分小段进行开挖,每小段长度为3~6m。

②基坑竖向开挖顺序。

基坑开挖采用竖向分层,沿基坑方向分台阶的方式,根据基坑竖向支撑的道数确定基坑开挖层数,分层位置为每道支撑以下0.5m处。

根据设计支撑设置情况,基坑开挖拟分四层五步(标准段设三道支撑时)进行。每层土方开挖后,及时浇筑钢筋混凝土支撑及安装钢支撑,然后再开挖下层土方。分层厚度根据各道支撑设计深度位置确定。基坑分层开挖情况如图 4-4-62 所示。

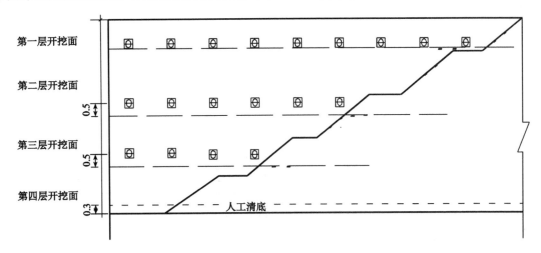

图 4-4-62 基坑分层开挖示意图(尺寸单位:m)

(2)支撑施工。

①混凝土支撑施工。

混凝土支撑施工前先放出支撑边线,人工调整支撑底高度达到设计位置后浇筑混凝土垫层,再绑扎钢筋,然后安装模板,模板采用钢模板,对拉加固。混凝土采用微膨胀混凝土以补偿混凝土凝结过程中的收缩,混凝土为商品混凝土,由罐车运至现场,再由混凝土泵车泵送入模,人工振动棒振捣。混凝土浇注完成并初凝后,在表面覆盖土工布,洒水进行养护。当腰梁和支撑强度达到设计强度的 80% 后再进行下一层土方的开挖。

②钢支撑施工。

钢支撑施工工艺流程如图 4-4-63 所示。

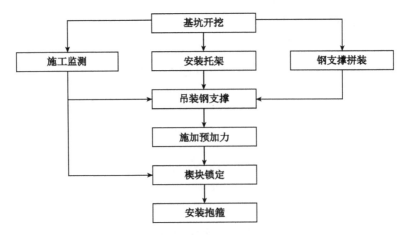

图 4-4-63 钢支撑施工工艺流程图

4. 车站主体结构施工

本标段车站主体结构均为现浇钢筋混凝土框架结构,采用明挖顺作法施工,施工时遵循"纵向分段、竖向分层、从下至上"的施工原则。

纵向分段:主体结构施工纵向按设计诱导缝或施工缝位置进行分段,分段及施工顺序与基坑开挖顺序基本相同。

竖向分层:底板—站台层侧墙、柱—中板—站厅层侧墙、柱、顶板。

车站主体结构施工工艺流程如图 4-4-64 所示,主体结构施工步骤如图 4-4-65 所示。

图 4-4-64　车站主体结构施工工艺流程图

5. 车站防水施工

车站结构防水等级为一级,结构不允许渗水,结构表面应无湿渍。除钢筋混凝土结构自防水体系外,在车站主体、附属结构顶板上还应铺设附加防水层作为加强层。重点部位(如诱导缝、施工缝、变形缝)需在靠近结构迎水面一侧加设柔性加强层。

结构底板防水保护层采用 50mm 厚 C20 细石混凝土,顶板保护层采用 70mm 厚 C20 细石混凝土。采用防水混凝土进行结构自防水,在结构的迎水面设置柔性全包防水层。顶板防水层采用高渗透改性环氧树脂防水涂料($0.5kg/m^2$) + 一层 4mm 厚单面粘自粘聚合物改性沥青防水卷材;冬季施工采用涂刷或喷涂非固化橡化沥青防水涂料($2.0kg/m^2$) + 一层4mm厚单面粘自粘聚合物改性沥青防水卷材。侧墙和底板防水层采用单层4mm厚双面粘沥青基聚酯胎预铺式防水卷材。防水层采用条粘法或机械固定法施工,卷材与卷材之间搭接100mm,在钢筋作业时采取临时保护措施,卷材本体自粘层朝向待浇注的混凝土结构。

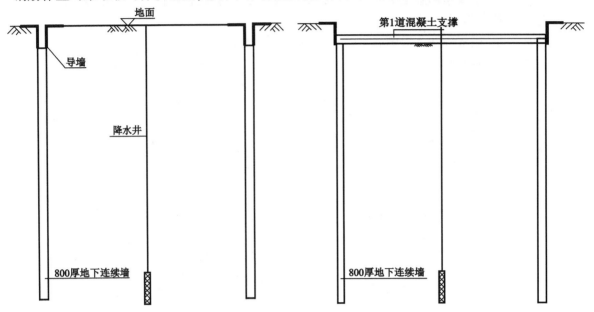

第一步:平整场地,施作基坑排水设施及导墙,继而施作地下连续墙。

第二步:基坑开挖至第1道混凝土支撑底部,施作墙顶冠梁,同步浇注第一道混凝土支撑及冠梁角部混凝土支撑。

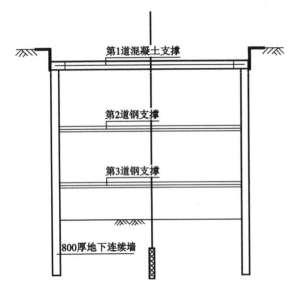

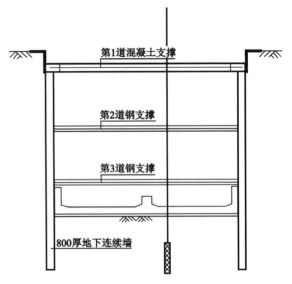

第三步:分层分段继续向下进行基坑开挖,依次开挖至各道横撑后下方0.5m施作第2~3道横撑。

第四步:开挖至基底设计高程,验槽后施作接地网、垫层、防水层及结构底板,施作侧墙防水层,并向上施作部分侧墙。

图 4-4-65

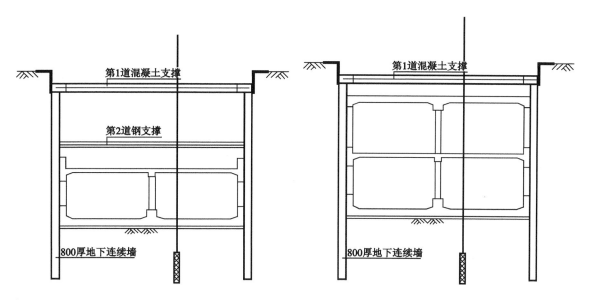

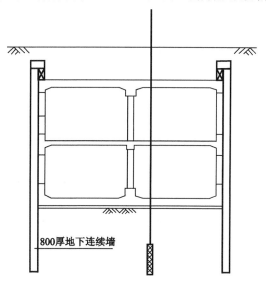

第七步:施作顶板防水层及保护层,拆除第1道混凝土支撑,施作压顶梁,边回填边压实,回填至地面。

图 4-4-65 车站主体结构施工步骤(尺寸单位:mm)

6. 土方回填施工

顶板回填土材料按要求选用合格土体,填土中不得含有草、垃圾等有机质。回填土为黏性土或砂质土时,应在最佳含水率时填筑,回填时应分层水平填筑、分层碾压、分层检测。回填施工应兼顾地下管线的恢复,回填时将需恢复的管线恢复好,用高频振动夯将管线附近的回填土夯至要求密实度,管线下端无法夯填的部位浇注混凝土。回填区域为市政道路时,还应满足市政工程设计规范的相应要求,当有地下管线复位等工程时,土方回填需要与管线施工密切配合,协商进行。

第二节 暗挖法施工

一、概述

暗挖法(矿山法)是一种古老的隧道工法,适用于区间隧道和车站埋置较深、工程地质情况较好(从硬岩地层至具备一定自稳能力的第四纪地层)、地下水不发育或地下水位较低和无明挖施工条件(繁忙交通地段,或因其他原因不允许封闭路面交通)的地段。地铁工程中还常用于盾构法无法施工的结构复杂多变地段的隧道施工,如渡线段、存车线地段等。常用的暗挖法施工主要有浅埋暗挖法和新奥法(钻爆法)。

(1)暗挖法的优点。

①对围岩变化的适应性较强,技术成熟,工法简单。

②施工对周边环境、地下管线和地面交通的影响较小。

③能避免大量拆迁,施工场地选择和布置灵活。

(2)暗挖法的缺点。

①仅适用于围岩较好、地下水不发育或地下水位较低的情况。

②当围岩差、地下水发育时,须采取降水、注浆加固等辅助措施,大幅增加工程造价。

③施工风险较大,地表沉降较难控制。

传统的暗挖法(矿山法)施工为地下铁道暗挖施工技术奠定了基础。到 20 世纪 60 年代,喷射混凝土和锚杆技术的出现,创造了新奥地利施工法,简称新奥法(new Austrian tunnelling method,NATM)。新奥法(钻爆法)是充分利用围岩的自承能力和开挖面的空间约束作用,采用锚杆和喷射混凝土为主要支护手段,及时对围岩进行加固,约束围岩的松弛和变形,并通过对围岩和支护的量测、监控来指导地下工程的设计施工,其施工工序如图 4-4-66 所示。新管幕法,全称为 new tubular roof method,简称 NTR 工法,在意大利、韩国广泛应用。NTR 工法将"地层预加固—土体开挖—初期支护"综合为一体,"先结构,再土方",在顶管壳结构支护下,其施工工序是"顶管结构—防水结构—二次衬砌—土方工程",这种方法在沈阳地铁 2 号线新乐遗址站中也得到了应用,如图 4-4-67 所示。

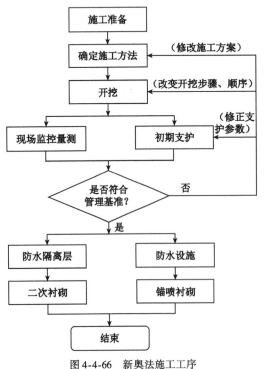

图 4-4-66　新奥法施工工序

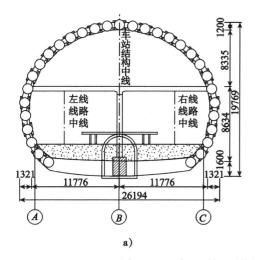

图 4-4-67 沈阳地铁 2 号线新乐遗址站 NTR 工法施工(尺寸单位:mm)

二、浅埋暗挖法施工

浅埋暗挖法的设计理念是初期支护按承担全部基本荷载设计,二次衬砌作为安全储备,初期支护和二次衬砌共同承担特殊荷载。应用浅埋暗挖法设计、施工时,应同时采用多种辅助工法超前支护,改善加固围岩,调动部分围岩的自承能力;并采用不同的开挖方法,及时支护,封闭成环,使其与围岩共同作用形成联合支护体系;在施工过程中应用监控量测、信息反馈和优化设计方法,实现不塌方、少沉降、安全施工,并形成多种综合配套技术。浅埋暗挖法在北京、广州、深圳、南京等地都得到了应用。

1. 工艺流程和技术要求

城市轨道交通工程的区间隧道多数位于平原城市的地下,属浅埋软弱围岩隧道。浅埋暗挖法的工艺流程和技术要求主要是针对埋置深度较小、松散不稳定的土层和软弱破碎岩层施工提出来的。对于含水的厚层粉细砂、流塑状或软塑状淤泥质黏土层应慎重选用,因为在这种地质条件下施工,将不得不对周围地层采用昂贵的冻结法或其他方法加固地层。浅埋暗挖法工艺流程如图 4-4-68 所示。

根据我国的隧道工程实践经验,采用浅埋暗挖法修建此类隧道必须遵循以下原则,即所谓的十八字方针:管超前、严注浆、短开挖、强支护、快封闭、勤量测。

1) 管超前

在隧道拱部预先搭设小导管,地面超载大、围岩情况很差时也可搭设长管棚或管幕。

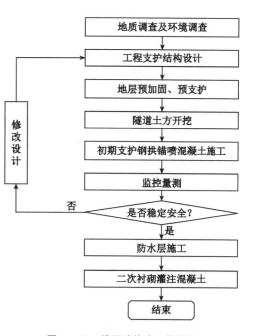

图 4-4-68 浅埋暗挖法工艺流程

2)严注浆

严注浆要求根据围岩情况注浆,包括小导管注浆、管棚注浆、帷幕注浆和初期支护背后注浆,以达到封堵地下水、局部改良地层和控制地面沉降的目的。

3)短开挖

短开挖要求以设计的格栅拱架间距为开挖进尺,严格控制超挖。一个循环立一榀拱架,循序渐进,步步为营。

4)强支护

强支护包括管棚长度及数量要打足、打够,格栅拱架与围岩之间应喷敷密实,厚度均匀。地面超载大时,应配合长管棚采用型钢拱架,以增加初期支护的刚度。此外,采用台阶法或中隔壁法施工时,一定要在拱架架立后及时搭设锁脚锚杆,防止支护闭合前发生拱脚移位。

5)快封闭

快封闭包括两个方面,一是初期支护及时喷射临时仰拱,尽快形成分部或全断面闭合的稳定的环形结构;二是对严重不良的围岩要尽快封闭开挖面(掌子面),防止正面坍塌。

6)勤量测

施工监测是信息化施工的"耳目",监测数据是变更设计、指导施工的依据。量测必须按要求及时进行,数据严禁涂改,并应及时整理分析,发现问题应及时反馈。

2. 地层预加固和预支护施工

浅埋暗挖地下工程具有覆土薄、地质条件差、开挖面自稳能力差、承载小、变形快等特点,而且施工影响波及地表,常引起过大地表沉降,必须采用施工辅助措施对地层进行预支护或预加固。因此在软弱围岩中施工最重要的就是提高围岩的自支护能力,在监控信息的指导下,根据地层的自稳能力适量开挖,及时施加喷射混凝土衬砌,根据需要增加锚杆、钢筋网、钢架、二次衬砌等支护衬砌措施,使衬砌与围岩共同作用,形成支护体系,使洞室保持稳定。

为提高开挖地层的自稳能力,或加大一次开挖尺度,且使工作面土体有一定的自稳时间,足以进行必要的初期支护作业,常常采用辅助工程措施对地层实施预加固,如:留核心土;喷射混凝土封闭开挖工作面;超前锚杆、插板或超前小导管注浆;超前管棚支护;临时仰拱封底;设置锁脚锚杆或锚管;垂直锚杆;开挖工作面及围岩预注浆;深层水泥搅拌桩(或旋喷桩)法、水平水泥搅拌桩(或旋喷桩)法、冻结法加固地层;当不能降水时,应进行帷幕注浆止水等。上述措施的选用应视围岩条件、涌水状况、施工方法、开挖方式、机械配套、环境要求、进度要求等确定,一般宜采用几种措施综合治理。

1)超前小导管注浆

超前小导管注浆加固地层技术,是通过沿隧道开挖轮廓线外纵向向前倾斜钻孔安设注浆管,并注入浆液,达到超前加固围岩的目的,同时小导管还可起到超前管棚预支护作用。超前小导管一般用在浅埋、软岩、不良地质地段,小导管的角度和刚拱架的间距有关,小导管的环向间距以 30cm 为宜,长度和第一步开挖的台阶高度有关,宜超过第一步开挖的台阶高度的破裂面(图 4-4-69)。

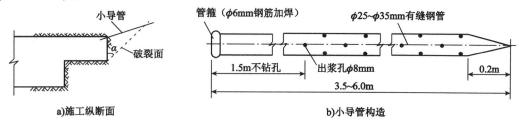

图 4-4-69 超前小导管注浆

小导管一般采用直径 32mm 的焊接钢管或直径 40mm 的无缝钢管制作,长度宜为 3.5~6.0m,前端做成尖锥形,前段管壁上每隔 10~20cm 交错钻眼,眼孔直径宜为 6~8mm。一般情况下采用单排小导管沿 150°~180°范围的轮廓线布置,小导管环向间距设计为 0.3m,外插角 10°,小导管纵向搭接长度不小于 1.5m。注浆压力应根据地层致密程度决定,一般为 0.2~0.6MPa。小导管注浆常采用水泥-水玻璃双液浆;水泥采用 32.5R 普通硅酸盐水泥,水玻璃为 35Be′。水泥浆液水灰比为 1:1.2~1:1;水泥浆液与水玻璃体积比为 1:1。

2)预注浆法

在隧道开挖之前预先进行注浆充塞岩土体裂隙、空隙或孔隙,加固地层,以利于施工的方法称为预注浆法。注浆机理分为两种:第一种包括"浸透"注浆、"裂缝"注浆和"空穴"注浆;第二种是"劈裂"注浆。用预注浆加固围岩的方式,大致有以下三种:在开挖工作面上打超前长导管注浆;对于浅埋隧道,可以从地表向隧道所在区域打辐射状或平行状钻孔注浆;如使用上述两种方式都有困难,经技术经济比选后,可设置平行导坑,然后由平行导坑向正洞所在区域钻孔注浆。采用预注浆法时应注意以下三点:

(1)浅埋或松散地层,有必要采用地表预注浆。
(2)采用浅孔周边预注浆和浅孔或深孔全断面预注浆,进行工作面稳定加固。
(3)对于存在地下水、饱和水或含水松散地层的情况,应采用大孔径全断面预注浆,一是为了堵水,二是为了固结加固围岩。

3)超前大管棚

管棚是在隧道开挖之前沿隧道开挖断面外轮廓,以一定间隔与隧道平行钻孔、插入钢管,再从插入的钢管内压注充填水泥浆或砂浆,来增加钢管外围岩的抗剪切强度,并使钢管与围岩一体化,由管棚和围岩构成棚架体系。

超前大管棚有大管棚、小管棚、长管棚、短管棚之分。小管棚常用直径为 50~150mm 的小钢管,以一定间距(0.1~0.3m)沿开挖周边以某一角度倾斜打入地层。小钢管上常设孔眼,同时作为注浆管使用,注浆加固钢管附近的地层,将管棚和注浆结合起来。大管棚一般用专门的钻机将大直径(大于 200mm,有时达 700~800mm,甚至 1000mm 以上)钢管在钻孔掘进的同时逐渐推进,大管棚的长度常在 20m 以上,有的工程已达百米,如图 4-4-70、图 4-4-71 所示。钢管内注入水泥浆,钢管之间孔隙通常较小,常注浆充填,以增大整体刚度。长管棚钢管长度一般大于 15m,直径一般不大于 160mm。但是,长管棚的钢管直径要和地层刚度相匹配,当直径超过150mm时,对地表沉降的控制作用很小。长管棚一般在洞口段采用,在隧道内一般不宜采用。短管棚钢管长度小于10m,每节长度一般为4~6m,采用直径50~150mm小钢管,施工一次超前量小,与开挖作业交替进行,钻孔安装或顶入安装较易,适用于块石土、碎石土施工中。管棚法应用灵活,钢管长度、直径可根据需要选择;管棚法通常与注浆法同时采用,以达到更有效地保持开挖面稳定的目的;一般大管棚、长管棚控制地表沉降的效果更佳。

 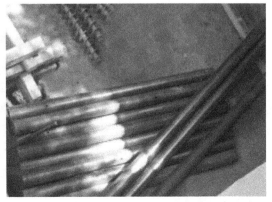

图 4-4-70 洞口大管棚支护　　　　　　图 4-4-71 φ146mm 大管棚

管棚主要适用于围岩压力来得快、来得大,对围岩变形及地表下沉有较严格限制要求的软弱破碎围岩隧道工程中。在设计中,要充分依地质、周边环境、隧道开挖断面、埋深以及开挖方法等决定管棚的配置、形状、施工范围、管棚间隔及断面等。一般采用图 4-4-72 所示的配置和形状。

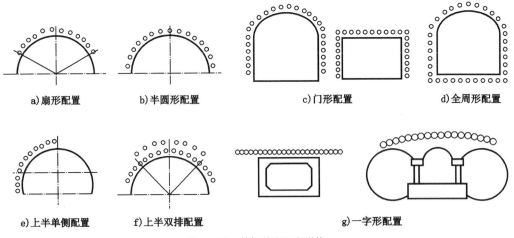

图 4-4-72 管棚的配置和形状

4) 支护措施

城市大断面隧道施工控制地表沉降对支护的要求是及时、密贴、大刚度、早封闭。初期支护通常采用刚拱、网喷混凝土,二次衬砌采用模筑混凝土或网喷混凝土。及时支护要求开挖后立即架刚拱、挂网、喷射混凝土(对自稳时间很短的地层需在架拱前先喷射一薄层混凝土);密贴是要求喷射混凝土与围岩密贴,不留空隙;大刚度要求支护刚度大,能控制地层变形,因此喷射混凝土早期强度发展是控制地层变形、减少地表沉降的重要因素,现经常采用的格栅拱主要是为了提高支护刚度;早封闭是减少沉陷的重要因素,即使采用分步开挖,也要尽量使各开挖步骤的支护是封闭的,必要时设临时仰拱,多余的支护不需要时再拆除,全部开挖完成后要及时封闭仰拱,如图4-4-73所示。

图4-4-73　CRD法施工设置临时仰拱

3. 土方开挖

采用浅埋暗挖法施工时,其断面形式一般采用马蹄形,施工基本工法根据断面分块情况和开挖顺序分类,有全断面法、台阶法{包括正台阶法[图4-4-74a)]、正台阶环形开挖法、上台阶临时仰拱法}、分部开挖法{包括中隔墙法(CD法)、交叉中隔墙法(CRD法)[图4-4-74b)]、眼镜工法、侧洞法、侧壁导坑法[图4-4-74c)]、柱洞法、中洞法、桩洞法(PBA法)}等。其中全断面法、正台阶法、正台阶环形开挖法、上台阶临时仰拱法适用于跨度较小的区间隧道施工。

　　a)正台阶法　　　　　　　　　b)交叉中隔墙法　　　　　　　　c)侧壁导坑法

图4-4-74　矿山法施工图示

1)中隔墙法、交叉中隔墙法、眼镜工法

当车站采用分离式结构,站台采用单洞马蹄形断面时,可采用中隔墙法(CD法)、交叉中隔墙法(CRD法)、眼镜工法施工。

单洞马蹄形断面可采用的各类施工方法对比详见表4-4-8。

单洞马蹄形断面采用的各类施工方法对比表

表 4-4-8

工法	正台阶小导管超前	上台阶临时仰拱法	眼镜工法	CD 法	CRD 法
示意图	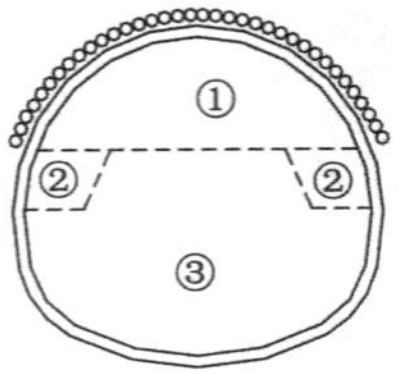	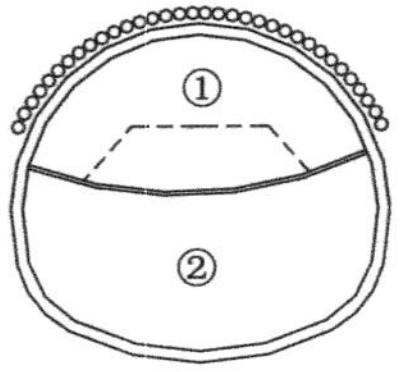		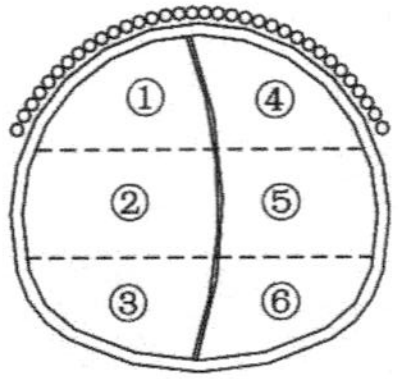	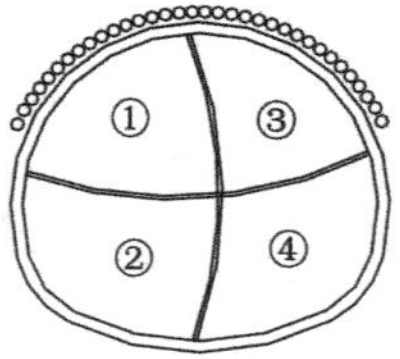
工法特点	环形开挖,留核心土	留核心土,设仰拱	变大跨为小跨	变中跨为小跨	步步封闭
施工难度	较小	较大	较大	中等	较大
技术含量	低	中等	高	较高	高
地面沉降	大	较大	较小	小	最小
施工速度	快	快	慢	较慢	较慢
防水	好	好	效果差	好	好
初支拆除	无	小	大	小	较小
造价	低	低	高	较低	中等
适用范围	跨度不大于10m,地质较好	跨度不大于10m,地质较差	跨度大于10m,超浅埋	跨度大于10m,沉降要求严格	跨度大于10m,沉降要求很严格

CD 法,指先开挖隧道一侧,并施作临时中隔墙,当先开挖一侧超前一定距离后,再分步开挖隧道另一侧的隧道开挖方法。CD 法主要适用于地层较差和不稳定的岩体,且地表下沉要求严格的地下工程施工,当 CD 法仍不能满足要求时,可在 CD 法的基础上加设临时仰拱,即所谓的 CRD 法(交叉中隔墙法)。

采用 CRD 法施工时,每步的台阶长度都应控制,一般的台阶长度为 5~7m。为稳定工作面,CD 法一般与预注浆等辅助施工措施配合使用,多采用人工开挖的施作方式。

大量施工实例资料的统计结果表明,CRD 法在控制地面沉降和水平位移等方面优于 CD 法,主要原因是 CRD 法各个局部封闭成环时间短,隔壁仰拱在阻止结构初期下沉方面起了关键作用。

CRD 法和眼镜工法的地面沉降相近,两者费用基本相当,但两洞交互施工时,在克服相互干扰方面,CRD 法优于眼镜工法,采用眼镜工法时顶部弧形导坑开挖有一定风险,两侧弧形导洞内的钢支撑(或临时仰拱)往往难以控制在同一断面内,顶部弧形导坑开挖后,钢支撑若无法连成整体,则支护承载能力会大幅降低;而 CRD 法步步封闭成环,各施工阶段风险较小,各工作面可同时作业,有利于安排工序和劳力,相互干扰小。CRD 法开挖方式及工艺流程如图 4-4-75 所示。

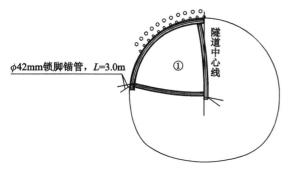

1. 在超前支护防护下,开挖①部。
   施作①部导坑周边的初期支护和临时支护:即初喷混凝土,铺设钢筋网,架立钢架(含临时钢架)并设锁脚锚管,安设临时横撑,复喷混凝土至设计厚度。

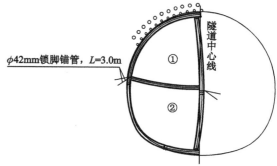

2. 在滞后于①部一段距离后,开挖②部。
   施作导坑周边部分初期支护和临时支护:即初喷混凝土,铺设钢筋网,架设边墙、仰拱钢架和临时钢架,并设锁脚锚管,复喷混凝土至设计厚度。

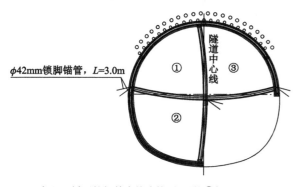

3. 在上一循环的超前支护防护下,开挖③部。
   施作导坑周边的初期支护和临时支护,步骤及工序同 1。

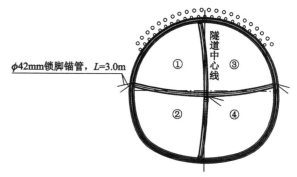

4. 在滞后于③部一段距离后,开挖④部。
   施作导坑周边的初期支护和临时支护,步骤及工序同 2,并使型钢架封闭成环。

图 4-4-75

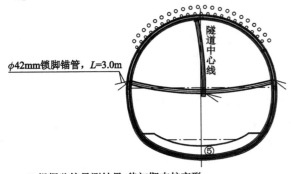
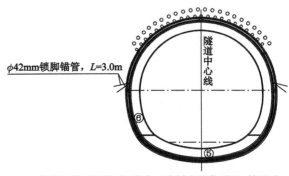

5. 根据监控量测结果,待初期支护变形。稳定后,拆除侧壁临时钢架下半部分,灌注⑤部边墙基础与仰拱。

6. 根据监控量测结果,确定二次衬砌施作时机,铺设防水板。
利用衬砌模板台车一次性灌注⑥部(拱墙)衬砌。

图 4-4-75 CRD 法开挖方式及工艺流程

2) 中洞法

中洞法施工即先开挖中间部分(中洞),在中洞内施作梁、柱结构,然后再开挖两侧部分(侧洞),并逐渐将侧洞顶部荷载通过中洞初期支护转移到梁、柱结构上。一般双连拱、三连拱的车站和隧道施工采用的是中洞法,根据中洞大小可采用台阶法或 CRD 法施工,如图 4-4-76 ~ 图 4-4-78 所示。

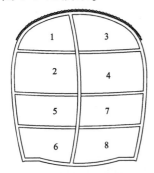

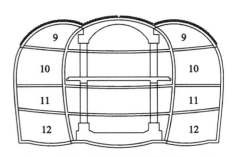

①进行中洞拱部大管棚超前支护、小导管注浆加固地层。中洞采用 CRD 法,按图中顺序进行开挖;及时封闭初期支护。

②分部拆除临时支护,铺设防水层,施作部分底板、底纵梁、钢管柱、中纵梁及部分中层板、顶纵梁、拱部、底板、中板剩余衬砌。

③两边跨拱部施作大管棚超前支护及小导管注浆加固地层,按图中顺序对称开挖两侧边跨,及时施作封闭初期支护。

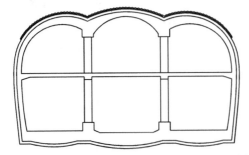
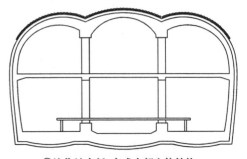

④分部拆除临时支护,施作两侧边跨底板、边墙部分及拱部防水层,与顶纵梁上的防水层搭接好,灌注剩余衬砌。

⑤施作站台板,完成全部主体结构。

图 4-4-76 双层三连拱车站中洞法施工步骤图(中洞 CRD 法)

  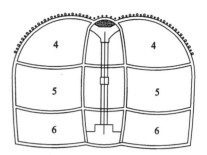

①进行中洞拱部大管棚超前支护、小导管注浆加固地层。中洞采用台阶法，按图中顺序进行开挖；及时封闭初期支护。

②施作部分底板、底纵梁、钢管柱、顶纵梁。

③两边跨拱部施作大管棚超前支护及小导管注浆加固地层，按图中顺序对称开挖两侧边跨，及时施作封闭初期支护。

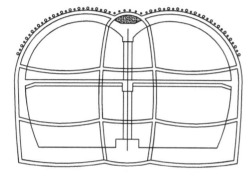 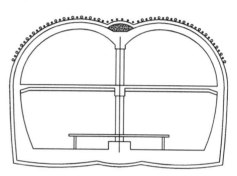

④分部拆除临时支护，施作两侧边跨底板、边墙部分及拱部防水层，与顶纵梁上的防水层搭接好，灌注剩余衬砌。

⑤施作站台板，完成全部主体结构。

图 4-4-77 双层双连拱车站中洞法施工步骤图（中洞台阶法）

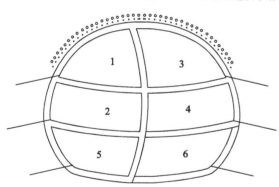 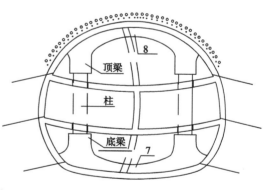

①采用 CRD 法自上而下开挖中洞形成初期支护。

②在中洞内施作部分底板、底纵梁、钢管柱、顶纵梁及顶板。

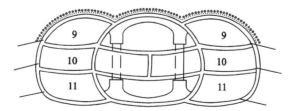

③按图中顺序对称开挖两侧边跨，及时施作封闭初期支护。

图 4-4-78

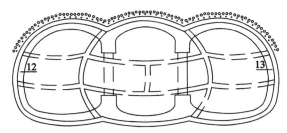
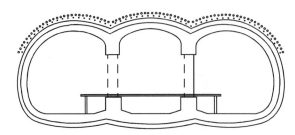

④分部拆除临时支护,施作两侧边跨底板、边墙部分及拱部防水层,与顶纵梁上的防水层搭接好,灌注剩余衬砌。

⑤施作站台板,完成全部主体结构。

图 4-4-78 单层三连拱车站中洞法施工步骤图(中洞 CRD 法)

中洞法施工主要工序如下:

①中跨部分(包括立柱)采用台阶法或 CRD 法施工。先将中洞自上而下分块成环,随挖随撑,及时做好喷锚和钢架初期支护。

②自下而上施作中跨部分二次模注钢筋混凝土结构,中隔墙也逐层拆除。中洞各工序完成后,就会形成一个刚度很大的完整结构顶住上部土体,从而有效减少地表沉降量。

③当中洞完成后,两侧洞采用台阶法,自上而下对称开挖。

④同样,初期支护完成后,再自下而上施作两侧洞的二次模注钢筋混凝土衬砌。

连拱多跨车站形式在以往工程中普遍反映出的问题有:施工质量不易保证;顶部连拱形成的沟槽积水,容易出现漏水现象,且不易治理;施工分块多,稳定性差;废弃工程量大等。

单拱多跨车站施工可采用的方法与三连拱隧道基本类似,此结构最大的优点是隧道顶部没有积水槽,防水效果好;同时,采用单拱形式导致隧道的整体高度偏大,施工期间对控制隧道稳定性的要求很高,如图 4-4-79~图 4-4-81 所示。

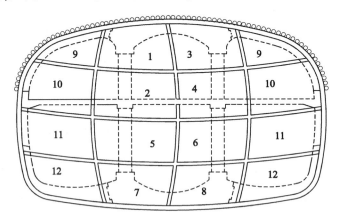

图 4-4-79 双层单拱三跨车站中洞法施工步骤图(中洞 CRD 法)

在软土地层中暗挖施工大断面隧道,必须通过小断面的开挖和转换来实现,其贯彻的主要指导思想是强支护、快封闭,施工期间最重要的是要确保每一个施工分步的开挖和支护稳定以及施工转换的安全。每一步开挖尺寸应尽可能合理。由于目前基本为人工开挖和支护作业,每一步开挖的高度应控制在 3.5m 左右,最高不超过 4m,这样方便采用台阶法开挖时的人工作业。如果高度太大,就必须增加台阶数量,导致初期支护不封闭段长度增加,风险加大。在开挖过程中,由于每一步都是封闭的,且为强支护,因此稳定性不会有问题。但在开挖完成后施作二次衬砌时,在局部拆除中隔壁和临时仰拱后,原先在开挖中已经形成平衡的初期支护受力体系受到破坏,如底部中隔壁拆除,竖向承载能力部分丧失,此时顶部的荷载无法靠中间的柔性临时结构承担,隧道将面临一定危险。当衬砌逐步向上浇筑,连续拆除中间临时结构时,风险越来越大。要减少衬砌和拆除过程中的风险,应尽可能减小纵向拆除隔壁的长度,利用空间受力效应保证隧道稳定,同时,应在拆除临时隔壁的部位增设临时竖向支撑。由于大部分初期支护承受的是压力作用,当隧道断面较大时,建议将内部临时初期支护由弧形改为直线形,可以避免弧形初期支护在较大的轴力作用下失稳。

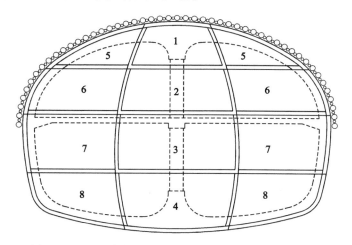

图 4-4-80　双层单拱二跨车站中洞法施工步骤图(中洞台阶法)

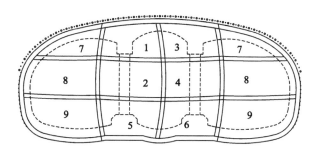

图 4-4-81　单层单拱三跨车站中洞法施工步骤图(中洞 CRD 法)

当隧道横向有多跨,需分部形成时,哪一跨首先形成,哪一跨最后形成,也对隧道的稳定性影响很大。其确定原则主要有以下几个方面:

①形状稳定原则。由于先形成的隧道要独立存在一段时间,且邻近的开挖会对其造成影响,因此,先形成的隧道形状要能够保证在邻近作业影响下的稳定。

②先易后难,互不干扰原则。若部分隧道可以独立成洞,断面形状稳定,施工难度小,相邻洞室施工期间的相互影响和干扰小,可以考虑先施工。即首先形成独立洞,然后开挖中间部分形成封闭结构。

③以大化小,减小跨度原则。若某些隧道先形成后,可以有效减小后期施工部分的开挖跨度,宜先施工。

④经济合理原则。应尽可能减少临时支护工程量,降低工程造价,使施工更加经济合理。

3) 侧洞法

与中洞法相反,侧洞法是先对称地用 CRD 法开挖两个侧洞,在侧洞内做梁、柱结构,然后再开挖中间部分(中洞),并逐渐将中洞顶部荷载通过侧洞初期支护转移到梁、柱上,见图 4-4-82。

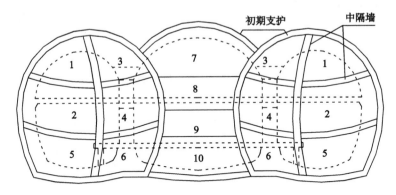

图 4-4-82　三拱立柱式车站侧洞法施工步骤图

由于开挖两个侧洞后,中洞的宽度变小,其承载土柱承受上覆土体压重的承载力下降,因此在处理中洞顶部荷载转移时,侧洞法相对于中洞法要困难些,因而可能产生比中洞法要大的地表下沉。

4) 侧壁导坑法

侧壁导坑法是指先开挖一侧洞,再开挖另一侧洞,最后开挖中洞的施工工艺,见图 4-4-83。这种方法不会在同一横断面上同时形成大的跨度,因而更有利于地层的稳定,但施工进度将会减慢。

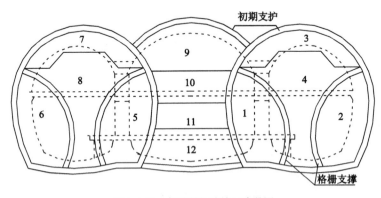

图 4-4-83　侧壁导坑法施工步骤图

三跨双拱车站结构采用双侧壁导坑法,可以将地表的沉陷值控制在 30mm 之内,与中洞法相当。

5) 柱洞法

柱洞法施工工艺遵循"小分块、短台阶、早成环"的原则,将整个断面开挖横向分为:侧洞、有柱的柱洞和中洞共 5 个洞,每洞分上、中、下三层,见图 4-4-84。

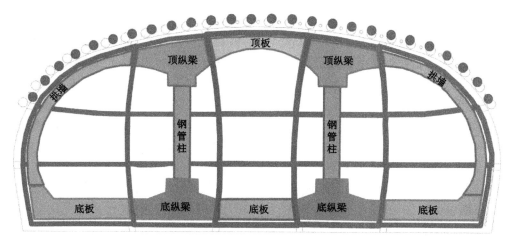

图 4-4-84 柱洞法地铁车站施工情况

先自上而下对称施工柱洞初期支护,再自下而上施作柱洞二次衬砌,建立起梁、柱支撑体系。柱洞完成后,施工两个柱洞中间的中洞初期支护和二次衬砌,形成整个大中洞稳定体系。再对称自上而下施工两侧洞初期支护,最后纵向分段自下而上对称施作二次衬砌,完成结构闭合。如图 4-4-85 所示。

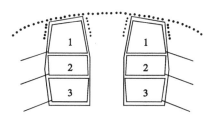
①开挖中部两侧,施作初期支护。

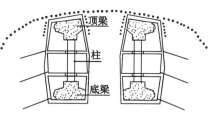
②施作地基底纵梁及防水,架设钢管柱,施作顶纵梁及防水。

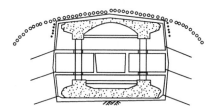
③中洞开挖,分段施作中拱顶板防水、中拱顶板、底板及防水层。

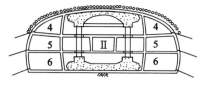
④依次分部开挖两侧洞室。

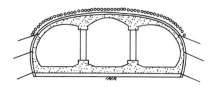
⑤根据监测情况分段拆除中隔壁、临时支撑,逐步完成侧洞防水及二次衬砌、内部结构。

图 4-4-85 双层三跨车站柱洞法施工步骤图

6) 桩洞法（PBA 法）

城市地铁车站开挖断面大，为了控制地表沉降、保证周边建筑物安全，施工时必须将开挖断面化大为小。虽然在暗挖区间隧道时常用的台阶法、CRD 法（CD 法）、侧洞法、侧壁导坑法、中洞法、柱洞法等也能将开挖断面化大为小，但是在车站这种超大断面开挖时，施工安全及控制沉降等就无法保障，因此衍生出了 PBA 法。PBA 法施工成功地解决了在控制地表沉降、保证周边建筑物安全的同时形成地下大断面暗挖结构的施工难题，它如同早期的双侧壁导坑法及近年来在城市中不断尝试的盖挖逆作法，都是城市施工的新思路。

PBA 法也是浅埋暗挖法的一种，P——桩(pile)、B——梁(beam)、A——拱(arc)，即由边桩、中桩（柱）、顶底梁、顶拱等共同构成初期支护受力体系，承受施工过程的荷载。当地质条件较差、断面较大时，一般设计成多跨结构，跨与跨之间有梁、柱连接，比如常见的三柱两跨大型地铁车站就常用 PBA 施工。

PBA 法的特点：

①在非强透水地层中，将有水地层的施工变为无水、少水施工，避免因长期大量降水引起的地表沉降和施工费用增加，有利于保护地下水资源和降低施工措施费。

②以桩作支护，稳妥、安全，也利于控制地层沉降，避免中洞法、CD 法、CRD 法、双侧壁导坑法多次开挖引起地面沉降量过大的缺陷和对初期支护的刚度弱化。

③与 CRD 法、双侧壁导坑法等相比，拆除临时工程量相对较少；结构受力条件也好，相对经济合理。

④对结构层数限制少，对保护暗挖结构附近的地下构筑物和周边建筑物的安全有利。

⑤在桩、梁、拱承载体系形成后，有较大的施工空间，便于机械化作业，从而加快进度。

⑥在水位线以上的地层中开设的导洞内施工孔桩，利用其"排桩效应"对两侧土体起到支挡作用，可减少因流砂、地下水带来的施工安全隐患。

PBA 法就是先开挖导洞，在洞内制作挖孔桩或钻孔桩，梁柱完成后，再施作顶部结构，然后在其保护下施工。桩洞法的主要思想是将盖挖法及分步暗挖法有机结合起来，发挥各自的优势，因此也称为地下式盖挖法。

PBA 法的核心思想在于设法形成由侧壁支撑结构和拱部初期支护组成的整体支护体系，代替传统的预支护和初期支护结构，以保证在进行洞室主体部分开挖时具有足够的安全度，并能有效地控制地层沉降。PBA 法主要施工工序如图 4-4-86 所示。

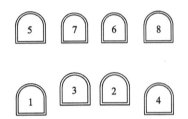

①小导洞施工：先施工下层导洞，后施工上层导洞；上层导洞分两组间隔施工，避免产生群洞效应。

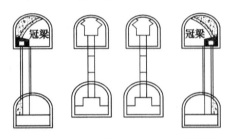

②边桩及冠梁施工、边导洞内架设钢架、回填混凝土。
③底纵梁、钢管柱、顶纵梁施工（底纵梁施工前，沿导洞底部加固地基；底纵梁施工时，预留钢管柱锚固钢筋）。

图 4-4-86

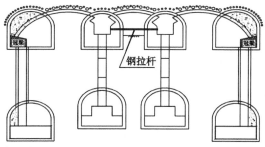
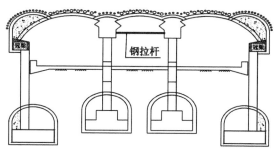

④中跨拱部地层加固、对称开挖、支护，设置拉杆（开挖前加固顶纵梁，开挖循环 0.5m）。
⑤边跨拱部地层加固、开挖、支护（为避免群洞效应，滞后边跨开挖 10m 以上）。

⑥主体开挖至中板高度，浇筑站厅层中板（中板采用地模施工，预留预埋各种孔洞构件、钢筋接头、防水板搭接长度；钢管柱处中纵梁及中板钢筋与钢管柱连接件焊接）。

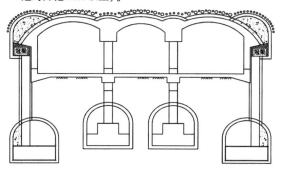
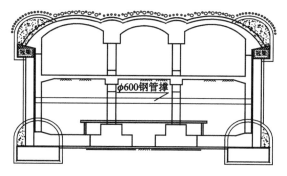

⑦自下而上同时浇筑三跨边墙、拱部二次衬砌。

⑧开挖至底板下，浇筑剩余侧墙二次衬砌、底板、站台板等二次衬砌结构。

图 4-4-86　双层双柱三跨车站 PBA 施工步骤图（8 导洞）

　　双层单柱双跨车站施工采用的方法与双层双柱三跨车站 PBA 施工方法基本类似，采用 6 导洞法。

　　PBA 法施工案例中，边桩有两种做法，其一为小导洞内施作条形基础；其二是加长边桩，利用桩基代替条形基础作用，施作条形基础可省去小导洞内钻孔施作长桩的麻烦，但需多挖 2 个小导洞，在控制地面沉降以及节省费用等方面并没有明显的优势，因此设计时应结合工程地质情况选取边桩参数。北京地铁 10 号线劲松站为地下双层暗挖岛式站台车站，站台宽 12m，站顶覆土 7.53~10.1m，车站主要通过地层为粉土层、粉细砂层、中粗砂层、粉质黏土层，基底位于粉质黏土层；结构大部分位于潜水层，结构底板位于承压水层。由于基底位于粉质黏土层，持力层承载力不够，边桩采用桩基础。北京地铁 10 号线苏州街站站型为两端双层暗挖，中部单层暗挖，直线形侧式站台车站。双层结构覆土 6~7m，结构采用单柱双跨双层拱形结构，车站主要通过地层为：粉质黏土、粉土、圆砾卵石、中粗砂、粉细砂、粉质黏土、卵石圆砾层，基底位于卵石圆砾层。地下设防水位 44m，承压水位 28m 左右。由于基底位于卵石圆砾层，持力层承载力比较高，边桩采用条形基础。

　　小导洞施工采用正台阶法，一般情况下，小导洞采用"先下后上、先边后中"的开挖顺序，上下左右导洞之间纵向错开一定距离。

　　对于三跨车站边跨和中跨土体的开挖顺序，为消除中、边跨拱脚推力差对钢管柱产生的不利影响，一般情况下拱部开挖顺序是中跨先行，边跨落后 2~3m，然后先扣中拱初期支护，再扣边拱初期支护。

目前 PBA 法二次衬砌施工顺序有三种方式：全逆作法、全顺作法、半顺作法。早期的北京地铁 2 号线宣武门站采用全逆作法，即拱部防水二次衬砌—站厅侧墙防水二次衬砌—中板—站台侧墙防水二次衬砌—底板防水二次衬砌，虽然节省了许多临时横撑，但未封闭的二次衬砌结构承受比较大的荷载，容易开裂，且站厅层拱脚处多了一道施工缝；早期的北京地铁东单站采用全顺作法，全顺作法需要架设大量的临时支撑，增加工程造价；北京地铁 10 号线苏州街站、劲松站二次衬砌采用了半顺作法、半逆作法，即站厅、站台层顺作，整体逆作。

与北京地铁 10 号线劲松站、苏州街站不同，北京地铁 10 号线呼家楼站、金台夕照、工体北路站、国贸站，因为采用双层单跨分离式结构，临时支撑架设方便，二次衬砌施工可选用全顺作法或半顺作法，如图 4-4-87 所示。

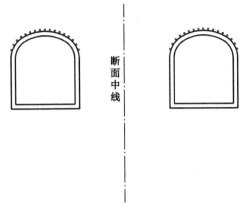

①先施作两侧小导洞，导洞两侧小导管注浆超前预支护，用台阶法开挖导洞，导洞格栅间距 0.5m。

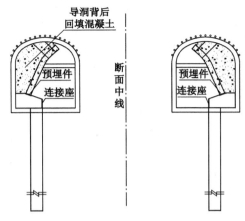

②导洞内施作 $\phi800mm$、$\phi1000mm$，间距 1.2m 钻孔桩，桩顶施作冠梁。冠梁上预留第一道横撑的连接座及扣拱格栅地脚螺栓，再进行导洞内初支格栅拱脚的架设及导洞混凝土回填。

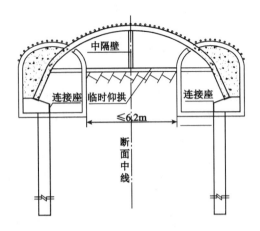

③大弧扣左右洞室土体开挖，左右洞室开挖施作中隔壁，挂网喷射混凝土，设置临时仰拱封闭成环。

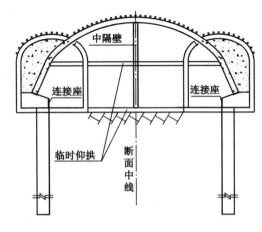

④施作中间土体开挖至导洞底，施作中隔壁挂网喷射混凝土及临时仰拱封闭。

图 4-4-87

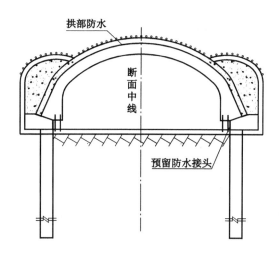

⑤分段拆除导洞支护,铺设拱部防水板,全包防水,在边墙预留防水板接头,整体施作拱部二次衬砌。

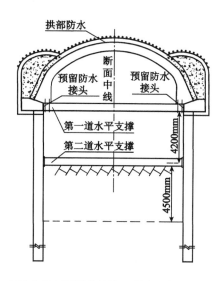

⑥施作桩顶冠梁处的第一道水平拉杆支撑,开挖下部土体,分层施作,桩间喷射混凝土,在其下4.2m处架设水平第二道水平支撑。

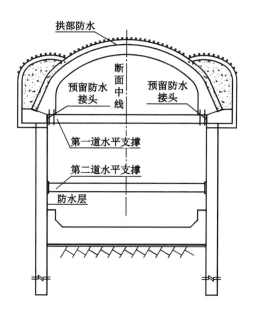

⑦开挖到坑底后迅速施作结构底部垫层,铺设边防水层,施作结构底板,预留边墙钢筋。

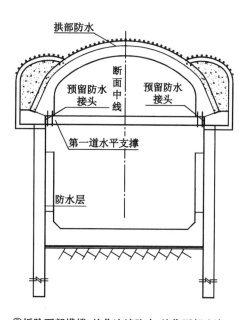

⑧拆除下部横撑,施作边墙防水,施作下部边墙。

图 4-4-87

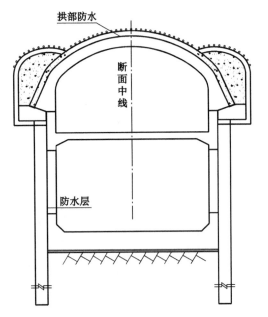 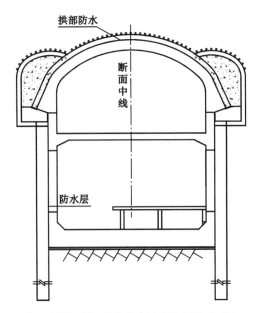

⑨拆除第一道横撑施作边墙防水,浇筑中板,加强边墙施工缝的防水处理,主体结构封闭。

⑩拆除模板支架,施作站台墙和站台板,完成主体结构施工。

图4-4-87 双层单跨分离式暗挖车站PBA施工步骤图

目前,大跨度多层暗挖法车站施工常用的施工方法有PBA法、侧洞法、中洞法等几种工法,其优缺点比较见表4-4-9。

对于软土地层,采用中洞法、侧洞法、侧壁导坑法、柱洞法等分步开挖法施工存在许多弊端:

①竖向需要分多层开挖,开挖次数、节点过多,使得结构受力复杂,施工难度大,安全性差。

②对地层扰动次数多,引起的地面沉降量大,如果控制不当,地面沉降量可能达到100多毫米,对地下管线和周边结构造成安全隐患。

③支护及废弃工程量大。

④施工场地小,条件差,施工干扰大。

⑤由于地层稳定性差,扰动次数多,施工中需采取多种辅助措施或特殊施工技术。

⑥在含水地层中,对地下水的处理较困难。

⑦由于采用此法施工的结构多为曲墙结构,不利于设备及房间设置,断面使用不经济。

整体而言,柱洞法(PBA法)具有施工安全度高、废弃工程量较少的优点,结合所在地区的工程地质、水文地质条件、环境情况及车站的结构形式,多层多跨暗挖车站采用PBA法施工较分步开挖法优越,而单层二跨或三跨结构,则推荐采用中洞法。

4. 二次衬砌

在浅埋暗挖法中,初期支护的变形达到基本稳定后,可以进行二次混凝土衬砌灌注工序。通过监控量测,掌握隧道动态,提供信息,指导二次衬砌施作时机,这是浅埋暗挖法中二次衬砌施工与一般隧道衬砌施工的主要区别。其他灌注工艺和机械设备与一般隧道衬砌施工基本相同。

典型大跨度暗挖法优缺点比较   表4-4-9

项目	PBA法	侧洞法	中洞法
示意图	(图)	(图)	(图)
主要特点	①利用小导洞作桩形成主要传力结构，在暗挖拱盖保护下进行内坑开挖。②导坑及拱盖施工，工序较少，地面沉降较小。③废弃工程量大，造价稍高	①两个侧洞先行，然后施作中洞。②分块多，工序多，对地层扰动最大。③废弃工程量较大，造价高	①中洞先行，建立起梁、柱支撑体系，然后施作侧洞。②分块多，多次扰动地层，但先建立起的梁柱体系对地面沉降起一定控制作用。③造价较高
适用范围	①适用于少水的软岩或土质地层。②适用于多拱多跨双层中大跨度地下工程	①适用于少水的各种地层。②适用于单拱多跨结构，双层中大跨度地下工程	①适用于少水的各种地层。②适用于单拱多跨结构，双层中大跨度地下工程
防水质量	采用多拱多跨结构，柱顶施工条件差，"V"形节点防水质量难以保证	采用单拱多跨结构，避免"V"形节点，防水质量可保证	采用单拱多跨结构，避免"V"形节点，防水质量可保证
施工难度	桩身钢筋分段多，二次性扣拱跨度大	对大跨度地下结构，施工难度大	对大跨度地下结构，施工难度一般
施工速度	拱盖形成较费时，正洞施工速度一般	工序多次转换，废弃工程量大，总体施工进度慢	工序转换较多，但建立起中洞梁柱体系后，施工速度可加快，总体施工进度一般
地面沉降	较小	较大	一般
废弃工程量	要施作边桩及桩下基础围护结构，洞部分初支，废弃工程量较大	工序多次转换，废弃工程量大	工序多次转换，废弃工程量较大
造价	稍低	高	高

二次衬砌施工前应做好以下几点：

①核对中线、水平、断面尺寸，所有检测数据均应符合设计要求。

②为确保衬砌不侵入限界，允许放样时将设计衬砌轮廓尺寸扩大 3~5cm，作为施工误差及模板拱架的预留沉降量。

③隧道断面变化和地质条件变化交界处应设沉降缝；洞口附近及设计要求的部位应设伸缩缝。对以上各种结构缝及施工缝，均应进行防水处理。

二次衬砌所用的模板、墙架、拱架均应式样简单、拆装方便、表面光滑、接缝严密。使用前应进行校核，重复使用时，应随时检查并整修。

三、新奥法施工

新奥法（钻爆法）是通过钻孔、装药、爆破开挖岩石的一种暗挖施工方法。该方法一般适用于稳定性较好的岩石地层。在某些地处坚硬岩石地层的城市（如重庆、青岛等）修建地下车站时，钻爆法常常被采用。此外，在广州、南京等部分处于坚硬岩石地层的城市修建地下车站时，也有采用钻爆法施工的实例。

在岩石地层采用钻爆法开挖时，应采用光面爆破、预裂爆破技术，尽量减少欠挖、超挖。根据围岩特点合理选择周边眼间距及周边眼的最小抵抗线，严格控制周边眼的装药量和装药结构，采用小直径药卷和低爆速炸药，采用毫秒微差有序起爆，爆破参数可采用工程类比或根据爆破漏斗及成缝试验确定。

为了减少爆破对环境的影响，采用全断面隧道掘进机（tunnel boring machine，TBM），使隧道掘进速度加快，效率提高，大大减轻劳动强度。此外，采用隧道掘进机还有施工安全、开挖面平整、超挖小、节约衬砌混凝土、没有爆破振动、对围岩振动破坏小等优点。但在较短的隧道中使用是不经济的，一般要求隧道长度与隧道直径之比大于 600 时才使用。隧道掘进机对有溶洞、断层的地层适应能力差，因此在选用前应对工程地质进行详细调查。对于较软的岩石地层也可使用机械预切槽法及水力切割法等工艺。

围岩开挖后应立即进行必要的支护，并使支护与围岩尽量密贴，以稳定围岩。围岩条件比较好时可简单支护或不支护。采用喷混凝土锚杆作为初期支护时，施工顺序一般为先喷混凝土后打锚杆；围岩条件恶劣时，则采用初喷混凝土→架钢支撑→打锚杆→二次喷混凝土的顺序。锚杆杆位、孔径、孔深及布置形式应符合设计要求，锚杆杆体露出岩面的长度不宜大于喷混凝土层厚度，锚杆施工质量应符合有关规范要求。

对有水地段的锚杆施工经常采取以下措施：如遇孔内流水，可在附近另钻一孔，再设锚杆，亦可采用缝管锚杆，或采用速凝早强药包锚杆，或采用管形锚杆并向围岩压力注浆等。

1. 钻孔机具

钻爆法采用的钻孔机具主要有凿岩机（钻机）和凿岩台车。

1) 凿岩机（钻机）

凿岩机按使用动力可分为风动凿岩机、内燃凿岩机、电动凿岩机和液压凿岩机四种。目前，隧道中广泛采用的是风动凿岩机和液压凿岩机。

(1) 风动凿岩机。

风动凿岩机俗称风钻,其以压缩空气为动力,既可人工操作,也可装在台车上使用。其优点是结构简单,操作方便,不怕超负荷和反复起动,在多水、多尘等不良环境中仍能正常工作;缺点是压缩空气供应设备复杂,能量利用率低,噪声大。

(2) 液压凿岩机。

液压凿岩机由液压马达提供动力,只能用于台车。其优点是动力消耗少,能量利用率高,凿岩速度快,噪声小;缺点是质量大,附属设备多,只能在台车上使用,造价较高。

2) 凿岩台车

可将多台凿岩机安装在一个专门的移动设备上,实现多机同时作业。凿岩台车适用于开挖断面大的隧道。其动力有风动、液压等,主要是液压,一般设有1~4臂。

2. 爆破材料及起爆方法

爆破材料主要包括爆炸材料(如炸药)和起爆材料(如雷管、导火索、导爆索等)。其中隧道爆破中所用的爆炸材料,多采用威力大、使用安全、产生有毒气体少的硝铵炸药;而起爆材料则根据起爆方法的不同而有所不同。

1) 火雷管起爆法

主要用火源(点火材料)点燃导火索,用导火索来传导火焰,直接喷射于火雷管的正起爆药上而使火雷管起爆,使炸药发生爆炸。

(1) 火雷管。

火雷管的构造如图4-4-88所示。它由四个部分组成:金属(铝、铁或铜)、纸、硬塑料做一端开口,一端封闭成聚能结构的圆管状管壳;用雷酸汞、二硝基重氮酚等高感度的炸药做正起爆药;用黑索金、特屈儿、TNT(三硝基甲苯)等爆炸

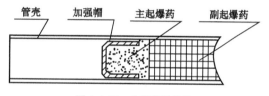

图4-4-88 火雷管的构造

威力大的炸药做副起爆药;另有中心带一小孔的加强帽。工业雷管按起爆药量的多少分为10个等级,号数越大起爆药量越多,起爆能力越强。

(2) 导火索。

导火索是以具有一定密度的粉状或粒状黑火药为索芯,以棉线、塑料、纸条、沥青等材料被覆而成的圆形索状起爆器材。主要用来传递火焰、起爆火雷管和黑火药。

(3) 点火材料。

点燃导火索的材料有自制导火索段、点火线、点火棒、点火筒等。一般以自制的导火索段最为常用。

2) 导爆索起爆法

导爆索起爆法所需要的材料有雷管、主导爆索和炮眼导爆索。它首先用雷管引爆主导爆索,然后引爆炮眼导爆索,引起炸药爆炸。主要用于隧道周边炮眼的爆破,有时为了加强掏槽眼的爆破,也用于掏槽爆破。

(1) 导爆索。

导爆索是以黑索金或太安作为索芯,以棉麻、纤维等为被覆材料的索状起爆材料。它经雷

管起爆后,可以引爆其他炸药。导爆索分为两类——普通导爆索和安全导爆索,隧道内一般使用普通导爆索。

(2)导爆索的起爆。

导爆索的起爆,通常采用火雷管、电雷管、塑料导爆管非电雷管起爆,为保证起爆的可靠性,经常在导爆索与起爆雷管的连接处加 1~2 卷炸药卷。雷管的聚能穴应朝向传爆方向,雷管或起爆药包绑扎的位置需距离导爆索始端约 100mm。为了安全,只准在临起爆前将起爆雷管绑扎在导爆索上。

3)电雷管起爆法

电雷管起爆法是利用电能首先引起电雷管的爆炸,然后再起爆工业炸药的起爆方法。它所使用的爆破器材有电雷管、起爆电源、导线。

(1)电雷管。

电雷管分为瞬发电雷管和延期电雷管,后者又分为秒延期电雷管和毫秒延期电雷管。

①瞬发电雷管。

瞬发电雷管是通电后瞬时爆炸的电雷管,构造如图 4-4-89 所示。它的装药部分与火雷管相同,不同之处在于管内装有电点火装置,由脚线、桥丝、引火药及固定脚线的塑料塞或圆垫组成。瞬发电雷管的结构有两种,直插式[图 4-4-89a)]和引火头式[图 4-4-89b)]。

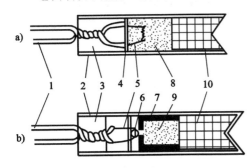

图 4-4-89 瞬发电雷管构造
1-脚线;2-管壳;3-密封塞;4-垫纸;5-桥丝;6-引火头;
7-加强帽;8-松散 DDNP;9-副起爆药;10-主起爆药

②秒延期电雷管。秒延期电雷管的组成与瞬发电雷管基本相同,不同点是在引火头与主起爆药之间安装了延期装置(图 4-4-90)。通常延期装置是用精制的导火索段制成的,由其长度控制雷管延期时间。管壳上钻有两个排气孔,以放出延期装置燃烧时生成的气体。国产秒延期电雷管的延期时间分 7 段。

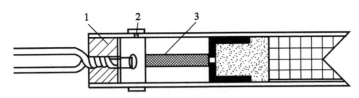

图 4-4-90 秒延期电雷管构造
1-卡口塞;2-排气孔;3-延期导火索

③毫秒延期电雷管。毫秒延期电雷管的组成与秒延期电雷管基本相同,不同之处在于延期装置的差异(图 4-4-91)。毫秒延期电雷管的延期装置是延期药,常用硅铁(还原剂)和铅丹(氧化剂)的混合物,还掺入适量的硫化锑。通过改变延期药的成分、配合比、药量及压药密度来控制延期时间。目前国产毫秒延期电雷管的延期时间分 20 段。

(2)起爆电源。

起爆电源有照明线路、动力线、起爆器等。

采用照明线路、动力线起爆,最常用的连接方式有:电爆网路连接到一相线或零线,即接到照明线路上,起爆电压为相电压或照明电压,即220V;电爆网路连接到两条相线上,起爆电压为线电压,即380V。

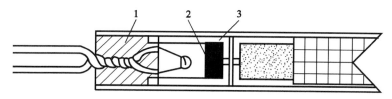

图4-4-91 毫秒延期电雷管构造
1-密封塞;2-延期药;3-反扣长内管

采用起爆器起爆,起爆器按结构原理分为发电机式和电容式两类。发电机式起爆器实质上是一个小型的手摇发电机;电容式起爆器通常采用三极管振荡电路将干电池的直流电变为交流电,经过变压器升压,再用晶体二极管整流变成高压直流电,并对电容器充电,当电能储存到额定数值时,即可放电起爆。

(3)导线。

爆破网路中的导线多采用绝缘良好的铜或铝线。按接在网路中的位置分为主线(也叫起爆电缆母线)、区域线和连接线。

4)塑料导爆管非电雷管起爆法

塑料导爆管非电雷管起爆法是采用塑料导爆管传递爆轰波给非电雷管,使之爆炸。其起爆系统的组成如下:

①击发元件,用以激发导爆管。主要有两种:工业雷管有火雷管、电雷管;击发枪和火帽及击发笔。

②传爆元件,其作用是将冲击波信号从击发元件传给每个起爆元件。主要有塑料导爆管和传爆雷管(8号火雷管和毫秒延期电雷管)。

③起爆元件,其作用是在导爆管传播的冲击波作用下爆炸而引爆工业炸药。可用8号火雷管和毫秒延期电雷管。

④连接元件,用于连接击发元件、传爆元件、起爆元件。通常有卡口塞、连接块。广泛应用的传爆元件与起爆元件的连接用卡口塞,自加工的瞬发雷管一般现场用电工胶布;击发元件与传爆元件的连接现场用电工胶布、塑料条带、细绳线等捆扎代替。

⑤组合雷管。在现场一般用成品的组合雷管,由一定长度的导爆管、卡口塞和雷管组合而成。组合雷管的导爆管一端封口,另一端与雷管相组合。组合雷管既可用作起爆雷管,也可用作传爆雷管。

3.掏槽技术

隧道爆破开挖成败的关键是掏槽技术,其成功与否直接影响爆破效果好坏,其深度又直接影响开挖的循环进尺。

1)炮眼的种类及其作用

炮眼主要有掏槽眼、周边眼和辅助眼三种类型。

(1) 掏槽眼。

隧道开挖面最初爆破时只有一个临空面,为提高爆破效果,先在爆破断面的适当位置(一般为中央偏下部)布置几个让其最先起爆的炮眼,为临近炮眼的爆破创造临空面,此类炮眼即为掏槽眼。

(2) 周边眼。

沿隧道周边布置的炮眼称为周边眼,如图 4-4-92 中的 15、16、17、18、19、20 号炮眼,其作用在于炸出一个合适的爆破轮廓。按其所在位置,又可分为帮眼(16、17、18、19 号眼)、顶眼(15 号眼)和底眼(20 号眼)。

(3) 辅助眼。

位于掏槽眼和周边眼之间的炮眼称为辅助眼。其作用是扩大掏槽眼炸出的槽口,为周边眼爆破创造临空面。如图 4-4-92 中的 10、11、12、13、14 号炮眼。

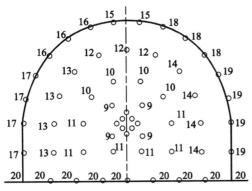

图 4-4-92 炮眼种类及布置示意图

2) 掏槽形式

爆破掏槽的形式主要可分为直眼掏槽和斜眼掏槽两种。

(1) 直眼掏槽。

直眼掏槽是炮眼与开挖面垂直,炮眼深度不受围岩软硬和开挖断面大小的限制,可以实现多台钻机同时作业、深眼爆破和钻眼机械化,从而为提高掘进速度提供了有利条件。直眼掏槽凿岩作业较方便,不需随循环进尺的改变而变化掏槽形式,仅需改变炮眼的深度,且石渣的抛掷距离也可缩短。但直眼掏槽的炮眼数目和单位用药量较多,对眼距、装药量等有严格要求。

(2) 斜眼掏槽。

斜眼掏槽的炮眼与开挖面斜交。它的种类较多,主要可分为单向掏槽、锥形掏槽和楔形掏槽三种。

① 单向掏槽。

单向掏槽由数个炮眼向同一方向倾斜组成,一般用于中硬以下的层状岩层。按炮眼的布置形式分为爬眼掏槽、侧向掏槽、插眼掏槽(图 4-4-93)。爬眼掏槽适用于岩层层理明显的倾斜工作面;侧向掏槽适用于断面一侧有软弱层,或岩层具有垂直的层理并与开挖方向成一角度的情况;插眼掏槽适用于断面下部有软弱层或岩层层理倾向工作面的情况。

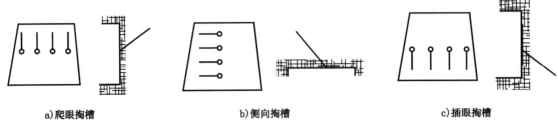

a) 爬眼掏槽　　　　b) 侧向掏槽　　　　c) 插眼掏槽

图 4-4-93 单向掏槽炮眼布置形式

②锥形掏槽。

锥形掏槽由数个共同向中心倾斜的炮眼组成,爆破后槽子呈角锥形,一般用于较坚硬的整体岩层中。炮眼布置形式有三角锥形、四角锥形(四门斗)、五角锥形等,如图4-4-94所示。三角锥形掏槽适用于小断面且岩层节理不发育,层理不明显,石质较破碎的情况;四角锥形掏槽适用于岩层整体均匀,节理不发育,层理不明显,石质较坚硬的岩层;五角锥形掏槽适用于较坚硬的倾斜岩层与整体岩层。

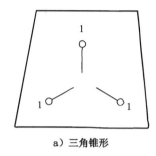 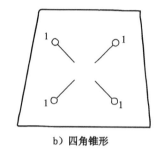 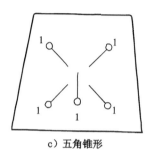

a)三角锥形　　　　　　　　b)四角锥形　　　　　　　　c)五角锥形

图4-4-94　锥形掏槽炮眼布置形式

③楔形掏槽。

楔形掏槽由数对(一般为2~4对)对称的相向倾斜的炮眼组成,爆破后形成楔形的槽子。楔形掏槽爆力比较集中,爆破效果较好,掏出的槽子体积较大,可以适用于各种不同坚固程度的岩层。炮眼布置形式有水平楔形掏槽和垂直楔形掏槽两类。水平楔形掏槽炮眼布置如图4-4-95所示。它适用于层理接近水平或倾斜平缓的层面、裂缝和夹层的围岩或均匀整体的围岩。垂直楔形掏槽炮眼布置适用于层理大致垂直或倾斜的各种岩层,其主要形式有普通、剪式和层状三种(图4-4-96)。

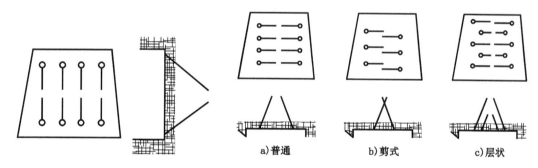

图4-4-95　水平楔形掏槽炮眼布置　　　　图4-4-96　垂直楔形掏槽炮眼布置

掏槽形式的选择主要依据开挖断面的大小及宽度、地质条件、机具器材条件、钻眼爆破技术水平、开挖技术要求等决定。

4. 控制爆破技术

隧道爆破中常用的控制爆破主要有光面爆破和预裂爆破两种。

1)光面爆破

光面爆破是通过合理选择周边眼的爆破参数,使爆破后的围岩断面轮廓整齐,最大限度地减轻爆破对围岩的振动和破坏,尽可能维持围岩原有完整性和稳定性的爆破技术。其在软岩、中硬岩隧道浅眼爆破施工中被广泛应用。起爆顺序为掏槽眼→辅助眼→周边眼。

与普通爆破相比,光面爆破最显著的优点就是能有效控制周边眼炸药的爆破作用,减少对围岩的扰动,保持围岩的稳定性,确保施工安全,同时又能减少超挖、欠挖,提高工程质量和加快施工进度。

2) 预裂爆破

预裂爆破是由光面爆破演变而来的,是在开挖区内的炮眼(即主爆破眼)起爆之前,沿设计轮廓线布置的炮眼(即预裂炮眼)首先起爆,形成有一定宽度的贯穿裂缝(即预裂缝)。将开挖区与保留区的岩体分离,从而使保留区岩体在主爆破炮眼爆破时受到的破坏和振动大幅减轻,留下光滑平整的开挖面。其起爆顺序为周边眼→掏槽眼→辅助眼。

预裂爆破与光面爆破相比,其显著的优点就是能够减轻爆破振动对周边保留区围岩的影响,故在硬岩且需要减轻爆破振动的情况下常常被采用。

关于光面爆破、预裂爆破的相关爆破参数及其设计可参照相关资料,这里不再赘述。

5. 钻爆施工方法

钻爆施工方法通常可分为全断面法、台阶法和各类型的分部开挖方法。采用钻爆法修建的地下车站,目前采用较多的是分部开挖方法。下面即以重庆地铁礼嘉车站为例,重点介绍其使用的分部开挖方法,即中岩柱单边落底法。

重庆地铁礼嘉车站为暗挖车站,车站采用双导四线、双拱双层结构。分为车站左线和车站右线,左、右线平行布置,其中车站左线全长196.627m,右线全长195m,左、右洞间净岩柱距为6.5~6.9m。

车站地层岩性主要包括第四全新系统松散土层和侏罗系中统沙溪庙组泥岩、砂岩。其中砂岩、泥质砂岩与砂质泥岩呈不等厚互层状,岩体裂隙介于不发育~较发育之间,呈整体块状结构,厚层状构造。

车站施工采用中岩柱单边落底钻爆分部开挖方法,施工顺序如图4-4-97所示。

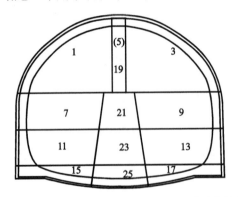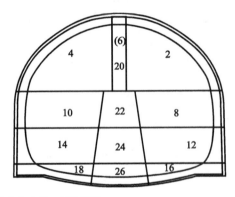

图4-4-97 中岩柱单边落底法施工开挖顺序

具体为:1 部开挖及初期支护→2 部开挖及初期支护→3 部开挖及初期支护→4 部开挖及初期支护→5 部中支柱浇注→6 部中支柱浇注→7 部开挖及初期支护→8 部开挖及初期支护→9 部开挖及初期支护→10 部开挖及初期支护→11 部开挖及初期支护→12 部开挖及初期支护→13 部开挖及初期支护→14 部开挖及初期支护→15 部开挖及初期支护→16 部开挖及初期支护→

17部开挖及初期支护→18部开挖及初期支护→19部拆除中柱→20部拆除中柱→21部开挖→22部开挖→23部开挖→24部开挖→25部仰拱开挖及初期支护→26部仰拱开挖及初期支护。

四、新奥法与信息化施工

新奥法(NATM)是隧道设计和施工的一种新理念。传统理念把围岩看成"荷载",而新奥法看重的是围岩具有的自承能力。因此,新奥法理念的基点在于保护好围岩,充分发挥围岩的自承能力。

随着新奥法理念的引入,古老的矿山法焕发出新的活力。所谓"浅埋暗挖法",就是中国隧道工程技术人员在城市地铁工程中,把新奥法理念与矿山法相结合的成功创举。

新奥法在强调发挥围岩自承能力的同时,要求对围岩及支护体系进行必要的监测,以及时掌握有关围岩及支护的稳定性信息。监测项目一般分两大类:

①必测项目。包括地面(建筑物)下沉、拱顶下沉、洞径收敛等。

②选测项目。包括地中变位、围岩应力(压力)、支护应力等。

新奥法要求根据监测信息及时分析围岩及支护的稳定情况,并将其及时反馈给设计及施工负责人。必要时应及时修正设计,调整施工工艺,采取补强和辅助措施。确保围岩稳定和支护安全。因此,新奥法理念指导下的隧道设计和施工是随监测信息而变的动态的、信息化的设计和施工。

根据《铁路隧道设计规范》(TB 10003—2016)和《岩土锚杆与喷射混凝土支护工程技术规范》(GB 50086—2015)的要求,埋深50m以内隧洞周边允许位移相对值和隧道初期支护极限相对位移值如表4-4-10所示。

隧洞、洞室周边允许相对收敛值　　表4-4-10

围岩级别	洞室埋深(m)		
	<50	50~300	300~500
Ⅲ	0.10%~0.30%	0.20%~0.50%	0.40%~1.20%
Ⅳ	0.15%~0.50%	0.40%~1.20%	0.80%~2.00%
Ⅴ	0.20%~0.80%	0.60%~1.60%	1.00%~3.00%

注:1. 洞周相对收敛值是两测点间实测位移值与两测点间距离之比,或拱顶位移实测值与隧道宽度之比。
2. 脆性围岩取小值,塑性围岩取大值。
3. 本表适用于高跨比0.8~1.2、埋深<500m,且其跨度分别不大于20m(Ⅲ级围岩)、15m(Ⅳ级围岩)和10m(Ⅴ级围岩)的隧道洞室工程。否则应根据工程类比,对隧洞、洞室周边允许相对收敛值进行修正。

五、暗挖法(矿山法)施工的隧道防水

矿山法施工的隧道结构防水,应根据含水地层的特性、围岩稳定情况和结构支护形式确定。在无侵蚀性介质和贫水的Ⅰ、Ⅱ级围岩地段的隧道结构拱、墙,宜采用复合式衬砌防水,有条件时底部可采用限排。地下水较多的软弱围岩地段,应采用全封闭式的复合式衬砌全包防水。

矿山法施工的隧道防水措施应符合《地铁设计规范》(GB 50157—2013)的规定,如表4-4-11所示。

矿山法施工的隧道防水措施　　　　　表4-4-11

工程部位	防水措施	防水等级	
		一级	二级
主体	防水混凝土	必选	必选
	塑料防水板	应选一至两种	应选一种
	防水卷材		
	膨润土防水材料		
内衬施工缝	遇水膨胀止水条（胶）	应选两种	应选一至两种
	外贴式止水带		
	中埋式止水带		
	水泥基渗透结晶型防水材料		
	防水涂料		
	预埋注浆管		
内衬变形缝	中埋式止水带	必选	必选
	外贴式止水带	应选两种	应选一至两种
	可卸式止水带		
	防水嵌缝材料		
	预埋注浆管		

　　复合式衬砌防水除采用防水混凝土外，还需做夹层柔性防水层。夹层柔性防水层是在喷混凝土的初期支护上铺设塑料板或以膜为主体材料的防水隔离层，然后再进行二次衬砌混凝土的浇注。实践证明，夹层柔性防水结构不仅防水效果好，而且可以减少二次衬砌的收缩裂缝。

　　复合式衬砌的夹层柔性防水结构根据初期支护表面凹凸情况，一般都在防水隔离层背后加设缓冲和导水的垫层，并采用无钉孔铺设法，以保护防水隔离层免遭破坏和提高防水效果。

　　1. 夹层防水材料

　　1）防水隔离层材料

　　防水隔离层材料大致可分为橡胶沥青类、合成橡胶类[包括硫化型：聚氨酯橡胶、异丁烯橡胶、乙烯丙烯聚合橡胶（EPDM）、氯丁二烯橡胶（CR）等；非硫化型：聚异丁烯（PIB）、聚甲基丙烯酸甲酯（PMMA）等]，塑料类[包括乙烯-醋酸乙烯共聚物（EVA）、乙烯-醋酸乙烯共聚物沥青（ECB）、聚氯乙烯（PVC）等]。目前大量使用的是塑料类防水隔离层材料。

　　2）缓冲层材料

　　目前可供选择的缓冲层材料有两种：一种是无纺布，另一种是聚乙烯（PE）泡沫塑料卷材。无纺布又称土工布，是合成纤维经热压针刺无纺布工艺制成的。合成纤维的主要原料有聚丙烯、聚酯、聚酰胺等。

聚乙烯泡沫塑料卷材,是经化学交联、化学发泡制成的闭孔 PE 泡沫塑料。

2. 夹层防水设计

1)夹层防水设计中应考虑的问题

夹层防水设计应本着"以防为主、多道防线、刚柔结合、综合治理"的原则进行,并根据工程的水文地质状况、结构构造形式、施工方法、防水标准、使用要求等因素选用相应的防水隔离层和缓冲层的材料以及铺设方法,同时还应注意以下几点:

(1)根据工程具体情况和防水要求,夹层式防水层可只设在拱部,或拱部和边墙形成非全断面的防水层,也可做成包括仰拱在内的全断面连续防水层。

(2)对于非全断面的防水层,要配置排水孔以及洞内排水系统。

(3)对于不平整的基面,必须设置缓冲、导水垫层。对二次衬砌亦要提出具体的抗渗标号。

(4)根据不同的工程要求,夹层防水的原材料允许几种混用,但必须处理好不同材料防水层的接头问题,提出可靠措施,保证密封。

2)夹层防水的通用设计

(1)选材。比较好的防水隔离层是 ECB 膜、EVA 膜。价格较低,性能也满足要求的则有 LDPE 膜或 LLDPE 膜。

(2)基面要求平整,其凹凸度 $D/L \leqslant 1/6$,其中 D 为喷混凝土相邻两凸面间凹进去的深度; L 为喷混凝土相邻两凸面间的水平距离。不得有钢筋等尖锐突出物,基面变化或转弯处的阴角应抹成 $R \geqslant 10$cm 的圆弧,阳角抹成 $R \geqslant 2$cm 的圆弧。

(3)夹层防水构造图,如图 4-4-98 所示。

3. 夹层防水的施工

在基面的强度、凹凸度、干燥程度达到设计要求后才能进行夹层防水的施工,其基本步骤如下:

1)垫层铺设

垫层铺设的顺序一般为先拱部后边墙、仰拱,但也可先仰拱后边墙、拱部,并要求与基面密贴。为了防止漏底,要求垫层间有 3~5cm 的搭接长度或宽度。垫层间接缝要求用热风枪焊接。铺设垫层时要用射钉或木螺钉将塑料圆垫片钉在初期支护上,其间距视基面的凹凸度而定,一般为 50~150cm,呈梅花状布置,并尽量设在凹处,钉子不得超出塑料圆垫片平面。

2)防水隔离层铺设

防水隔离层的铺设顺序一般与垫层相同,但必

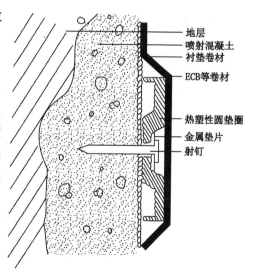

图 4-4-98 夹层防水构造图

须画线以便定位。防水隔离层必须与垫层密贴,但又不能拉得太紧,要有一定余量。接缝用自动走行式热合机焊接,接缝为双焊缝。焊接时的焊接温度和速度,应根据隧道内的气温、焊机状况经充气试验确定。防水隔离层在铺设过程中,随时将其与塑料圆垫片焊牢。如防水隔离层为 EVA 膜等透明材料,则在防水隔离层外用特制的手工加热器对准圆垫片(中间用焊布隔开)加热焊接,加热时间和压力经试验确定。

3) 充气试验

防水隔离层铺设好后,应进行充气试验,在 0.1MPa 的气压下,保持 2min 不漏气。发现漏气处应进行修补。试验时注意不要扎透防水层。

4) 防水隔离层的保护

仰拱防水隔离层应用小石子混凝土层保护。边墙、拱圈绑扎钢筋时不得破坏防水层,焊接钢筋时要用不燃物(如石棉板)遮挡,以免火花烧坏防水隔离层。浇注混凝土时,振捣棒不得接触防水隔离层。

第三节 盾构法施工

一、概述

盾构法是一种建造隧道的方法,该方法适用于第四纪地层、无侧限抗压强度中等偏低的地层和软岩地层掘进隧道。盾构(shielding)是全断面隧道掘进机(TBM)施工时用于保护地层稳定的支撑防护结构,材质为混凝土、铸铁或钢。

(1) 盾构法施工的优点。

① 地面作业很少,施工隐蔽性好,噪声、振动对环境造成的影响小。

② 穿越河底或海底时,不影响通航,不受气候的影响;穿越地面建筑群和地下管线密集区域时,对周围环境影响较小。

③ 机械化、自动化程度高,劳动强度低。

④ 施工速度较快,作业安全。

(2) 盾构法施工的缺点。

① 施工设备费用较高;

② 对地层变化的适应性较差;

③ 覆土较浅时,地表沉降较难控制;

④ 泥水盾构的泥浆要做专门处理,占用施工场地较大;

⑤ 不适用于结构尺寸复杂多变的隧道施工。

盾构法施工示意如图 4-4-99 所示。

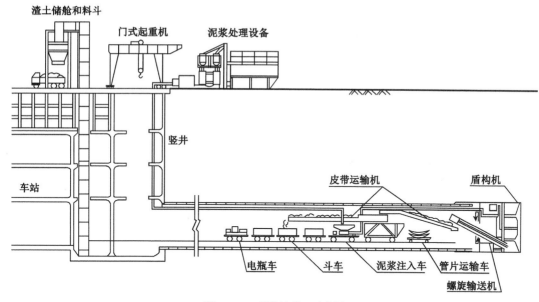

图 4-4-99 盾构法施工示意图

二、盾构机分类

1. 按性能分类

盾构机按性能可分为敞口(挤压)式盾构、土压平衡盾构、泥水平衡盾构、TBM[图 4-4-100a]。

2. 按形状分类

盾构机按形状可分为单圆盾构[图 4-4-100b)](目前最常用)、双圆盾构[图 4-4-100c)](上海地铁已投入使用)、马蹄形盾构(国内尚无)、半圆形盾构(国内尚无)、矩形盾构(已用于出入口通道)、三圆盾构(用于车站,国内尚无)。

a) TBM

b) 单圆盾构

c) 双圆盾构

图 4-4-100 盾构机类型

三、盾构机组成

盾构机系统由壳体、推进系统和衬砌拼装系统三大部分组成。盾构壳体由切口环(刀盘)、支承环和盾尾三部分组成,通过外壳钢板组成一个整体。推进系统由电机、液压设备、千斤顶等组成,通过千斤顶的伸缩,推动盾构机前进。衬砌拼装系统最常用的是杠杆式拼装器,由举重臂、驱动部分等组成。

盾构机由刀盘、支承环和盾尾组成(图4-4-101)。动力驱动装置、推进系统和拼装系统都安装在中部支承环内,盾尾是拼装管片的保护壳。此外,在盾构主体以外,还有变电、注浆和通风等后配套设备。

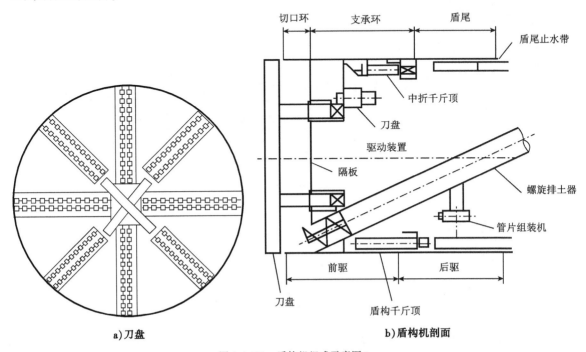

图 4-4-101　盾构机组成示意图 1

在地铁工程中常用的盾构机有土压平衡盾构和泥水平衡盾构两种。

1. 土压平衡盾构

在正常掘进时,刀盘切削下来的土充满土舱腔室,利用土舱泥土压力与作业面的水压力、土压力相平衡;同时,用螺旋输送机进行与盾构推进量相应的排土作业。在掘进过程中,始终保持开挖土量与排土量的平衡,以保持正面土体的稳定,使盾构机在尽量不松动围岩的状态下掘进,如图 4-4-102a)所示。对透水性差的黏性土,可考虑使用土压平衡盾构。

2. 泥水平衡盾构

除被动平衡作业面水压力、土压力外,还可通过向密封的土舱中注入适当压力的泥浆,使其在开挖面形成保护泥膜;同时,刀盘切削下来的土体与泥水混合后形成高密度泥浆,以平衡作业面的水压力、土压力;然后由排泥泵及管道把渣土泥浆输送到地面进行渣、浆分离回收处理。在掘进过程中,需始终保持密封舱中的泥浆压力。因此,泥水平衡盾构适用于淤泥质软土、地下水丰富的砂质土层和砂砾石层等地层,如图 4-4-102b)所示。

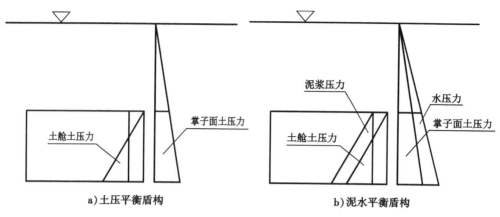

图 4-4-102　盾构机组成示意图 2

四、盾构施工

1. 盾构施工主要步骤

在区间隧道的起始端和终点端各建一个工作井→盾构在始发(起始端)工作井内安装就位→依靠盾构千斤顶的推力(作用在已拼装好的衬砌环和工作井的后背上)将盾构从始发工作井的墙壁开孔处推出(称为进洞)→盾构在地层中沿设计轴线推进,在推进的同时不断出土和拼装衬砌管片环(掘进和拼装)→及时向衬砌背后注浆,防止地层产生位移,并固定衬砌环位置→盾构进入接收(终点端)工作井并拆除(称为出洞)。

2. 盾构始发

盾构始发主要包括:洞口前方土体加固、设置盾构始发基座、盾构机组装就位调试、安装封胀圈、组装临时管片衬砌、盾构机试运转、拆除洞门处临时围护墙、盾构机推入作业面加压和掘进等,如图4-4-103所示。

3. 盾构到达掘进

盾构到达掘进是指盾构到达接收井之前50m范围内的掘进。盾构机前端到达接收井壁后,人工凿穿墙壁并安装盾构接收基座。做好洞圈封堵工作,加强到达掘进段的盾构定位测量工作,并及时纠正盾构到达偏差。减小推力,适当降低掘进速度,如图4-4-104所示。

图 4-4-103　盾构始发掘进

图 4-4-104　盾构到达掘进

4. 盾构过站

盾构从区间掘进到车站一端后,将盾构从车站一端拖至车站的另一端。这样做可以省去大型起重运输设备,免除了盾构的解体、吊装、运输、安装、试调以及车架转换等多道工序,车架(后配套)与盾构可以同时安装,因而可以大大缩短盾构区间的施工工期,也有利于延长盾构的使用寿命。

但盾构过站因增加车站结构工程的施工工期压力,可能延长车站工期,并且需降低车站结构底板,从而增加工程量,因此很少被采用。

5. 盾构调头

从一条区间隧道掘进到接收工作井后,将盾构平移、旋转180°,调转到另一条线位上,再做反方向掘进准备的过程称为盾构调头。盾构调头与工作井的地面场地条件无关。盾构无须解体,也不存在因再次拆卸而影响盾构的质量和使用寿命,且有降低工程费用与缩短工期的优点。因此,在盾构施工组织时应尽可能考虑井内调头方案。

6. 盾构转场

盾构转场是指盾构到达接收井后,将盾构解体,用大型起重机械将解体后的盾构部件吊出地面,再用大型运输设备将其运到另一个工作井旁,然后再吊放井下,将盾构部件重新组装调试的过程。盾构转场是全线施工组织的需要。显然,盾构转场费用高、施工工期长,会影响盾构寿命。在起重设备、作业空间、运输条件许可的情况下,也可将盾构整体吊运转场。

7. 盾构通过中间井

盾构通过中间井可采用直接拼装管片通过或回填后盾构通过。苏州轨道交通1号线工程在盾构通过金鸡湖风井时,采用直接拼装管片通过的方式。武汉轨道交通2号线盾构通过武昌岸盾构井时,采用回填塑性混凝土后盾构机掘进并拼装管片通过的方式。

8. 建(构)筑物保护

区间隧道沿线往往会遇到一些建(构)筑物,如商住楼、高层建筑或跨河桥、立交桥等。为了保证这些建(构)筑物的安全,在盾构通过时需采取必要的保护措施,包括:

①跟踪注浆。

②隔断保护,包括隔离桩、旋喷桩、注浆。

③基底加固,包括注浆、树根桩、加筏板基础。

④基桩托换,包括被动基桩托换、主动基桩托换。

盾构施工的主要辅助工法有压气法、降水法、冻结法、注浆法等。

五、盾构井

1. 盾构井分类

盾构井(图4-4-105)可分为始发井、到达井、中间井三类。

图4-4-105 盾构井

1) 始发井

始发井为盾构机的出发提供场所，用于盾构机的组装、固定以及设置反力装置和安装其他设备等。一般在车站两端与车站接合处设置。

2) 到达井

到达井为盾构机到达接收后进行拆解、吊出等操作的场所，也可作为盾构调头井。一般设在车站两端，故与始发井一样也叫端头井。

3) 中间井

中间井是为改变隧道掘进方向或为满足隧道使用功能上的要求而设置的场所。如：区间中间通风井或区间过长出于工期要求增加的盾构工作井。中间井可以是通过井，也可以是盾构始发井或接收井。

2. 盾构井平面尺寸

盾构井一般采用矩形钢筋混凝土结构，也可采用圆形盾构井。采用矩形井时，盾构井的纵向长度：

$$L = L_1 + L_2 + L_3 \tag{4-4-1}$$

式中：L_1——盾构机与前方壁间预留空隙，一般取 1m；

L_2——盾构机盾体长度，一般为 7.5~8.5m；

L_3——反力架与负环管片长度，一般大于 2.5m。

盾构井的横向宽度：

$$W_总 = 2W + D \tag{4-4-2}$$

式中：W——盾构机与工作井结构内壁间预留拼装空间，一般为 0.6~0.8m；

D——盾构机外轮廓直径，一般为 6.3m 左右。

3. 盾构井端头加固范围

盾构井端头纵向加固长度随地质情况而定，一般大于盾构主机长度 1.5~2.0m。国内各城市盾构井端头加固长度一般为 6~9m。盾构到达端的长度一般可比出发端小 1~2m。

盾构井端头径向加固厚度一般取 1.5~3.0m，上海地铁、南京地铁及深圳地铁均采用 3.0m，而北京地铁和广州地铁则采用 1.5~3.0m。

国内各城市盾构井端头加固范围见表 4-4-12。

国内各城市盾构井端头加固范围（m） 表 4-4-12

城市	始发端加固长度	到达端加固长度	竖向（上下）加固范围	水平方向（左右）加固范围
北京	6~8	3~4	1.5~3	1.5~3
广州	6~8	6~8	1.5~3	1.5~3
上海	5~6	3~4	3	3
南京	8	6	3	3

4. 盾构井端头加固方法

盾构井端头加固方法的选择主要考虑工程地质和水文地质条件，同时考虑盾构井端头部位的埋置深度、地面施工条件等因素。目的是要求加固后的地层能有长时间的自稳能力,开挖后不致因大量水土流失而坍塌。常用的端头加固处理方法有搅拌桩、旋喷桩、注浆法、冷冻法等,如图4-4-106所示。

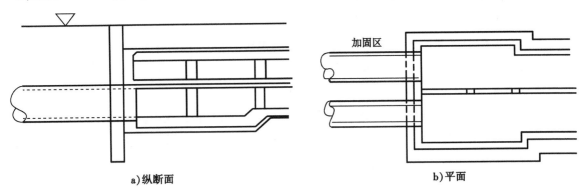

图 4-4-106　盾构井端头加固示意图

5. 盾构井施工方法

根据工程地质及环境条件的不同,盾构井常用的施工方法有围护开挖法、沉箱法、沉井法等,最常用的是围护开挖法。

地质条件允许、地下水不发育或可采用抽排降水的情况下,盾构井可采用矿山法随挖随喷锚(格栅)的施工方法,如图4-4-107所示。

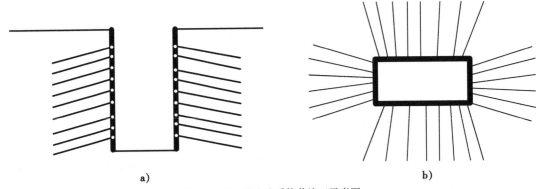

图 4-4-107　矿山法盾构井施工示意图

六、盾构井隧道管片衬砌

1) 盾构隧道内净空

为保障地铁安全运行,限制车辆断面尺寸、沿线设备安装尺寸并确定建筑结构有效净空尺寸的图形称为限界。圆形隧道限界内径为5100mm(B1型)或5200mm(A型或B2型),隧道内径为5400~5500mm,随预留沉降量和变形量而定,如图4-4-108所示。

与矩形隧道不同,圆形隧道在曲线地段不加宽,采用隧道中心线向曲线内侧偏移,并采用将内轨下降半个超高、外轨上升半个超高的方法解决。对于曲墙马蹄形隧道,也可采用类似办法解决曲线地段的加宽问题。

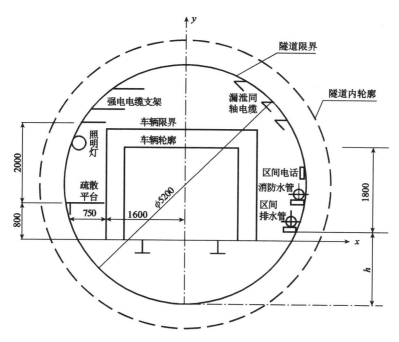

图 4-4-108 圆形隧道限界与内净空(尺寸单位:mm)

2)管片衬砌环的划分

管片衬砌环划分考虑的主要因素有管片制作、防水要求、管片运输拼装、结构受力、封顶块结构形式等。我国地铁区间隧道管片衬砌每环大多采用 6 块,即 3 块标准块、2 块邻接块和 1 块封顶块。

3)管片形式

盾构隧道管片形式可分为板形管片[图 4-4-109a)]和箱形管片[图 4-4-109b)]。钢筋混凝土管片为板形管片,用铸铁和钢制作的特殊管片多为箱形管片。

a)板形管片　　　　　　　　　　　　b)箱形管片

图 4-4-109　盾构隧道管片形式

4)管片衬砌环类型

目前国际上采用的管片衬砌环有以下三种:

①标准管片衬砌环。采用左、右楔形衬砌环与直线衬砌环的优选及组合进行线路拟合。其缺点是采用的管片类型多,给管片制造、储运带来一定的麻烦。

②改进型标准管片衬砌环。采用左、右楔形衬砌环之间的优选及组合进行线路拟合,无直线环,通过左转弯环和右转弯环——对应组合形成直线。国内目前只有南京地铁使用该类型管片衬砌环。

③通用型管片衬砌环。只采用一种类型的楔形管片环,盾构掘进时,根据曲线拟合确定下一环衬砌绕管片中心线转动的角度,以达到与设计线路拟合的目的。其优点是只有一种管片,节省钢模,不会因管片供给问题而影响施工。缺点是对管片制造和施工精度要求较高,使管片的拼装难度加大。

5) 管片衬砌环拼装方式

管片衬砌环拼装方式有错缝拼装和通缝拼装两种,如图4-4-110所示。错缝拼装整体刚度较好;通缝拼装构造简单、施工方便。

a) 错缝拼装　　　　　　　　　　　b) 通缝拼装

图4-4-110　盾构隧道管片衬砌环拼装方式

6) 管片主要尺寸

(1) 管片衬砌环宽度。

根据国内各大城市已建工程实例,对于直径 $D=6.0\text{m}$ 左右的地铁隧道,环宽一般采用1200~1500mm。

(2) 管片衬砌环厚度。

管片衬砌环厚度应根据计算并结合工程经验确定,地铁盾构隧道管片衬砌环厚度一般取隧道外径的5%~6%。国内地铁隧道管片外径多为6000mm左右,相应的管片厚度一般采用300~350mm。

(3) 钢筋混凝土管片偏差。

钢筋混凝土管片尺寸的允许偏差:管片宽度 -1 ~ $+1\text{mm}$,管片弧弦长 -1 ~ $+1\text{mm}$,管片厚度 -1 ~ $+3\text{mm}$。

7) 管片连接

管片间纵向和环向的连接方式有直螺栓连接、弯螺栓连接和斜螺栓连接三种。

①直螺栓连接:构造简单、施工方便,一般用于箱形管片。
②弯螺栓连接:对衬砌削弱小,施工方便,但接头刚度较小。
③斜螺栓连接:构造简单,施工方便,在欧洲普遍使用。

8)管片构造

管片除应满足强度和制作要求外,还应满足一些细部构造要求(图4-4-111)。

a) 弹性密封止水带安装

b) 内侧嵌缝

c) 管片衬垫、螺栓手孔

d) 管片标志

图 4-4-111 盾构隧道管片构造

(1)弹性密封垫槽。

管片外侧四周的凹槽内安装环形弹性密封止水带(多为三元乙丙橡胶止水带),作为管片的第一道防水措施。

(2)嵌缝。

管片嵌缝槽位于管片内侧,国内地铁盾构隧道嵌缝范围一般为:进出洞20~30m,联络通道两侧各10m处。其余区段则在拱顶或隧底90°范围内嵌填。在江、河、湖下通过时,可根据洞顶覆土厚度和地层的性质考虑整环或部分嵌缝。

(3)螺栓手孔。

螺栓手孔供连接螺栓用。

(4) 倒边角。

管片内外边均须做 5mm×5mm 的倒边角。

(5) 管片衬垫。

管片衬垫在拼装时起缓冲作用。

七、盾构隧道结构防水

1. 防水标准

区间隧道结构防水等级为二级,顶部不允许滴漏,其他部位不允许漏水,结构表面可有少量湿渍,但总湿渍面积不应大于总防水面积的6‰;任意 $100m^2$ 防水面积上的湿渍不超过 4 处,单个湿渍面积不大于 $0.2m^2$。

盾构法隧道衬砌管片应采用防水混凝土制作,其抗渗等级不得小于 P10,氯离子扩散系数不宜大于 $8×10^{-9}cm^2/s$。当隧道处于侵蚀性介质地层时,标准还应提高,并应采用相应的耐侵蚀混凝土或在衬砌结构外表面涂刷耐侵蚀的防水涂层。

2. 防水措施

盾构法施工的隧道防水措施应符合《地铁设计规范》(GB 50157—2013)的规定,如表4-4-13所示。

盾构法施工的隧道防水措施 表 4-4-13

防水等级	高精度管片	接缝防水				混凝土内衬或其他内衬	外防水涂料
		密封垫	嵌缝	注入密封剂	螺孔密封圈		
一级	必选	必选	全隧道或部分区段应选	可选	必选	宜选	宜选
二级	必选	必选	部分区段宜选	可选	必选	局部宜选	混凝土有中等以上腐蚀的地层宜选

①衬砌自防水。整体式衬砌防水混凝土抗渗等级≥P8;管片应采用防水混凝土,抗渗等级≥P10(P12)。

②衬砌外防水涂层为多组分聚氨酯防水涂料或环氧涂料。

③防水弹性密封垫(图4-4-112)应满足接缝最大张开量情况下不渗漏的要求。

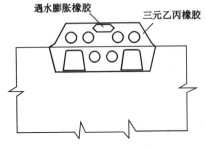
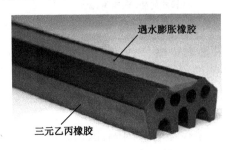

a) 环、纵缝密封垫设置   b) 密封垫示意图

图 4-4-112 三元乙丙橡胶防水弹性密封垫

④管片接缝嵌缝防水。将允许的少量渗水排至规定的位置。

⑤节点防水。螺栓孔、注浆孔用遇水膨胀橡胶垫圈密封。

八、联络通道、泵房及其他

1. 联络通道与泵房的施工

依据规范要求,联络通道设置的间距沿隧道纵向不大于600m,并在通道两端设双向开启的甲级防火门。盾构隧道联络通道及泵房常用施工方法有:洞内采用冻结法(图4-4-113)或注浆加固+矿山法施工;地面采用加固旋喷、搅拌桩+矿山法施工和洞内顶管法施工等。

北京地铁:多采用地面旋喷桩加固后的矿山法施工。

上海地铁、南京地铁:在渗透系数大的粉砂、粉细砂层中多采用冻结法施工;在透水性差、含水率高的饱和淤泥质黏土、粉质黏土中多采用地面搅拌桩加固。

广州地铁:多采用深层搅拌桩和旋喷桩进行加固,矿山法施工。

上海地铁2号线陆家嘴站—东昌路站区间侧面通道泵站、南京地铁新街口站—珠江路站区间联络通道采用顶管法施工。

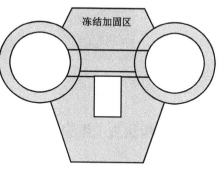

图4-4-113 联络通道冻结加固示意图

2. 特殊管片

联络通道与正线隧道相接处的管片,应设计为在正线隧道内部能够局部拆除的特殊管片衬砌环。广州地铁、深圳地铁曾采用普通混凝土管片作为加强措施,而不采用特殊管片。常用的特殊管片有铸铁管片和钢管片两种。

①铸铁管片:强度高,刚度大,防水、防锈性能好,但质量大,加工不便,现已较少使用。

②钢管片:用钢板焊制而成,具有强度高、耐腐蚀、耐磨损的特点,根据具体工程需求和地质条件进行定制加工,可满足不同的施工要求。

特殊管片衬砌环有两种组成形式,一种是全环均由钢管片组成,另一种是由混凝土管片和钢管片组合而成。现在一般采用混凝土管片与钢管片组合成环。

3. 盾构进出洞口防水构件

在盾构井内衬墙施工中预埋一环形钢板,环形钢板上加焊螺栓,通过螺栓固定帘布橡胶板及扇形压板等防水构件,如图4-4-114所示。

a)始发洞口防水构件

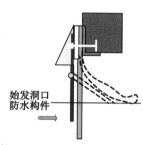

图 4-4-114

b) 到达洞口防水构件

图 4-4-114 盾构进出洞口防水构件

九、盾构法施工组织

影响盾构法隧道施工组织的因素很多,最主要的有以下几个方面:

(1) 建设总工期与车站土建工程工期。

(2) 采用新盾构还是用既有盾构,购置新盾构需 10~12 个月的时间。

(3) 施工场地。单台盾构场地不小于 2000~5000m², 两台盾构共用场地为 3000~5000m²。

(4) 车站施工的干扰,包括场地干扰,通常车站要提供端头井。

(5) 过站与不过站。盾构过站能缩短区间工期,但加大车站压力。若没有合适的施工场地,在施工组织中就要考虑盾构调头或过站方案。

(6) 盾构掘进速度。平均指标 6~8m/d,但常受地质和构筑物的影响。

(7) 盾构吊装调试时间为 2~3 个月,解体吊出 2 个月,过站 1 个月。

盾构掘进施工组织如图 4-4-115 所示。

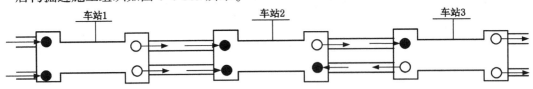

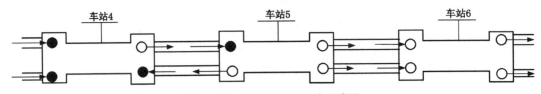

图 4-4-115 盾构掘进施工组织示意图

注:图中空心圆表示始发井,实心圆表示到达井,回转处为掉头井。

参 考 文 献

[1] 中华人民共和国住房和城乡建设部,中华人民共和国国家质量监督检验检疫总局. 地铁设计规范:GB 50157—2013[S]. 北京:中国建筑工业出版社,2014.

[2] 中华人民共和国住房和城乡建设部,中华人民共和国国家质量监督检验检疫总局. 城市轨道交通工程项目规范:GB 55033—2022[S]. 北京:中国建筑工业出版社,2022.

[3] 中华人民共和国住房和城乡建设部. 城市轨道交通岩土工程勘察规范:GB 50307—2012[S]. 北京:中国计划出版社,2012.

[4] 中华人民共和国住房和城乡建设部,国家市场监督管理总局. 城市轨道交通线网规划标准:GB/T 50546—2018[S]. 北京:中国建筑工业出版社,2018.

[5] 中华人民共和国住房和城乡建设部,中华人民共和国国家质量监督检验检疫总局. 城市轨道交通桥梁设计规范:GB/T 51234—2017[S]. 北京:中国建筑工业出版社,2017.

[6] 中华人民共和国住房和城乡建设部,国家市场监督管理总局. 地下铁道工程施工标准:GB/T 51310—2018[S]. 北京:中国建筑工业出版社,2018.

[7] 中华人民共和国住房和城乡建设部,中华人民共和国国家质量监督检验检疫总局. 城市轨道交通结构抗震设计规范:GB 50909—2014[S]. 北京:中国标准出版社,2014.

[8] 中华人民共和国住房和城乡建设部,中华人民共和国国家质量监督检验检疫总局. 城市轨道交通工程基本术语标准:GB/T 50833—2012[S]. 北京:中国建筑工业出版社,2012.

[9] 中华人民共和国住房和城乡建设部,中华人民共和国国家质量监督检验检疫总局. 地下工程防水技术规范:GB 50108—2008[S]. 北京:中国计划出版社,2009.

[10] 中华人民共和国住房和城乡建设部,国家市场监督管理总局. 地下铁道工程施工及验收规范:GB/T 50299—2018[S]. 北京:中国建筑工业出版社,2018.

[11] 中华人民共和国住房和城乡建设部. 城市道路与轨道交通合建桥梁设计规范:CJJ 242—2016[S]. 北京:中国建筑工业出版社,2017.

[12] 中华人民共和国住房和城乡建设部. 城市轨道交通结构安全保护技术规范:CJJ/T 202—2013[S]. 北京:中国建筑工业出版社,2014.

[13] 中华人民共和国住房和城乡建设部. 城市轨道交通隧道结构养护技术标准:CJJ/T 289—2018[S]. 北京:中国建筑工业出版社,2019.

[14] 中华人民共和国建设部,中华人民共和国国家发展和改革委员会. 城市轨道交通工程项目建设标准:建标 104—2008[S]. 北京:中国计划出版社,2008.

[15] 北京市规划委员会,北京市质量技术监督局. 城市轨道交通工程设计规范:DB 11/995—2013[S]. 北京:北京市城乡规划标准化办公室,2014.

[16] 上海市住房和城乡建设管理委员会. 城市轨道交通设计规范:DG/TJ 08-109—2017[S]. 上海:同济大学出版社,2017.

[17] 上海市住房和城乡建设管理委员会. 城市轨道交通工程技术规范:DG/TJ 08-2232—2017[S]. 上海:同济大学出版社,2017.

[18] 中国建筑第八工程局有限公司.地下车站工程土建施工技术标准:ZJQ08-SGJB 022—2018[S].北京:中国建筑工业出版社,2018.
[19] 国家铁路局.铁路线路设计规范:TB 10098—2017[S].北京:中国铁道出版社,2017.
[20] 国家铁路局.铁路轨道设计规范:TB 10082—2017[S].北京:中国铁道出版社,2017.
[21] 国家铁路局.铁路路基设计规范:TB 10001—2016[S].北京:中国铁道出版社,2017.
[22] 国家铁路局.铁路隧道设计规范:TB 10003—2016[S].北京:中国铁道出版社,2017.
[23] 国家铁路局.铁路桥涵设计规范:TB 10002—2017[S].北京:中国铁道出版社,2017.
[24] 国家铁路局.铁路桥梁钢结构设计规范:TB 10091—2017[S].北京:中国铁道出版社,2017.
[25] 国家铁路局.铁路桥涵混凝土结构设计规范:TB 10092—2017[S].北京:中国铁道出版社,2017.
[26] 国家铁路局.铁路桥涵地基和基础设计规范:TB 10093—2017[S].北京:中国铁道出版社,2017.
[27] 国家铁路局.铁路桥梁混凝土桥面防水层:TB/T 2965—2018[S].北京:中国铁道出版社,2018.
[28] 中国铁路总公司.铁路路基设计规范(极限状态法):Q/CR 9127—2018[S].北京:中国铁道出版社有限公司,2019.
[29] 中国铁路总公司.铁路隧道设计规范(极限状态法):Q/CR 9129—2018[S].北京:中国铁道出版社有限公司,2019.
[30] 中国铁路总公司.铁路轨道设计规范(极限状态法):Q/CR 9130—2018[S].北京:中国铁道出版社有限公司,2019.
[31] 中国铁路总公司.铁路桥涵设计规范(极限状态法):Q/CR 9300—2018[S].北京:中国铁道出版社有限公司,2018.
[32] 中国铁路总公司.铁路工程施工组织设计规范:Q/CR 9004—2018[S].北京:中国铁道出版社有限公司,2018.
[33] 中华人民共和国建设部,中华人民共和国国家质量监督检验检疫总局.铁路工程抗震设计规范(2009年版):GB 50111—2006[S].北京:中国计划出版社,2010.
[34] 中华人民共和国住房和城乡建设部.工程结构可靠性设计统一标准:GB 50153—2008[S].北京:中国计划出版社,2009.
[35] 中华人民共和国住房和城乡建设部.建筑结构可靠性设计统一标准:GB 50068—2018[S].北京:中国建筑工业出版社,2019.
[36] 中华人民共和国住房和城乡建设部.混凝土物理力学性能试验方法标准:GB/T 50081—2019[S].北京:中国建筑工业出版社,2019.
[37] 中华人民共和国国家质量监督检验检疫总局,中国国家标准化管理委员会.钢筋混凝土用钢 第1部分:热轧光圆钢筋:GB/T 1499.1—2017[S].北京:中国标准出版社,2017.
[38] 中华人民共和国国家质量监督检验检疫总局,中国国家标准化管理委员会.钢筋混凝土用钢 第2部分:热轧带肋钢筋:GB/T 1499.2—2018[S].北京:中国标准出版社,2018.
[39] 中华人民共和国国家质量监督检验检疫总局,中国国家标准化管理委员会.预应力混凝

土用螺纹钢筋:GB/T 20065—2016[S].北京:中国标准出版社,2016.

[40] 中华人民共和国国家质量监督检验检疫总局,中国国家标准化管理委员会.预应力混凝土用钢丝:GB/T 5223—2014[S].北京:中国标准出版社,2014.

[41] 中华人民共和国国家质量监督检验检疫总局,中国国家标准化管理委员会.预应力混凝土用钢绞线:GB/T 5224—2014[S].北京:中国标准出版社,2014.

[42] 中华人民共和国住房和城乡建设部.建筑结构荷载规范:GB 50009—2012[S].北京:中国建筑工业出版社,2012.

[43] 中华人民共和国住房和城乡建设部.混凝土结构设计规范(2015年版):GB 50010—2010[S].北京:中国建筑工业出版社,2015.

[44] 中华人民共和国住房和城乡建设部.混凝土结构耐久性设计标准:GB/T 50467—2019[S].北京:中国建筑工业出版社,2019.

[45] 中华人民共和国住房和城乡建设部.钢结构设计标准:GB 50017—2017[S].北京:中国建筑工业出版社,2018.

[46] 中华人民共和国住房和城乡建设部.钢结构焊接规范:GB 50661—2011[S].北京:中国建筑工业出版社,2012.

[47] 中华人民共和国住房和城乡建设部.门式刚架轻型房屋钢结构技术规范:GB 51022—2015[S].北京:中国建筑工业出版社,2016.

[48] 中华人民共和国住房和城乡建设部.岩土锚杆与喷射混凝土支护工程技术规范:GB 50086—2015[S].北京:中国计划出版社,2016.

[49] 中华人民共和国住房和城乡建设部.建筑地基基础设计规范:GB 50007—2011[S].北京:中国建筑工业出版社,2011.

[50] 中华人民共和国住房和城乡建设部.建筑工程抗震设防分类标准:GB 50223—2008[S].北京:中国建筑工业出版社,2008.

[51] 中华人民共和国住房和城乡建设部.建筑抗震设计规范(2016年版):GB 50011—2010[S].北京:中国建筑工业出版社,2016.

[52] 中华人民共和国住房和城乡建设部.钢筋焊接及验收规程:JGJ 18—2012[S].北京:中国建筑工业出版社,2012.

[53] 中华人民共和国住房和城乡建设部.建筑基坑支护技术规程:JGJ 120—2012[S].北京:中国建筑工业出版社,2012.

[54] 中华人民共和国住房和城乡建设部.建筑地基处理技术规范:JGJ 79—2012[S].北京:中国建筑工业出版社,2013.

[55] 中华人民共和国住房和城乡建设部.建筑桩基技术规范:JGJ 94—2008[S].北京:中国建筑工业出版社,2008.

[56] 中华人民共和国住房和城乡建设部.城市道路工程设计规范(2016年版):CJJ 37—2012[S].北京:中国建筑工业出版社,2016.

[57] 中华人民共和国住房和城乡建设部.城市桥梁设计规范(2019年版):CJJ 11—2011[S].北京:中国建筑工业出版社,2019.

[58] 中华人民共和国住房和城乡建设部.城市桥梁抗震设计规范:CJJ 166—2011[S].北京:

中国建筑工业出版社,2011.
[59] 中华人民共和国交通运输部.公路工程技术标准:JTG B01—2014[S].北京:人民交通出版社股份有限公司,2014.
[60] 中华人民共和国交通运输部.公路桥涵设计通用规范:JTG D60—2015[S].北京:人民交通出版社股份有限公司,2015.
[61] 中华人民共和国交通运输部.公路钢筋混凝土及预应力混凝土桥涵设计规范:JTG 3362—2018[S].北京:人民交通出版社股份有限公司,2018.
[62] 中华人民共和国交通运输部.公路桥涵地基与基础设计规范:JTG 3363—2019[S].北京:人民交通出版社股份有限公司,2020.
[63] 中华人民共和国交通运输部.公路钢结构桥梁设计规范:JTG D64—2015[S].北京:人民交通出版社股份有限公司,2015.
[64] 中华人民共和国交通运输部.公路桥梁抗震设计规范:JTG/T 2231-01—2020[S].北京:人民交通出版社股份有限公司,2020.
[65] 中华人民共和国交通运输部.海轮航道通航标准:JTS 180-3—2018[S].北京:人民交通出版社股份有限公司,2018.
[66] 江苏省住房和城乡建设厅,江苏省土木建筑学会城市轨道交通建设专业委员会.城市轨道交通工程盾构法施工指南[M].北京:中国建筑工业出版社,2018.
[67] 施仲衡.地下铁道设计与施工[M].西安:陕西科学技术出版社,2006.
[68] 周顺华.城市轨道交通结构设计与施工[M].2版.北京:人民交通出版社股份有限公司,2017.
[69] 周顺华.城市轨道交通结构工程[M].上海:同济大学出版社,2004.
[70] 何宗华.城市轻轨交通工程设计指南[M].北京:中国建筑工业出版社,1993.
[71] 张庆贺,朱合华,庄荣,等.地铁与轻轨[M].2版.北京:人民交通出版社,2013.
[72] 王明年.城市轨道交通地下车站设计与施工[M].北京:科学出版社,2014.
[73] 彭辉.城市轨道交通系统[M].北京:人民交通出版社,2008.
[74] 叶见曙.结构设计原理[M].4版.北京:人民交通出版社股份有限公司,2018.
[75] 李乔.混凝土结构设计原理[M].2版.北京:中国铁道出版社,2001.
[76] 杨广庆,苏谦.路基工程[M].3版.北京:中国铁道出版社,2019.
[77] 陈忠达,原喜忠.路基支挡工程[M].北京:人民交通出版社,2013.
[78] 朱永全,宋玉香.隧道工程[M].3版.北京:中国铁道出版社,2015.
[79] 刘龄嘉.桥梁工程[M].北京:人民交通出版社股份有限公司,2017.
[80] 向中富,邹毅松,杨寿忠.新编桥梁施工工程师手册[M].北京:人民交通出版社,2011.
[81] 张凤祥,傅德明,杨国祥,等.盾构隧道施工手册[M].北京:人民交通出版社,2005.
[82] 周文波.盾构法隧道施工技术及应用[M].北京:中国建筑工业出版社,2004.
[83] 刘国彬,王卫东.基坑工程手册[M].2版.北京:中国建筑工业出版社,2009.
[84] 王卫东,王建华.深基坑支护结构与主体结构相结合的设计、分析与实例[M].北京:中国建筑工业出版社,2007.
[85] 夏明耀,曾进伦.地下工程设计施工手册[M].北京:中国建筑工业出版社,1999.

[86] 王梦恕. 中国隧道及地下工程修建技术[M]. 北京:人民交通出版社,2010.
[87] 郁超. 实施性施工组织设计及施工方案编制技巧[M]. 北京:中国建筑工业出版社,2009.
[88] 《建筑施工手册》编写组. 建筑施工手册[M]. 北京:中国建筑工业出版社,2003.
[89] 王晓谋. 基础工程[M]. 4版. 北京:人民交通出版社,2010.
[90] 赵毓成,李文会. 城市轨道交通高架车站结构形式分类及适用研究[J]. 铁道标准设计,2013(1):85-89.
[91] 王云峰. 城市公共交通系统高架车站的新型结构形式探讨[J]. 铁道建筑技术,2010(6):59-61,95.
[92] 郭建鹏. 城市轨道交通"桥-建组合式"高架车站结构设计方法[J]. 城市轨道交通研究,2013,16(3):45-48,58.
[93] 韩鹏,王君杰,董正方. 城市轨道交通高架桥梁抗震设计中的关键问题[J]. 震灾防御技术,2010,5(1):32-42.
[94] 周永礼,杨静. "桥建合一"高架车站收缩、徐变及温度力影响的分析[J]. 铁道标准设计,2009(1):31-33.
[95] 刘洪波. 城市轨道交通地下车站暗挖工法综述[J]. 城市轨道交通研究,2015,18(7):99-104,108.
[96] 梁韵. 暗挖地铁车站设置原则与施工工法选取研究[D]. 北京:北京交通大学,2011.
[97] 汪皓. 几种常见的城市轨道交通高架标准站的站位及站型之间的比较和选择[J]. 现代城市轨道交通,2013(3):100-103.
[98] 丛敏. 装配式结构车站在长春地铁中的应用[J]. 工业设计,2015(4):119,124.
[99] 谢仁德. 因地制宜采用半地下式地铁车站[J]. 地铁与轻轨,2000(4):9-11.